首屆陽明心學國際論壇論文集

中華書局

編者序

中國對世界的影響，從未像今天這樣全面、深刻、長遠；世界對中國的關注也從未像今天這樣廣泛、深切、聚焦。在此背景下，以陽明學為代表的中華優秀傳統文化，在現代化的過程里不斷煥發出新的生機，在中西文化的交流與碰撞中進一步走向世界。

2024 年 6 月 1 日，首屆陽明心學國際論壇在香港舉行。此次活動以「從中國走向世界的陽明心學」為主題，由聯合出版集團、中華教育文化交流基金會、貴州中華文化學院主辦，雲集海內外學者，共同探討陽明心學的歷史意義、現代價值和世界影響，推動陽明心學的轉化運用，讓「知行合一」「致良知」等思想融入時代、走向世界，攜手構建人類命運共同體。

本論文集係是次論壇的成果彙編，由中華書局出版，圍繞陽明心學的核心內容，充分挖掘陽明心學的哲學、思想、文化和時代價值，以更好地促進中西文明的交流互鑒。

中華書局（香港）有限公司

目錄
CONTENTS

致辭

學術發言

論　文

致　辭

李家超先生致辭 *

郭強部長、許正中董事長、各位學者、各位嘉賓：

大家好。我很高興通過視頻參與首屆陽明心學國際論壇開幕式，並恭賀「香港陽明學堂」揭牌。

王陽明是明代傑出的思想家、文學家和軍事家，是「心學」的集大成者。他所倡導的「知行合一」「致良知」等觀念，對後世產生了深遠的影響。

習近平主席曾經對王陽明和他的學說有重要論述，表示陽明心學是中國傳統文化中的精華，也是增強中國人文化自信的切入點之一。

貴州是王陽明參學悟道之地，一直積極推廣陽明文化，加強人民對陽明心學的認知和體悟，傳播中華哲學與文化。

香港特區政府積極推動弘揚中華文化的工作，積極配合國家「十四五」規劃，全力發展香港成為中外文化藝術交流中心。今年四月，特區政府正式成立弘揚中華文化辦公室，專責策劃推動中華文化和歷史的活動、交流和合作，增加市民對國家和國民身份的認同。

今天，幾十位來自世界各地的知名學者雲集論壇，「香港陽明學

---

* 李家超，香港特別行政區行政長官。

堂」也在同一天正式成立。這些都是香港發揮自身優勢，推動中華文化「走出去」、說好中華文化故事的好例子。

「志不立，天下無可成之事。」我相信，無論做任何事，只要堅定志向，克服艱難險阻，總會有成功的一天。希望在座各位都能從王陽明的名言中，領略到他做人處事的智慧。

最後，我祝願本次論壇圓滿成功，「香港陽明學堂」未來的工作成果豐碩，在座各位身體健康，謝謝大家。

郭強先生致辭 *

尊敬的各位專家學者，女士們、先生們、朋友們：

大家上午好！

孟夏之初，萬物並秀；東方之珠，生機盎然。今天，羣賢畢至，敬仰大德；傳承陽明，弘揚心學。在此，特向香港陽明學堂首屆陽明心學國際論壇的舉辦表示熱烈的祝賀！向各位專家、各位來賓致以美好的祝願！

500 年前，我國明代傑出的思想家、教育家、軍事家、文學家王陽明，為天地立心，為生民立命，為往聖繼絕學，為萬世開太平，創立了獨具一格的心學體系，樹立了中華優秀傳統文化一座新的高峰。

500 年來，陽明心學流傳中國，影響東亞，走向世界，就像茫茫大海中一盞明亮的導航燈，指引着人們把握命運的人生航程。無善無惡心之體，有善有惡意之動，知善知惡是良知，為善去惡是格物，深刻啟迪着人們的智慧和心靈。

500 年後的當今世界，正經歷百年未有之大變局，新一輪科技革命方興未艾，國際關係深刻調整，中華民族迎來了偉大復興的光明前

* 郭強，貴州省委常委、省委統戰部部長、貴州海外聯誼會會長。

景。大變革、大變局，蘊含着不穩定、不確定，伴隨着人心思變、人心思動。陽明心學心即理的人生論，致良知的修養論，事上磨的認識論，知行合一的實踐論，凝聚着中華優秀傳統文化的精華，放射着人類思想文化的光芒。誕生於大航海前夜的陽明心學，必將在大變革的當今迸發出更加光輝的時代價值。

500多年前的一個初夏，王陽明被貶謫來到貴州的龍場驛，困頓三年，陽明先生開闢了立德、立功、立言之大局，留下了「龍場悟道（修文縣玩易窩）、興隆書壁（黃平縣飛雲崖、月潭寺）平越思隱（福泉市平越驛站、七盤古驛道）古道心旅（修文縣天生橋、三人墳、蜈蚣橋）陸廣曉發（修文縣六廣河、陽明古渡、飛龍峽）、水西論象（黔西市象祠）、龍崗開講（修文縣陽明洞、龍崗書院）、貴陽傳道（貴陽市文明書院）、南庵答和（貴陽市翠微園，原南庵）、南祠詠懷（貴陽市達德學校，原南霽雲祠）、東山遺韻（貴陽市陽明祠、東山仙人洞）、鎮遠留書（鎮遠縣青龍洞、江西會館、陽河）」問道十二境，寫下了《瘞旅文》《象祠記》《居夷詩》《何陋軒記》《君子亭記》《玩易窩記》等傳世名篇，陽明文化成為貴州的一個鮮明標識。貴州被公認為陽明心學的誕生地，我們有情懷、有責任推動陽明文化在新時代創造性轉化、創新性發展，為推進中國式現代化和建設中華民族現代文明貢獻貴州力量。

香港陽明學堂的設立，是加強貴港交流合作、共同傳承陽明文化的重要舉措。為此，我提出四點倡議：

第一，以香港陽明學堂為平台，匯聚內地、港澳台及東亞、東南亞、歐美等世界各地一流的專家學者，助力陽明心學的國際傳播。

第二，以陽明心學國際論壇為載體，定期組織高水平的學術研究與交流。

第三，以建設中華民族現代文明為使命，充分發掘陽明心學的哲學價值、思想價值、文化價值和時代價值。

第四，以構建人類命運共同體為方向，通過陽明心學促進文明交流互鑒。

500 年前，王陽明在告別他的那個時代時自信而淡定說：「此心光明，亦復何言！」今天，我們生逢這個偉大的時代，更要多一份堅定，多一份從容，自信自強，守正創新，踔厲奮發，勇毅前行，中華復興，何人能擋！

最後，祝首屆陽明心學國際論壇成功圓滿、成果豐碩！祝各位專家、各位來賓身體健康、家庭幸福、事業興旺、萬事如意！

謝謝大家。

許正中先生致辭*

尊敬的李家超行政長官，尊敬的郭強部長，各位嘉賓、各位朋友，女士們、先生們：

大家上午好！今天，我們會聚首屆陽明心學國際論壇，共同見證陽明學堂正式啟動。首先，我代表紫荊文化集團，向李家超行政長官、向郭強部長，向出席本次論壇的各位專家學者，向蒞臨現場指導的各位嘉賓，表示衷心的感謝！

王陽明是中國兩個半聖人之一，其心學是中國傳統文化的精華，源遠流長，影響廣泛。習近平總書記多次提及引用王陽明的學說主張，強調要像王陽明那樣誠意正心，知行合一，自覺做為學為人的表率。陽明文化的研究轉化傳播，特別是其心學在海內外的弘傳，反映出中西文化交流的意義和價值。

陽明學堂由香港中華教育文化交流基金會發起並在香港註冊成立，由貴州省港黔青年交流基金會和香港聯合出版集團旗下的香港中華書局、香港管理學院作為聯合發起單位共同參與。香港陽明學堂

* 許正中，紫荊文化集團董事長。

為非牟利教育培訓機構，旨在利用香港一國兩制的制度優勢，立足香港，面向海外，弘揚以陽明心學為主要內容的中華優秀傳統文化，擴大中華文化影響力，促進人類文明交流互鑒。組建香港陽明學堂，推動陽明心學從中國走向世界，得到了香港特別行政區政府的大力支持，得到了貴州省特別是貴州海外聯誼會和貴州中華文化學院的傾力配合，得到了海內外專家學者的積極響應，得到了香港各界同仁友好的鼎力幫助。

在鞏固國際金融中心、國際航運中心、國際貿易中心傳統優勢的基礎上，目前香港正發力建設中外文化藝術交流中心，陽明學堂生逢其時，大有可為。在此，我願分享幾點感受：

一是以學弘道，致力建設開放性國際學術研究平台，超越地域和文化的界限，聯合國內外研究機構，匯聚海內外專家學者，堅守中華文化立場，精心提煉中華文明的精神標識和文化精髓，推動陽明心學從傳統到現代、從中國到世界的創造性轉化。

二是以文化人，致力打造國際化中華文化傳播交流平台，把握香港建設中外文化藝術交流中心的發展機遇，以文會友，以藝通心，立足香港，輻射海外，廣傳文化種子，廣結文化善緣，將學者、作者、譯者、講者、讀者連接在一起，閱同文、行同路，傳承中華文化，促進文明互鑒。

三是以心明德，致力推動構建人類命運共同體，弘揚民胞物與、立己達人、協和萬邦、天下大同等中華優秀傳統文化智慧，體現和平、發展、公平、正義、民主、自由等全人類共同的價值追求，匯聚世界各國人民對和平、發展、繁榮嚮往的最大公約數，為解決人類共同面臨的各種挑戰貢獻中國智慧和力量，共建一個公正、合理與和諧的世界文明新秩序。

最後，祝願此次論壇圓滿成功！祝願陽明學堂篤行致遠！

謝謝大家。

學術發言

杜維明先生發言 *

我感覺到非常榮幸，能夠在第一屆陽明心學國際論壇，提出一個自己的感想。王陽明是明代的思想家、哲學家，也是一個行動中的知識分子，他的知行合一體現了儒家哲學的核心價值。他認為人對事物的了解、認識的本身就是一種行動，是內在的轉化，也是外在世界實踐，這種實踐是通過自己身心性命的感知所發展出來的外在的行為，它不是一種精英主義，它是一種確實可行的、能夠在日常生活中體現的，它是任何一個人在任何環境中都能夠體現的心靈感應，這種心靈的智慧，人人皆有。存天理，去人欲也是王陽明思想體系中的重要成分。

天理是人類與生俱來的良知和道德能力，也是人的行為的普遍共識。王陽明的滅人欲，我認為不是泯滅人性，而是要限制與規範人的私欲，還應當成為天地萬物一體的存在，因此天理是公，是破除私欲，是一個更寬廣的境界中體現出來的主體性。致良知是王陽明的心學主旨，良知是道德意識，也是最高的天理（本體）。王陽明認為，良

* 杜維明，美國哈佛大學研究教授、北京大學高等人文研究院院長。

知人人皆有，個人自足，是一個不加外力的內在動力，致良知就是將良知推廣到萬事萬物之中。

希望此次論壇的舉辦和陽明學堂的成立，有助於推動陽明學在世界的傳播和發展。推動香港成為中外文化藝術交流中心，為中華文化做出特有的貢獻。希望通過陽明學的國際論壇，取得一些具有創見性的陽明學的理論。

成中英先生發言 *

大家好，很高興今天能夠用視頻方式和大家見面，我在美國夏威夷，香港是我很熟悉的地方，是一個很美好的地方。今天我們談王陽明，在香港成立陽明學堂，這是一件好事情，因為陽明是無所不在，陽明是永遠的陽明，所以我今天的題目叫做《永遠的王陽明》，但是我先要祝賀香港陽明學堂成立的這個大會，祝賀你們成功，祝賀一切順利，繁榮發展。這是我首先要說的。

我的題目是永遠的王陽明，大家想想看這是個什麼意思。王陽明是永遠的，也就是說做王陽明是很重要的一個事情，是一個永遠的事情，是人生一個發展的事情，是中國文化發展的事情，是世界走向一個美好、和平的事情。所以，王陽明是永遠的一個哲學家，永遠在人類走向繁榮和平的一個象徵，這是很重要的。因為中國哲學的發展，從中國文化到中國哲學，這不是一件簡單的事情，是經過了幾千年，從最早這個易經時代到現在。那麼易經時代是什麼時候？那就是在公元前 8000 年，西方文化還沒有開始之前，中國人就已經是走入一個早期的農耕時代，經歷了這種暴力的所謂漁獵時代。這是很大一

---

* 成中英，美國夏威夷大學哲學系終身教授。成中英先生於論壇結束後的一個月左右的 2024 年 7 月 2 日去世，享年 89 歲。因此本文也是他最後一次公開演講。

個差別。所以，農業化是中國文化的開始。中國文化開始之後才有易經文化，有了易經文化就有了儒家文化，有了道家文化，有了諸子百家，再有漢代時印度文化、佛學才能夠進入中國，這是很重要的一個認識，才到魏晉隋唐到宋明。宋明時代就把中國那一套英雄時代的智慧，人之所以為人，人能夠完全實現人的理想而不相互主宰，相互供給。這成為一個天人合一的那種氣質。這樣的一種能耐，就是中國文化的理想，人人都可以為堯舜，人人都可以天人合一，那麼人人都會實現自我的完成，這是這個陽明的理想。

那麼說到陽明理想，我想簡單地把我寫出來的那篇文章跟大家描述一下。首先，王陽明他是經過了一個過程來理解到，世界跟你的關係，最後是認識到朱熹他的理氣合一，事實上是理中有氣，氣中有理，所以這兩個不能夠分開，宇宙的規律性和宇宙的生命性是一體的，人的規律性、生命的可能性和宇宙的生命性和可能性也是不能分開的。所以《中庸》說，道也者，不可須臾離也。你也可以理解為道理，我們就王陽明的一輩子來說，他的幾個階段就代表整個一個追求，就是生命和自然、氣跟理、理跟氣、心跟性、思跟行之間的一些關係。還有就是致良知和致中和的關係。

這個很重要，我在大學時代我就寫了一篇很重要的文章，就是《致中和與致良知》。致中和是中國先秦的思想，但這個思想就是要人能夠實現他自己，實現他的潛力，而致良知是要自覺地去實現，所以這也是一個進步。所以這是孟子開始，但是王陽明把它發揮到最高的程度。那麼從王陽明的永遠性來講，我們可以說從這個龍場驛理解到所謂作謂心即理，本來心就是理的意思，就是心與理並不應該分開，心性合一，心性，心就是理，心也是理，性也是理，所以心性不可分開，那就可以產生氣跟理不能分開。

到龍場驛去之後，王陽明開始了解到所謂知行合一的重要性，我想這個是最重要的，知行合一，代表了心性的關係，自然和人的關係，這是我們必須要了解的。人的存在是自然的，也是心性的；人是創造的存在，也是自我實現的存在。所以這裏我們要記得很清楚。

今天在香港成立陽明學堂，一定要發揮這個道理，因為越往後而越可以看得出來王陽明的一個完整性。當時在先秦，經過先秦到兩漢到魏晉，然後到隋唐，到宋明就逐漸實踐出來，到他開始用致良知這個想法來總結這個過程。我覺得是很有意思的，因為當初孟子講致良知也就是這個意思，因為良知是因為不學而知，你本來就是有這樣一個能力，你怎麼把它自覺發揮出來來實現自我，實現這個世界的一個美好性，來和平和繁榮這個人類，實現它的本身的一個和諧，這是很重要的。服務他自己的需要，同時也服務大家的需要。所以說，從這個角度來看，致良知致中和，已經把道家的思想也解釋在裏面，所以陽明他的思想是永遠的，因為他從整個過程當中看到了這樣一個人性的世界，心性的世界。人性和心性的世界，天跟人合一的世界。這是很重要的一個認識。我們今天在這裏慶祝成立香港陽明學堂，最重要的道理就在這裏。所以我說陽明是永遠的陽明。這裏請大家深深地思考。

最後，今天我就用視頻的方式祝大家開會成功，祝願香港陽明學堂成功，大有發展。同時，希望所有的陽明學堂在中國都能夠發揮，而且能夠傳播到天下，使天下人都了解陽明的重要性，消除人類的災難，來跳出戰爭而實現和平和繁榮，使天下走向大同，走向天下為公。希望大家珍重！

李子建先生發言*

尊敬的各位領導、學者、嘉賓，早上好。在陽明學堂十個顧問裏面，我不是專注中國文化研究的，本科也沒有修讀歷史或哲學。我想我被委任為陽明學堂顧問的唯一原因，是因為我是香港教育大學的校長，對陽明先生的思想甚有興趣，但是要認真學習陽明先生的思想，相信必定需要很漫長的學習歷程。首先恭喜陽明學堂在香港特區成立，我也非常榮幸作為本次活動的主持。我們今天將一起回到 500 年前左右，思考我們現在如何理解、如何詮釋王陽明先生的心學、理學。

首先我非常榮幸地向大家介紹在線發言的杜維明先生。杜維明先生是美國哈佛大學亞洲中心資深研究員、北京大學高等人文研究院院長、現代新儒家學派的代表人物，也是陽明學堂的顧問。大家知道他的精神境界、修養之高，對哲學的理解之深厚。我今天早上還有閱讀杜先生的著作《青年王陽明》，這本書介紹了王陽明先生青年時期的事情，讓我學到了不少東西。另外，杜先生還有很多關於在 21 世紀拓展文化中國、文明對話、啟蒙反思等方面的代表作，包含仁、修身、儒家思想、歷史等內容，都給我們不少啟發。

---

* 李子建，全國政協委員、香港教育大學校長。

成中英教授的分享也給我很多啟發，他把我們今天的活動的意義推得更遠，涉及和平和繁榮，我覺得也值得我們深刻地思考。其中，成中英教授提到「建立我和世界的關係」，我們通常講，儒家從修身、齊家、治國、平天下，從家庭人倫關係推到社會和國家，放在現代世界，(就是) 我們和世界的關係。《禮記》裏談到大同世界，我們今天也經常談論這個大同世界的理想。所以成教授也和我們分享，從陽明學裏面肯定可以進一步理解「我」和世界的關係。我們通常談知行合一，他特別提到「知、識、行」——加了一個「認識」這個重要的維度。這個維度意味着我們不但需要及時行動，還包含自我覺醒的一種狀態、一種理想。所以為什麼他說「永遠的王陽明」——這種永遠是超越時空、超越不同文化的。我理解這是一種點化，他最重要的一點，「我和世界的關係」放在我們現在的一種狀態之下，體現為我們追求「和平、繁榮」的理想。陽明學對我們個人的修養到世界的和平，對我們香港特區的繁榮和國家的繁榮都有重要意義，當然我們香港特區的繁榮和國家的繁榮是緊密相連的。成教授也從易經文化的角度，幾句話就把中國思想史的主要的關鍵說出來，讓我們有深刻的啟發。另外，《傳習錄》大約在 500 年前成書，直到現在仍有很大的影響力，這部經典與著名的龍場悟道有關。所以把這個很重要的活動放在香港特區，放在我們的香港故宮，有特別深刻的意義。

三浦秀一教授圍繞《孟子 · 娶妻章》展開分享。從我個人的角度理解，就是一個人總有人倫關係，有兒女，有父母。三浦秀一教授所用的這個案例很重要 —— 從日常生活經驗聯繫到帝舜作為一個案例。這個案例我認為不是一般的案例，他是有很高道德境界的一個案例，可能是一個標杆的案例。這個標杆的案例，我個人學到的就是要超越一般的人倫關係道德，一般人可能都不是這樣做的，但是帝舜就不一樣，帝舜超越了人倫的關係，甚至在自己的兄弟象和他的父母親友對他進行「迫害」，他的生命面臨危險時，他的意志仍然非常堅定。這個意志的堅定很重要，杜維明先生也說了，他有道德的意志，就是不管外面發生什麼事，（哪怕是）你最好的親人朋友迫害你的時候，對你做出不正確的行為的時候，你的道德意志還是非常堅定，體現出超越一般人并且學習先人的一種狀態，這給我們一個很大的啟示，這是一個理想的狀態，我們應該進行更深的反思。

漆思教授同樣給了我們一個很重要的分享。這個分享把陽明先生的思想分為五個部分：第一，最基礎的就是心即理；第二，知行合一；第三，致良知；第四，萬物一體；最後，此心光明。我先倒過來講，漆思教授引用王陽明生命即將結束的時候的一段講話——他是 1529 年 1 月 9 號去世，在 1528 年底的時候，他大概也知道自己的生命快到盡頭；他的弟子問，老師最後想留下什麼重要的啟示給我們？他說：此心光明。意思是光明磊落，再沒有什麼可以說的，你就看我的生平，看我的思想。所以這就讓我想起《中庸》裏面的三句話，和我們做教育的人很有關係。第一句話，「天命之謂性」。每個天命都有一個很重要的「性」。當然放在陽明先生這裏，這個性就等於理。第二句話，「率性之謂道」。第三句話和我有關係了，「修道之謂教」。所以我們做教育的人回到一個很重要的起點，這個起點就是我們作為人，我們要有良知，要知道自己的本性和特性，做個有道德的人，并且我們要做一個知道我們和世界的關係、能夠在不同的情況之下保持良知的人，這非常難。

習近平主席曾提到「內無妄思，外無妄動」，「內無妄思」的意思簡單說就是不要亂想；「外無妄動」也可以簡單理解為千萬不要亂動，不要做不適當的行為——這兩句話對我們做教育的人很有啟發，不要想太多，要做好的事，做想好的事情。當然我們從生命哲學的角度要談四個字：「知情意行」。「知」是知識，回到良知的境界；「行」可以聯繫到知行合一，就是陽明先生的重要思想。但中間還有兩個，一個「情」，這個「情」是情感，我們每一天的情緒都有波動，怎麼樣保持一個好的狀態？「意」，剛才已經提到了，道德意志非常重要，怎麼在遇到艱難挑戰的時候，維持道德的情操，這個是很重要。漆思教授用「點燈」這個比喻，對我很有啟發。心燈的比喻就是不斷地點燃。這個燈不點燃的話，可能就看不清楚，甚至熄滅。燈本身存在，但是還需要「點」這個動作，還需要花「工夫」，這「工夫」是很重要的。我看過漆思老師的文章《心與道通——中國傳統哲學的生命意境》，最後用佛家的「意境」做分享，他的生命意境結合了儒家、道家、佛家的思想，內容非常豐富。

今天我們在這裏，一方面談陽明心學，另一方面慶祝陽明學堂在香港特區的揭牌成立。我們非常感謝貴州省的支持，因為貴州龍場是我們陽明先生，也就是王守仁先生悟道的地方；我覺得貴州和香港特區的這次合作特別有意義。我的分享只是拋磚引玉，不當的地方請大家指正。再次感謝各位的莅臨和支持。希望大會圓滿成功，祝大家身體健康，家庭幸福，謝謝。

註：內容僅代表作者個人觀點，不代表香港教育大學及聯合國教科文組織的立場或觀點。所有參考文獻從略。

劉智鵬先生發言*

各位嘉賓，各位學者，下午好。我從來沒聽過這麼好的陽明學的主旨講演。在香港，一般都是知道我是搞香港史的，其實我本行是搞宋元明思想史的，所以今天這個題目就等於是我的本行。我其實也沒有特別好總結的，因為各位老師都已經說得非常好了。關鍵今天就是比較可惜，就是我們時間不夠。剛剛我看到每個主題都應該有一個專場的講演。我相信陽明學堂今天揭牌以後，往後總得有這個機會。每年我們應該是在貴州也好，在香港也好，在什麼地方都好，按照今天開始，一個一個主題展開。吳震教授講「日本陽明學」非常有意思，因為我們知道，蔣介石從日本才知道有陽明學，或者說有機會比較深入去接觸陽明學。回到中國，他就推這個，到台灣後，他還把台北一座山改名為陽明山，所以這是非常有意思的事情。

可能在座的不一定都是研究宋明理學的，可能也有只是對這個課題比較感興趣——為什麼今天我們突然間在 21 世紀，咱們國家改革開放幾十年以後，我們正在奔向中華民族偉大復興的路上，我們提出陽明心學？我覺得這是非常有意思的事情。

---

* 劉智鵬，全國政協委員、香港立法會議員、香港嶺南大學協理副校長。

王陽明到貴州的時候，其實才 34 歲，非常年輕的一個人，他到貴州去了，在龍場就悟道了。其實這個跟他過去 34 歲以前的人生的經歷有什麼關係？這關係挺大的，因為他學了程朱理學。那當然也要交代一下，我們一般說古代的科舉唸的都是四書五經。其實不是這個道理，是分開唸的。隋唐到宋朝考試用的課本，或者是課程的範圍，就是五經，是經學的；元朝以後，元明清學的是程朱理學。所以這就說明一個道理，為什麼陽明學在清朝好像就沒有一個什麼好的發展。當然這是相對的，相對於朱子學、程朱理學，關鍵就是科舉考試了。當然這個關鍵發生在元朝。因為我估計在內地是這樣，在香港也是，元朝的歷史就不怎麼存在於我們的中國歷史當中。老師上課就隨便說一下，元朝就是一個黑暗的時代了，蒙古人高壓統治，九儒十丐，就是這種概念。元朝其實很多方面就是宋朝的延續，包括在學術上。但是有一個很大的問題，是元朝沒有做好的，就是把科舉停了，停了以後就出問題了。所以我們看元朝的文學，文學家都不怎麼痛快，因為唸書沒出路。你試想一下，回到我們國家十年動盪時期，把所有學校都停了。今天你要是公務員，這考試不考了，十年下來肯定積累一大批這種文學。回到正題，在忽必烈的時候，他們有一場爭議，就是金朝的經學家跟南宋的理學家都在忽必烈旁邊當他的顧問，他們是在推動恢復科舉，就來這個機會了。如果這科舉沒有停，估計五經就一直唸下去也說不定，但剛好它停了。它恢復的時候，北方的經學家跟南方的理學家就討論很長時間，結果後來是以許衡為首的南方的理學家贏了，就把二程、朱熹的《四書集註》放進去，作為科舉考試的主體。為什麼王陽明後來說：「聖人之道，吾性自足，向之求理於事物者誤也」。其實他誤什麼呢？其實也沒誤。

我們今天講這個課題也得說明一下，朱熹和王陽明都是智商高得不得了的人，兩個人很厲害。你要是學朱熹，很難搞。在座都是咱們的同行前輩，你看朱熹以後到今天，我們說不出有一個學者超越他。同樣道理，對於王陽明，陽明學到今天都沒有（人超越他），所以這兩個人是非常厲害。那麼也很難說，因為他們兩個小時候接觸到那個知識的時候，問的問題就不一樣。朱熹是往外：「天之上何物」，王陽明是往內。

我覺得彭國翔教授講的「萬物一體」非常好。因為今天我們人類從工業革命過來，一直覺得科技可以改變很多事情。今天我們擁抱自然，對自然界的理解比王陽明那個時候廣泛、深入得多了。他年輕的時候，就坐在那看竹子。其實如果現在看那個竹子，看法是不一樣的。為什麼不一樣？就像紀錄片，中央台派個攝影隊去拍竹子，還是回到王陽明「格竹子」的那個場景去看竹子，就有「萬物一體」的道理在裏面。因為它從地下冒出來就是這個樣子，它不會冒出別的樣子，因為「吾性自足」，其實這都是一個道理。

我們搞這一段思想史，就是程朱、陸王這兩條路。「性即理」「心即理」，我們一直在那個文字上、在書本上來來往往。其實要是放開一點，你就發現「尊德性」「道問學」都是一個道理，都是可以拍成中央台的那個紀錄片，看你怎麼拍。一個可能從基因方面去看，一個就從客觀事情是怎麼展現出來，它裏面有什麼邏輯，有什麼物理、生物的關係等等，都有道理的。所以我們今天回過頭看這事情，非常有意思。

金耀基先生發言*

這次香港與貴州合作舉辦陽明心學的國際論壇，我覺得很有意義。因為我們相信在今日中國現代化取得重大成就之際，也正是中國文化返本開新的歷史時刻。誠然，中國傳統文化今日更有復興回歸的可能性。陽明學是當前比較受到重視的一個學說，這個學說應該可以從中國走向世界。

這次論壇，我們請到 40 多位學者專家，有 15 位發表了論文。有從美國來的，有從日本來的，當然還有兩岸三地的，這充分顯示，今天香港不止是金融中心、航運中心，還可以作為文化藝術交流中心。此外，今次成立「陽明學堂」，我特別高興，「陽明學堂」四個字是我寫的。陽明學堂有助於培育年輕人對於王陽明學說有所了解與認同，對中國傳統文化也多一點了解與認同。

生於現代社會的中國人，一方面你需要具備些現代的知識；另一方面，你對中國傳統文化也要有所認知。說真的，你不認知傳統，你也就不能真正進入現代。傳統文化是不受時間限制的，陽明學說明朝的人可以讀，我們今天也可以讀，它的價值並不會因時間的流逝而減

---

* 金耀基，香港中文大學原校長、台灣「中央研究院」院士。

失。我們希望通過陽明學堂使新時代的年輕人有機會接觸、親近中國的文化傳統。

這一次出席陽明心學論壇有那麼多學者專家，每位都各有研究的重點，有多位講到陽明心學的核心思想，有的對《傳習錄》做精微的解析，有的講陽明的事功與人格精神，有的討論到「朱子學」與「陽明學」的異同，也有的講陽明學的時代意義。總之是對陽明心學的全面立體式的演繹。這一次是香港舉辦陽明心學國際論壇的第一次，最難能可貴的是，二位身居美國、一生研究與宣揚中國思想、聲名卓絕的老學者杜維明先生與成中英先生，在論壇上都以視像方式，對陽明學發表了極具深思、語重心長的講話，這對論壇是一種鼓勵，也展現了論壇的高度。

香港與貴州兩地都有一種強烈的意願要發揚「陽明學」，因此，陽明心學國際論壇具體地把兩地主辦機構結合起來了。今天貴州的郭強部長來了，許正中先生代表紫荊文化集團（香港的主辦方）也來了，他們兩位對陽明學的時代意義、對陽明學走向世界的偉大影響都作了極具啟發性的講話，他們更對陽明心學國際論壇的未來發展提出了極具遠見的看法與期待。在論壇的開幕典禮上，香港特首李家超先生通過視訊表達了對我們這個國際性會議的期許，他希望把香港新的一個角色做好，那就是「中外文化藝術交流中心」。香港最享盛名的是國際金融中心、國際航運與貿易中心，現今還要加上一個中外文化藝術交流中心。當然，這也是國家期待於香港的一個新的角色。

這裏我要鄭重地提出來，過去這一百年，我國的變化太大了，中國文化的變化太大了，假如你認真看看這一百年的文化變化，你看到的幾乎是百年前預想不到的現象。簡單說，五四新文化運動對中國傳統文化造成非常強烈的衝擊，當年的口號有「打倒孔家店」「把線裝書丟進茅廁去」「萬惡孝為先」等等。這些激進觀念是絕對反對中國傳統文化的，但真正講起來，倒不是反對所有中國文化傳統，而是反中國二千年佔思想主位的儒學，出現了一個「去儒學中心化」的運動。這一百年來，你看看現在儒學在中國學術文化裏面還佔中心位置嗎？沒有了。兩千年中的儒學被奉為「經學」。孔孟學說在諸子百家時代，它也是「子學」之一種；到了漢武帝「罷黜百家，獨尊儒術」，儒學就變成「經學」了，地位遠高於其他的「子學」了。至於宋明理學、心學，都是從孔孟儒學而來，也即是經學的正脈。王陽明說，他自己過去重視釋老之學，那就是佛家、道家，又說自己曾耽溺於詞章之學，那就是文學。在陽明時代，釋老之學與文學都是低於經學的，是不能跟儒學、理學比肩的，它們都不屬於文化中心的位序的。但是我們今天看看，香港也好，內地也好，釋老之學與文學哪裏會低過經學（儒學）？不同了。我們千萬要了解，我們今天中國文化的內涵已經變了，變得很多元化了。

中國在民初蔡元培任北大校長時，或至少自五四新文化運動之後已經進入到我稱之為「新子學」的時代，就是不止中國的老子、莊子拉回來跟孔子、孟子並排坐，我們把西方世界的巨「子」也都請來了，亞里士多德、柏拉圖、康德、馬克思、歌德、莎士比亞等等，無不成為中國「新文化」的主角，構成了今天中國的「新文化」一個非常龐大複雜、豐富的圖像。

五四新文化運動開始的階段我認為它是一個宣揚「科學」「民主」的啟蒙運動，但是一百年以來到今天，它已經變成了一個胡適跟他的學生羅家倫當年倡導的「文藝復興」了，而這個文藝復興恐也遠遠不是他們當初想像的。今天中國的「文藝復興」是中國與西方的文化的融會結合的結果。西方文化在中國現代化過程中已融入為中國的新文化。假如今天，香港把西方的音樂全部不要了，香港還有什麼音樂？假如把西方的學術思想通通拿走的話，香港的大學裏面還有幾種學術思想？必不可忘記，馬克思主義也是一種西方的學術思想。必須要了解，這一百年來是一個「大西化」時代，也是一個非常重要的「現代化」時代，大西化是必要的，是完成中國現代化必須要有的。玄奘不去印度取經就不會有此後的「中國佛教」。二十世紀因為學習吸收西方的科學，才有了今天中國日盛的「科學文化」。王陽明假如不讀佛家的書籍的話，恐怕王陽明不會或很難發展出他此後的心學體系。

陽明學，或整個儒學，因五四新文化運動的「去儒學的中心化」，昔日的榮光已大減弱，而 1949 年後，傳統時代的「經學」已被馬克思列寧主義所取代。一直到 1978 年以後，第一次聽到「中國特色的社會主義現代化」的強音。在社會主義現代化之前加上「有中國特色」五個字，這是第一次把中國作為國家發展的主體。自此以後，現代化也好，社會主義也好，基本上是服務於中國這個主體的發展。沿着中國特色的社會主義現代化已進行了幾十年，不誇大地説，今天是中國三千年來經濟最發達的時候，這是中國經濟現代化取得的了不起的成就。面對中國經濟現代化的巨大成就，不禁要問，這與中國傳統文化有怎樣的關係？記得國家主席習近平曾表示，要把建設中國為現代化強國與中國文化復興結合起來。從此看來，陽明學的研究與發揚是有時代的意義的。

論壇中有一位學者説，我們講文化發展，也要重視物質文明，不能單單講精神文明，這話我十分認同。中國文化人長期以來總以中國的精神文明為最高，以此，中國社會的落後都無所謂了。魯迅對這種文化心理有深刻的批判。要了解，精神文明與物質文明是不能分開的。今天我們在港大開會，港大的房子與陽明當年悟道的山洞是不一樣的，陽明在山洞裏可以悟出他的心學，這展現的是他超凡入聖的精神，但我們不能因此說物質不重要。陽明的山洞，就不可能像今天這樣搞論壇。如實地說，精神重要，物質也重要，不能單講精神文明，輕忽物質文明。胡適講得很好，你坐在一個小舢板上，取笑那些坐大郵輪的人，說你沒有精神文明。可以這樣講嗎？大郵輪是不知多少科學與技術人員的精神投入的。我們講中國文化，千萬不要以「精神文明」自大。在這世界裏，我們誠然大有可以自豪的文化，但不要以為我們是世界第一。認真地說，中國今天能夠變成世界第二大經濟體，一個重要的事實是，因為我們大量地接受西方的東西（包括科技、商業等）進來，並且不斷精益求精，把西方的東西再加強、再發展。這就助成了中國的和平崛起。如果王陽明復生，看到這情景，他都會拍手的。誠然，這是大事功。王陽明是學者裏面，除了思想上成就外最有事功的。中國傳統中士人最嚮往的人生境界是「內聖外王」。宋明理學最大的偏缺就是專重「內聖」功夫了，不講「外王」事業了。王陽明的人生是「內聖外王」的體現。

這次來參加會議的有 40 多位學者專家，發表論文的是 15 位。我從頭到尾傾聽了，我覺得每一位對每一篇論文的論述，都把心擺進去了，都像一位香港學者所說的，都是一心一意，不是三心二意。無疑這是一次成功的會議，這個論壇絕對應繼續辦下去，主辦方講好的是今年在香港，明年在貴州，貴州以後回來香港，香港以後又回到貴州。中國研究王陽明的有那麼多學者，跟王陽明生前有關係的地方有那麼多（浙江、江西都是跟王陽明關係很深的）。我很驚訝今天海峽兩岸和香港，甚至海外，有那麼多的人研究王陽明，我想陽明先生應該感到高興。對儒學來講，也應該是一件值得高興的事，畢竟王陽明是朱子之後最重要的儒學人物。

我剛才講到，五四新文化運動有「去儒學中心化」的作用，事實上，百年來儒學再不能說是一門顯學，我們知道，佛教進入中國之後有「儒門淡泊」的說法，今天儒門較之宋明時代已不可同日而語。今天科學是當陽稱尊的，即使文學家、藝術家、史學家也較經學家人或更多，聲或更大。所以今天看到那麼多研究陽明學的「經學家」，我是很感到鼓舞的，這可以說是中國儒學復興回歸的一個信號。我覺得陽明學應該是在中外文化交流中，中國可以貢獻世界的一項高貴的文化珍品。

在過去三四十年中國和平崛起的過程中，講到中外（特別是中西）交流，我們的貿易是大出超，但我們在文化上則是絕對的入超。入超可以表示我們的文化軟實力不足，也可以是表示我們在「文化輸出」上做得遠遠不夠。一般地說，「文化入超」不是一個健康現象，但換個角度講，「文化入超」對中國也有正面的意義。過去三四十年，西方文化大量進入中國大陸，凡是有助於中國發展的西方的東西都被「拿來了」。客觀地說，開放改革的四十年，中國不但創造了經濟的奇跡，中國文化也出現了「敢教日月換新天」的新貌。一方面，西方文化在中土生根開花（特別看看科技與藝術在中國的發展），一方面，中國傳統文化也返本開新，重展新顏。別的不說，陽明學的復興回歸就是一例。

回頭說，中外文化的交流，我覺得中國今天應更有資格談「文化輸出」了。中國一向最弱的是科技產品，而今高鐵、電動車等等都一一出國了。在我看，陽明學對現代文化特別是對現代大學的教育是可以有貢獻的。

現代大學出現了什麼問題？ 2007 年，哈佛大學的哈佛學院(Harvard College) 的院長 Harry Lewis(也是 computer science 的專家)，寫了一本書《卓越但沒有靈魂：怎麼一間偉大的學府竟忘記了教育》(*Excellence Without a Soul: How a Great University Forgot Education*)，他說，哈佛在研究上是卓越的，但是在本科教育上卻沒有靈魂，哈佛在教育上已經不能對學生講什麼是對的，什麼是錯的。就是說，哈佛的教育已不講道德，也即只講「知性之知」而不講「德性之知」的學問，一言之，「價值教育」在大學裏面邊緣化了，失位了。

我必須說，這是今日所有現代研究型大學都面臨的問題，我近年出版的《再思大學之道》一書，就是針對這個問題寫的。大家知道，王陽明講的正是「德性之知」，陽明學的中心就是成德之學、成聖之學。這也正是現代研究型大學的教育所缺失的，而現代大學的教育關乎人類現代文明的良窳與成敗。所以，陽明學不止對中國，也對西方都有偉大貢獻的潛能，它也應是中國「文化輸出」的一張名片。

最後，我們預祝陽明心學國際論壇一次又一次地開下去，陽明學的復興與光大是一條很長的路，希望我們攜手一起走在這條充滿光明的路上。

論　文

王守仁對《孟子・娶妻章》的解釋及其在晚明的演變

三浦秀一著　費康幸譯*

摘　要：王守仁在《孟子・娶妻章》中，將舜對其異母弟象的善導感化過程視作致良知説實踐的一個具體案例。這種解釋的特點之一是，王守仁指出舜也有過犯錯的時期。此外，他認為舜克服自身錯誤後所達到的境界，是一種超越了自他內外之別的絕對境地。這也可以視為他的解釋中的另一個特點。一般來説，舜對象的教化可以被理解為他自身的一個逐步成長的過程。然而，若以致良知説為準則，那麼舜在教化過程的任何階段，都是根據當時的情境適時地展現了自己的良知。晚明的李贄和方大鎮對舜所面臨的實際情況進行了詳盡的探究，這種態度可以被視為對陽明學説某一方面的擴充。在這樣的思考中，我們也可以看到溝口雄三所強調的「明代的現實主義」。然而，這種「現實主義」並不僅僅是以對「事物」的客觀觀察為最終

* 三浦秀一，日本東北大學教授。費康幸，日本東北大學文學研究科博士生。

目標。他們把對「事物」的洞察視為一種手段，其目的是揭示舜「真心」的表現形式。

關鍵詞：王守仁　《孟子 · 娶妻章》　李贄　動心忍性　致良知

一、問題的所在

溝口雄三先生曾在分析活躍於晚明時期的李贄的思想時，通過介紹李贄對《孟子 · 萬章上篇》中一個古代寓言的解釋，強調了李贄「求道精神」中所呈現的「孤絕」特質。① 該寓言講述了聖王舜、他的父親瞽瞍及其異母弟象的故事：逃過父弟的陰謀並倖存下來的舜，回到自己的府第休息。象沒有察覺到其陰謀失敗，前來府第意圖侵佔。當時舜正在牀上彈琴。象難掩「忸怩」的同時，虛偽地説道：因思念兄長而來。而舜則提議與其共同治理天下。萬章對孟子提出疑問：「不識，舜不知象之將殺己與？」孟子回答道：「奚而不知也。象憂亦憂，象喜亦喜。」萬章進一步表示疑義：「然則舜偽喜者與？」孟子否定了這種可能性：「彼以愛兄之道來，故誠信而喜之，奚偽焉？」

舜早已洞察到象的陰謀，為何還能對象的來訪感到由衷的歡喜呢？孟子為此提出了一個理論：如果藉口「道」為託辭，即使是君子也會被欺騙。儘管這一推理看似有些巧詭，但孟子的本意僅在於稱讚舜純粹的兄弟之愛。南宋的朱熹在其《孟子集註》（卷九）中也認同孟子的這一理論，並表示舜對象的「憂」和「喜」的反應是出於「自有

---

① 溝口雄三：《中國前近代思想の屈折と展開》第一章第一節，東京大學出版會 1980 年，第 53—66 頁。

所不能已」的「兄弟之情」。朱熹還引用了程顥的話，將舜的舉動視為「人情天理」的極致，以此加強自己的論點。朱熹和程顥的這種解釋隨着朱子學的傳播和普及而廣為人知。在《萬章上篇》中，此寓言與舜未告知其父母就娶妻的故事並列展示，因此被稱為「娶妻如之何章」或「娶妻章」。本文亦將使用這一通稱。

溝口先生透過李贄的解釋，洞察到了「他的現實主義」，進而探討了「明代的現實主義」。① 在進入本論之前，我想先介紹一下李贄的解釋。李贄思索道：如果按照孟子的說法，舜的喜悅不是假的，那麼就意味着舜沒有察覺到象的殺意，就是「不智」。然而，如果舜知道對方有殺意卻依然表現出喜悅，那就是「不誠」。這兩種情況都不符合聖人應有的態度。要之，舜實際上是在假裝高興的樣子，但這是一種不得已的偽裝，旨在引出象的喜悅，這種意圖本身是「真誠而非虛偽」的。

在考察該寓言的解釋歷史時，呂妙芬教授的相關研究非常有助益。她在近作的第三章《聖人處兄弟之變》中，廣泛調查了從後漢的趙岐以降，北宋至清朝中期的士人對該故事的解釋，並對這些解釋進行了分析和分類。② 其研究成果表明，李贄對該主題的解釋確實是解釋史上的創見，換言之，即便在激烈變革的晚明萬曆時期，他那種追求「真心」的精神也是「孤絕」的。然而，李贄個人的「現實主義」是否真的可以擴展到「明代人」整體呢？對於溝口先生的觀點，可能需要重新考慮。他寫道：「陽明理學的興起，顯示了明代的一種內在驅動力：試圖建立一個非普世而是符合明代人實際狀態的理觀。」③ 也就是

① 溝口雄三：《中國前近代思想の屈折と展開》，第 58 頁。

② 呂妙芬：《成聖與家庭人倫》第三章，聯經出版 2017 年，第 105—150 頁。

③ 溝口雄三：《中国前近代思想の屈折と展開》，第 64 頁。

說，在明代那些不斷尋求與自身實際相符的理觀的士人中，王守仁及其後學為這種模糊的願望賦予了具體形式，並討論了實現這些願望的方法，而李贄則正是這種陽明心學的深刻實踐者或原理主義實踐者。

在舜和象的兄弟問題上，王守仁也有一些值得關注的發言。因此，本文將首先分析王守仁的相關言論，然後考察李贄及其他人士對王守仁理論的解釋之異同。最後，概述明末四書或孟子註釋史上王李兩家對經典的解釋立場，並以此作為本論文的結語。

二、王守仁及其經書的體驗性詮釋

（一）「舜之過處」

王守仁在正德三年（1508 年）於龍場悟道後，寫下了《象祠記》。① 當時，位於貴州西部水西城靈博山的一座供「苗夷」舉行祭祀儀式的祠廟，因民眾請求而修繕，當地的「宣慰安君」委託王守仁撰寫此文。此文的主旨在於記錄受到舜的德化影響，即使是象這種被視為不仁之化身的存在也能悔過自新的傳說。王守仁在隨後的人生中經常提及舜感化象的故事。在記載了他晚年言論的《傳習錄》下卷中，也收錄了兩段相關言論。首先介紹下卷第 45 條的言論。② 在這裏，他借用舜的故事對那些習慣責備他人的朋友進行勸告。說道：

---

① 王守仁撰，吳光、錢明、董平、姚延福編校：《王陽明全集》卷二十三《象祠記　戊辰》，上海古籍出版社 1992 年，第 893 頁。

② 王守仁撰，吳光等編校：《王陽明全集》卷三，第 101 頁。

舜能化得象的傲，其機括只是不見象的不是。若舜只要正他的奸惡，就見得象的不是矣。像是傲人，必不肯相下，如何感化得他？

這段話的主旨在於，舜之所以成功感化了象，是因為他對象的「不是」採取了「不見」的態度。王守仁又繼續告誡這位朋友：「凡嘗責辨人時，就把做一件大己私克去，方可。」為什麼他關注到這種試圖指責他人的意識，並將此視為「己私」加以否定呢？這個問題和舜「不見」的態度有何關聯呢？我們先確認《傳習錄》中另一條相關文獻，然後再思考這些問題。

在以經典的體驗性閱讀法為主題的下卷第96條中，[①] 王守仁分享了自己的心得：「古人言語，俱是自家經歷過來，所以說得親切，遺之後世，曲當人情。若非自家經過，如何得他許多苦心處。」在此之前，他先對《尚書·舜典》中「烝烝乂，不格奸」一句進行了解釋，並圍繞舜與象的關係發表了以下見解：

舜徵庸後，象猶日以殺舜為事，何大奸惡如之。舜只是自進於乂，以乂薰烝，不去正他奸惡。凡文過揜慝，此是惡人常態，若要指摘他是非，反去激他惡性。舜初時致得象要殺己，亦是要象好的心太急，此就是舜之過處。經過來，乃知功夫只在自己，不去責人，所以致得克諧，此是舜動心忍性，增益不能處。

值得注意的是王守仁提到了「舜之過處」。舜急於教化象，結果卻失敗了。然而，通過克服這個錯誤，他成功實現了兄弟和諧。借用前一

① 王守仁撰，吳光等編校：《王陽明全集》卷三，第113頁。

條的表述來説，舜也有曾經「見」到象「不是」的階段，而他實現了超越，因此最終感化了象。換言之，我們可以認為，在這個試錯的階段，舜也受到了其「己私」的影響。正如本條的主題所述，王守仁的這種解釋反映了基於他自身經歷的思考。那麼，他的哪些經歷反映在舜和象的故事解釋中呢？這種反映以何種方式呈現？我們需要特別注意引文末尾提到的「動心忍性」四個字。

（二）「動心忍性」和致良知説

《孟子．告子下篇》中，孟子講述了像舜和傅説這樣被上天選中，委以重任的人，都要經歷磨練「心志」和「筋骨」的時期。其中提到了「動心忍性」這四個字。朱熹認為這裏的「性」，指的是「氣稟、食色」，是需要堅忍克服的負面因素。[①] 但在王守仁看來，這裏的「性」與「心」同義，意味着自己的主宰者。然而，即便是這個主宰者，也有被要求堅忍刻苦的時期。就舜而言，也曾經歷刻苦磨練的階段。對於王守仁而言，《孟子》這一章為聖人舜克服挫折的經歷提供了可信的依據。但這樣的論證對他來説可能並不那麼重要，因為對於這四個字，他也肯定有自己的體驗性詮釋。[②]

嘉靖五年（1526 年），王守仁收到了愛徒歐陽德（號南野）的來

---

① 朱熹：《孟子集註》卷十二。

② 王守仁指出：「往年區區謫官貴州，橫逆之加，無月無有。迄今思之，最是動心忍性砥礪切磋之地。當時亦止搪塞排遣，竟成空過，甚可惜也。」（見王守仁撰，吳光等編校：《王陽明全集》卷四《寄希淵．四．己卯》」，第 159 頁）。他也指出：「其後謫官龍場，居夷處困，動心忍性之餘，恍若有悟。」（見王守仁撰，吳光等編校：《王陽明全集》卷七《朱子晚年定論序》戊寅，第 240 頁）。

信。[1]當時，歐陽德任職於安徽六安州知州，身處公務與自我修養之間的困境中。在信中，歐陽德首先引述了王守仁的一句話「若說寧不了事，不可不加培養，卻是分為兩事也」，隨後表達了自己的想法，「竊意覺精力衰弱，不足以終事者，良知也。寧不了事，且加休養，致知也。如何卻為兩事。」

王守仁在回覆歐陽德的信中，指出了弟子對自身現狀所進行的剖析存在弊病。在提出這一批評之前，他先引用了這句話：「動心忍性以增益其所不能者，皆所以致其良知也」，然後繼續說道：

若云寧不了事，不可不加培養者，亦是先有功利之心，較計成敗利鈍而愛憎取捨於其間，是以將了事自作一事，而培養又別作一事，此便有是內非外之意，便是自私用智，便是義外，便有不得於心勿求於氣之病，便不是致良知以求自慊之功矣。

毫無疑問，致良知說是陽明思想的代名詞。然而，王守仁首先要求歐陽德回想起《孟子》中的「動心忍性」。「動心忍性」是王守仁克服自我的過程，若追溯歷史，即使是聖人舜也曾經歷過這樣的階段。王守仁試圖引導歐陽德也經歷這個過程，目的是克服信中所提到的「是內非外之意」，也就是區分自己與他人、內部與外部，以此來合理化自我的意識。這正是前文《傳習錄》下卷第 45 條所談及的「己私」。那麼，舜是如何克服其「己私」的呢？

---

① 王守仁撰，吳光等編校：《王陽明全集》卷二《答歐陽崇一》，第 72 頁 [《傳習錄》（中）]。

「致知在實事上格」是王守仁經常提及的話。① 同時，我們也可以回想起王守仁對於「格物」功夫的理解。對他而言，「格物」即是「格正」作為己「意」呈現之場所的「事物」。就舜和象的關係來說，舜向象發出的意念之所在，就是需要被「格正」的「實事」。那麼，舜是如何實現這種「格正」的呢？王守仁在前文第 45 條中指出，舜成功感化象的祕訣在於「不見」象的「不是」，這正是克服「己私」的關鍵。

在王守仁看來，舜在某個時期，曾經執着於糾正象的行為。也許他一味地想像象應有的樣子。在這樣的想法中，可能夾雜了當時關於悌心的普遍觀念。換句話說，舜認為自己的判斷是正確的，把象的言行視為「不是」。要言之，他被「己私」所蒙蔽了。但根據王守仁的說法，即使是這樣的舜，在與象打交道的具體場景中，也能夠發揮自己的良知。通過這樣的行動，他不僅能夠克服自己的錯誤，還能夠重新建立與象的兄弟關係。在這個場合中，舜已經超越了「見」到象的「不是」的階段。換言之，他實現了超越區分自我與他者的立場。在這裏，舜的「不見」代表了絕對的「見」，即超越了執着於「是」和「不是」的相對境界。

在這裏，舜所代表的思想境地與王守仁晚年的主張「無善無惡」的理論交互重疊。王門弟子錢德洪（號緒山）將《傳習錄》下卷第 115 條中所謂的四句教詮釋為「一無三有」的境界，並將其視為師門「宗旨」，廣為傳頌。② 根據此學說，超越既有價值觀的「無善無惡」的「心之體」，

---

① 王守仁撰，吳光等編校：《王陽明全集》卷三，第 119 頁 [《傳習錄》（下），第 117 條]。參見，《王陽明全集》卷二《答聶文蔚》二 ，第 83 頁；故區區專說致良知，隨時就事上致其良知，便是格物。

② 王守仁撰，吳光等編校：《王陽明全集》卷三，第 117 頁 [《傳習錄》（下）]。

確保了自由自在的境界的實現。然而，人類是一種可能產生「私念」的存在，這種「私念」有時伴隨着「惡」。但是自己的「良知」能夠識別出這種「惡」意，並且採取行動糾正這種「意」念，也就是對「意」念呈現之場所的事「物」進行「格正」。而主導「格正」的正是「無善無惡」的「心體」。舜成功克服挫折並感化象的經歷，正是這種「一無三有」學說的先驅狀態。

(三) 舜「憂喜」的真假

關於舜的「憂喜」的真假這一問題，王守仁會作何解釋呢？若從他對經書解讀的主體性立場來推斷，他可能不會對此作出明確表態。對他來說，從第三者的角度討論舜的情感真實性是沒有意義的。那麼，假如自己身處舜的處境，又該如何應對呢？毫無疑問，他會要求每個人在特定的情境下發揮各自的良知。在這個過程中，重要的是以「不見」的態度應對對方的「不是」。因為只有在超越既有的「是非」框架之時，才能充分發揮自己的良知。在王守仁看來，能夠發揮良知的人，他們的情感應該是「真」實不妄的。那麼，這些情感是否符合對象的「憂喜」呢？對他來說，界定這些情感是否符合對象的「憂喜」，不過是次要的問題。

正如佐野公治所言，王守仁「不喜歡（對經書進行）註釋，而是更傾向於通過以心傳心，口頭傳授（其主旨）」。① 或許，王守仁沒有對《孟子·娶妻章》提供具體解釋的原因也是如此。他堅持以主體的態度解讀經典，這種心學精神也被他的門人所繼承。因此，關於王守仁逝

① 佐野公治：《四書學史の研究》，創文社 1988 年，第 254 頁。

世後的明代四書學動向，佐野氏認為「集成編纂明儒新說的集成書的出現，勢必要等到萬曆年間中期」。[①] 於是，佐野氏注意到了萬曆二十二年（1594 年）五月序刊的《新鍥四書新説國朝名公答問》十五卷[②]，並通過其中關於《大學》的解釋，揭示了該書中「不受（朱熹）章句限制的自由解釋」的趨勢。

李贄在這部書問世之際，恰好提出了關於舜的「真心」的獨特解釋。他的解釋與王守仁觀點之間的聯繫，或許反映了萬曆中期這一時代的思想動向。

三、焦竑·李贄·方大鎮三者對《娶妻章》的解釋

(一)《國朝名公答問》與《焦氏四書講錄》

《國朝名公答問》的編撰者是隆慶五年（1571 年）進士黃洪憲（浙江嘉興人）。卷首所揭「國朝名公姓氏」列出了六十六位儒者的姓氏和號，其中薛瑄排在首位，其次是王守仁、陳獻章、胡居仁。這樣排列的原因是，薛瑄於隆慶五年九月從祀孔廟，而後三者也於萬曆十二年底獲准從祀。名單中還包括了諸如鄒守益、歐陽德、王畿、王艮等王門高弟。《國朝名公答問》在推廣陽明心學的四書解釋方面可能發揮了一定的作用。然而，這本書並非完全是黃洪憲的獨創。他很早就留意到焦竑編纂的《焦氏四書講錄》十四卷，並將焦氏的成果融入自己的

① 佐野公治：《四書學史の研究》，創文社 1988 年，第 350 頁。

② 日本公文書館所藏本。

編纂之中。焦氏《四書講錄》嘗試將王守仁的言論以註釋四書的形式呈現出來。這樣的做法或許與心學的理念相悖，但同時也在萬曆時期的讀書人社會中，為推廣心學的四書解釋提供了契機。

焦竑（1540—1620）是萬曆十七年狀元。他的《四書講錄》裏有一則札記，上面寫着「癸巳仲秋吉旦，書林鄭望雲梓」。這裏的「癸巳」年指的是萬曆二十一年。在探討李贄的解釋之前，我們先確認焦竑是如何編輯王守仁的言論的。焦竑在《四書講錄》全書中精心安排了王守仁的相關言論。在《孟子》卷十二的「曰然則舜偽喜」一節中，他還以「陽明子曰」的形式引用了以下內容：

陽明子曰：舜之喜象，固是自然而然者，亦是不責備象要他為善之意。①

在這一段之後，焦竑繼續引用了《傳習錄》下卷第96條的中間部分，包括「大凡文過掩慝，是惡人的常態」等內容。在《傳習錄》的該段原文後，緊接着是「所以致得克諧，此是舜動心忍性，增益不能處」，焦竑則稍稍調整了「動心忍性」的位置。他寫道：

一旦象欺我以其方，若又責備他欺我，他的惡性定又激起來。故信而喜之者，正是舜動心忍性、增益其所不能處，亦是舜與人為善，成就象的美處。此等苦心微意，學者可不勘破。

在王守仁看來，舜「動心忍性」的經歷是他在教化象的過程中克服失

① 焦竑：《焦氏四書講錄》卷十二，《續修四庫全書》第162冊，第300頁。

敗的一連串實踐。而焦竑則是將這個源自《孟子》的典故視為對舜成功感化象的讚美之辭。相比之下，王守仁注重舜在實踐中的過程，而焦竑則關注實踐所帶來的成果。換言之，對焦竑來説，舜已經是完美的聖人，而不是一個需要克服失敗的賢者。

焦竑的這種觀點，從他註釋的開頭一段中也可窺見。他在寫到「舜之喜象，固是自然而然者」這句時，或許參考了王守仁的《書魏師孟卷》。[①] 該段文字以「心之良知是謂聖」起頭，接着談道：「聖人之學，惟是致此良知而已。自然而致之者，聖人也；勉然而致之者，賢人也；自蔽自昧而不肯致之者，愚不肖者也」。在焦竑看來，舜是一個能夠自然地發揮自己良知的聖人。他之所以持有這種觀點，或許是因為他將這種自然性視為王守仁「無善無惡」論的實現狀態。

焦竑巧妙地編輯了王守仁相關的發言，並重新構築成一則《娶妻章》的註釋。他的編輯能力非常出色。對於舜「喜憂」的真假問題，他表示「此等苦心微意，學者可不勘破」，讓讀者自行判斷。

（二）李贄和方大鎮

李贄（1527—1602）曾在寫給朋友的一封信中，揭示了他對《娶妻章》的理解。[②] 這封信的主旨在於批判時人對於「治人」方法的誤解。他首先指出：堯雖然沒有把帝位傳給自己的兒子丹朱，但卻「心痛地」任命他為丹水的領主；孔子雖然沒有將道傳給自己的兒子孔鯉，但卻「心痛地」教導他詩禮。於是李贄總結道：「以此知聖人之真能愛子矣」。

---

① 王守仁撰，吳光等編校：《王陽明全集》卷八《書魏師孟卷．乙酉》，第280頁。

② 李贄：《焚書》卷二《與友人書》，中華書局1975年，第74頁。

聖人能夠準確地識別子女能力的極限，同時也絕不缺乏對他們的愛。隨後，他將話題轉向了《娶妻章》：

> 舜明知象之欲殺己也，然非真心喜象，則不可以解象之毒，縱象之毒終不可解，然捨喜象無別解之法矣。故其喜象是偽也。其主意必欲喜象以得象之喜，是真也，非偽也。

緊接着這一段的是本文開頭提到的，舜並非「不智」或「不誠」的描述。李贄指出，如果堯沒有注意到丹朱「嚚訟」的性格，孔子沒有注意到孔鯉的「癡頑」，那也是極其「不明」的。接着，李贄進一步解釋道：「故僕謂舜為偽喜，非過也，以其情其勢，雖欲不偽喜而不可得也」。

李贄的解釋確實具有獨創性。然而，在分析這個故事的視角和方法上，他與王守仁和焦竑的解釋有着一脈相承之處。雖然，李贄明確斷言舜的喜悅是偽裝的，與焦竑讓讀者自行判斷的「苦心微意」有所不同，總的來説，李贄在借鑒前人解釋的基礎上，進一步展開了自己的見解。接下來，我們將對其特色進行考察。

根據王守仁的理論，象的「惡性」最初極為強烈，以至於連舜都曾被誤導。李贄繼承了王守仁的這種觀點，着重描繪了象的兇惡。「象之毒」已經頑固到連舜都難以徹底「解」開的地步。關於「舜之過處」的論述，可能是王守仁的獨創，李贄或許由此受到啟發。但是，王守仁並未對舜的「憂喜」問題作出明確表述，他認為身處舜那樣的境地的人應依據各自的良知來具體處理事務。李贄則直面王守仁的這種提問，在舜的內心中發現了能夠冷靜且精準分析「情」和「勢」的智慧。

對他來說，對於個別情境的冷靜且準確的分析能力是聖人必須具備的基本條件。換言之，他認為需要足夠的智慧來抗衡象的「毒」。因此，他最終得出結論，舜除了偽裝喜悦之外別無選擇。

王守仁基於其「無善無惡」的理論，保證了「真心」的自在性。而李贄則為「真心」的自在表現賦予了具體的形態。他認為，這正是符合聖人進行具體且詳盡的現狀分析時的表現形式。從李贄的解釋中，我們可以看到他對舜所處的「情」和「勢」，包括對象的「毒」的強烈關注。這種傾向也可以從下文即將提到的方大鎮的解釋中找到。不過，關於舜的「憂喜」問題，方大鎮持有與李贄不同的見解。

活躍在李贄之後的方大鎮（1563—1631），也是方以智的祖父。關於舜差點在糧倉和井中被謀殺的場景，方大鎮進行了以下推理：

假令舜而知父與弟之必殺己也，又知廩與井之為殺機也，陽以應其命，陰以敵其鋒，挾兩笠以求全，先旁空而覬出。則是示其親以必不能殺而與之鬬智，又示其身之必不可殺而與之鬬勇。①

方大鎮認為舜的心情極為複雜。他推測舜本應已準備妥當的措施來保護自己的生命，但舜卻故意沒有採取這些預防措施。因為他認為，這種預防行為可能會引發與父親和兄弟之間更深層次的衝突。那麼，在這種情況下，舜做出了何種選擇呢？方大鎮寫道：「舜惟知有父母之當順也，井與廩之命之當從也。而亦不問火之所自起，井之所自蓋也。」舜對親人的命令絕對服從，對於在倉廩和井中設置陷阱的責任，

① 方大鎮：《荷薪義》卷五第十六葉《答舒城社友李潔甫井廩問》，《四庫全書存目叢書補編》第 74 冊。

他選擇了故意忽視。為什麼舜能夠採取這種態度呢？方大鎮的解釋如下：

> 故見瞽瞍則喜，見母則喜，見象則喜，熙熙然相忘於孔懷同氣之愛也。豈因其鬱陶思君之言，以愛兄之道來而後喜之耶？

舜在面對血親時感到了喜悅。在這種親子和兄弟的「同氣之愛」中，他忘卻了一切。這裏需要特別注意「相忘」這兩個字。方大鎮指出，舜的喜悅並非因象的辯解而生。透過這一點我們可以理解此處「相忘」概念的含義。這種「相忘」的境界，可以說是一種超越了所有相對因果關係的狀態。面對父親或弟弟的陰謀，雖然可以設計出對策，但這些對策將引起新的對抗。報復的連鎖反應是無休止的。因此，方大鎮認為：要打破這種無止境的惡性循環，必須達到一種完全忘卻的境界。只有在那個絕對的境界中，純粹的孝心或悌心才會顯現。

方大鎮所描述的「相忘」境界，可以看作是與王守仁所說的「不見象之不是」的態度相等的概念。方大鎮在洞察舜的心理時，巧妙地運用了王守仁的「無善無惡」論。他所說的舜的喜悅，是一種超越了喜怒哀樂相對性的絕對喜悅。同時，方大鎮的洞察還包含了對舜所處情境的周到分析。在這一點上，他的看法與李贄相似，但在「真心」表現方式上，兩者提出了截然相反的解釋。

四、結語——晚明四書學史中王守仁和李贄的解釋

王守仁在《孟子・娶妻章》中，將舜對象的善導感化過程視作致

良知説實踐的一個具體案例。這種解釋的特點之一是指出舜也有過犯錯的時期。此外，王守仁認為舜克服自身錯誤後所達到的境界，是一種超越了自他內外之别的絕對境地。這也可以視為他的解釋中的另一個特點。這裏我們可以回顧王守仁關於良知「現在」性的下述言論。他説道：「我輩致知，只是各隨分限所及。今日良知見在如此，只隨今日所知擴充到底；明日良知又有開悟，便從明日所知擴充到底。如此方是精一功夫。」① 一般來説，舜對象的教化，也可以被理解為舜自身的一個逐步成長的過程。然而，若以致良知説為準則，這種理解便是錯誤的。根據王守仁的觀點，舜在教化過程的任何階段，都是根據當時的情境適時地展現了自己的良知。換句話説，舜的良知在每一刻都是「圓滿」展現的。同時，這種良知也隨着當下所知不斷地「擴充」。從王守仁在這裏的解釋中，我們可以看到這種「現在」主義的某些特徵。即所謂的「見在良知」不僅在當前情境中展現出相應的自我，同時也暗含了未來可能實現的「良知」的發展方向。

李贄和方大鎮對舜所面臨的實際情況進行了詳盡的探究。這種態度可以被視為對陽明學説某一方面的深化。就舜和象的關係來説，舜向象發出的意念之所在，就是需要被「格正」的「事物」。李贄和方大鎮對這些「事物」的本質進行了徹底的洞察。他們認為，這是準確理解舜在面對象時的應對內容的關鍵。在這樣的思考中，我們可以看到溝口雄三所強調的「現實主義」。然而，這種「現實主義」並不僅僅是以對「事物」的客觀觀察為最終目標。李贄和方大鎮把對「事物」的洞察視為一種手段，其目的是揭示舜「真心」的表現形式。

① 王守仁撰，吳光等編校：《王陽明全集》卷三，第 96 頁［《傳習錄》（下）第 25 條］。

呂妙芬在其著作的結語中推測：明末清初《孟子·娶妻章》新解釋持續出現的「主因」，是在思想界嘗試「批判與修正」陽明學的背景下，人們「希望削減心學主觀的成分，重建客觀禮法的有效性」所產生的學術趨勢[①]。這一判斷與當時的時代思潮相符。那麼，王守仁和李贄的相關解釋是如何被當時大量編撰和出版的四書註所吸收的呢？筆者將在下文中概述這一趨勢，並以此作為本文的結語。

如前所述，《國朝名公答問》（下孟卷十四）中的「詩云娶妻章」巧妙地運用了焦竑在其《四書講錄》中對王守仁言論的註釋化處理。正如此書名所示，《答問》在這裏採用提問的形式說道:「問:舜之喜象，亦是自然而然否」，接着引用了《講錄》中的文章，「陽明子曰：舜之喜象，固是自然而然者，亦是不責備象要他為善之意」。

在《答問》之後，基於《講錄》的其他註釋書陸續被編寫。李廷機編纂的《四書大註參考》（孟子卷五），在三段式版本的最上段以「摘新」為題，節錄了「王新建曰：舜之喜象，固是自然而然者，亦是不責備象要他為善之意」以下的文章。這段節錄文被萬曆四十九年周延儒序、馬世奇編纂的《鼎鐫三十名家彙纂四書紀》（下孟卷九）引用。引文縮短的趨勢進一步延伸至萬曆四十二年刊行的唐汝諤編纂的《刪補四書微言》（卷十八）和《三刻刪補四書微言》（卷十二），其中，《三刻》的再縮短版則被沈幾編纂的《四書體義》以及崇禎五年冬序刊的徐奮鵬編纂的《纂定四書古今大全》採用。《體義》是崇禎時期的四書註，收錄了羅汝芳（號近溪）和鄒元標（號南皋）等人的文章，是屬於心學系譜的彙編。

---

① 呂妙芬：《成聖與家庭人倫》第三章，聯經出版 2017 年，第 149 頁。

另外，值得一提的是，有註釋書引用了王守仁的《象祠記》。陳禹謨編纂的《經言枝指》於萬曆二十五年左右成書，其中的《談經菀》(卷三十五)「象日以殺舜為事」節選了王氏的文章。而這段節錄文隨後被收入《四書體義》(卷九)「象日以殺舜章」以及張自烈編纂的《四書大全辯》(下孟卷九)「象日」章中。《四書大全辯》的初刻本成書於崇禎十二年秋。

關於以李贄名義刊刻的四書註，正如佐野公治詳細介紹的，在李贄去世後的萬曆三十年代，出現了《四書評》。隨後，《四書評》又與楊起元（號復所）名義下的《四書眼》合併編纂成《四書評眼》。此外，《四書評》的部分內容還被引用於上述的《四書體義》等多部註釋書中。[①]《四書評》(孟子卷五) 的《娶妻章》中列出了四條評語。這裏我想介紹第四條評語：

舜之喜，謂之非偽喜，便矯性情。但其偽處，正與「言必信，行必果，硜硜然小人」不同耳。此其所以終收底豫之化也與。

雖然這裏的表達較為含蓄，我們仍可看到舜被描繪為一個在其本性自然顯露的基礎上偽裝喜悅的聖人。這段文字作為李贄的觀點，在四書註的領域中被廣泛接受。然而，引文縮短的趨勢也在此顯現，到了崇禎元年陳天定序的《慧眼山房説書》(卷十八) 中，四條評語被重新編輯為一段文字，而在崇禎六年八月序刊的錢繼登、曹勳編纂的《鐫錢曹兩先生新裁四書千百年眼》(卷十七) 中，題為「辨真」的部分也採

① 佐野公治：《四書學史の研究》，創文社 1988 年，第五章。

用了相同的格式。明確指出舜偽裝的註釋逐漸減少。不過，值得注意的是，《四書千百年眼》相關段落的眉批中包含了以下註解：

李卓吾謂；象入舜宮，除了象喜亦喜，再無別法處。妙切神情，片語堪玄會。

這是以《焚書》中《與友人書》的「然捨喜象，無別解之法矣」為出發點的表述，在這裏我們可以找到「偽裝」說的痕跡。此外，天啟至崇禎時期成書的周文德撰《四明居刪補四書講意聖賢心訣》是一部採用三段式佈局的四書註，該書在《孟子》卷五的最上段，以《舜異說》為題，介紹了焦竑編纂的王守仁的觀點。這種體現心學理念的編排方式與「心訣」這一書名相呼應。在該書的上段「附特見」一欄中，還引用了《四書評》中的「舜之喜，謂之非偽喜，便矯性情」等語句。

綜上所述，雖然僅通過幾個例子，但我們可以確認，王、李二人的解釋在明朝末年大廈將傾之際仍然受到人們的關注。然而，這些文字已不再保持它們原始的面貌，而是經過了縮短和匿名化等處理，成為了眾多註釋之一。儘管如此，這些文字要從四書註的世界中完全消失，還需等待心學以外的另一種思潮的興起。

中華心學的悟性智慧與人類命運共同體構建 *

漆思 **

摘　要：中華優秀傳統文化蘊涵着廣大甚深的心學文化，涵養人的德性善根，開啟人的悟性智慧。挖掘和闡發中華心學的悟性智慧，有利於化解當代文明困境與精神危機，有益於改善世道和淨化人心。中華心學的悟性智慧可促進當代中華心學的建構，對構建人類命運共同體提供思想啟迪和道德支撐。

關鍵詞：中華心學　悟性智慧　人類命運共同體

中華優秀傳統文化蘊涵着廣大甚深的心學文化，可以開啟人的善根和慧根，涵養德性，啟發悟性，增長智慧。挖掘和闡發中華心學的悟性智慧，有利於化解當代文明困境與精神危機，有益於世道的改善

* 本文係貴州省哲學社會科學規劃國學單列課題重大項目「中國共產黨人的『心學』對中華優秀傳統文化的繼承與發展研究」（編號 21GZGX04）的階段性成果。

** 漆思，貴州中華文化學院常務副院長、教授。

和人心的淨化，對當代人類命運共同體構建有着重要的思想啟迪和道德支撐。

一、中華心學的悟性智慧

中華心學的悟性智慧博大精深，主要蘊含在儒家「中和之道」的德性涵養、道家「自然之道」的自性本真、佛家「圓融之道」的悟性自覺、陽明心學「致良知」的此心光明等代表性心學文化流派之中。

（一）儒家「中和之道」的德性涵養

1. 天人合一。儒家傳承「以德配天」「敬德保民」思想，主張天人相感相通的天人合一觀念。《中庸》開篇講：「天命之謂性，率性之謂道，修道之謂教。」。《孟子》主張：「盡其心者，知其性也，知其性，則知天矣。」「天人合一」深層次指人心與天道的依存相通。天人一體即是天理良心一體，儒家認為天理良心是人最高的存在根據。王陽明在《傳習錄》中講「心即理」「知行合一」「致良知」，認為聖人之心以天地萬物為一體，主張以推其天地萬物一體之仁以教天下，使人克其私、去其蔽，以復其心之良知本體。致良知就是明明德、親民、至善，本心良知是萬物一體。儒家將涵養德性作為根本，通過修心養性，使心性接通天道，實現天人合一。

2. 中和之道。《尚書》講儒家心學「心傳」:「人心惟危，道心惟微。惟精惟一，允執厥中。」《論語》講:「中庸之為德也，其至矣乎！」《中庸》講:「喜怒哀樂之未發，謂之中；發而皆中節，謂之和。中也者，天下之大本也；和也者，天下之達道也。致中和，天地位焉，萬物育焉。」《論語》認為「君子和而不同，小人同而不和。」「君子中庸，小人反中庸。」儒家的「中和之道」注重中正和諧，強調的是生命的和諧之道。

3. 天下情懷。《禮記》講「大道之行也，天下為公。」儒家注重天下為公，謀求世界大同。《孟子》講：「孔子登東山而小魯，登泰山而小天下，故觀於海者難為水，遊於聖人之門者難為言。觀水有術，必觀其瀾。日月有明，容光必照焉。流水之為物也，不盈科不行；君子之志於道也，不成章不達。」顧炎武《日知錄》講：「有亡國，有亡天下，亡國與亡天下奚辯？曰：易姓改號，謂之亡國；仁義充塞而至於率獸食人，人將相食，謂之亡天下……保國者，其君其臣、肉食者謀之；保天下者，匹夫之賤，與有責焉耳矣！」梁啟超提煉出「天下興亡，匹夫有責」。

（二）道家「道法自然」的返璞歸真

1. 道法自然。《道德經》講「人法地，地法天，天法道，道法自然。」道法自然，通常理解為人要效法大地，效法天，效法道，效法自然，實質卻是效法生命自性。道法自然，道就是主體性，自己主宰自己的運行，自己使自己然，自己成就自己。既然道的本性是自己成就自己，那麼人應當效法道的本性，尊道貴德，抱道合德。道家從道法自然出發，強調天人一體，順應自然，合乎天道，返樸歸真，使之趨向天人和諧。

2. 無為而治。《道德經》講：「道常無為而無不為」，「是以聖人處無為之事，行不言之教，萬物作而弗始，生而弗有，為而弗恃，功成而弗居」。《莊子》講：「天地有大美而不言，四時有明法而不議，萬物有成理而不說。聖人者，原天地之美而達萬物之理，是故至人無為，大聖不作，觀於天地之謂也。」無為即無偽而合乎自然之道。道家在道法自然基礎上主張各復歸其根，向人的自然本性回歸，過符合人的本性的本真生活，就是達「道」了天人的和諧相通。

3. 逍遙自在。道家追求逍遙自在、淡泊名利、超脱生死，達到真人境界。《莊子》講：「天地與我並生，而萬物與我為一。」修道之人要自覺以道的角度去看，知道行道，最後與道合而為一。漢代嚴君平在《道德真經指歸》中指出，道家的旨趣在於：「損聰明，棄智慮，反歸真朴，遊於太素。輕物傲世，卓爾不污，喜怒不嬰於心，利害不接於意。貴賤同域，存亡一度，動於不為，覽於玄妙。精神平靜，無所章裁，抱德含和，帥然反化。」道家超越了生死，莊子說天地是我的棺木，日月星辰是我的陪葬品，這是得道的大氣象。

（三）佛家「圓融之道」的悟性自覺

1. 緣起性空。緣起性空理論是佛教的基本教義，緣起就是因緣和合，性空就是法無自性。緣起理論表明世間萬物都是一種因緣而起的和合共生關係。佛家的諸行無常正是法無自性，當下即空。佛家的緣起性空，可感悟「如來如去真如圓融不一不二，非空非有無非因緣自性自然」。如來如去，如如不動為真如，如來者如其本來的面目。真如圓融法門是「不一不二」。從「體」上講就是「不二法門」，「不二」即是「一」，即是萬物一體、生命同源；從「用」上講就是「不一法門」，

「不一」就是豐富多彩的世界，每個生命都有個性。非空非有的世界既不是一個虛無斷滅之「空」，也不是執着境相之「有」。非空非有斬斷了「斷滅空」和「執着有」，自性方能清淨光明。非空非有才能真空妙有，真空妙有才能化生萬法。

2. 中道圓融。大乘空宗則把中觀視為「不二法門」。中觀學派的龍樹提出了「八不中道」:「不生亦不死，不常亦不斷，不一亦不異，不來亦不去。」並認為此乃「諸說中第一」。《大乘起信論》以「心」作為終極根源，「是心則攝一切世間法與出世間法」，其闡發的「一心開二門」為圓融的世界觀奠定了基礎。天台宗在判教的基礎上建立了包容一切、圓融無礙的理論體系，所謂「一心三觀」「一念三千」「三諦圓融」。華嚴宗提出了法界「圓融」思想:「法界緣起，圓融自在」「六相圓融」「十玄無礙」「理事圓融」「事事圓融」「一切即一，一即一切」，弘揚圓融精神。佛教依中道修行，修心在於圓融自在。

3. 明心見性。佛學認為諸行無常、諸漏皆苦、諸法無我，涅槃無名。以正見正信開始修行，達到明心見性。禪學倡導「不立文字，教外別傳，直指內心，見性成佛」。人心覺悟就能成就佛，一念之覺悟即為佛，一念之癡迷為凡夫。《金剛經》提出「無所住而生其心」。禪修靜心，明心見性，靜能生慧，覺悟就是覺解和證悟生命的本來面目。經過修行磨煉，去掉無明和習氣才能覺悟，覺悟之後就能看破紅塵，外掃虛妄之相，內去執着之心，把握真如本性。只有「看破」之後才能「放下」，只有「放下」才能「自在」。

（四）陽明心學「致良知」的此心光明

1. 心即理。王陽明在貴州龍場悟道悟的就是「心即理」。此前的宋代理學把「理」當作客觀化的外在於人的存在，王陽明在貴州龍場悟道講「心即理也」「心之本體即是性，性即是理」，這個心就是良知。王陽明在《傳習錄》講「聖人之道，吾性具足」「聖人之學，心學也」。王陽明在就是通過了悟「心即理」，返回到人的主體性，回歸人的本性。在那個艱難困苦、百死千難中領略到了「聖人處此，更有何道？」王陽明一生立志要做聖賢，把自己的心態置於聖賢之心。王陽明講：「身之主宰便是心」「欲修身，先養心」。王陽明在龍場悟道以後創辦龍崗書院，給龍崗書院定的院訓就是立志、勤學、改過、責善。王陽明講：「志不立，天下無可成之事」「只念念存天理，即是立志」。立志是修行的起點，心向光明，從大本大源處探尋，勤學和改過就是知行合一和事上磨練，責善就是致良知，引導人心崇德向善。

2. 知行合一。王陽明在龍場悟道以後，到貴陽文明書院首講「知行合一」。知行合一中的知行關係，通常把它理解成理論和實踐，或者認識和行動，這是不確切的。王陽明的知即是良知，善即是善行，「知行合一」就是良知和善行為兩面一體。王陽明在《傳習錄》提出「知是行之始，行是知之成」「知是行的主意，行是知的工夫」「知之真切篤實處即是行，行之明覺精察處即是知。」良知是本體，致是功夫。真正的良知一念發動，就已經是善行的開端。王陽明認為：「不能勝寸心，安能勝蒼穹。」如果不能戰勝自己的方寸之心，怎麼能夠戰勝廣大的外部世界。王陽明認為：「能克己，方能成己。」人生的真諦，就在於良知與善行的兩面一體，達到知行合一。

3. 致良知。王陽明講：「吾良知二字，自龍場後便已不出此意。」就是說龍場悟道後王陽明所講不離良知，即以各種方式在講良知和致良知。王陽明講：「我此良知二字，實千古聖賢相傳一點骨血也。」「吾平生講學，只是致良知三字。」成聖就要致良知，因為「爾那一點良知，是爾自家的準則」。王陽明寫了一首詩：「人人自有定盤針，萬化根源總在心。卻笑從前顛倒見，枝枝葉葉外頭尋。」定盤針即是人心之良知。王陽明講：「心之良知更無障礙，得以充塞流行。我只是這致良知的主宰不息，久久自然有得力處。」「聖賢論學，無不可用之功，只是致良知三字，尤簡易明白，有實下手處，更無走失。」強調「一念抱持，成聖之要。」一念抱持，就是讓人的每個念頭都永保良知，這就是成聖的要訣。良知是本體，從知覺角度叫良知，從能力角度叫良能。良知良能，這是人的本體性的存在。致是功夫，就是開顯良知的功夫，致良知就是即本體即功夫。

4. 萬物一體。陽明心學的「致良知」成就什麼樣的境界？就是「聖人之心以天地萬物為一體」的境界。王陽明講「發《大學》萬物同體之旨，使人各求本性，致極良知。」「以推其天地萬物一體之仁以教天下，使之皆有以克其私、去其蔽，以復其心體之同然。」去掉人的私心雜念，去其蒙蔽，人的光明心就得以顯現。王陽明強調：「此心全體方是流行無礙，方是盡性至命之學。」「本心良知是萬物一體。」大學之道第一綱，在明明德，明明德就是致良知，讓光明德性顯現出來；親民就是仁民愛物，博施濟眾，達到天下大同。王陽明說滿街都是聖人，人人都有聖人本性，實現盡心知命知天，達到仁者與萬物一體之境界。人的本性良知不是二分法裏的對立世界，良知就是萬物一體之心，即是一體之仁，實現內聖外王的聖人境界。

5. 此心光明。陽明心學的四句教：「無善無惡心之體，有善有惡意之動，知善知惡是良知，為善去惡是格物。」從心的本體上講是無善無惡，沒有分別念；意念一動，自然分了善和惡；良知是知善知惡，良知就有這個功用，運用之妙，存乎一心；格物就是為善去惡，達到致良知。王陽明講：「惟天下之至誠，然後能立天下之大本。」「破山中賊易，破心中賊難。」心中的賊就是妄念煩惱，修行就要遣除私心雜念。王陽明臨終講「此心光明，亦復何言？」此心何以光明？即是通過心即理、知行合一、致良知的修行，通達萬物一體、此心光明的境界。首先，要心向光明，立志勤學，轉化心態，具足信心，完成資糧道；其次，要心尋光明，知行合一，心性專一，具足定力，完成加行道；再次，要心見光明，明心見性，覺悟心性，完成見道；復次，要心入光明，改過擇善，淨化習氣，涵養保任，完成修道；最後，要心化光明，自淨其意，此心光明，證到光明。

二、中華心學的生命覺悟

中華心學蘊涵着悟性智慧，體現了心性的生命覺悟：易經主張自然大化的生命觀，注重變通的陰陽和諧；儒家主張中和之道的生命觀，注重入世的人文關懷；道家主張道法自然的生命觀，通達超脫的天地境界；佛家主張中道圓融的生命觀，追求真如的悟性自覺。中華心學的生命覺悟，與西方文化注重概念化的理性認識形成鮮明對照。中華心學的悟性思維注重心性的修養，使心性與大道相通，實現人的生命覺悟。

人是在世的存在。在世之人，是宇宙中具有心性的存在，人的心性可以通達自然大道。作為心性的生命體，人的生命跟宇宙萬物的生命是內在一體的，存在着本質上的統一關係。人的小生命來源於宇宙的大生命，最後還要回歸大生命之道。道就是生命成就自身的內在本性和構成機理，在人則為「人道」，在天則為「天道」。人的覺悟在於心與道的感悟相通。然而，人的生命本性在現實中常常是不自覺的，生命之道的迷失使得現代人找不到回家的路，處於一種生命的無根基狀態。人從自然大生命而來，本身就攜帶着自然之道的氣息，但常常迷失了自然之道的本性，找不到生命之真諦。這種生命的無根基狀態是人的生命自覺意識缺失的表現。我們目前所處的現時代更需要對人的生命觀進行反思：人從哪裏來？到哪裏去？生命本性究竟是什麼？如何找到生命的信仰？這就需要上升到生命哲學進行生命觀的澄明，讓光亮照進生命的無明狀態，使心性得以覺悟，通達生命的澄明之境。

中華心學的悟性思維，正是追尋心性的自覺，追問生命的意義，完善生命的價值，實現生命的覺解，追尋人生的真諦。「覺」字可理解為「學」到慧「見」;「悟」字可理解為「吾」「心」為「悟」，明心見性即為生命之覺悟。現時代，人更多的去追逐身外之物致使人失去了生命的內在本性，遮蔽了自然的生命之道，心性難以與大道接通，導致生命有隔，陷入迷茫的無明狀態。這需要人用心靈去感悟，用生命去覺解。中華心學的生命覺悟，主要體現在如下層次：一是人世。人世即人生在世，人存在於世界之中，要把握人與世界的關係。我們如何理解宇宙的真相和人生的意義，需要自覺領會哲學意義上的世界觀問題。通常我們將世界觀定義為人對世界的根本看法，其核心就是把握人與世界的關係，把握人生的存在方式。從哲學的層面理解世界觀，「世」是人生在世的生命宇宙；「界」是人生體驗的道路；「觀」是以人的心性對宇宙大道的覺悟。這種觀不只是「眼」觀，更在於「心」之觀悟。心之世界觀決定着人生觀的視野，人的心性自覺到與宇宙大道相通則是世界觀的澄明。二是人生。人生就是人的生命，覺解人和自身生命的關係才能真實把握人生。宇宙有其生命的自然演化歷史，作為宇宙大生命進化鏈條中的一員，人是天地之靈長、萬物之精華，遵循着宇宙進化的法則，即自然大化之道。人生在世的意義重大：「為天地立心，為生民立命，為往聖繼絕學，為萬世開太平」。人的生命與物的生命有着質的差異，雖然在自然生命意義上具有一體性，但人的生命有着極為特殊的使命。人生觀是人對自己生命的關照，在生命中尋找人生真諦並對存在意義的反思和追問。三是人心。人有心性，「心之官則思」，「修心養性」，強調了心性的重要性。人心不是作為身體器官的心臟，它是宇宙生命大化中最精妙的存在，我們現時代的科學都難以精確地把握。人心變化莫測，若要高尚起來，比神還崇高，可殺身成仁、捨身取義；若要作孽，甚至禽獸不如。中國哲學特別發展了心性、良心、良知，即對人的心性的自覺修煉。人心不是某一個器官性的存在，而是作為一種生命之道的屬性來主宰人的生命。這是因為心中有道，心與道通，心即道。道是一種宇宙自然而然的本性，「天命之謂性，率性之謂道」。古往今來哲學、宗教、藝術都關注的人與自我心靈的關係。身與心、靈與肉怎樣達相通與和諧，達到內在的寧靜與從容，這就需要人反求諸己，反觀自己的內心，洞察心靈的奧祕。四是人性。人性由人「心」與人「生」構成，「性」是心與生命之道貫通的體現。何為人的本性？人的本性就是道性，宇宙之道賦予了人的心性。心的生命即「性」，意味着用「心」來支配和引導人的「生」命，找尋生命的道路。靈魂是人的本性的另一種表達，它引導着生命。沒有了心性的引導，人的生命就會出現迷失。這就需要反思和回歸人性，達到哲學意義上的人性觀自覺。人心作為支配人性的本源，是人的生命中非常獨特的存在。人除了擁有與動物一樣的自然本能，還擁有自由，即能夠支配自然生命的生命。人的心性就是用來主導人的自然生命，因此說人的心性就是人的本性。只有破解心性的密碼，才能獲得對人生命的洞察。人生在世最大的困惑是心性的困惑，心性是哲學的真正奧祕，哲學就要去覺解人的心性。

從人世、人生、人心、人性的觀照可以看出，中華心學的奧祕在於自覺開發人的悟性智慧。心性是人的自主自由的生命，人的生命價值在於心性的自覺。中華心學認為，有知識不等於有文化，有文化不等於有智慧。中華心學更加注重人的修心養性，以德性的涵養造福社會，以智慧的心性覺悟生命。

第一是覺與證。修養心性，既要知道，又要行道，這就是覺與證。要覺悟道，又要證道，即通過生命去驗證道，去展現道。這就是知行的統一。中華心學強調知行合一，佛教也強調覺證一體。若有了道但卻沒有在生命中修行，那麼道還不能貫通，不能住留心性。因此，必須要修行並重。覺和證的關係，就是不但要「知道」，而且要「行道」，達到覺悟和修證的統一。

第二是詩和思。古往今來的諸多思想家、藝術家都在思考生命。那些偉大的文學、偉大的詩歌，都是指向生命的覺悟，都是尋求生命的真諦。《紅樓夢》偉大之處在於蘊含着深厚的儒道釋意境，不了解儒釋道就難以讀懂《紅樓夢》。事實上，古往今來的詩人、文學家、藝術家，都以自己特有的方式感悟生命，追尋生命之道，但傳統哲學史中卻鮮有詩人和詩性的智慧。這就是說現有的思想認識格局是很有局限性的，不足以把握生命的恢弘與博大氣象，把詩性引入思想才是完整的。人不光需要理性，還需要情感，詩與思的對話才可能覺悟完整的人性。

第三是心與性。知人要知心。中華心學高明之處就在於把心性智慧開顯出來。心和生合起來就是性，就是用心去引領生命，以符合道的本性。如何處理好心性與生命的關係，這是個永恆的哲學主題，也是永恆的人生主題。得道之人用心性駕馭生命，而失道之人則是喪失心性的指引。道是方向，是理想的指引，而路是現實的具體的開顯。因此說，沒有道就沒有路，有道才有路。人要對自己的生命有一個真實的關照，要知道自己想要什麼，才可能找到所想要的，但在大多數時候人們往往把虛假的欲望滿足當做真實的生命需要。這就突顯了心性之於生命的重要性。

第四是迷與悟。人生總處在迷和悟之間。悟就是覺之光明，可以照亮迷之黑暗。人可以調整自己生命的姿態，向着合適的道路前行。人生的辯證法就在於，只有經過苦才能找到樂，經過迷才能找到悟。一個人只有經歷苦難之後，才能感知生命的甘甜。人與人的交往，最貴於交心，達到心靈的相通。人同此心，心同此理。人有神聖的心性與道性，通過天地神人的會通，可促進人內在本性的覺醒。人要體悟生命的澄明之境，就要修心養性，明心見性，通過心與道的接通，永葆自然率真的心性，體悟生命一體的情懷，懷抱寄託天下的氣度，追尋逍遙自在的境界，活出樂觀通達的人生。

三、中華心學與人類命運共同體構建

構建人類命運共同體是當代中國向世界發出的智慧之聲，中華心學可為構建人類命運共同體提供心學智慧。

（一）中華心學為構建人類命運共同體進行思想奠基

把握構建人類命運共同體的戰略要義，需要深入挖掘和闡發中華心學的當代價值，把中華心學智慧轉化為構建人類命運共同體的重要思想資源。源遠流長的中華優秀傳統文化積澱了最深層的心學精髓，形成了中華民族獨特的哲學智慧。我們要吸取中華優秀傳統文化的思想精髓，深入挖掘和闡述中華優秀傳統文化的時代價值，使中華優秀傳統文化為構建人類命運共同體進行思想奠基。

中華心學的當代價值，既體現着中華性又體現着人類性，需要我們立足時代傳承發展中華傳統心學，創建當代中華心學，為構建人類命運共同體提供中華智慧。中華傳統心學必將在中華優秀傳統文化的創造性轉化和創新性發展中為人類文明開闢新境界，創造人類文明新形態。人類命運共同體的當代構建，需要有中華心學的價值指引，其源頭活水在於自覺地反思歷史與文化傳統，結合時代要求，以中華心學的智慧進行價值導航。中國共產黨歷來以弘揚和發展中華優秀傳統文化為己任，並不斷賦予中華優秀傳統文化以新的時代內涵和時代精神。中華心學的闡發和弘揚，正是將中華優秀傳統文化與時代精神有機貫通和現實結合的體現。中國共產黨人以高度的文化自覺和歷史自信，不斷推進馬克思主義基本原理同中華優秀傳統文化相結合、中華優秀傳統文化與社會主義文化相融通，使中華優秀傳統文化通過創造性轉化和創新性發展成為當代中國文化的不竭源泉，使民族復興的文化根基得到鞏固，探尋構建人類命運共同體的思想坐標。

現時代需要點亮人類的智慧心燈，需要有心學的大智慧。人是天地之靈，心是靈性之本。覺者學習正見，悟者明心為悟；智者日知為智，慧者妙心為慧。志向決定方向，格局確定大局，性格預示命運，學習開創未來。通過培根鑄魂、啟智潤心，就要明體達用、體用貫通。明體就是明本體，明本體者明道，明心見性；達用就是善用智慧，達用者貫通，知行合一，所謂運用之妙，存乎一心。培根才能鑄魂，啟智方可潤心。王陽明在《拔本塞源論》強調了人要立本，要在大本大源處探尋，本立而道生。人人都有智慧心燈，但心的開發程度不同，這個心燈通常沒被點亮。人要有知識，知識超越了感官經驗。但是人光有知識還不夠，從修行的角度來説人要有智慧，智慧是人心中的明燈，指引人生的方向。

（二）重建世道人心為構建人類命運共同體提供道德支撐

中華心學注重世道人心的重建和改善。人無德不立，國無道不興，天下無道不太平。中華傳統修行文化中蘊含着豐富的道德資源，是維繫世道人心的價值理念，可支撐人類命運共同體的構建。「世道」是指社會秩序，重點是維繫共同體的道德倫理與治理體系；「人心」是指心靈秩序，即共同體的精神家園，核心是協調維護共同體的價值信仰體系。中華心學注重世道人心的統一，追求共同體的社會秩序與心靈秩序的和諧。中華心學自古以來注重禮樂教化，禮來規範社會，樂來教化人心，共同維繫世道人心。需要反思的是，對待諸如中華心學中的「仁義」「忠孝」「家國」「天下」等源遠流長的價值觀念，我們絕不能隔斷歷史傳承，否則極易導致歷史與價值的虛無主義。習近平指出：「引導我國人民樹立和堅持正確的歷史觀、民族觀、國家觀、文化觀，增強做中國人的骨氣和底氣。」① 當代需要對中華心學的道德觀成功激活並轉化為自覺的價值追求，成為建構人類命運共同體的道德資源。中華心學的道德觀作為中華民族精神的重要內核，起到了團結凝聚民族、整合世道人心、維護長治久安的重要作用。當前我們正在倡導社會主義核心價值觀，其深層道德根基正在於中華傳統道德觀。因此，我們不能盲目推崇西方鼓吹的價值觀，而是要讓中華道德體繫在參與全球對話中為人類命運共同體建構提供價值理想和道德啟示。

構建人類命運共同體，需要重建和改善世道人心，需要借鑒中華心學的道德教育與道德修養。中華心學以文以載道的方式發揮着人文教化的功能，以歷史評判的方式擔當着弘揚道義的功能，以價值評價的方式承載起道德提升的功能。中華心學對世道人心的道德教化從兩個角度展開：一方面是批判性功能，通過反思批判進行價值評價，引領時代精神；另一方面是建構性功能，發揮傳承文明、資政育人、涵養德性、安身立命的獨特作用。構建人類命運共同體，中華心學注重從世道人心的重建出發，堅持以文化人、立德樹人，把立德樹人作為實現中華心學與當代價值觀有效融合的聯結點，構建立德修身的文化傳承體系、崇德勵學的價值引領體系、明德正心的德性涵養體系、厚德篤行的道德實踐體系。當代世道人心的重建，需要將中華心學與社

① 習近平：《在中共中央政治局第十二次集體學習時的講話》，《人民日報》2013 年 12 月 31 日。

會主義核心價值觀結合起來，就愛國、敬業、誠信、友善等核心價值觀的公民要求與中華傳統美德進行對話與銜接，以中國故事與時代精神講述中華價值。結合現實生活與網絡媒體上普遍關注的熱點難點問題展開道德對話，使人們明辨是非，形成人心向善的道德認知，內化為自覺的道德認同。針對當前社會轉型期普遍遇到的焦慮、抑鬱、浮躁、盲目等問題，從人生觀與價值觀層面進行理想信念教育，激發道德情感，滋養美好心靈。當代世道人心的重建，需要轉化中華傳統文化蘊涵的價值資源，促進中華心學的傳承和發揚，使人們深切感悟到中華心學的當代價值。當代人類命運共同體的建構，需要注重中華心學的人文教化，探索傳承中華心學的教育體系：一是涵養德性，以中華心學滋養心靈，成就道德的人生；二是啟迪心智，以中華心學涵養心性，提昇智慧的人生；三是崇尚高雅，以中華心學改變身心氣質，昇華高尚的人生。習近平指出：「要講清楚中華優秀傳統文化的歷史淵源、發展脈絡、基本走向，講清楚中華文化的獨特創造、價值理念、鮮明特色，增強文化自信和價值觀自信。」[①] 播種中華心學的德性與智慧種子，培育悟性智慧與道德修養，讓中華心學的價值理念內化於心，外化於行。

當今時代我們為什麼要重視傳承發展中華心學？在世界百年未有之大變局的不確定性的動盪變革時代需要注入心學智慧的確定性。在當今時代，如何回應「世界怎麼了？我們怎麼辦？」的世界之問、歷史之問、時代之問？如何來化解當代人類文明危機和人的精神困境？如何構建平等、互鑒、對話、包容的文明觀？如何構建人類命運共同

① 習近平:《在中共中央政治局第十三次集體學習時的講話》,《人民日報》2014 年 2 月 26 日。

體、人與自然生命共同體？如何化解這樣一系列緊迫的時代問題？這就需要當代人進行深刻的自我反思、自我覺醒、自我革命，需要深層次的心性革命，樹立人類總體命運觀、人類總體文明觀、人類共同價值觀，深切呼喚中華心學的悟性智慧和修養方法。在世界百年未有之大變局中的當代人心出了問題，「心病」需要「心藥」醫，用心學的悟性智慧破除無明妄念，照亮人類前行道路，構建人類命運共同體，建設中華民族現代文明，創造人類文明新形態。

王陽明的「萬物一體」觀及其意義

彭國翔 *

摘　要：儒學傳統最重要的特徵之一，就是其「萬物一體」觀。這種「萬物一體」觀發端於孟子，經過宋代儒家周敦頤、張載等人的提倡，在明代王陽明的《大學問》中得到了最為透徹的闡發。本文旨在通過對《大學問》的重新解讀和分析，揭示王陽明所代表的儒家「萬物一體」觀的意涵和意義。儒家「萬物一體」的思想揭示的世界萬物彼此之間的一體關係，「萬物」不限於人類，而是包括了動物、植物乃至無機物在內的宇宙間的所有存在。從一個個體的人的角度來看，「萬物一體」的關係不僅在於自我與他人之間，還在於人與自然之間，以及在於作為共同創造者的人類與整個宇宙以及無限之間。

關鍵詞：儒學　王陽明　《大學問》　萬物一體

* 彭國翔，浙江大學求是特聘教授、國際儒學聯合會理事。

一、引論

日本學者島田虔次（1917—2000）曾經指出，在他閱讀明代儒家學者的文集時，發現「萬物一體」是一個出現頻率極高的詞彙。的確，「萬物一體」可以説是整個儒家傳統中最為核心的觀念之一。晚近以來，西方學者由於對生態問題的重視，極力從世界上不同的思想傳統中挖掘資源，儒家傳統自然也在其列。

例如，筆者注意到，在《儒學與生態》（Confucianism and Ecology）一書中，[①] 對王陽明（1472—1529）《大學問》只有兩處節引：一處在杜維明教授的「超越啟蒙精神」一文，另一處在羅泰勒（Rodney Taylor）教授的「民胞物與」一文。前者引用《大學問》的部分內容作為人類中心主義的一個反例，但並沒有進一步分析它的全部生態內涵。也許是因為杜教授認為它是自明的。後者略去了部分文本而強調「王陽明在此所表達的是他對於所有生命具體而微的感情」。而筆者在此想要補充的，正是羅泰勒教授所略去的那部分文本所告訴我們的：在王陽明看來，除了「所有生命」，無生命的物質諸如瓦石也同樣與我們是一體的。

如果我們考察王陽明的這一觀點並對《大學問》予以相應的關注，那麼，筆者願意指出，儒家的「萬物一體」觀在王陽明的《大學問》這一文本中得到了極為充分和透徹的闡發。如果從生態學的角度來看，《大學問》所體現的儒家生態觀，可以被刻畫為一種「萬物一體」的生

---

① Mary Evelyn Tucker and John Berthrong, edited, *Confucianism and Ecology*, Harvard University Press, 1998. 中譯本有彭國翔、張榮南譯：《儒學與生態》，南京：江蘇教育出版社，2008。

態觀。

儒家的「萬物一體」肇端於以孔、孟、荀等人為代表的先秦儒學，為周敦頤（1017—1073）、張載（1020—1078）、朱熹（1130—1200）、王陽明、李退溪（1501—1570）、李粟穀（1536—1584）和貝原益軒（1630—1714）等東亞的理學家加以豐富深化，並由當代儒家學者將其突顯為一個時代的課題。

如果我們細讀並深思王陽明的《大學問》，儒家的「萬物一體」觀在《大學問》中得到了詳盡與透徹的闡發，並且，我們可以在儒家傳統中追溯出一條從孟子經由張載再到王陽明的清晰的傳承脈絡。而「萬物一體」的觀念在當今不僅具有充分的生態學意義，同時也對人類發展所應當具有的整體性的宇宙意識，具有超越人類中心主義的意義。

本文分為個三部分：首先，通過對《大學問》細緻的研讀分析，揭示其「萬物一體」觀的意涵及其論證層次；其次，溯及從孟子到張載、程顥、程頤以及周敦頤的萬物一體觀，揭示儒家「萬物一體」觀的思想傳承譜系；最後，通過與道家相關思想的簡略比較，揭示儒學萬物一體觀的特質與意義。

二、《大學問》的解讀

《大學問》並非王陽明親撰，確切而言，是王陽明回答弟子錢德洪（1496—1574）提問的記錄。然而無庸置疑的是，它一直被看作王陽明最重要的作品之一，因為它包括了全部王陽明的根本思想。《大學問》有六組問答，在第一組回答「大人之學何以在於明明德」中，充分闡釋了儒家的「萬物一體」觀。下面筆者對於《大學問》的重讀和分析，將集中在這一節。在進一步討論儒家的「萬物一體」觀的意涵、特點和意義時，也會徵引其他相關的儒家文獻。

在《大學問》開篇，王陽明宣稱：「大人者，以天地萬物為一體者也。其視天下猶一家，中國猶一人焉」。對於王陽明而言來說，不僅人類世界，整個宇宙都是一個活生生的有機整體，而其中的每一事物都作為這個有機整體的一個部分而相互關聯。這種一體關係並不僅僅局限於人類，甚至也不限於動植物生命體，更包括瓦石、礦物等通常被認為無生命的事物在內，是宇宙萬物之間的一種本體論上的根本關係。

對於這種超越了人類的限制的「萬物一體」觀，王陽明將我們帶入了設想的四種情境，通過從人到無生命物質的層層遞進，來證成了他的論斷。

第一個情形，是看到一個孩子即將跌入井中。在王陽明看來，此時的你只要是一個正常的人，便不禁立刻會油然而生一種「惻隱之心」，即不忍看到那個孩子落入水中有可能溺亡的情感。並且，這種情感自然而然地會推動你想要去救助那個孩子。所謂「見孺子之入井，而必有怵惕惻隱之心焉」，說的便是在那種情境下凡是一個人都會自然產生的那樣一種情感。當你心中產生「怵惕惻隱」的那一刹那，就表明你已經與那個孩子連為一體了。所謂「是其仁之與孺子而為一體也」。

如果你說與孺子一體之所以可能，是因為你與孺子同屬一個物種，那麼，王陽明接着又設想了第二個情形和論證：當你看到即將被屠戮的鳥獸哀鳴與驚恐的樣子，你不禁會油然而生一種「不忍之心」。所謂「見鳥獸之哀鳴觳觫，而必有不忍之心」。而當你油然而生「不忍之心」的那一刻，說明鳥獸已經在你的關心之中，你的仁心與仁性已經與那鳥獸連為一體了。所謂「是其仁之與鳥獸而為一體也」。

如果你説與鳥獸一體是由於它們和你一樣都是「有情眾生」（借用佛教的語言），王陽明又設想了第三個情形並加以論證，他説：當你看到被摧折的草木時，你不禁油然而生憐惜之心。當你的「憫恤之心」呈現之時，表明草木已經在你的關心之中，你的仁心仁性已經處在與草木的一體關係之中。所謂「見草木之摧折而必有憫恤之心焉，是其仁之與草木而為一體也。」

假如你説草木和你都是有生命的話，王陽明最後進入到了第四種情形的討論：當你看到被毀壞的瓦石，你不禁會有顧惜之心的產生。當你不禁而生「顧惜之心」的時刻，表明瓦石已經在你的關心之中，你已經和瓦石處在一體的關係之中了。所謂「見瓦石之毀壞而必有顧惜之心焉，是其仁之與瓦石而為一體也。」

王陽明的論證方式是經驗的而非邏輯的。儘管可能在邏輯上有這樣或那樣的缺陷，但是，這種論證方式建立在人類的真實體驗之上，因而確有其自身的説服力和有效性。有的時候，邏輯論證只能使人啞口無言，而訴諸個人體驗、觸動心靈的論證卻能真正使人信服。莊子就曾批評他的朋友——名家的惠施——邏輯嚴密的雄辯「能勝人之口，不能服人之心」。與之相反，王陽明的論證是儒家傳統的典型方式。這種言説方式被後來的當代新儒家學者唐君毅（1909—1978）稱為「啟發語言」（a heuristic language）。事實上，「孺子將入於井」的事例正是孟子所提出的。

顯然，王陽明設想的四種情形及論證提出了一個不斷拓展的網絡，它不限於通常設想的有生命的事物，當然更不限於人與人之間。這種一體相關囊括了從人到動物、植物再到無機物在內的宇宙萬物。而且，這種一體的比喻表明：既然整個宇宙如同我們的身體一樣，由相互關聯的事物構成一個有機體，那麼，整個宇宙相互關聯的萬物，包括瓦石礦物，都應當被視作有生命的，如同我們身體的一部分。

將動物看作是和人類具有相同地位的生命相對容易，但是將這種情形應用於植物就有了一些困難。至於與瓦石礦物成為一體，更是只能想像卻很難實踐。正是這種不僅與他人、動植物，而且也與瓦石礦物為一體的強調，使得王陽明的「萬物一體」觀超越了通常認為的生命世界，而將整個宇宙看成一個相互關聯的有機體。如果人體可以被看作是一個小宇宙的話，那麼，整個宇宙可以或者說應當被看作是一個有機體。在此意義上，王陽明《大學問》展現的這種「萬物一體」觀，正是儒家「天人合一」觀念與「存有的連續性」觀念的完整體現。

三、「萬物一體」觀在儒學傳統中的譜系

雖然王陽明完整闡發了「萬物一體」的觀念，但是，「萬物一體」並非王陽明最早提出的。實際上，沿着歷史往前回溯的話，我們可以在更早的儒家著作中發現類似的主張。首先，我們來看看宋明理學。如所周知，張載的《西銘》是最著名的宋明理學文獻之一，在這篇文字中，張載寫道：

乾稱父，坤稱母；予茲藐焉，乃混然中處。故天地之塞，吾其體；天地之帥，吾其性。民，吾同胞；物，吾與也。①

① 狄培理、華藹仁（Wm. T. de Bary and Irene Bloom）：《中國傳統諸源》（*Sources of Chinese Tradition*）卷一，第二版，第683頁。

這裏，我們可以明顯感受到張載與王陽明辭氣之間的強烈共鳴。對於宋明理學家而言，這種「萬物一體」的觀念並不止是理念，而更在他們的日常生活中被踐行。被朱熹稱為理學開山的周敦頤，有一個著名的故事，可以作為這種日常實踐的絕佳例證。據説，周敦頤窗前長滿了雜草，但他卻不將其除去。人問其故，周敦頤的回答是：「與自家意思一般」。事實上，類似的記錄在宋明理學傳統中屢見不鮮。另一個相似的故事是程顥。據説他喜歡觀看雞雛。別人問他為何如此，他的回答是：「於此可見天地生物氣象」。

程顥的弟弟程頤，甚至批評年幼的君主春天摧折樹枝，因為春天正在生長的樹枝象徵着萬物的生機。對程頤來説，從「萬物一體」的角度來看，象徵着宇宙間生意萌發的春天的枝條，應被視為人自身的一部分。除了生態學的意蘊之外，程頤的批評也有政治和社會方面的內涵。不難想像，如果在這位君主幼年時期任意摧折正在生長的植物，沒有培育並發展其「萬物一體」之感，那麼，長大以後，很難想像他會顧念他的人民，更何況仁及動物、植物和礦物了。

或許有人以為，宋明儒學中充分發展的這種「萬物一體」觀可能受到了佛教的影響。應當承認，佛教因素無疑當在考慮之列，且不僅限於此。然而，另一方面，筆者想指出的是，這種「萬物一體」的觀念，和其他的儒學特質一樣，在佛教傳入中國之前的儒家文獻中，可以説淵源有自，並不是純粹「進口」的。

以下兩段文字出自《孟子·盡心上》：

萬物皆備於我矣。反身而誠，樂莫大焉。強恕而行，求仁莫近焉。

（君子）親親而仁民，仁民而愛物。

顯然，宋明儒者「萬物一體」的表達，可溯自孟子的「萬物皆備於我」這一思想。而且，第二段引文表明，王陽明從人類到瓦石萬物一體的論斷，也同樣可以說源於《孟子》。

如果將這兩段與《孟子》的另一段文獻聯繫起來，我們可以很自然地得出結論：宋明理學「萬物一體」的觀念，正是源於《孟子》這一先秦的儒家文獻。

> 不違農時，穀不可勝食也；數罟不入洿池，魚鱉不可勝食也；斧斤以時入山林，材木不可勝用也。穀與魚鱉不可勝食，材木不可勝用，是使民養生喪死無憾也。養生喪死無憾，王道之始也。（《孟子・梁惠王上》）

從整個言說的脈絡來看，雖然孟子的這段文字是論述如何建立仁政的，但其中明顯包含的以「萬物一體」為觀念基礎的生態意識，也是不容忽視的。

當然，我們還可以在先秦儒學中找到更多類似的思想。然而，上述所引的例子已經充分表明，儒家傳統中存在着一條「萬物一體」觀念的傳承譜系。大體而言，這一譜系肇端於孟子，在理學傳統中得到了充分發展，尤其在王陽明《大學問》中得到最為詳盡和徹底的闡釋。

儒家傳統中關於生態的精神資源和思想資源在《儒學與生態》和類似的著作中已有論及。如果上文討論的儒家一體觀在儒學史上站得住腳的話，那麼，我想在本文的最後部分，進一步探討這種萬物一體觀的特質與意義。

四、儒家「萬物一體」觀的特質與意義

杜維明（1940—）先生曾將中國式的自然觀概括為「存有的連續性」，這是一個頗為中肯、深刻的論斷。根據筆者對《大學問》的重新解讀和分析，以及對儒家傳統中「萬物一體」觀這一線索和譜系的簡要說明，這種「萬物一體」的觀念看起來似乎可以等同於「存有的連續性」。誠然，從「存有的連續性」這一觀念的成立，必須以「萬物一體」的觀念為前提。但是，「存有的連續性」卻不必然能夠推導出「萬物一體」的觀念。這一點，其實恰恰涉及儒家「萬物以一體」觀念的特質。事實上，這一特質並不等同於「存有的連續性」。

在杜維明發人深省的「存有的連續性：中國人的自然觀」這篇文章的末尾，他提到了莊子建議我們「無聽之以耳而聽之以心，無聽之以心而聽之以氣」（《莊子．人間世》）。對莊子而言，「無聽之以心而聽之以氣」無疑是最高的境界，因為正是「氣」使得「存有的連續性」成為可能。在這一意義上，我認為有必要澄清兩種對「存有的連續性」的不同理解：如果說儒家式的「存有的連續性」以「萬物一體」為基礎，那麼，莊子思想中所蘊含的道家式的「存有的連續性」，與儒家相較，在看待人與世界的關係問題上，會導致不同的結果。以下，就讓我們對此稍加分析。

在莊子面對妻子死亡的故事中，道家對於「存有的連續性」的理解得到了生動的展現，這個故事記載於《莊子．外篇》的《至樂》一章：

莊子妻死，惠子弔之，莊子則方箕踞鼓盆而歌。惠子曰：「與人居，長子老身，死不哭亦足矣，又鼓盆而歌，不亦甚乎？」莊子曰：

「不然。是其始死也，我獨何能無概然？察其始而本無生，非徒無生也，而本無形；非徒無形也，而本無氣。雜乎芒芴之間，變而有氣，氣變而有形，形變而有生，今又變而之死，是相與為春秋冬夏四時行也。人且偃然寢於巨室，而我噭噭然隨而哭之，自以為不通乎命，故止也。」

初看起來，我們可以得出結論：莊子對於存有連續性的信念使得他在妻子死後採取了那樣態度，這當然不錯。然而，在這個故事中 ，「存有的連續性」到底意味着什麼呢？莊子的行為和言說背後，究竟蘊含着怎樣一種對於「存有的連續性」的理解呢？

根據莊子對惠施的回應，顯然，莊子的妻子是被視為「自然」而非莊子「自身」的一部分。如果包括人類在內的任何事物都被當作自然的一部分，且不論對自然如何理解，有生命的或無生命，那麼，在「生生不息」、無有止境的作為自然大化流行的「存有的連續」之中，同情、關愛與慈悲以及所有類似的情感不僅沒有可能，而且根本沒有必要。作為這些情感的發動者，人類也不再處於「存有的連續性」的中心了。在這個意義上，老子所謂「天地不仁，以萬物為芻狗」，以及莊子何以視「聽之以氣」較「聽之以心」為高，也就是可以理解的了。

與之相反，如果包括草木、瓦石和礦物的一切事物都可被看作我們人類自身的一部分，那麼，萬物在「存有的連續」中作為宇宙大化的「大體」，而不是處於一個單純的自然過程之中，同情、關愛與慈悲等等，就不僅是人類所必然產生的情感，更是連絡人類與動物、植物、礦物的紐帶。雖然在這一理解中，人類處於「存有的連續性」的中心，但人類所扮演的角色卻既不是自然的征服者，也不是工具理性的主體，而是作為一個生命體的宇宙之心。這正是儒家「萬物一體」觀念的題中之義。只有這樣理解「存有的連續性」，已故托馬斯．百睿（Thomas Berry）的主張，所謂把宇宙視為「主體的團聚而非客體的集合」（a communion of subjects, not a collection of objects），才有可能，人類也才能真正為宇宙保駕護航。

因此，如果說莊子的「齊物」思想也可以視為一種「萬物一體」的觀念，那麼，通過以上的對比，我們可以看到，無論是「萬物一體」還是「存有的連續性」，道家「一體」中的「體」歸於「自然」，儒家「一體」中的「體」則歸於「生命」。道家的「自然」是一個無需同情、關愛與慈悲以及所有類似的情感的「氣化」過程，不要說草木、瓦石，人與動物都是這個「氣化」過程中生生滅滅的一個轉瞬即逝的環節。而儒家的「生命」，則是一個充滿了同情、關愛與慈悲以及所有類似的情感的「生化」過程，不要說人類，包括動物、草木瓦石在內的世間所有存在，都是一個個有生命、有價值的實實在在主體。所謂「乾道變化，各正性命」，就是對萬事萬物作為生命價值主體的肯定。這正是儒家「萬物一體」觀念的根本特質所在。

顯然，持不同的立場和態度，是「齊物」「氣化」，還是「萬物一體」「生化」，對於自我、他人以及世間萬物的看法和態度頗為不同。這也是儒家在與道家相比時雙方各自特質的彰顯。就對待自我、他人以及世間萬物的看法而言，儒家式的「存有的連續性」，其典型特徵可以歸納為一種「軟心腸的」（soft-hearted）觀法，而道家式「存有的連續性」則大體可以被稱為「硬心腸的」（hard-hearted）觀法。

除了通過對比揭示儒家「萬物一體」觀的特質之外，最後筆者還想對王陽明的《大學問》所闡發的儒家「萬物一體」觀的時代意義，略加闡釋。

首先，是「萬物一體」所具有的生態學意義。從生態的視角來看，儒學對於當今世界所能貢獻的思想與精神資源，已經受到越來越多的關注。正是在這個意義上，我們可以說，王陽明《大學問》闡發的儒學意涵和及其生態觀，超越了生物層面——除非把通常認為沒有生命的瓦石之類也看成是有生命的事物。由前文對於王陽明的《大學問》的分析可見，只要一個人能夠充分地明明德，不只是人類不同的個體之間、不同的族羣之間，包括動物、植物和沒有生命的無機物在內的宇宙萬物，都應當並且可以成為一個息息相通的有機整體。對於 19 世紀以來西方發展出來的人類中心主義在生態問題上所造成的惡果，如今的人們已有充分的自覺和反省。王陽明的《大學問》所彰顯的儒家的「萬物一體」觀，可以說為這種超越人類中心主義的生態意識提供了先見之明。

其次，對於「人類命運共同體」這一概念，王陽明《大學問》所揭示的儒家「萬物一體」觀，還具有相當程度的補充意義。人類世界雖然有不同的族羣、傳統和文明，但是，如今人類的發展使我們越來越認識到，不同族羣、傳統和文明之間，從來都不是「雞犬之聲相聞，老死不相往來」的彼此孤立的狀態。世界上不同的文明和傳統之間，自然各有其特點。但是，一方面，歷史上不同傳統和文明之間早已有了千絲萬縷的聯繫和交流，彼此之間早已「你中有我，我中有你」；另一方面，不同族羣和文明之間的生存和發展越來越相互依賴。在這個意義上，「人類命運共同體」這一概念的確是一種不同族羣都需要具備的自覺意識。這一觀念的時代價值和意義，是顯而易見的。不過，正如人類中心主義迄今為止所造成一系列生態問題所揭示的，人類的共同命運並不是與人類之外世界上其他存在包括動物、植物和各種無機物無關，而是必須將人類之外世界上其他的所有存在都包含在內，才能避免生態危機所造成的各種惡果。就此而言，王陽明的《大學問》所揭示的那種「萬物一體」的觀念，顯然構成「人類命運的共同體」這一觀念的補充。它可以使人類充分意識到，自身的命運與人類之外世界上所有的存在息息相關。因此，人類命運的共同體，並不是一個局限於人類內部的問題，只有人類與動物、植物以及其他地球上乃至宇宙中所有的存在和諧相處，一體交關，人類才能更好地生存與發展。這一點，可以說是「萬物一體」的觀念如今所具有的第二個時代意義。

俟命與立命：試論王陽明本體實踐學的特點與成就

張新民 *

摘　要：王陽明「龍場悟道」前「學凡三變」之「學」字，以及「龍場悟道」後「教亦三變」之「教」字，均可以「覺」或「悟」來加以訓釋，亦即「前三變」乃是自己不斷向「道」而悟，嘗試透過各種功夫證入形上超越之本體，「後三變」則是旁助他人同樣向「道」而悟，靈活依據形上超越之本體開出各種功夫。無論「知行合一」或「致良知」，都既重功夫又不離本體，倘若進一步相互循環補充詮釋，則可見本體與功夫渾然融然打成一片，反映陽明愈到後期思想便愈臻成熟圓融，代表了傳統中國本體實踐學不斷豐富發展的又一重要歷史性成就。

關鍵詞：王陽明　知行合一　致良知　本體實踐學

* 張新民，貴州大學中國文化書院（陽明文化研究院）榮譽院長、教授。

王陽明與陸象山之合稱陸王，亦如朱子之與二程合稱程朱，遂有心學與理學分門別派之名，均有力地推動了自宋迄明儒學的的創造性新開展。其中心學經陽明一生奮勵努力，遂得以壯大聲勢氣象，大興於有明一代，從而不僅使自己足可與朱子異代共駕並驅，成為傳統思想史上的又一座偉峰，同時也在程朱理學思想大地之外，別成一大歷史性的陸王心學學派。陽明除繼續發揮象山「心即理」之說，以「心」為道德形上學實踐行為的本體論依據，極大地提高了每一獨立個體的人的主體性地位外，又創造性地提出了自己的「良知」與「致良知」說，從而不僅突顯了「知行合一」說容易為人忽視的深層體用一源行動取向，而且也徹上徹下將本體與功夫渾然打併為一片，形成一套以「良知」與「致良知」為中心範疇的本體實踐學系統，在理論與實踐兩個方面同時豐富了傳統中國的哲學思想內涵。至於以「龍場悟道」為歷史性坐標形成的心路歷程分期，無論早期自己個人的向「道」而悟的「學」，抑或後期啟發他人向「道」而悟的「教」，都當以下學上達證入形上本體的「悟」或「覺」來訓釋。悟道時的「俟命」表現的是人生面對艱難困厄的坦盪從容，悟道後的「立命」則顯示了人生開闢歷史新天地的勇氣承擔。從「俟命」到「立命」的人生變化發展過程，也是陽明講學與事功雙管齊下，透過本體實踐學事上磨練的扎實功夫，立德、立功、立言三不朽的歷史過程。

一、陽明早期悟道的心路歷程與功夫論特點

王陽明一生心路跋涉歷程，以龍場大徹大悟為歷史性關鍵轉折點。其門下弟子錢德洪總結師門思想變化發展軌跡，將其分為「前三

變」與「後三變」兩大不同的歷史時期。前者為學之「三變」，即「少之時，馳騁於辭章；已而出入二氏；繼乃居夷處困，豁然有得於聖賢之旨，是三變而至道也」。後者為教之「三變」，即「居貴陽時，首與學者為『知行合一』之說；自滁陽後，多教學者靜坐；江右以來，始單提『致良知』三字，直指本體，令學者言下有悟：是教亦三變也」①。如果說「前三變」是憑藉功夫證入形上超越之本體，那麼「後三變」便是透過形上超越之本體開出功夫，二者均涉及「學」與「教」如何訓釋的問題，不能不稍加考述與辨析。

錢氏所謂「學凡三變」之「學」字，固然可以釋為知識論（道問學）意義演繹上的「學習」，但更當訓為心性論（尊德性）義理脈絡上的「覺悟」。例如，《論語》開篇即云：「學而時習之」，皇侃《疏》便引《白虎通》：「學，覺也，悟也。」並云：「言用先王之道，導人情性，使自覺悟也。去非取是，積成君子之德也。」②又《荀子．勸學》:「學，惡乎始？惡乎終？曰：其數則始乎誦《書》，終乎讀《禮》；其義則始乎為士，終乎為聖人」。王先謙註：「數，術也」；「義，謂學之意，言在乎修身也」③。今人錢基博認為「唯『覺』斯征『學』，唯『學』乃臻『覺』。是故言學者不可不知『義』『數』之辨；知之者覺；昧之者愚也！」尤其「古人言學以聖為歸。聖者，大覺至通之稱」。足證「此『覺』與『不

① 錢德洪：《刻文錄敍說》，引自《王文成公全書．舊序》，北京：中華書局2015年版，第10頁。下文所引「學凡三變」及「其為教也亦三變」，出處亦同此。

② 皇侃：《論語義疏》卷一《學而》，高尚矩校點，北京：中華書局2013年版，第2頁。按皇侃引語出自《白虎通．辟雍》，陳《疏》:「《御覽》引《禮記外傳》曰：『學者，覺也。』」又「《說文》：『斆，悟也。』《御覽》引成伯璵禮註云：『學，覺也。』學、覺疊韵為訓。」均見班固撰集，陳立疏證：《白虎通疏證》卷六《辟雍．總論入學尊師之義》，北京：中華書局1994年版，第254頁。

③ 王先謙：《荀子集解》卷一《勸學篇》，北京：中華書局1988年版，第11頁。

覺』之別，君子、小人之分也。不可不深察，不可不熟慮！」[①]

陽明從心學的立場出發，則在上述諸説之外，另闢一創造性詮釋的新路徑，認為「學是學去人欲，存天理；從事於去人欲，存天理，則自正諸先覺，考諸古訓，自下許多問辨思索、存省克治工夫；然不過欲去此心之人欲，存吾心之天理耳」[②]。目的則如象山之「發明本心」[③]，朱子之「全體大用」[④]，均以成就人的德性生命為價值訴求，激勵世間學者勇於踏上步入終極聖域之路。只是立足於陽明的心學立場，以「致良知」三字作為本體實踐學的方法路徑，則既可直下曉喻本體，又能當下示明功夫，最能概括心學體用一源的特點，從而極大地突顯了「學聖」的本體論依據，以及憑藉功夫論實現終極理想的人生目的[⑤]。

---

① 錢基博：《大家國學 · 錢基博卷》，天津：天津人民出版社 2008 年版，第 20、21、22 頁。按今人張㭎賅括上引荀子及錢氏之説，以為讀此「必能覺『數』與『義』之辨，而其學乃可以久；必自覺國性之不可蔑，而其學乃可以尊」。似可參閱。見溫州市圖書館編：《張㭎日記》「民國二十年十二月十二日」條，北京：中華書局 2019 年版，第 3660 頁。

② 《傳習錄》（上），《王文成公全書》卷一「語錄一」，北京：中華書局 2015 年版，第 40 頁。

③ 「發明本心」乃象山治學宗旨，亦頗能揭示心學本體實踐之路徑精神。宋人袁甫《跋象山先生集》以為「先生（象山——引者註）發明本心，上接古聖，下垂萬世，偉矣哉！此心神明，無體無方，日用平常，莫匪大道。是謂極，是謂精一，是謂彝倫，是謂乾健坤順，是謂日月、星辰、山川、風雨、霜露、鳥獸、草木之變化，是謂鬼神之情狀」。言雖稍嫌誇飾，亦可見「發明本心」説之重要。詳見曾棗莊主編：《宋代序跋全編》卷一七九「題跋」，濟南：齊魯書社 2015 年版，第 5110 頁。

④ 朱熹《大學章句》稱：「《大學》始教，必使學者即凡天下之物，莫不因其已知之理而益窮之，以求至乎其極。至於用力之久，而一旦豁然貫通焉，則衆物之表裏精粗無不到，而吾心之全體大用無不明矣。」亦為久久用功深造自得，內外豁然渾然貫通的結果。詳見氏著《四書章句集註》，北京：中華書局 1983 年版，第 7 頁。

⑤ 有趣的是，「學」不僅在儒教傳統中佔有核心的地位，即在猶太教傳統中亦佔有首要的位置，只是儒教的「學」强調的是對「道」的覺悟的精神訓練，猶太教重視的是對上帝的信仰的精神訓練（spiritual practice）。兩大傳統的「學」都具有「宗教的優先性」（religious supremacy），能够成為溝通現實與理想的津樑，表現為自我對道德責任和終極意義的承諾，可以展開精神的交流與對話。參見劉述先：《儒家思想的轉型與展望》，石家莊：河北人民出版社 2010 年版，第 308—310 頁。

《論語》開篇另一重要辭語，即後人經常討論的「時習」兩字，實乃孔門最為重視的「一貫」——「一以貫之」—— 功夫。陽明亦時或發揮其說，強調必須「立個無間斷功夫」[①]，即所謂「時習者，動靜語默，無往非習」，以致「求一可容不善之時不可得」[②]。蓋「時習」二字，後人多以「無事無時而不習」解解之[③]，然亦可看成是時機化與實踐化地「學聖」的本體悟覺功夫[④]，即陽明所謂「聖人亦只是至誠無息而已，其工夫只是時習。時習之要，只是謹獨。謹獨即是致良知」[⑤]。「謹獨」在《中庸》即「慎獨」，在《孟子》即「集義」，在《尚書》即「精一」[⑥]，名目雖有不同，工夫則完全一致。而無論「慎獨」或「謹獨」，如邵雍所說：「凡人之善惡形於言，發於行，人始得而知之。但萌諸心，發於慮，鬼神已得而知之矣。此君子所以慎獨也。」[⑦] 則其作為一種生命學問的原則所要強調的，正是人的存在世界的內外圓融一致。故在陽明思想語境中，「慎獨」或「謹獨」有時又寫作「獨知」，即「所謂人雖不知，而已所獨知者，此正是吾心良知處。然知得善，卻不依這個良知便做去，知得不善，卻不依這個良知便不去做，則這個良知便遮

---

① 王守仁：《與黃勉之》，《王文成公全書》卷五「文錄二」，第 224 頁。

② 王守仁原著，施邦曜輯評：《陽明先生集要．理學編》施氏評點，北京：中華書局 2008 年版，第 83 頁。

③ 許衡：《讀四書叢説》，引自王梓材、馮雲濠編撰《宋元學案補遺》卷八二《北山四先生學案補遺．文懿許白雲先生謙》，北京：中華書局 2012 年版，第 4838 頁。

④ 朱子以「鳥數飛」釋「習」字，並云：「學之不已，如鳥數飛。」則「習」字本義即實踐，當無任何疑義。見朱熹：《論語集註》卷一《學而》，《四書章句集註》，北京：中華書局 1983 年版，第 47 頁。

⑤ 《與黃勉之》，《王文成公全書》卷五「文錄二」，第 235 頁。

⑥ 偽古文《尚書．大禹謨》：「人心惟危，道心惟微，惟精惟一，允執厥中。」「精一」之説出此，歷來討論者頗多，尤以宋明儒最盛，暫無從贅述。詳見《十三經註疏》，北京：中華書局 2009 年影印本，第 285 頁。

⑦ 邵雍：《邵雍集．觀物外篇》，郭彧整理，北京：中華書局 2010 年版，第 153 頁。

蔽了，是不能致知也。吾心良知既不能擴充到底，則善雖知好，不能着實好了；惡雖知惡，不能着實惡了，如何得意誠？故致知者，意誠之本也。然亦不是懸空的致知，致知在實事上格。如意在於為善，便就這件事上去為；意在於去惡，便就這件事上去不為。去惡固是格不正以歸於正，為善則不善正了，亦是格不正以歸於正也。如此，則吾心良知無私欲蔽了，得以致其極，而意之所發，好善去惡，無有不誠矣！誠意工夫，實下手處在格物也。若如此格物，人人便做得，人皆可以為堯、舜，正在此也」①。

早在陽明之前，朱子便已十分重視「為善去惡」的人生實踐功夫，認為《大學》所謂「誠其意者，毋自欺也」之「自欺」，便是「知為善以去惡，而心之所發有未實也」。因而必須強化「慎獨」的功夫，「知為善以去其惡，則當實用其力，而禁止其自欺。使其惡惡則如惡惡臭，好善則如好好色，皆務決去，而求必得之，以自快足於己，不可徒苟且以殉外而為人也」②。與朱子類似，陽明亦極為重視「為善去惡」的功夫，不同在於後者將《大學》的「致知」與孟子的「良知」創造性地整合為一體，提出了更能體現人的生命智慧和道德直覺能力的「良知」與「致良知」說，並將「致知」「誠意」「格物」及必須與之打交道的對象化的「事」，統統納入一個有體有用的功夫實踐系統之中，明確強調擴充良知以化去私欲遮蔽的重要。而無論前面提到的「謹獨」或「獨知」，本質上即是「致良知」或「擴充良知」的本體踐行功夫。功夫不僅要在與他人共在的社會化倫理行為活動中做，同時也要在無

① 《傳習錄》(下)，《王文成公全書》卷三「語錄三」，第 148 頁。

② 朱熹：《大學章句》，《四書章句集註》，北京：中華書局 1983 年 1 版，第 7 頁。

人知曉或尚未社會化的動機倫理世界做，從前者立論即為「格物」，就後者而言便是「誠意」，嚴格講亦都是「知行合一」的功夫，是本體實踐化展開必有的一體兩面行為現象，當然也可說是「良知」本體為實現自身必然產生的社會化行為事實，亦即以「學聖」為終極目的訴求不能不有的「時習」悟覺行為過程，在陽明看來即是他的以「致良知」為核心的體用功夫的「立言宗旨」。尤其與外顯的行為倫理現象相較，內隱的動機倫理現象因為不為人所知，往往「一念發動，雖是不善，然卻未曾行，便不去禁止」，從而造成大量人生與社會知行分裂的人生異化病相。因此，無論「知行合一」或「致良知」，作為一種功夫實踐之所以重要，即是「要人曉得一念發動處，便即是行了。發動處有不善，就將這不善的念剋倒了。須要徹根徹底，不使那一念不善潛伏在胸中」[①]。這當然就是「聖功無息」的「時習」方法路徑，乃是痛下「誠意」或「慎獨」功夫，透悟明了「性」與「天道」相通之理後，「念念明，念念去盡工夫，安有息時」必然產生的生命現量境界[②]。

根據以上大量分析，客觀觀察陽明一生行為事實，則可見他之所以與朱子、象山一樣，極為重視「為善去惡」的本體實踐學功夫，當與其所處的時代政治文化生態環境有關。嚴格地講，傳統中國至遲宋代以來，便如魏了翁所說：「父詔子承，師傳友習，以工文藝為儒者之巨擘，以取科第為稽古之極功，以善權利為用世之要道，間有不肯自混於俗，則入佛入老，鑿空架虛，疑周公、仲尼未睹此祕。」[③]社會文化生態風氣的日趨功利化，自宋迄明越到後期便越顯得突出，以致不能

① 以上均見《傳習錄》（下），《王文成公全書》卷三「語錄三」，第 120 頁。

② 王守仁原著，施邦曜輯評：《陽明先生集要．理學編》施氏評點，第 108 頁。

③ 魏了翁：《渠陽集》卷六《長寧軍六先生祠堂記》，長沙：岳麓書社 2012 年版，第 82 頁。

不令人感歎:「功利之毒淪浹於人之心髓，而習以成性也，幾千年矣」①；從而質疑「世之人有不求富貴利達者乎？」即使「號為好學者」，也不過以「取科第為第一義」罷了②。而陽明早在 11 歲時便立下「讀書學聖賢」的宏大志願，並視其為人生決不可輕易化約的「第一等事」③，而做「第一等事」即意味着要成為世間「第一等人」，也預示着要不斷擴大和豐富自己的精神世界，自此便開始踏上了以成聖成賢為終極目的漫長生命不歸之路，誠乃不與世間凡俗庸劣合流的難得少年人才。以後則如錢德洪所說，時「天下士方馳騖於辭章」④，目的無非是迎合世俗以邀名，或通過科考以顯官。儘管「立言以傳後者百無一焉」⑤，然「先生（陽明——引者註）少年亦嘗沒溺於是矣，卒乃自悔，惕然有志於身心之學」⑥。惟其由辭章轉入身心之學後，中間又「遍讀考亭之書，循序格物，顧物理吾心終判為二，無所得入。於是出入於佛、老者久之」⑦。質言之，即在謫官龍場驛丞，「居夷三載，見得聖人之學簡易廣大」之前⑧，有相當長的一段時間，陽明都曾「溺於神仙之習」與「佛氏之習」⑨，乃至以為「大抵二氏之學，其妙與聖人只有毫厘之間」，並「自

---

① 王守仁：《答顧東橋書》，《王文成公全書》卷二「語錄二」，第 69 頁。

② 分見謝肇淛：《五雜組》卷一三《事部一》，上海：上海書店出版社 2009 年版，第 256、258 頁。

③ 以上均見錢德洪：《年譜》「成化十八年壬寅」條，《王文成公全書》卷三一「附錄一」，北京：中華書局 2015 年版，第 1388 頁。

④ 錢德洪：《刻文錄敍説》，引自《王文成公全書．舊序》，第 15—16 頁。

⑤ 謝肇淛：《五雜組》卷一三《事部一》，上海：上海書店出版社 2009 年版，第 258 頁。

⑥ 錢德洪：《刻文錄敍説》，引自《王文成公全書．舊序》，第 15—16 頁。

⑦ 黃宗羲：《明儒學案》卷一〇《姚江學案．文成王陽明先生守仁》，北京：中華書局 2008 年版，第 180 頁。

⑧ 錢德洪：《刻文錄敍説》，引自《王文成公全書．舊序》，第 15—16 頁。

⑨ 湛若水：《湛甘泉先生文集》卷三一《陽明先生王公墓誌銘》，桂林：廣西師範大學出版社 2014 年影印本，第 5 冊，第 1832 頁。

歎悔錯用了三十年氣力」[①]。故錢德洪説他儘管謫官到達龍場前，學術已開始有了明顯的轉向發展趨勢，但依然「學未歸一，出入於二氏者又幾年矣，卒乃自悔」[②]。最終則由於「抗疏廷杖，龍場煙瘴，居夷何陋，諸蠻歸向」[③]，始「省然獨得於聖賢之旨，反覆世故，更歷險阻，百煉千磨，斑瑕盡去，而輝光煥發」[④]，徹底返歸儒家正學，史稱「龍場悟道」。

認真分析陽明一生學問取向，如果以「龍場悟道」為歷史性標識，即可見其不僅中歲龍場大悟「格物致知」之旨，從此開始踏入儒門聖學境域，而且更在晚年超然抉出「良知」與「致良知」之説，從而思想愈加高明成熟和浹融圓熟。具見以龍場為人生一大轉折點，陽明之前的一切所作所為，實乃隨時隨地都在艱苦不懈地自我反省和奮力覺悟，始終都在實踐性尋找各種方法行走在「學聖」的終極路途之上[⑤]。後人以為其「平生之學，得力於龍場時居多」[⑥]，揆以陽明為學前後之實際，誠乃信實可靠之言。而所謂「學凡三變」亦明顯乃是嘗試性地透過「下學上達」的實踐功夫，層層向上翻轉而不斷自覺自悟，最終則契入形上超越的道境，從而身心氣質翻天覆地變化，生命亦脱胎換骨般煥然一新，不能不説是一路艱苦跋涉取得的大跨度飛躍式生命體悟

---

① 以上均見《傳習錄》(上)，《王文成公全書》卷一「語錄一」，第 46 頁。

② 錢德洪：《刻文錄敍説》，引自《王文成公全書 · 舊序》，第 15—16 頁。

③ 湛若水：《湛甘泉先生文集》卷三一《陽明先生王公墓誌銘》，桂林：廣西師範大學出版社 2014 年影印本，第 5 冊，第 1841 頁。

④ 錢德洪：《刻文錄敍説》，引自《王文成公全書 · 舊序》，第 15—16 頁。

⑤ 王陽明《朱子晚年定論》稱自己早年「每痛反深抑，務自搜剔斑瑕」，至龍場大悟後始「愈益精明的確，洞然無復可疑」。即是對其早年不斷自我反省和轉變生命本體認知，至龍場始由多次人生小悟積累為大悟的經驗性總結。詳見《王文成公全書》卷三「語錄三」，第 158 頁。

⑥ 王士禛：《蠶尾文集》卷八《跋王文成公龍岡漫興詩卷》，濟南：齊魯書社 2007 年版，第 1954 頁。

實證成果①。

陽明在龍場的大徹大悟，錢德洪《年譜》説他「自計得失榮辱皆能超脱，惟生死一念尚覺未化，乃為石墩自誓曰：『吾惟俟命而已！』日夜端居澄默，以求靜一；久之，胸中灑灑」。所謂「俟命」，類似「孔子進以禮，退以義，得之不得曰有命。無入而不自得，所以為居易俟命」②，體現的是一種從容坦盪的人生態度。無論孔子或陽明心中的「天」，都不能不是價值與意義的承載者，因而人之遵「禮」從「義」，即是主體自由精神的開顯，即是服從了「人」「天」一體的「天命」。具見陽明在龍場雖一時處境艱難困苦，然其進退出處，或作或息，念念皆在天命之理，事事皆在養浩然之氣，反身而誠，不怨不尤，天命在我，何患得失。故其所俟所從者，實乃「天命」，又可稱為「義命」，一切均以「義命」自安，決非任何「憧憧往來，無可奈何而委之命」者可比③。讀是時其在龍場所撰詩文，則「居易俟命之意，猶可想見」④。陽明後來勉勵學者亦強調：「一心為善，不可以窮通夭壽之故，便把為善的心變動了，只去修身以俟命；見得窮通壽夭有個命在，我亦不必以此動心。事天雖與天為二，已自見得個天在面前；俟命便是未曾見面，在此等候相似：此便是初學立心之始，有個困勉的意在」⑤。所言皆與龍場悟道的經歷密契相關，可說是龍場身心體悟經驗的再反思和再總結。

---

① 宋僧百丈懷海稱一旦真正證入形上大道，便「不異舊時人，只異舊時行履處」，似亦可移來形容陽明「龍場悟道」後，生命煥然一新的情形。見賾藏主編集：《古尊宿語錄》卷一《百丈懷海大智禪師．廣錄》，北京：中華書局 1994 年版，第 15 頁。

② 劉沅著、譚繼和等箋解：《孟子恒解》卷七《盡心上．附解》，《十三經恒解》，成都：巴蜀書社 2016 年版，第 376 頁。

③ 謝肇淛：《五雜組》卷一三《事部一》，上海：上海書店出版社 2009 年版，第 256 頁。

④ 王士禛：《蠶尾文集》卷八《跋王文成公龍岡漫興詩卷》，濟南：齊魯書社 2007 年版，第 1954 頁。

⑤ 《傳習錄》（上），《王文成公全書》卷一「語錄一」，第 7 頁。

前引《年譜》説到的「靜一」，即荀子所謂「虛一而靜」的功夫入手方法（《荀子．解蔽篇》）。朱子也説「讀書須是心虛一而靜，方看得道理出」①。然而與朱子講「靜一」只是為了更好地讀書識道理不同，陽明的「靜一」本質上即是下學上達的本體實踐功夫，目的則是要證入非名相可言的形上大道。因為從根本究竟義説，「虛無者，性之本體，所謂上天之載也。養性以靜，靜極而中致焉，其象虛無，其理則至誠也。清淨者，純一之意，以為蔑棄倫常，豈知其為靜存之要乎？」② 陽明本人也明確有言云：「天地之化，本無一息之停，然其化生萬物，各得其所，卻亦自靜」。而「人」「天」本來浹然一體，一旦透過功夫論做到以「人」合「天」，則「此心雖是流行不息，然其一循天理，卻亦自靜。」③ 陽明在龍場「日夜端居澄默」的行為示現④，便足以説明「靜一」乃是證入形上本體不可或缺的重要入手方法。但是，面對龍場艱難困厄的人生危機處境，陽明所俟所從者既為「天命」或「義命」，其所要究明者乃心之理而非物之理，同時又極力透過生命實存功夫強調「一心為善」的重要意義，因而「靜一」的證道體認入手方法固然不可不講，但孔子「求仁」與孟子「養氣」的本體實踐方法亦決不可忽視。易言之，儒門的「靜一」本質上即是孟子所謂的「不動心」，「不動心」的功夫則不能不涵養浩然正氣，浩然正氣而不動心實際亦是「求仁」的本體論入手方法。孔子説「求仁得仁」⑤，「仁遠乎哉？我欲仁，斯仁至

① 《朱子語類》卷第一二〇《朱子十七．訓門人》，北京：中華書局 1986 年版，第 2884 頁。
② 劉沅著，譚繼和等箋解：《十三經恒解》附錄一《恒言．心性類》，成都：巴蜀書社 2016 年版，第 27 頁。
③ 陳榮捷:《王陽明傳習錄譯註集評．拾遺》，中國台北:台灣學生書局 1983 年版，第 402 頁。
④ 錢德洪：《年譜》「正德三年戊辰」條，《王文成公全書》卷三二「附錄一」，北京：中華書局 2015 年版，第 1396 頁。
⑤ 司馬遷：《史記》卷六一《伯夷列傳第一》，北京：中華書局 1982 年版，第 2122 頁。

矣」（《論語 · 述而》），孟子亦云「我善養吾浩然之氣」，「氣至大至剛」「塞於天地之間」（《孟子 · 公孫丑上》）。故養心必養氣，「仁者心之德」①，「氣配義與道」（《孟子 · 公孫丑上》），一性所涵，純乎仁體，渾然天理，不為利誘，不為欲動，此即求仁之方，收放心之法。誠如陽明所說：「心一而已，以其全體惻怛而言謂之仁，以其得宜而言謂之義，以其條理而言謂之理。不可外心以求仁，不可外心以求義，獨可外心以求理乎？」②而要真「識得仁體」，亦必先痛下消除掃盪心體「斑垢駁雜」的本體實踐功夫，否則「私意氣習纏蔽」③，又何能而識仁而真悟道，一切自我欺瞞都只會讓人去道愈遠而非愈近。

「求仁」作為一種本體實踐學的入手方法，陽明與其門下弟子亦多有交流討論。例如，江右王門大弟子聶豹聞受師教後，便極力強調「孔門之傳，求仁而已矣。孟子曰：『仁，人心也。』孟子之求心，即孔門之求心」④。足證「孟子得孔子之心傳者，以其知言、養氣、性善、盡心之學，為能發明聖人之蘊也」⑤。具見「靜一」「求仁」「養氣」，三者作為心學本體實踐學的共同入手功夫，完全可以打併融通共同運用，不能不斷然明確肯定，「存有覺之心，養虛明之性。孔子曰求仁，孟子曰養氣，皆是道也」⑥。因此，立足於本體實踐學「體用一源」的功夫實踐立場，陽明之龍場悟道所成全者乃仁之全體而非仁之一端，同時也做

① 朱熹：《論語集註》卷三《雍三》，《四書章句集註》，第 86 頁。

② 王守仁：《答顧東橋書》，《王文成公全書》卷二「語錄二」，第 52—53 頁。

③ 《答黃宗賢應原忠》，《王文成公全書》卷四「文錄一」，第 178 頁。

④ 聶豹：《重刻傳習錄序》，《聶豹集》卷三「序」，吳可為編校整理，南京：鳳凰出版社 2007 年版，第 45 頁。

⑤ 邵廷采：《思復堂文集》卷一《明儒王子陽明先生傳》，杭州：浙江古籍出版社 2012 年版，第 16 頁。

⑥ 劉沅著，譚繼和等箋解：《十三經恒解》附錄一《恒言 · 心性類》，成都：巴蜀書社 2016 年版，第 26 頁。

到了善養浩然正氣而不動心，所謂「靜一」也可看成是前面一再提到的「精一」證道實踐功夫，亦即陽明一再強調的「此心純乎天理之極」的作聖修行方法[①]，不能不有道德理性的當下實踐性開顯，表現為人的主體人格精神的直下自我挺立。徐愛說他「居夷三載，處困養靜，精一之功固已超入聖域，粹然大中至正之歸矣」[②]。便可見他的「悟道」實多得力於體用不二的「精一」實證入手方法，是化去各種人欲雜染而回歸人天一體本真「道心」的必然結果。

後人討論陽明證入形上超越道境的另一重原因，多着眼於其在龍揚的生死邊際體驗困境，認為「非從萬死一生中不能到」[③]。陽明自己後來也說：「凡有道之士，其於慕富貴，憂貧賤，欣戚得喪而取捨愛憎也，若洗目中之塵而拔耳中之楔。其於富貴、貧賤、得喪、愛憎之相，值若飄風浮靄之往來變化於太虛，而太虛之體，固常廓然其無礙也。」[④]又認為「學問功夫，於一切聲利嗜好俱能脱落殆盡，尚有一種生死念頭毫髮掛帶，便於全體有未融釋處。人於生死念頭，本從生身命根上帶來，故不易去。若於此處見得破，透得過，此心全體方是流行無礙，方是盡性至命之學。」[⑤]具見他是一層層超越了世俗的得喪欣戚，愛憎取捨，真在生命體悟上有所自得，最後乃在生（存在）與死（不存在）的極度邊際體驗中，既面對生死又超越生死，從而憑藉彌天蓋地的存在勇氣，對人生社會及其價值意義作出終極性的探究和追問：

---

① 《傳習錄》（上），《王文成公全書》卷一「語錄一」，第 4 頁。

② 徐愛：《橫山集》補遺《〈傳習錄〉題辭》，見《徐愛錢德洪董澐集》，錢明編校整理，南京：鳳凰出版社 2007 年版，第 89 頁。

③ 錢啟忠：《重刻傳習錄後敍》，引自《王陽明全集》卷四一「序跋（增補）」，上海：上海古籍出版社 1992 年版，第 1617 頁。

④ 《答南元善》，《王文成公全書》卷六「文錄三」，第 255 頁。

⑤ 《傳習錄》（下），《王文成公全書》卷三「語錄三」，第 134 頁。

「聖人處此，更有何道？」[①]「不惟得失榮辱胥已解脱，即死生一念亦為拼置」[②]。否則不悟道則寧願死不願生，才「忽中夜大悟格物致知之旨，寤寐中若有人語之者，不覺呼躍，從者皆驚。始知聖人之道，吾性自足，向之求理於事物者誤也」[③]。這表面只是頗具戲劇效果的飛躍式「頓悟」的驚人一幕，但卻是半生心路歷程艱難跋涉換來的必然結果。如果上溯孟子所講「萬物皆備於我矣，反身而誠，樂莫大焉」（《孟子 · 盡心上》），則可說是生命的證量功夫和直觀境界的當下現前。陽明的「聖人之道，吾性自足」，也同樣是從生命的證量直觀功夫中自然湧出的真理性豪邁宣言。立足於孟子與陽明的本體證量實證功夫，則斷然可說人雖藐然一身，卻得天地正氣以生，既不可能自外於天道，也不可能自外於天理。而所謂「道者，天之理」[④]，人生當然之路也。其理本來就渾然粹然內聚於性分之中，本自圓滿，無所虧闕，一即一切，一切即一，不能不説是「萬物皆備於我」，亦不能不説是「聖人之道，吾性自足」，既不可外心以求理，亦不能外心以求道[⑤]。否則天不由理而行則不成其為天，人不從理而動人亦不成其為人。而能「覺」能「悟」

---

① 錢德洪：《年譜》「正德三年戊辰」條，《王文成公全書》卷三一「附錄一」，第1395—1396頁；另可參閱張新民：《陽明精粹 · 哲思探微》，貴陽：孔學堂書局、貴州人民出版社2014年版，第235—32頁。

② 耿定向：《新建侯文成王先生世家》，《耿定向集》卷一三，上海：華東師範大學出版社2015年版，第523頁。

③ 錢德洪：《年譜》「正德三年戊辰」條，《王文成公全書》卷三一「附錄一」，第1395—1396頁。

④ 真德秀：《西山讀書記》甲集六《專言仁》，劉光勝整理，鄭州：大象出版社2019年版，第151頁。

⑤ 《六祖壇經》載慧能悟道後偈語：「何期自性本自清淨，何期自性本不生滅，何期自性本自具足，何期自性本無動搖，何期自性能生萬法。」所言亦為大悟後證量功夫的當下顯現，雖其後來所開闢者乃中國化之禪宗新天地，與儒家思想人物之發展路徑迥然有異，然未必不可參互比觀以證悟道之重要。詳見丁福保箋註：《六祖壇經箋註 · 行由品第一》，一葦整理，濟南：齊魯書社2012年版，第66頁。

之主體，在人惟其昭明靈覺本然之真心。故逆向反諸心體微妙本源深處，如實體認內在生命本來存在之真諦，功夫久久積累熟透，一旦觸着機緣豁然開悟，則必能盡心知性乃至知天，不惟凡事皆有即本體即主體之良知自作主腦，同吋也可應天地萬物之變而如不惑。

因此，歷來凡真悟道者，必久久積累實證功夫，即使生死亦必如陽明龍場行為典範之示現，完全豁然超然置之度外，不妨説是孔門「朝聞道，夕死可矣」宗教人文精神的當下再現，當然就會從心性本體沛然涌出與真理合為一體的巨大本體喜悦！陽明中夜頗有戲劇性的「呼躍」，顯然即為千磨萬煉突然證得生命存在的真諦後，全身情不自禁拔地躍起的內在心智歡呼，乃是脱出凡俗知「性」知「天」的真理性切身歡悦，從此涵養省察處處不離體用不二本體實踐學功夫，完全可以告諸天地鬼神而無一絲一毫之愧怍。

儒家學者談及功夫實踐，與佛教明顯有一不同，即多不講「頓」「漸」，然未必不重視先後次第。例如，「孔子『志學』而至『從心』，孟子『有諸己』至『化神』，功非一朝一夕」，都離不開長期持久的積累功夫[①]。《大學》知止而定、靜、安、慮、得，也是一套功夫系統，並與孟子養氣之説相通，久久必能身造其境。陽明自己也說：「區區『格致誠正』之説，是就學者本心日用事為間，體究踐履，實地用功，是多少次第、多少積累在，正與空虛頓悟之説相反」[②]。針對門下弟子歐陽德所謂「先生（陽明——引者註）致知之旨，發盡精蘊，看來這裏再去不得」之説，陽明更強調「何言之易也？再用功半年，看如何？又

① 劉沅著、譚繼和等箋解：《十三經恒解》附錄一《子問》，成都：巴蜀書社 2016 年版，第 142 頁。

② 王守仁：《答顧東橋書》，《王文成公全書》卷二「語錄二」，第 50 頁。

用功一年，看如何？功夫愈久，愈覺不同，此難口說」①。可見他是何等重視步步踏實不可躐等的漸修方法。但下學上達功夫久久積累熟透後，未必就沒有神機迅發，豁然醒覺大悟的時候。例如，朱子之「一旦豁然貫通」，而「心之全體大用無不明」②，即頗有「頓悟」之意③。「明道先生言:『自再見周茂叔後，吟風弄月以歸，有吾與點也之意。』」④，亦不能不說是悟境的當下現量。惟無論「頓悟」所入之境是深是淺，揆以陽明龍場悟道「倏若神啟，大解從前伎倆見趣無一可倚，惟此靈昭不昧者相為始終。不離倫物應感，而是是非非天則自見。證之《六經》、『四子』，無不吻合，益信聖人之道坦若大路如此」⑤，則完全可說「行到水窮山盡，同歸一路，自有不言而契之妙」⑥。各人的悟入處雖不盡相同，不能不「各就性之所近以求得力」⑦，皆無一不是積漸為功覺悟本真心性的結果，誠乃「非積學不可為，而又非積學所能到」⑧。關鍵是「須從本原上用力，漸漸盈科而進」。故「與其為數頃無源之塘水，不若為數尺有源之井水，生意不窮」⑨，最終則浩浩沛沛匯入無限廣袤之大海，如破閘決堤般驚天動地轟響，從此本體不期然而然瑩潔敞露，一

---

① 《傳習錄》（下），《王文成公全書》卷三「語錄三」，第 116 頁。

② 朱熹：《大學章句》，《四書章句集註》，北京：中華書局 1983 年版，第 7 頁。

③ 參見劉沅著、譚繼和等箋解：《十三經恒解》附錄一《子問》，成都：巴蜀書社 2016 年版，第 142 頁。

④ 周敦頤：《周敦頤集》卷六《遺事》，長沙：岳麓書社 2007 年版，第 138 頁。

⑤ 耿定向：《新建侯文成王先生世家》，《耿定向集》卷一三，上海：華東師範大學出版社 2015 年版，第 523 頁。

⑥ 劉宗周：《聖學宗要．陽明王子》，《劉宗周全集》，吳光主編，杭州：浙江古籍出版社 2012 年版，第 230 頁。

⑦ 豫師:《漢學商兑．漢學商兑贅言》，北京:北京聯合出版有限責任公司 2017 版，第 250 頁。

⑧ 樓鑰：《樓鑰集》卷四九《雪巢詩集序》，顧大朋點校，杭州：浙江古籍出版社 2010 年版，第 926 頁。

⑨ 以上分見《傳習錄》（上），《王文成公全書》卷一「語錄一」，第 18 頁、27 頁。

切偏狹習染成見隨之消歇掃盪。較諸僅「以把捉意見為工夫，而不覿性天之體，因使求中者以揣摩氣象為極則，而反墮虛空之病」者①，高下懸殊不啻千里。

陽明透過「困勉動忍」生死厄境大徹大悟後②，雖身處「華」「夷」混雜的邊僥黔地，為了啟蒙他人也能回歸無人不具的全然至善心體，遂開始了他的規模或大或小的心學講學活動，並一生都視講學施教為最重要的人心救贖事業。所謂「俟命」也自此一轉而為盡性「立命」，從而始終堅信生命存在的意義就在於透過本體實踐學的各種具體功夫，最大化地彰顯擴大人性的光輝或良知的發用流行，亦即「不知命則大無信，故命立而後心誠」③，遂一本至誠無息之本然真實心性，開闢出無限宏闊壯偉的人生事業，並以活生生的人格例證事實為後人示明了人生發展應有的成德方向。他既大悟「聖人之道，吾性自足」，實際即意味着成聖成賢的本體論依據，不分「華」「夷」，無論貴賤，無人不具，無人不有，當然就不受任何地域限制，超越一切族羣區隔，遍及世俗一切人類，乃是普遍或普世的。誠如他自己後來所說：「良知良能，愚夫愚婦與聖人同。」④「聖賢之道，坦若大路，夫婦之愚，可以與知」⑤。而「與愚夫愚婦同的，是謂同德，與愚夫愚婦異的，是謂異端」⑥;「於是益有以信人性之善，天下無不可化之人」⑦。而在具體的施教

---

① 劉宗周：《聖學宗要．陽明王子》，《劉宗周全集》，吳光主編，杭州：浙江古籍出版社 2012 年版，第 230 頁。
② 耿定向：《新建侯文成王先生世家》，《耿定向集》卷一三，上海：華東師範大學出版社 2015 年版，第 523 頁。
③ 張載：《張子語錄》，《張載集》，北京：中華書局 1978 年版，第 324 頁。
④ 王守仁：《答顧東橋書》，《王文成公全書》卷二「語錄二」，第 61 頁。
⑤ 《覆唐虞佐》，《王文成公全書》卷四「文錄一」，第 215 頁。
⑥ 《傳習錄》（下），《王文成公全書》卷三「語錄三」，第 132 頁。
⑦ 王守仁：《象祠記》，《王文成公全書》卷二三「外集五」，第 1024 頁。

方法上，又發揮孔門一貫的教化思想，強調「『不憤不啟』者，君子施教之方；『有教無類』，則其本心焉耳」[①]。後來的學者如清初大儒李二曲，亦同樣強調「理者，人心固有之天理，即愚夫愚婦一念之良也，聖之所以聖，賢之所以賢，亦不過率其與愚夫愚婦同然之良而已，此中庸平常之道也。乃世之究心理學者，多捨日用平常而窮玄極賾，索之無何有之鄉。謂之『反經』，而實異於經；謂之『興行』，而實不同於日用平常之行。其發端起念，固卓出流俗詞章之上；而流盪失中，究異於《四書》平實之旨：是亦理學中之異端也」[②]。儒家的成人或成德之教，不分地位高低貴賤，不計身份血緣區別，完全以本真至善之性無人不具為根本前提，從來都認為是可以落實於每一獨立的主體的個體的，同時也是必須轉化為日用常行社會生活的倫理實踐的。李氏之言上承陽明率先揭出之說，又歷史性地予以了新的再詮釋和再發揮。

二、陽明悟道後施教方法的實踐化展開與靈活性調整

前文提到的錢德洪「教亦三變」之說，如果立足於陽明心學「尊德性」的立場，則所謂「教」亦與「學」通，當以「覺」訓之。考《說文・攴部》:「學者，覺之教也。」《釋名・釋言語》:「教，效也，下所法效也。」按「學」字古亦作「斆」，即所謂「斆，覺也」，「斆，教也」[③]，其與「教」音形義俱相通。唐釋慧苑認為「諸字書『覺』字從『學』，『學』字從『教』，『教』字從『孝』，『孝』字從『爻』，因聲義轉相生

① 《覆唐虞佐》，《王文成公全書》卷四「文錄一」，第 215 頁。

② 李顒：《二曲集》卷三一《〈四書〉反身錄》，北京：中華書局 1996 年版，第 436 頁。

③ 賈昌朝：《羣經音辨》卷二《辨字同音異》，北京：中華書局 2020 年版，第 21 頁。

也」[①]。「古代『學』『教』『覺』三字是一個聲音」[②]，顯然也可相互訓釋。因此，陽明「教亦三變」所展開的各種教法，就其施教的具體對象而言，既可是誘導其躬行道德實踐方面的學習，也可是啟發其心性體證方面的覺悟。所以，儘管陽明從不以先覺者自許，但其所「教」仍一本孟子「先知覺後知」「先覺覺後覺」之大義[③]，不斷根據每一受教對象的根器或氣質差異，曉其所當然，示其所應然，不斷靈活採用各種有針對性的教學方法，啟發其反身逆向自悟自證其本來即有的本真心性。故即使是朱子之訓「學」字為「效」，以為「覺有先後，後覺者必效先覺之所為」[④]，陽明也大為不滿，認為「學是學去人欲，存天理」，朱子「只説得學中一件事，亦似專求諸外了」[⑤]。可見他的教法是必須先在「體」上立根，然後再隨「事」精察力行，因而總是啟發學者痛下反求諸己的功夫，希冀其真能徹入心源自我醒豁覺悟。朱子之所言，雖不能説有錯，但顯然未得其全，仍稍嫌偏頗[⑥]。

與朱子、象山相較，龍場悟道後的陽明，無論其所倡導的「知行

---

① 釋慧苑：《新譯大方廣佛華嚴經音義校註》卷上《世主妙嚴品之一》，黃仁瑄校註，北京：中華書局2020年版，第11頁。

② 吳其昌：《史學論叢．先秦入聲的收聲的問題》，吳令華編，太原：三晋出版社2009年版，第341頁。

③ 《孟子．萬章》。按朱子《孟子集註》釋「知」「覺」兩字云：「知，謂識其事之所當然；覺，謂悟其理之所以然。覺後知後覺，如呼寐者而使之寤也」。揆以儒家自孔孟以來一貫的覺民行道傳統，完全可看成是本體實踐學的一種啟蒙教化自覺行為。詳見朱熹《四書章句集註》，第310頁。

④ 朱熹：《論語集註》卷一《學而》，《四書章句集註》，第47頁。

⑤ 《傳習錄》（上），《王文成公全書》卷一「語錄一」，第40頁。

⑥ 清人陳確後來亦談到：「夫學，非第以讀書作文為也。陽明解『時習』之學，謂『惟存天理，去人欲』。雖朱註謂『效先覺之所為』，陽明猶以為偏，況讀書作文乎！子弟之患，不在無文而在無行，行立則文從之矣。」當一併參閱。見陳確：《文集》卷二《寄劉伯繩書》，《陳確集》，北京：中華書局1979年版，第113頁。

合一」或「致良知」說，都愈加突出了本體實踐學的取向特徵，目的則是不斷啟發每一獨立的個體實踐性地覺悟生命的德性本質，從而堂堂正正更有尊嚴地挺立於天地之間。陽明針對人的生命存在本質所展開的各種施教方法，也可用《中庸》所謂「天命之謂性，率性之謂道，修道之謂教」來加以概括。誠如陽明自己所說：「率性而行，則性謂之道；修道而學，則道謂之教。謂修道之為教，可也；謂修道之為學，亦可也。自其道之示人無隱者而言，則道謂之教；自其功夫之修習無違者而言，則道謂之學。教也，學也，皆道也，非人之所能為也。」[①] 質言之，「人能循其天理之正而無私則為道」，「使人變化其偏私則為教」。「性」「道」「教」三位一體，亦可說「天之理、人之性、萬物之道，一以貫之」[②]，都有賴於作為主體的人的「心」的體認和醒悟，才能如實敞亮開顯並轉化為人的自覺生命實踐行為。因此，陽明特別強調「天地萬物與人原是一體，其發竅之最精處，是人心一點靈明」[③]；認為「人者，天地萬物之心也；心者，天地萬物之主也。心即天，言心則天地萬物皆舉之矣」[④]。因此，不能不說「性體原是萬物一源」[⑤]，盡心則能知性知天，亦即「率性」與「修道」之社會化實踐。所以，「人之為學，求盡乎心而已」[⑥]。

由此可見，「心」在陽明的功夫實踐系統中，乃是人的主意大頭

① 王守仁：《答季明德》，《王文成公全書》卷六「文錄三」，第259頁。

② 以上均見劉沅著、譚繼和等箋解：《中庸恒解》卷上，《十三經恒解》，成都：巴蜀書社2016年版，第89頁。

③ 《傳習錄》（下），《王文成公全書》卷三「語錄三」，第133頁。

④ 以上均見《答季明德》，《王文成公全書》卷六「文錄三」，第259頁。

⑤ 劉宗周：《陽明傳信錄》批語，《劉宗周全集》「補遺」，杭州：浙江古籍出版社2012年版，第72頁。

⑥ 《答季明德》，《王文成公全書》卷六「文錄三」，第259頁。

腦，為學為教的核心要害[①]。蓋人性即天之性，「率性」離不開「盡心」，修道」亦不能外心而為。所以，「盡心」不僅能知「性」證「道」，從而最大化地提高人的主體性地位，同時也是「人心」覺悟並轉化為「道心」的唯一路徑，無論「學」或「教」都以人的自我覺悟為根本目的。如同朱子講「人性皆善」，因而人人都有必要「明善而復其初」[②]，「復其初」即回歸天賦人性本有之善一樣，陽明的功夫論本質上也是一種以「人」合「天」之學，儘管並不排斥知識論方面的「道問學」，但始終都以實踐性的「尊德性」或「明明德」為人生或學問的第一義。

因此，從盡心知性而知天，即人天一體的心性證道悟覺立場出發，無論荀子所謂「以善先人者謂之教」，楊倞註:「先，謂首唱也」[③]，抑或《白虎通》所言：「教者，何謂也？教者，效也。上為之，下效之」[④]，乃至朱子亦以「效」訓「教」或「學」，認為「後覺者必效先覺之所為」等等，嚴格講都自有其學術傳統或學理分析上的堅強依據，但依然不為陽明思想系統的內在發展理路與施教實踐方法所允許。他認為無論「教」或「學」，都離不開「心」的自我覺悟活動，「心」的覺悟本質上就是與「性」「天」密契一體的「修道」，甚至本身就是「道」的實踐化展開，否則就違背了《中庸》「天命之謂性，率性之謂道，修道之謂教」的本義。因此，他又反覆強調「心之體，性也；性之原，

---

① 施邦曜嘗發揮陽明之說，認為其「『為學求盡乎心』一語，已握大頭腦。握定頭腦，即日涉於聞見之途，觸處皆見天理之流行，橫說直說皆是。譬涉風濤者，只把舵得定，出沒上下皆穩。」見《陽明先生集要．理學編》卷四《答季明德書》旁批，北京：中華書局 2008 年 1 版，第 284 頁。

② 朱熹:《論語集註》卷一《學而》，《四書章句集註》，北京:中華書局 1983 年版，第 47 頁。

③ 王先謙：《荀子集解》卷一《修身篇》，北京：中華書局 1988 年版，第 23 頁。

④ 班固撰集、陳立疏證：《白虎通疏證》卷八《三教．總論教》，北京：中華書局 1994 年版，第 371 頁。

天也。能盡其心，是能盡其性矣」①。而無論「學」與「教」，都是要人覺此「心」而知此「性」，能夠「盡心」「盡性」而上達於「天」。故「學之一字，乃聖人補造化生成之憾，而使人各得其性，無愧於人者也」②。足見「『學』字之義，本自明白，不必訓釋。今遂以『效』訓『學』，以『學』訓『效』，皆無不可，不必有所拘執，但『效』字終不若『學』字之混成耳」③。

「盡心」與「修道」既相通又略有區別，前者乃從主觀方面講，後者則從客觀方面言，二者作為人的生命自覺實踐行為，在陽明那裏只是一事而決非兩事。「盡心」與「修道」不二，在心即為理之本然，應事則為理之當然，亦可說「道無天人之別，在天則為天道，在人則為人道，其分雖殊，其理則一也」④。「人道」與「天道」不二，「內」（形上）與「外」（形下）兼顧，斷然不可取一棄一。只是「盡心」則必向內超越，以致最終能「盡性」而契接「天」，不僅世俗的生命存在有了神聖的形上意義，即社會化的尋常日用也有了超越性的價值來源，最終仍必須轉化為外在的人間秩序建構事業。所以，無論「教」或「學」，都以「覺」為第一義，要在啟發人自悟心性，擴充良知，即陽明所謂「個個人心有仲尼，自將聞見苦遮迷。而今指與真頭面，只是良知更莫疑」⑤。

在陽明體用一源的心學思想系統中，本體論意義上的良知，既是「天則」，能夠是其當是而非其當非，也是「明師」，乃是可以示明人

---

① 《答顧東橋書》，《王文成公全書》卷二「語錄二」，第53頁。
② 劉沅著，譚繼和等箋解：《論語恒解．學而第一》，《十三經恒解》（箋解本），第185頁。
③ 《答季明德》，《王文成公全書》卷六「文錄三」，第259頁。
④ 《先天而天弗違後天而奉天時》，《王文成公全書》卷三六「山東鄉試錄」，第1353頁。
⑤ 《詠良知四首示諸生》第一首，《王文成公全書》卷二〇「外集二」，第938頁。

生發展方向的定盤針[①]，即所謂「乾坤由我在，安用他求為？千聖皆過影，良知乃吾師」[②]。後來的劉宗周也明確指出：「人皆有是心也，天之所以與我者本如是」。因而「吾之心即聖人之心，吾心之知即聖人之無不知，而作聖之功，初非有加於此心此知之毫末」[③]。具見「不得於心而惟外信於人以為學，烏在其為學也已！」[④] 正是在這一理路脈絡下，陽明才強調「所謂學者，正惟致其良知，以精察此心之天理，而與後世之學不同耳。吾子未暇良知之致，而汲汲焉顧是之憂，此正求其難於明白者以為學之弊也」[⑤]。有感於道喪已久，正學隱晦難彰，他不計任何環境條件，雖在戎馬倥傯之際，亦「以良知之說覺天下，天下靡然從之」[⑥]。因此，如同其在龍場的大徹大悟一樣，相對於第一義的「自覺」「自悟」，即便朱子「效先覺之所為」之說能夠成立，在陽明看來也只是第二義的事。否則便容易造成務外遺內的弊病，乃是任何一流心學人物都不能允許的。至於陽明一生汲汲於講學，有如良醫能對病下藥，啟發來學者無數，乃至形成大量地域性學派，則可說「恢復本心之功，豈在孟子道性善後歟？」[⑦]

正是有鑒於「心」具眾理，然又有可能為私欲遮蔽，龍場大徹大悟後的陽明，最初的教法更多的是要人以「存天理，去人欲」為入手

---

① 《詠良知四首示諸生》第二首：「人人自有定盤針，萬化根源總在心。却笑從前顛倒見，枝枝葉葉外頭尋。」《王文成公全書》卷二〇「外集二」，第 938 頁。

② 《詠生》，《王文成公全書》卷二〇「外集二」，第 944 頁。

③ 劉宗周：《重刻王陽明先生傳習錄序》，《劉宗周全集》「文編六」，杭州：浙江古籍出版社 2012 年版，第 520 頁。

④ 《答徐成之》，《王文成公全書》卷二一「外集三」，第 960 頁。

⑤ 《傳習錄》（中），《王文成公全書》卷》卷二「語錄二」，第 61 頁。

⑥ 王畿：《重刻陽明先生文錄後序》，《王畿集》卷一三，吳震編校整理，南京：鳳凰出版社 2007 年版，第 341 頁。

⑦ 劉宗周：《重刻王陽明先生傳習錄序》，《劉宗周全集》「文編六」，杭州：浙江古籍出版社 2012 年版，第 520 頁。

功夫，而在方法論上雖主要源自自己的功夫實踐體證，但未必就毫無程、朱二氏之影響①。他一方面認為無論當下道德的實踐訴求或終極的成聖成賢目的，其本體論依據都斷然在內而決不在外，因而功夫必須在心上做，如此才能徹底彰顯無人不具的道德實踐理性，即所謂「心即理也，無私心即是當理，未當理便是私心」②;另方面人們往往專騖外求而不知內省，反而轉求支離，乃至「心」與「理」亦破碎裂變為二，不能不令人擔心「求道愈難，而去道愈遠，聖學遂為絕德」③。正因為如此，陽明才反覆強調：「聖人之學，心學也。學以求盡其心而已」④；感慨「聖人之學難明而易惑，習俗之降愈下而益不可回」⑤。所以，「陽明先生教人，其初只是去人欲、存天理。或問『何者為天理？』曰『去得人欲，便是天理。大抵使人自悟而已』」⑥。如果進一步擴大觀察範圍，就陽明「悟道」後之整個後半生而言，亦可說教「人吃緊在去人欲而存天理，進之以知行合一之說，其要歸於致良知，雖累千百言，不出此三言為轉註，凡以使學者截去繞尋向上去而已，世未有善教如先生者也，是謂教法」⑦。只是作為過來人，無論在方法論上如何善教，所能發揮者仍不只是旁助而已。作為一種「下學上達」的證道功夫，誠如陽明所說：「學問也要點化，但不如自家解化者，自一了百當。不然，

① 《朱子文集》卷四《答吳德夫獵》:「以孔子、程子所示求仁之方，擇其一二切於吾身者，篤志而力行之，於動靜語默間，勿令間斷，則久久自當知味矣。去人欲，存天理，且據所見去之存之。工夫既深，則所謂似天理而實人欲者次第可見。」陽明《朱子晚年定論》一一具錄之，則必熟讀而受啟發。見《王文成公全書》卷三「語錄三」，第 172 頁。

② 《傳習錄》(上)，《王文成公全書》卷一「語錄一」，第 33 頁。

③ 劉宗周：《重刻王陽明先生傳習錄序》，《劉宗周全集》「文編六」，杭州：浙江古籍出版社 2012 年版，第 520 頁。

④ 《重修山陰縣學記》，《王文成公全書》卷七「文錄四」，第 311 頁。

⑤ 《別湛甘泉序》，《王文成公全書》卷七「文錄四」，第 280 頁。

⑥ 劉宗周：《體認親切法》，《劉宗周全集》「語類十二」，第 358 頁。

⑦ 劉宗周：《陽明傳信錄小引》，《劉宗周全集》「補遺」，第 1 頁。

亦點化許多不得。」[①]

因此，以龍場悟道為一歷史性轉折點，陽明後來所謂的「教亦三變」，無論最初的倡導「知行合一」之說，抑或後來的要求學者「靜坐」，乃至晚年的專提「致良知」，都可說是圍繞形上超越的本體，不斷調整施教立言的方法，希冀人人都能透過功夫實踐證悟本體，從而一方面形成一套嚴格的施教方法與功夫系統，培養了難以計數的門下學人；另方面也不斷根據功夫實踐總結提升為思想理論言說系統，一時影響遍及大江南北。尤其晚年繼「良知」與「致良知」說後，又有「四句教」的揭出[②]，一方面強調「一悟本體，即見功夫，物我內外，一齊盡透」[③]，突出了本體的地位，是由本體開出功夫;另方面又主張要「在良知上實用為善去惡功夫」，不可只「懸空想個本體，一切事為俱不着實，不過養成一個虛寂」[④]，強化了功夫的重要，是由功夫證入本體。而徹上徹下，本體熟透了，功夫便自會開顯；反之功夫熟透了，本體亦必然敞明。本體固然是「一」，功夫則可以是「多」，善觀洞察施教對象不同的心性存在狀態，施教啟悟方法亦隨時隨地調整變化，誠乃「所操益熟，所得益化，時時知是知非，時時無是無非，開口即得本心，更無假借湊泊，如赤日當空而萬象畢照」[⑤]。本體實踐學在陽明那裏，始

---

① 《傳習錄》（下），《王文成公全書》卷三「語錄三」，第 141 頁。

② 「四句教」見錢德洪《年譜》所載「天泉證道記」，清人方學漸《庸言．讀天泉證道記》認為乃「王龍溪所受新建先生之宗旨，欲以一海內之道脉者也」。其説甚有識見，惜此處無從討論。方説見方昌翰輯《桐城方氏七代遺書》，合肥：黃山書社 2019 年，第 138 頁；另可參閱張新民：《陽明精粹．哲思探微》，貴陽：孔學堂書局、貴州人民出版社 2014 年版，第 175—186 頁。

③ 錢德洪：《年譜》「嘉靖六年丁亥」條，《王文成公全書》卷三四「附錄三」，第 1489 頁。

④ 《傳習錄》（下），《王文成公全書》卷三「語錄三」，第 140 頁。

⑤ 黃宗羲：《明儒學案》卷一〇《姚江學案．文成王陽明先生守仁》，北京：中華書局 2008 年版，第 180 頁。

終本體功夫兼顧，形上形下一體，愈到晚年便顯得愈加圓融，愈到後期便發展得愈加究竟。

但是，陽明施教方法的不斷靈活調整和變化昇華，並非意味着後一階段的教法可以否定前一階段的教法，而是可以相互補充整合，相互詮釋完善，從而不斷在本體與功夫及詮釋與踐行之間往復循環，在理論與實踐兩個互動性層面同時豐富和發展，最終形成一套既有理論更重實踐的本體實踐學思想系統。例如，陽明早年在龍場所悟「格物致知之旨」，不僅所據之《大學》「悉以舊本為正」①，而且認為「萬事萬物之理不外於吾心」②，「心外無事，心外無理」③，「至善只是此心純乎天理之極便是」④，不僅訓釋的向度與朱子開闢的理學化解讀大有區別，而且也創造性地發展出一套心學化的經典詮釋系統。所謂「千古聖學，只是一心」，即使後來總結性的「良知」與「致良知」理論，陽明也認為「良知之説，只是説此一心」⑤。故其早年以「心即理」為中心的「格物致知」説，實亦可與晚年始正式揭出的「良知」與「致良知」説互詮互釋。誠如王門心學人物聶豹所説：「學本良知，致知為學，格物者，致知之功也。學致良知，萬物皆備，神而明之，廣矣大矣。」⑥

「靜坐」作為一種證道入手實踐功大，乃陽明中歲在滁州教人之法。其所以改用此法，乃是因為「初學時心猿意馬，拴縛不定，其所

① 徐愛：《橫山集》補遺《〈傳習錄〉題辭》，見《徐愛錢德洪董澐集》，錢明編校整理，南京：鳳凰出版社 2007 年版，第 89 頁。

② 《答顧東橋書》，《王文成公全書》卷二「語錄二」，第 57 頁。

③ 《紫陽書院集序》，《王文成公全書》卷七「文錄四」，第 289 頁。

④ 《傳習錄》（上），《王文成公全書》卷一「語錄一」，第 4 頁。

⑤ 李湘洲：《陽明先生集抄序》，《李湘洲集》卷二「序」，劉依平等校點，長沙：岳麓書社 2012 年版，第 33 頁。

⑥ 聶豹：《重刻傳習錄序》，《聶豹集》卷三「序」，吳可為編校整理，南京：鳳凰出版社 2007 年版，第 45 頁。

思慮多是人欲一邊，故且教之靜坐息思慮」[1]。「靜坐息思慮」就方法論而言，既有《大學》「知止而後有定」的經典文本權威依據，也得力自己早年在龍場的「默坐澄心」功夫，乃是為學「盡去枝葉，一意本原」的入門要徑[2]。所謂「本原」即是心之本體，亦為人人皆具的良知，要在確保證入德性生命存在的「本原」後，心體寂然不動，即是未發之中，一旦感而遂通，則為發而中節之和，從而無一毫私欲雜染，內外純然一片，能夠更好地轉化為日常倫理實踐行為。而以良知言「未發」「已發」，則「譬如鐘聲，未扣不可謂無，既扣不可謂有」；「未扣時原是驚天動地，既扣時也只是寂天寞地」[3]，誠乃「靜則渾然，動亦粹然」[4]，「神感神應，圓機妙用」[5]。故晚年的「良知」與「致良知」雖不專言靜坐，而靜坐的功夫已全然賅括，同時又能防範死守枯寂，務內遺外之弊病。誠如黃宗羲所說「良知即是未發之中，此知之前更無未發；良知即是中節之和，此知之後更無已發。此知自能收斂，不須更主於收斂；此知自能發散，不須更期於發散。收斂者，感之體，靜而動也；發散者，寂之用，動而靜也。知之真切篤實處即是行，行之明覺精察處即是知，無有二也」[6]。「致良知」作為一種本體實踐學功夫，雖可不言「靜坐」或「默坐澄心」，而「靜坐」或「默坐澄心」之功夫已盡在

---

① 《傳習錄》（上），《王文成公全書》卷一「語錄一」，第 20 頁。

② 黃宗羲：《明儒學案》卷一〇「文成王陽明先生守仁」，北京：中華書局 2008 年版，第 180 頁。

③ 《傳習錄》（下），《王文成公全書》卷三「語錄三」，第 142 頁。

④ 劉沅著、譚繼和等箋解：《大學古本質言》第二章，《十三經恒解》，成都：巴蜀書社 2016 年版，第 72 頁。

⑤ 耿定向：《新建侯文成王先生世家》，《耿定向集》卷一三，上海：華東師範大學出版社 2015 年版，第 542 頁。

⑥ 黃宗羲：《明儒學案》卷一〇「文成王陽明先生守仁」，北京：中華書局 2008 年版，第 180 頁。

其中。雖不講「收斂」「發散」，然當「收斂」即「收斂」，當「發散」即「發散」，「收斂」自然能歸其「體」而得其「中」，「發散」自然能顯其「用」而見其「和」，「收斂」「發散」之功俱盡在其中。更重要的是，「良知」與「致良知」作為一種本體實踐學理論，又明確揭示了「知行合一」說的本體論思想義涵，避免了早年「舉知行合一之教，紛紛異同，罔知所入」的弊病①。

陽明的「知行合一」說，按照梁啟超的說法，乃是「由心物合一說而出。致良知就是孟子所謂良心，不過要把心應用到事物上去」②。證以陽明「求理於吾心，此聖門知行合一之教」等說法③，可識「知行合一」說的確是以心物論為根據發展出來的，但未必就不可與晚出的「良知」或「致良知」說相互詮釋。譬如陽明自己就說：「『知行』二字亦是就用功上說；若是知行本體，即是良知良能」④。可見「知行合一」之「一」，即是前面一再提到的「精一」之「一」。「一」既可謂本體，亦可指良知，「知」與「行」不過是良知本體的一體兩面，「是兩個字說一個功夫」⑤。功夫不可能不有本體，也不可能不有主意頭腦，則「良知」即是本體，「良知」即是主意頭腦，不但具備了形上超越的神聖來源，同時更有了道德主體精神的自覺到場。後人以為「聖門知行合一之語，因人指點，隨時印證，庶幾挽頹風於萬一」⑥，完全可以用來概括陽明倡導斯說的行為意義及歷史影響。

---

① 錢德洪：《年譜》「正德五年庚午」條，《王文成公全書》卷三二「附錄一」，第1398頁。
② 梁啟超：《儒家哲學》第六章，北京：中華書局2015年版，第102頁。
③ 《答顧東橋書》，《王文成公全書》卷二「語錄二」，第53頁。
④ 《傳習錄》（中），《王文成公全書》卷二「語錄二」，第85頁。
⑤ 《答友人問》，《王文成公全書》卷六「文錄三」，第253頁。
⑥ 陳宏謀：《培遠堂全集．寄家聖泉書》，引自徐世昌等編纂：《清儒學案》卷六四《臨桂學案》，北京：中華書局2008年版，第2490頁。

三、陽明良知本體實踐學展開的功夫路徑及其特點

「知行合一」與「致良知」說雖揭出的時間早晚不同，然均為陽明心學思想系統中不可或缺的重要命題，並同樣可以相互詮釋以擴大或豐富其義理脈絡內涵，從而彌補陽明晚年已有此意而未能完成的學術思想發展工作。易言之，以良知本體實踐學解讀「知行合一」，則如同本體論意義上之良知必有體有用，「用」則必然有「知」亦有「行」。故「體」「用」同出一源，「知」「行」亦同出一源，「知」乃良知良能本體之「知」，「行」乃良知良能本體之「行」，都不能不是良知良能本體展開落實為道德實踐生活必然產生的行為現象，最能體現傳統中國思想世界本體實踐哲學的精義妙旨。

《明史・本傳》稱陽明晚年為教，「專以致良知為主」[①]，而「知行合一」作為本體實踐學有體有用的一種功夫，本質上即是強調「良知」之「知」與「良知」之「行」的一體不二。只是如果稍加比較，則可說前者（知）相對後者（行）乃是內隱的動機行為現象，後者（行）相對前者（知）則為外顯的行為活動事實，但誠如陽明所說，「一念發動便是行」[②]，二者都是良知本體發用流行必有的整體行為構成要素，亦可說是道德的直觀現量的「知」與道德的直觀現量的「行」。因此，從良知本體發用流行的結構互動關係看，則不能不說「知是行之主意，行是知之功夫」；從良知本體發用流行的行為展開過程言，則又不能不講「知是行之始，行是知之成」。而人皆行其所知，有真知必有真行，

① 《明史》卷一九五《王守仁》，北京：中華書局 1974 年版，第 5168 頁。

② 王守仁原著，施邦曜輯評：《陽明先生集要・理學編》施氏總結評點王陽明說語，第 108 頁。

因而「若會得時，只說一個知已自有行在，只說一個行已自有知在」①。「知」與「行」互涵互攝，從來都難以分割。

本體實踐學意義上的「知」與「行」，嚴格講都是良知本體展開時的行為現象。「良知」本體虛靈明覺、精察如微，一旦轉化為日用常行倫理實踐，必然表現出「真切篤實」的特點；「致良知」功夫真實切己，篤實光輝，一旦昇華為自覺直觀理性精神，亦必然顯現出明覺精察的特徵，都不能不以誠意為第一存在基本原則。二者不斷交相互動，循環提升增上，則可說「知之真切篤實處，便是行；行之明覺精察處，便是知」②。

但是，「心之靈，原以得天之理而靈；心之用，恆以失天之理而昏」③，即在虛靈明覺之良知本體，亦有可能「被私欲隔斷耳，非本體也」，從而不僅造成良知本體感物應事的昏昧，同時會導致人倫日用「知」與「行」的分裂。正是在這一意義脈絡下，陽明才反覆強調「聖賢教人知行，正是要人復本體」；「某今說個知行合一，正是對病的藥」④。同時又一再明言：「要皆知行合一之功，正所以致其本心之良知」⑤；而「『致良知』是學問大頭腦，是聖人教人第一義」⑥。因此，只有以本體實踐學為根本前提，、不斷強化「致良知」的本體實踐功夫，決不喪失「知行合一」的生命行動原則，即陽明所謂「若無有物欲牽蔽，

① 以上均見《傳習錄》（上），《王文成公全書》卷一「語錄一」，第5頁。
② 《答友人問》，《王文成公全書》卷六「文錄三」，第252頁。
③ 劉沅著、譚繼和等箋解：《大學古本質言》第二章，《十三經恒解》，成都：巴蜀書社2016年版，第72頁。
④ 以上均見《傳習錄》（上），《王文成公全書》卷一「語錄一」，第4頁、6頁。
⑤ 《答顧東橋書》，《王文成公全書》卷二「語錄二」，第64頁。
⑥ 《答歐陽崇一》，《王文成公全書》卷二「語錄二」，第88頁。

但循着良知發用流行將去，即無不是道」[①]，才能徹底擴充本來即與理合一之本心，養出頂天立地浩然之正氣，然後入於社會，發於事業，即知即行，即行即知，內外一派瑩徹，俯仰天地無愧，必然充實至極而自放光輝。

「良知」兩字作為聖學實踐的本體論依據，在陽明思想語境及功夫實踐系統中，固然為人倫尋常日用提供了極為重要的價值來源，豐富了社會生活的意義內容，故凡施教都針對不同根器的對象，從切近或切身之處説起，但實則亦有常人未必能知的宇宙生成論深層動因，即所謂「不離日用常行內，直造先天未畫前」[②]，既始終積極入世，不離百姓日用常行，滿腔子的現實救世關懷，又一派超越風姿，直契宇宙先天本然創化源頭，全身心地投入價值理想事業。不僅現實與理想不能打成兩橛，甚至存在與超越的價值亦不能脱離世間。人的存在與價值早就植根於天地未分化前的根源盡頭深處，當然就能以與天地萬物互動的方式參贊其生息不已的創化過程。而無人不具的本體論意義上的良知，「真乾坤之靈體，吾人之妙用」[③]，萬化之根源。透過無分無別超越絕待的存在風姿，表現出太極生物成物創進不已的生命活力。質言之，「良知是造化的精靈，這些精靈，生天生地，成鬼成帝，皆從此出，真是與物無對。人若復得他完完全全，無少虧欠，自不覺手舞足蹈，不知天地間更有何樂可代」[④]。後人如章太炎認為，「此真先生（陽明——引者註）自證」[⑤]，然亦可見透過日用常行的下學實踐功夫，必

---

① 《傳習錄》（中），《王文成公全書》卷二「語錄二」，第85頁。

② 《別諸生》，《王文成公全書》卷二〇「外集二，第939頁。

③ 《與黃勉之》，《王文成公全書》卷五「文錄二」，第234頁。

④ 《傳習錄》（下），《王文成公全書》卷三「語錄三」，第129頁。

⑤ 章太炎撰、王彥坤等整理：《章太炎藏書題跋批註校錄 ·〈王文成公全書〉》批語，濟南：齊魯書社2007年版，第368頁。

能上達絕對超越無待的形上本體世界，領悟與天地萬物同一無盡的創進活力，感受生命與本然真實的存在合一後的滿心喜悅與歡愉。表面顯得高虛廣遠，其實就在日用常行之中。

具有宇宙生成論意義並充滿了創進活力的「良知」，在陽明看來，一方面具有極為突出的本體論意義上的絕對超越性與普遍性，即「良知之在人心，互萬古，塞宇宙，而無不同」①，人不僅與超越的「天」有着極為密契的內在同一性，而且與始終演化變動不已的整個秩序化宇宙亦存在不可分割的內在相關性。尤要者即「良知」乃「性之靈竅，千古聖學之宗」②，儘管不慮而知，不學而能，雖在愚夫愚婦與聖人亦不可得間，但仍需要透過人的道德實踐行為才能如實到場或及時開顯，並隨時等待着具有主體精神和自由意志的人的自覺自悟；另方面良知又在無任何私欲或習氣遮蔽的條件下，能夠無執無着活潑發用流行，涵蓋一切存有，即所謂「良知之虛，便是天之太虛；良知之無，便是太虛之無形。日月風雷山川民物，凡有貌象形色，皆在太虛無形中發用流行，未嘗作得天的障礙。聖人只是順其良知之發用，天地萬物，俱在我良知的發用流行中，何嘗又有一物超於良知之外，能作得障礙？」③

早在陽明之前，宋儒橫溪便強調「性與天道合一，存乎誠」④，並屢用「太虛」隱喻心體，強調「誠則實也，太虛者天之實也。萬物取足於太虛，人亦出於太虛，太虛者心之實也」⑤。不僅「太虛」乃是一切存

---

① 《答歐陽崇一》，《王文成公全書》卷二「語錄二」，第 91 頁。
② 王畿：《大學首章解義》，《王畿集》卷五，吳震編校整理，南京：鳳凰出版社 2007 年版，第 226 頁。
③ 《傳習錄》（下），《王文成公全書》卷三「語錄三」，第 131—132 頁。
④ 張載：《正蒙 · 誠明篇》，《張載集》，北京：中華書局 1978 年版，第 20 頁。
⑤ 張載：《張子語錄》，《張載集》，北京：中華書局 1978 年版，第 324 頁。

在的本源，即「誠」亦為一切存在的本體[①]。陽明同樣好用「太虛」隱喻良知，或即受到橫溪的影響，但除了突出其與「太虛」同構的原初本質的本體義外，也愈加強化了其發用流行的無執無着義。誠如陽明所說：「良知之妙，真是周流六虛，變通不居。」[②]

具見「良知」具足了一切超越的絕對的完善性，不僅是一切事物價值與意義的賦予者，而且更是一切事物活潑生息存在的力量創造者，表現出形上本體必具的宗教超越性與神聖性。而人作為「凡聖合一」有靈性亦有肉身的世俗存在，非下學上達久久功夫踏實用力，本體功夫一併盡透，「真有以見其良知之昭明靈覺，圓融洞澈」[③]，無一毫私欲在其中作得障礙後，才能廓然證得此至正至中至大與太虛同體之本然「良知」，臻至無執無着、一派天機現成發用流行之勝境[④]。

因此，為了突出本體實踐學功夫論重要，陽明又特別告誡學人「良知即是天植靈根，自生生不息；但着了私累，把此根戕賊蔽塞，不得發生」。所以，陽明總是「就人之良知發見得最真切篤厚、不容蔽昧處提省人」[⑤]，強調「工夫只是簡易真切，愈真切，愈簡易;愈簡易，愈真

---

① 王夫之《張子正蒙註》卷九，長沙：岳麓書社 2011 年版，第 114 頁。解釋上引首條張氏之說，認為「性與天道合一存乎誠。誠者，神之實體，氣之實用，在天為道，命於人為性，知其合之謂明，體其合之謂誠。天所以長久不已之道，乃所謂誠」。即在本體論與價值論兩方面，同時肯定了「誠」的重大原則性存在意義。或可一併參閱。

② 錢德洪：《年譜》「嘉靖六年丁亥」條引陽明語，《王文成公全書》卷三四「附錄三」，第 1492 頁。

③ 《答南元善》，《王文成公全書》卷六「文錄三」，第 255 頁。

④ 陽明門下弟子王艮《心齋語錄》亦有言云：「天性之體，本自活潑，鳶飛魚躍，便是此體。」斯說亦源自內在深層之生命體驗，而可見天賦良知所飽含之活潑創進生機。詳見王艮：《重刻心齋王先生語錄》卷上，《四庫全書存目叢書》子部第 10 冊，濟南：齊魯書社 1995 年版，第 13 頁；又見黃宗羲：《明儒學案》卷三二《泰州學案一 · 處士王心齋先生艮》，北京：中華書局 2008 年版，第 714 頁。

⑤ 《答聶文蔚》，《王文成公全書》卷》卷二「語錄二」，第 105 頁。

切」[①]。並明確指出「須要時時用致良知的功夫，方才活潑潑地，方才與他川水一般。若須臾間斷，便與天地不相似。此是學問極至處，聖人也只如此」[②]。具見人與天地萬物形上意義的合一，本質上就是與宇宙萬物源源滾滾不斷涌出的創進活力的合一，與天地和合無為又無不為自然運作秩序的合一，與《中庸》所謂盡己盡物之性而「參贊化育」的合一。人既是自然世界整體秩序結構存在的一部分，也是宇宙大全生息變化運作不已參與性的一部分。如同我們可以憑藉自然與宇宙來理解或詮釋人一樣，我們當然也能夠透過人來理解或詮釋自然與宇宙。「心」與「天」通，「良知」亦與「道」不隔。正是緣於人的靈性生命及其神感神應的良知的存在，於是整個自然與宇宙也有了內在的靈性生命意義和神聖秩序價值。順此理路而立論，陽明才特別強調「感應之幾」的重要[③]，極大地突顯了良知「明覺之感應」是體亦是用的直觀慧照特徵[④]，於是天地萬物即是己，己即是天地萬物，沒有任何一種力量能將仁愛精神的投射隔離開來，也沒有任何一種力量能作得良知發用流行的障礙，除非人自己異化自己，自己疏離自己，並使目己非人化。陽明「仁者以天地萬物一體」思想的揭出，亦反映了其思想越到晚年便越臻於化境。

但是，與佛家和仙家不同，無執無着與太虛同體之「良知」，其發用流行不會只停留於超越界，而是必須進入世俗界，從而不斷地展開

① 錢德洪：《年譜》「嘉靖六年丁亥」條引陽明語，《王文成公全書》卷三四「附錄三」，第1492頁。
② 分見《傳習錄》（下），《王文成公全書》卷三「語錄三」，第125、127—128頁。
③ 《傳習錄》（下），《王文成公全書》卷三「語錄三」，第152頁。
④ 《答羅整庵少宰書》，《王文成公全書》卷二「語錄二」，第95頁。

並轉化為人的日常倫用道德實踐行為[①]。誠如陽明所說:「吾儒養心，未嘗離卻事物，只順其天則自然，就是功夫。釋氏卻要盡絕事物，把心看做幻相，漸入虛寂去了。與世間若無些子交涉，所以不可治天下。」因此，作為儒家經世傳統影響下一代有抱負的學者，陽明又特別強調「人須在事上磨煉做功夫乃有益」[②]。而「事上磨煉」既離不開社會生活的各種複雜行為實踐，也離不開良知本體的時機化當下到場，不能不有人的主體性精神的及時彰顯，甚至可以說「百姓日用即道」[③]。透過下學上達的心性體證方法，亦可發現世俗生活的真實價值與意義，領悟宇宙人生的終極究竟真理。

從儒家「天道」「人道」不二或「人」「天」一體的視域出發，社會乃是天道、人性與人的現實需求合成的歷史性統一，其過程本身便隱含或存在着道德、倫理、秩序和目的，必須透過人的主體性實踐活動來展開和實現。因此，陽明認為作為主體的人的本體實踐學行為，尚有必要「常常懷個『遁世無悶，不見是而無悶』之心，依此良知，忍耐做去，不管人非笑，不管人毀謗，不管人榮辱，任他功夫有進有退，我只是這致良知的主宰不息，久久自然有得力處，一切外事亦自能不動」[④]。而「致良知」作為人的自覺行為表現方式，一旦以發用流行的方式從形上的超越界進入形下的世俗界，也同時兼具了主體與道德

① 參見張海燕:《王陽明心學與西方思想研究:啟蒙視域下的主體性精神》，北京:人民出版社 2022 年版，第 273—282 頁。

② 以上分見《傳習錄》(下)，《王文成公全書》卷三「語錄三」，第 132、114 頁。

③ 王艮:《王艮全集》所附《王艮年譜》「嘉靖七年」條，南京:江蘇教育出版社 2001 年版，第 72 頁;又見黃宗羲:《明儒學案》卷三二《泰州學案一·處士王心齋先生艮》，北京:中華書局 2008 年版，第 710 頁。

④ 《傳習錄》(下)，《王文成公全書》卷三「語錄三」，第 125 頁。

的兩重性格，遂能憑藉良知昭明靈之知，觀天道，察人事，恤民情，而知「道無天人之別，在天則為天道，在人則為人道，其分雖殊，其理則一」。凡「所以為之者，莫非天地之所為也；故曰：『循理則與天為一。』」① 從而不斷因人事以上達天道，又由天道以下成人事，在「藉君行道」路徑完全受折阻塞的歷史條件下，陽明又成功有效地開拓出一條儒家「覺民行道」的經世關懷新路②，並重新依據《大學》古本闡釋了其與朱子不同的「親民」思想，做了大量重建地方社會秩序的「外王」事業工作。

陽明所講「心之本體」之「良知」，乃是無人不具普遍或普世的，當然就意味着每一獨立的主體的個體都有自己的「良知」，每一獨立的主體的個體都有自己的道德意志，每一獨立的主體的個體都有自己存在的尊嚴，每一獨立的主體的個體性都值得尊重。簡言之，陽明心學系統所要突出的，乃是人人都有「良知」，人人都是自己的道德主體，人人都是獨立大寫必須尊重的存在，天道人性面前人人平等。因比，他反對「拿一個聖人去與人講學，人見聖人來，都怕走了，如何講得行？須做得個愚夫愚婦，方可與人講學」。所以，他以「泰山不如平地大」為隱喻③，認為即使愚夫愚婦，亦自有其天賦良知，因而不僅「天下無不可化之人」，而且亦同樣可以成為宇宙間的完人。

正是從人性至善及本體良知論出發，陽明與其弟子王艮才有「滿街人都是聖人」說的揭出④。其説雖不斷引發後人的爭論甚至批評，然

① 《先天而天弗違後天而奉天時》，《王文成公全書》卷三六「山東鄉試錄」，第 1353 頁。
② 參見余英時：《宋明理學與政治文化》，長春：吉林出版集團 2008 年版，第 195—196 頁。
③ 以上均見《傳習錄》（下），《王文成公全書》卷三「語錄三」，第 144 頁。
④ 同上載陽明與王艮對答之語。

亦可見其對獨立個體主體人格的高度重視[①]。正是以尊重每一獨立個體的主體人格為基本前提，陽明才始終承繼儒家一貫之傳統，強調「夫仁者，己欲立而立人，己欲達而達人。僕之意以為，已有分寸之知，即欲同此分寸之知於人；已有分寸之覺，即欲同此分寸之覺於人。人之小知小覺者益眾，則其相與為知覺也益易且明，如是而後大知大覺可期也」[②]。並認為「孔子言『修己以安百姓』，『修己』便是『明明德』;『安百姓』便是『親民』。說『親民』便是養意，說『新民』便覺偏了。』」[③]他所謂的「偏」乃是指朱子《大學章句》改「親民」為「新民」，並以「革其舊」或「以去其舊染之污」訓「新」字[④]。他認為《大學》古本固有的「親民」，較諸朱子徑改的「新民」，顯然能夠更好地與孟子及歷代正統儒家一貫強調的「親親仁民」思想相互發明[⑤]，同時也頗符合《大學》

---

① 批評陽明之説者如清之呂留良，認為「人之不求人理，大都云聖人不可學而至，及其論為人也，則又未立而講權，未正直而講圓通變化，又似滿街都是聖人，則是任其意為方圓，無非規矩也，可乎？」(見呂留良：《呂晚村先生四書講義》卷三六《孟子七》，俞國林編，北京：中華書局 2015 年版，第 608 頁）修正陽明之説者，如與呂氏同時稍早之張履祥，認為「滿街豈便都是聖人？須説『滿街都可以為聖人』方無弊。不知當時學者，何以遂和之」(見張履祥：《楊園先生全集》卷二六《願學記一》，北京：中華書局 2002 年版，第 733)。贊同陽明之説者如晚近之章太炎，以為「釋迦入正覺方知衆生皆是佛。此實證所得也。欲知滿街都是聖人談何容易？非徒汝止是狂者虛見，即蘿石亦由聽講得來」(章太炎撰、王彥坤等整理：《章太炎藏書題跋批註校錄．〈王文成公全書〉》批語，濟南：齊魯書社 2007 年版，第 372 頁）。按陽明既在本體論層面上肯定人人皆有良知，然而又在現實層面上承認良知容易受到私欲程度不同的遮蔽，並對人的自私用智展開了激烈的批判，痛心於人人懷有無盡寶藏而不自知。因此，我們固然可以在本體論層面上講「人人都是聖人」，但同時也有必要在現實層面上講「人人都不是聖人」，但如果通過步步踏實的「致良知」修道實踐功夫，亦即憑藉必要的「規矩方圓」，一層一層下學上達提升生命存在的境域，則「人人都可以是聖人」，人人的主體人格都應該獲得尊重。陽明之説經過創造性詮釋和必要的補充，仍可朝着周延完善的方向不斷發展。

② 《答儲柴墟》，《王文成公全書》卷二一「外集三」，第 965 頁。

③ 《傳習錄》(上)，《王文成公全書》卷一「語錄一」，第 4 頁。

④ 朱熹：《大學章句》，《四書章句集註》，北京：中華書局 1983 年版，第 3 頁。

⑤ 陽明嘗有言云：「『親民』猶孟子『親親仁民』之謂，親之即仁之也」(同上，第 2 頁)。又清人朱書認為「物與民無紊施，皆待乎親之餘者也。夫愛而弗仁、仁而弗親，施於物與民各當矣，而俱待乎親親以遞及焉，君子可不急於其本哉！」説亦可參。見《朱書集》卷一四《君子之於物也》，合肥：黃山書社 1994 年版，第 497 頁。

引《詩》「君子賢其賢而親其親」之本意[①]，從而做到「民之所好好之，民之所惡惡之」[②]，並將「安民」「保民」「養民」「教民」等價值訴求一概納入其中。而「親民」』既「兼教養意」，則「教」與「養」尤為重要，甚至「養」較之「教」更具有優先的地位，即使「新民」亦當以「親民」為根本性前提，否則便容易導致忽視百姓利益的偏差，危及「覺民行道」及重建地方秩序的目的訴求[③]。而「明明德」本質上即是與「致良知」同一的本體實踐學功夫，作為一種可以廣涉各種人羣的普遍性方法，則可說「其於良知之旨，隨地圓照，而若人人可以承當者」[④]。「覺民行道」必有針對每一獨立的主體的個體的良知教的開展，一旦將與地方秩序治理有關的社會性「親民」實踐活動結合，則可「指良知以闡人心之要，揭親民以啟大道之方」[⑤]。本體實踐學意義上的「致良知」與「親民」，二者是可以不斷循環互動，同時提升理論與實踐兩方面的水平的。由此可見，陽明對古本《大學》的重新解讀，以及由此而形成的「親民」思想，一旦主動用於社會秩序建構的歷史性場域，則可說無論「明明德」或「致良知」，都必須以「明德」或「良知」為本體不分彼此實踐化地「親民」，「親民」則當「施敬於民，施忠於民，因民

---

① 章太炎亦反對朱子而贊同陽明之説，認為「先生（陽明——引者註）發明『親民』『格物』之義，『親民』之説尤確。然誤以『親民』為『新民』，其極至於異言異服，放棄禮法；誤解格物為窮至事物之理，其極至於玩物喪志，蔑視人理。在朱子時未必有此，而今正以此為禍基，則誠所謂洪水猛獸也。先生（陽明——引者註）苦心分辨，人終不信，如之何哉」。説頗值得重視。見王彥坤等整理：《章太炎藏書題跋批註校錄·〈王文成公全書〉》批語，濟南：齊魯書社 2007 年版，第 322—323 頁，第 368 頁。

② 《傳習錄》（上），《王文成公全書》卷一「語錄一」，第 2 頁。

③ 參見徐復觀：《中國思想史論集》，北京：九州出版社 2014 年版，第 126 頁。

④ 曹惟才：《陽明先生集要序》，王守仁原著、施邦曜輯評《陽明先生集要》「附錄」，第 1011 頁。

⑤ 黃綰：《祭陽明先生》，《黃綰集》卷二九「祭文」，張宏敏編校，上海：上海古籍出版 2014 年，第 591 頁。

之力，集民之事」①；久久「人情物理既熟，而以天理權衡之。達而在上如伊周，窮而在下如孔孟，皆能曲成天下」②。而從陽明的本體實踐學立場出發，則一方面必須以良知為本體啟發或點醒人的心性自覺，不可能不有雙方主體性精神的共同到場；另一方面更應以民為本「仁民」「親民」乃至「安民」「養民」「教民」，亦當有相互主體性精神的及時開顯。從心學主體性價值視域出發，則可說「聖人之心，以天地萬物為一體，其視天下之人，無外內遠近，凡有血氣，皆其昆弟赤子之親，莫不欲安全而教養之，以遂其萬物一體之念」③。倘若「有一物失所，便是吾仁有未盡處」④。

陽明以上所言，誠乃「一腔真血脈，洞徹萬古」⑤。而陽明推其天地萬物一體之仁以「覺民行道」，作為本體實踐學一體兩面之事，實際正是儒家傳統「內聖外王」一貫精神的具體表現，亦可視為良知本體實踐學體（內）用（外）不二的客觀化展開。陽明一生整頓治理地方秩序多卓有成效，尤其於國家生死存亡之際平定朱宸濠叛亂，後人推尊者許為「明第一流人物，立德、立功、立言皆踞絕頂」⑥，不能不說是

---

① 黃道周：《易象正》卷一〇，翟奎鳳整理，北京：中華書局 2011 年版，第 406 頁。

② 劉沅著、譚繼和等箋解：《大學古本質言》，《十三經恒解》，成都：巴蜀書社 2016 年版，第 69 頁。

③ 《答顧東橋書》，《王文成公全書》卷二「語錄二」，北京：中華書局 2015 年版，第 66—67 頁。

④ 《傳習錄》（上），《王文成公全書》卷一「語錄一」，第 32 頁。

⑤ 劉宗周：《陽明傳信錄》卷二《拔本塞源說》，《劉宗周全集》「補遺」，杭州：浙江古籍出版社 2012 年版，第 45 頁。

⑥ 王士禛：《池北偶談》卷九《談獻五 · 王文成》，北京：中華書局 1982 年版，第 201 頁。又歷代學者討論陽明事功，言及三不朽者頗多，非止王氏一家，尤值得注意即施邦曜輯評《陽明先生集要》，類次為理學、經濟、文章三編，頗能凸顯陽明一生事跡特點。明人曹惟才序稱：「先生（陽明 —— 引者註）一書，備三不朽，故國朝稱盛德大業，首推先生。」又云：「夫木有根而不能不華也，水有源而不能不瀾也。理學、經濟、文章，總一良知躍露，無分彼此，破得此義，才是善讀先生之書者。」衡以各家之說，亦甚持平允洽。曹說見《陽明先生集要》「附錄」，第 1011—1012 頁。

「德極其明，自然見諸事功，洽於民心」①。

考察陽明「親民」思想的起源，則可見其早年貶居龍場，日與當地鄉民相處，居之既久，「夷人亦日來親狎」②。後來陽明亦曾回憶說：「吾始居龍場，鄉民言語不通，所可與言者，乃中土亡命之流耳。與之言知行之說，莫不欣欣有入。久之，並夷人亦翕然相向。」③均可見他雖身處困頓厄境，但在維護或尊重自己的人格尊嚴的同時，也維護或尊重了他人的人格尊嚴。而親民者民亦親之，敬民者民亦敬之，陽明的龍場日常生活實踐，即為一「親民」「敬民」的佳例。具見其「親民」思想之發端，亦當始於謫居龍场之時，乃是以互相主體性原則處世待人，與鄉民久久和諧相處的必然性歷史結果。

與早年龍場的生活實踐為歷史性起點，陽明一生都在不斷調整和發展自己的學術思想，而所謂調整發展實又得力於其本體實踐之學，「親民」思想的揭出與完善即為一例證。他晚年臨終留言有「此心光明，亦復何言」八個大字，卒後弟子發喪護送，「士民遠近遮道，哭聲振地」，乃至「沿途擁哭如南安」④，最後「至越，越中市兒巷婦無不嗟歎」⑤。適可謂「直節豐功，不獨理學」⑥，口碑廣傳，深得民心。尤其一本體實踐之學「致良知」而「親民」，「親民」則與民同憂樂，無論憂

① 劉沅著、譚繼和等箋解：《大學恒解》，《十三經恒解》，成都：巴蜀書社 2016 年版，第 19 頁。
② 錢德洪：《年譜》「正德三年戊辰」條，《王文成公全書》卷三一「附錄一」，第 1396 頁。
③ 錢德洪：《刻錄敍說》，引自《王文成公全書．舊序》，第 10 頁。
④ 《年譜》「嘉靖七年戊子」條，《王文成公全書》卷三四「附錄三」，第 1512 頁。
⑤ 查繼佐：《罪惟錄》卷一〇《王守仁傳》，杭州：浙江古籍出版社 1986 年版，第 1596 頁。
⑥ 王士禛：《池北偶談》卷九《談獻五．王文成》引湯斌語，北京：中華書局 1982 年版，第 201 頁。

樂皆為天下與蒼生，百姓蒼生亦沒世而難忘[①]。誠乃所居民懷，所去民思，民懷民思，人心自有公道。

總結陽明一生史跡成就，早年歷盡艱難曲折，嘗試採用各種功夫證入本體，終在龍場生死困厄中「俟命」而大悟，可稱為個人生命歷程的向「道」而悟。以後則自覺自知「天命」責任在身，以「立命」之本體實踐功夫旁助他人同樣向道而「悟」為己任，一依超越之本體開出當機對症救世救人無數方法，一生事功傳奇而波瀾壯闊，或可以由「俟命」而「立命」來加以概括。而所謂「立命」，誠如陽明所說：「『立』者『創立』」之『立』，如立德、立言、立功、立名之類，凡言『立』者，皆是昔未嘗有而今始建立之謂，孔子所謂『不知命，無以為君子 』者也。」嚴格講一切存在都是「天命」，但只有具有靈性生命而又能感通萬物的人，能夠自覺此神聖而莊嚴的「天命」，並承擔起此神聖而莊嚴的「天命」下貫的人生責任。陽明由「知命」而「立命」，既是責任自覺，也是義理擔當，誠乃一日不死，必盡一日之責，不能不說是「真知天命之所在」，然後始終困勉發奮，最終出於自己與「天命」相通相貫的自由意志與存在選擇，憑藉自己「盡心知性知天為格物致知」功夫[②]，徹上徹下渾然一體開創出了宏闊壯偉的人生事業，代表了一個時代本體實踐學的最高成就。先友後執弟子禮的黃綰，曾總結師門一生思想成就說：「道喪既久，聖遠言微，千載有作，聿開其迷，指良知為下手之方，即親民為用力之地，合知行為進德之實。夫學非良知，則

---

① 《孟子．梁惠王》：「樂民之樂者，民亦樂其樂；憂民之憂者，民亦憂其憂。樂以天下，憂以天下，然而不王者，未之有也。」朱註：「樂民之樂而民樂其樂，則樂以天下矣；憂民之憂而民憂其憂，則憂以天下矣」。文中所言本此。見朱熹：《四書章句集註》，北京：中華書局 1983 年版，第 216 頁。

② 以上均見《答顧東橋書》，《王文成公全書》卷二「語錄二」，第 54 頁。

所學皆俗學，而聖學由不明；道非親民，則所道皆霸功，而王道為之晦；知行不合，則所知皆虛妄，而實德無自進。」[①] 黃氏的話儘管有維護師門聲譽之嫌，然立論仍自有其堅強之事實根據，態度客觀公正而又合理平實，當能為當時多數學者尤其是王門後學所接受。

繼明代王門人物黃綰之後，清人方學漸也有總結之語稱：「新建之學以良知為宗。良之為言善也，如良士、良農、良工、良賈，必由士、農、工、賈之善而得名；又如良馬、良材、良田、良玉之類，莫不因其善而稱之。新建所謂『良』者，從經文『至善』變化而來也。人之知有良、有不良，天下國家之感應，身心意物之存發，莫不有良、有不良。曰致良知，則必格良物，誠良意，正良心，修良身，齊良家，治良國，平良天下，大都去不良以還之於良，充其良以達於所不良。是『良知』一言開明德、親民、止至善之橐鑰，以繼往聖之宗旨，誠有然矣。」[②] 如果說黃綰尚有維護師門之嫌，方氏則為王門外人物，無門戶偏見而更顯公正，故不嫌繁煩而具錄之。

黃、方二氏相去的年代已經甚遠，然所言仍明顯具有傳統學術前後一貫的歷史脈絡，以此作為全文的最後總結，未必就不如現代學人千言萬語的分析，當有助於今人了解陽明思想的現代意義。所論必有不妥失當之處，則甚望大雅君子賜教指正。

① 黃綰：《祭陽明先生墓文》，《黃綰集》卷二九「祭文」，張宏敏編校，上海：上海古籍出版 2014 年，第 594 頁。

② 方學漸：《庸言 · 讀天泉證道記》，方昌翰輯《桐城方氏七代遺書》，合肥：黃山書社 2019 年，第 138 頁。

王陽明思想新論

張學智 *

摘　要：本文分三個方面，對王陽明的思想進行新的論説。一是致良知的雙向結構，認為「致」字本有自內而外和自外而內兩個方向，前者是將良知所知所現的正確價值推致於實際行為中，使行為在正確價值的範導之下；後者是致良知的實際活動中得到的意志、理性、直覺、情感諸因素融入良知中，成為精神活動的內在包含。實踐活動不斷深入，良知也愈加深厚廣闊。二是對王陽明與海德格爾存在主義的某些方面做比較，認為二者都把人視為一個向未來敞開，不斷超越自己的存在；人存在的意義、價值是在和他面對的世界的交互作用中實現的。人是世界和人自已的詮釋者、證明者，人在在世中展開自已，同時展開世界。三是對王陽明「良知上自然的條理」這一重要思想做新的論説，認為它有「自然的人化」和「人的自然化」兩個方面的精義，並以直覺的形式表達深厚的蘊含。

* 張學智，北京大學教授、中華孔子學會副會長。

一、致良知與無之不一

王陽明哲學是典型的天人之學，他的學術宗旨致良知和最高追求萬物一體皆體現了強烈的天人情懷。王陽明與陸九淵並稱為陸王心學，但他不是直承陸九淵，而是跟從當時的學術主流朱子學，在實踐中發現與自己的志趣、追求不符合，通過特殊的人生際遇樹立自己獨特的學術宗旨的。對王陽明具有決定意義的事件是龍場悟道。龍場的艱苦環境和特殊遭際給了他重新反省心的諸種含蘊和它們之間相互影響、相互結合的機會。在龍場之前，他遵照朱子格物致知和涵養用敬的路徑去做，二次格竹的失敗説明，他青少年時代的各種實踐所追求的思想開闊、精神自由、活潑無方和具體格物活動的專一、有規範、循序漸進方法是不相應的，特別是他發現了意志比理性在撐持他渡過難關中所起的作用更大。所以格物不是像朱熹所説，以心中的認知能力獲取外界事物的理，而是去掉對於本心的遮蔽：「乃知天下事本無可格，其格物之功，只在己身心上做」。不是知識、理性，而是心的意志、情感、直覺這些非理性因素在整個精神活動中所佔比重更大，地位更重要。這樣，他對於格物的定義也大不同於朱熹：「格者，正也，正其不正以歸於正之謂也」。由於強調在心上做功夫，所以物變成了意念所指向的「事」。事是主體見之於客體的行為，和主體的動機、意志、直覺、情感等多種精神要素密切相關。朱熹所格之物是主體之外的客體，主與客的關係主要是平列的、知識論的。王陽明所格之物，是心中的欲望、意志、情感等項中不符合道德觀念的部分，方式是倫理的、內省的、縱貫的。由於物是心中指向的事，而且王陽明所謂事，主要是倫理性活動，所以「心外無物」。倫理活動的基礎是心中的善良動機，離開了它就沒有所謂道德；一切有倫理價值的活動都出於其內在的根據——心，都是心中良知的自然貫徹，倫理價值就是符合人的價值理想的「理」，所以「心外無理」。

在確立了心學立場後，傳統上視為平行的功夫項目，在王陽明這裏都變成了手段和目的的關係、個別和一般的關係、知識與道德的關係：格物是誠意的工夫，窮理是盡性的工夫，道問學是尊德性的工夫，博文是約禮的工夫，惟精是惟一的工夫。如惟精與惟一，在「十六字心傳」中是平列的，惟精指用功純粹不雜，惟一指用功專一心不旁騖，但在王陽明這裏，「一」指心中良知無私欲混雜，「精」指達到這一目的的功夫真切篤實。譬如米，「一」指米的純然潔白，「精」指舂簸篩揀的功夫。二者是目的和手段的關係，王陽明的這一轉換，意在使每一件事都有鍾煉道德的功能，使它從單一的知識領域超拔出來，這就和朱熹有了很大不同。這一點曾使熟諳並遵循朱熹路向的人大為詫異[見《傳習錄》（上）徐愛跋]。

王陽明與朱熹最大的不同，就在他的致良知的雙向運動。致良知是王陽明的核心宗旨，是它的一切哲學範疇最後的歸着點。雖然此三字作為講學口號是在平定寧王朱宸濠的反叛後正式提出的，但實際上王陽明一生的活動都是它的註腳，包括早年的辭章、騎射、佛老等各種探索活動。「致」字本有自內而外和自外而內兩個方向，他的致良知一是將良知所知所現的正確價值推致於實際行為中，使行為在正確價值的範導之下，這就是王陽明所說「致良知者，致吾心良知之天理於事事物物，則事事物物皆得其理矣。」① 一是致良知的實際活動中得到

① 《答顧東橋書》，《王陽明全集》，上海古籍出版社 1992 年，第 45 頁。

的意志鍛煉、理性增進、直覺更加敏銳、情感更加真摯諸因素都融入良知中，成為精神活動的內在包含，使它在此後的致良知的活動中起作用。人的實踐活動不斷深入，良知也愈加深厚廣闊。所以致良知可以為任何修養程度、任何文化層次的人所奉行。此即王陽明所說：「我這裏言格物，自童子以至聖人，皆是此等工夫。雖賣柴人亦是做得，雖公卿大夫以至天子，皆是如此做。」[《傳習錄》（下）]

陸九淵曾說：「夫子以仁發明斯道，其言渾無罅縫。孟子十字打開，更無隱遁，蓋時不同也。」[1] 是說孔孟的學術宗旨皆仁，但因時代不同，其表現形式不一樣。孟子的特點是「十字打開」。這個「十」字的縱軸是盡心知性知天，以心中的惻隱之情內通人之性體，以此性體之仁與天道的生生不息貫通，天心人心一體而下。橫軸是將此仁的萌芽擴充推展，「涓滴積為滄溟水，拳石崇成泰華岑」，微弱之勢能累積為廣大之境地。此即孟子的十字打開。陸九淵繼承孟子，也以十字打開為學術宗旨。但陸九淵的橫軸中，所推展擴充的主要是道德理性，知識方面未加措意。而王陽明的致良如的推致義和擴充義兩者並重，他所擴充的不僅有道德理性，還有知識理性，甚至還有精神結構中的其他要素。這些是統一的良知的不同方面，這些不同方面在實踐中互相影響，夾輔而行，使良知的含蘊大大超過陸九淵，這就是為什麼王陽明批評陸九淵「不免於沿襲之累」，「細看有粗處」的原因。不免於沿襲之累者，在思想內涵、學術方向和所用範疇方面，逸出孟子者不多。特別是他片面強調先立其大，對知識活動在人格養成中的作用提揭不夠，將廣大深刻的精神內涵狹窄化、單面化。王陽明波瀾壯闊的

① 《陸九淵集》，中華書局 1980 年，第 398 頁。

一生中許多驚心動魄、性命交關的事件，以及他從百死千難中所得到的對情感的激盪、對靈魂的撞擊、對世事人心的體悟，這些都沉澱、發酵為良知的蘊藏，成為他豐富的精神世界的有機成分。相較之下，陸九淵從實踐的廣度到精神活動的深度都遜於王陽明，所以王陽明對陸九淵有此評價。

從理論層面說，王陽明將一生所學、所歷、所悟、所道，熔鑄成「致良知」三字，他用此三字融釋儒家幾乎所有重要範疇，如《論語》的仁義禮智信、忠恕、一貫、博約，《孟子》的四端、四德、擴充、盡心知性知天，《大學》的三綱領八條目、《中庸》的性道教、已發未發、中和、誠明、尊德性與道問學，《周易》的保合太和、天地之大德曰生、窮理盡性以至於命，以及《詩》《書》《禮》中的許多重要概念。他的講學語錄的特點是義理通透，語辭靈動，形式多樣，不拘一格。對儒學做了凝煉、提純、通約、融貫的工作。儒家理論的互通、互融、互釋，在他這裏達到了高峰。與朱熹的定義嚴格、邊界清楚、概念成對、層次分明是鮮明的對比。陽明晚年曾對良知範疇的這種由高度融釋能力而成就的靈動品格做了形容：「即如我良知二字，一講便明，誰不知得：若欲的見良知，卻誰能見得？…… 良知即是《易》，『其為道也屢遷，變動不居，周流六虛，上下無常，剛柔相易，不可為典要，惟變所適。』此知如何捉摸得？見得透時便是聖人。」[《傳習錄》(下)]他同時和後來的人也曾說，陽明著作中的千言萬語，都是為「致良知」三字做註腳。既然是靈動不可典要的，把握陽明思想就不能用概念分解、字析句釋的方法，而應把握精神實質，運用比喻、象徵、連類等非邏輯的方式得到。陽明講學極其靈活多樣，而他的文章，特別是他數次軍事活動中所寫奏疏、文告、與地方政府的往來公文，又具體、嚴密、明確，與他渾融的講學風格截然相反。這與他作為軍事家的戰略上大開大闔與戰術措置上細入毫芒是一致的。

在思想方法上，朱熹注重分析，每個概念、範疇定義明確，邊界清晰，作文和講學中皆重概念分解，王陽明則重視綜合，重視在渾融的概念中各個部分的動態整合。明末大儒劉宗周在講到王陽明的思想特點時曾說道：「先生承絕學於辭章訓詁之後，一反求諸心，而得其所性之覺，曰良知；因示人以求端用力之要，曰致良知。良知為知，見知不囿於聞見；致良知為行，見行不滯於方隅。即知即行，即心即物，即動即靜，即體即用，即功夫即本體，即下即上，無之不一，以救學者支離眩鶩，務華而絕根之病。」① 這段話十分中肯，它點出良知的根本特性為「所性之覺」，即對自己性體的自覺呈現，由此帶出它的「無之不一」。性體即良知，是天道在人這一特殊物類上的體現。「性是心之體，天是性之原」[《傳習錄》（上）]。在朱熹，心是形而下的，屬氣的範疇；性是形而上的，屬理的範疇。而在王陽明，心即性，性即理，心性理三者為一，形而上即是形而下。心性是在內的，但展現心性的實踐活動是在外的；心性是本體，實踐中對心性目的的實現是功夫，內外合一，功夫與本體合一。良知是知，致良知的活動是行，致良知即知行合一。致良知三字將一切概念融入自身，不僅簡易直接，而且知識和道德時時相關，以救學者專在知識上用功，放棄人格修養的弊病。劉宗周認為王陽明扭轉了一世學風，恢復了儒學的真面目，「可謂震霆啟寐，烈耀破迷，自孔孟以來未有若此之真切著明者也。」②

① 《明儒學案》，中華書局 1985 年，第 7 頁。

② 《明儒學案》，中華書局 1985 年，第 7 頁。

對照陽明一生學行，此語並非虛譽。

不僅如此，王陽明實際上有綜合朱熹和陸九淵兩家的意願。在他看來，陸九淵之學先立其大，簡易直接，給學者指出了立大本、求放心的用功方向，這是其優點。但陸九淵為了提揚修養方向的重要性，絕口不談知識；有時為了強調道德性一面，甚至貶抑知識。他的思想學說只能做士人敦品立志的幫助，不能做實踐中的全體大用之學。朱熹學術時時強調知識的獲取是道德提高的基礎，沒有知識支撐的道德是單薄的、狹礙的，但朱熹將涵養用敬和進學致知作為平行的功夫，知識與道德不能時時打併為一，有可能造成知識和道德的斷裂，離開了「生命的學問」這個根本宗旨。王陽明要造就實踐中的活智慧，所以他欲去朱陸兩家之短，合兩家之長。他既批評陸學「不免於沿襲之累」，「學問有粗處」，又表揚他在心上用功之真切篤實；既批評朱熹學問支離破碎，少道德性的統領，又表揚他知識廣博，解經明晰，思想深刻，並告誡他的學生不能輕議朱熹。王陽明欲合兩家之長的願望很明顯，但因中年以後事功繁忙，始終未能構造出顯現此種綜合的哲學系統，這大概是他臨終痛惜「平生學問只做得數分，不能與吾黨共成之」的一個原因。

二、存在主義與三教視域中的王陽明哲學

王陽明的良知之學對於人生論來說極具啟發意義的是，他把人視為一個向未來敞開，不斷超越自己的存在。人存在的意義價值是在和他面對的世界的交互作用中實現的。人和世界不只是知識的共同體，而更是意義和價值的共同體。人是世界和人自己的詮釋者、證明者，

人是詮釋性存在，人在在世中展開自已、同時展開世界，世界不是待理性認知的對象性存在，而是由全部精神活動覺解、開顯、證明的與人一體的存在。這有很強的現象學意味。但當代現象學要從西方近代以來把人視為理性存在，因而主客相對的狀況下解放出來，所以用非理性來說明人的真實存在，如煩惱、恐懼、孤獨、憂慮等實證的情感，所以容易導向頹廢、悲觀、玩世不恭等個人情調。而王陽明首先體悟到的是仁、生生、健順等天的品格。是人用充滿陽光和力量的識度詮釋出的心之本體。所以「樂是心之本體」。良知是在這樣的心理基本內容上對於其他精神要素的擴展。它的基調是剛健的、有力的，它是在中國傳統哲學的天人一體、由天而人的一貫而下中呈現出的樂天安命。人不能沒有七情，但七情是良知的發用之地，七情中過與不及的，都被良知照徹而歸於正。就如太陽一出，魑魅遁形。所以王陽明不同意朱熹道心人心並立、道心作主人心聽命的觀點，認為人之所以為人的，只有良知，七情是良知的表現場所。西方存在主義賴以證明人的存在的真實情感如煩惱等，在王陽明這裏都成了被良知照徹、改正、消溶的對象，沒有正面價值。王陽明這一點，正是中國文化的樂感特性的支撐點。

王陽明哲學具有存在主義特性的另一點是，它不具有西方柏拉圖以來的傳統形上學本體論特別是近代自笛卡兒以來的主客對立的性格，反而具有被海德格爾視為存在主義的現象學方法論的基礎：以對存在的研究代替對存在者的研究，以此超越傳統形上學。對存在者的研究是主客二分的，是認識論的；對存在的研究是意義論的、價值論的。王陽明晚年由於胸襟闊大，意境高遠，較其早年尤其具有主客合一的意義論品格。如著名的南鎮觀花，王陽明的視點不在花樹的知識論意義，人未看花時花與人同歸於寂，這個寂不僅在知識的未發生，而更在意義的未彰顯。人在看花時，人和花的存在意義同時顯現，花與人離開了對方都沒有意義。人首先不是認識性存在，而是意義性存在，存在是決定存在者之為存在者的本質，是使一切存在者得以成立的先決條件。所以王陽明說：「我的靈明，便是天地鬼神的主宰。天沒有我的靈明，誰去仰他高？地沒有我的靈明，誰去俯他深？鬼神沒有我的靈明，誰去辨他吉凶災祥？天地、鬼神、萬物，離卻我的靈明，便沒有天地、鬼神、萬物了；我的靈明，離卻天地、鬼神、萬物，亦沒有我的靈明。如此，便是一氣流通的，如何與他間隔得？」[《傳習錄》（下）]這是說主體與客體的依存關係是本體性的，不是知識性的；主與客不是作為對立物在知識活動中被認知，而是作為存在論的不可分離的雙方在使對方澄明出來的過程中彰顯自己的存在。而王陽明的一個特識是，在雙方互為依持中，主體是更加重要的，客體是被主體的主動作為逼出其存在的，客體的性質甚至其作為現象的顯現，都是主體給予的。主體是永不安分的，它在健動不息中實現自已，同時實現自已的證明者：客體。所以王陽明說「人是天地的心」，這一方面從內容上說人是天地的生生不已精神最直接、最顯明的體現者，另一方面從形式上說人是天地間靈動性最高的生命，它在不息的健動中使客體得以成立和具有意義、價值。從根源上說人比任何其他事物意義和價值都高。「人的良知，就是草木瓦石的良知：若草木瓦石無人的良知，不可以為草木瓦石矣。豈惟草木瓦石為然，天地無人的良知，亦不可為天地矣。蓋天地萬物與人原是一體，其發竅之最精處，是人心一點靈明，風雨露雷、日月星辰、禽獸草木、山川土石，與人原只一體。」[《傳習錄》（下）]王陽明在具有現象學意義的思想中彰顯出的仍然是中國哲學的特點：重視倫理性，關注「人的學問」。如果說海德格爾總體上仍是西方哲學的延續，它是就知識論着眼的，他批評的首先是西方傳統形上學的主客二分的方法，則王陽明是中國哲學特別是宋代理學的延展，他沒有由知識論帶來的主客二分意識，是就倫理學着眼的，它張揚的是人得於天而備於已的健動不息的精神。海德格爾關於人的種種描述是由平面的邏輯分析推出的，而王陽明則是由立體的縱貫的天人視域中對人的價值、意義的解悟得出的。

王陽明的精深思想與卓著事功與他對佛道思想的吸收大有關係。像大多數理學家一樣，王陽明對於佛道，吸收其思想而排斥其立場。佛道思想的精華，在其負的方法，在其精誠信仰，在其超越精神。王陽明在長期實踐活動中，感受到儒學在最高層面上其精神與佛道是一致的。他認為，佛家的核心精神是不染世累，萬緣放下，對於世間物不黏滯，於念而無念，道教的核心精神是愛養身體，道教的內丹、外丹皆在吸取天地之精華為生命茁壯之助力。儒家的核心精神是修齊治平，是窮理盡性以至於命，即內以完成自已的道德人格，外以實現治平理想，也即內聖外王之道。但王陽明認為，愛養身體與不染世累，是儒家修齊治平中本來就包含的，不是從佛道取來的。後人以為儒家只有修齊治平，這是不見其全，自小陣營。他說：「說兼取，便不是。聖人盡性至命，何物不具，何待兼取？二氏之用，皆我之用：即吾盡性至命中完養此身謂之仙，即吾盡性至命中不染世累謂之佛。但後世儒者不見聖學之全，故與二氏成二見耳。譬之廳堂三間共為一廳，儒者不知皆吾所用，見佛氏，則割左邊一間與之；見老氏，則割右邊一間與之，而己則自處中間。皆舉一而廢百也。聖人與天地民物同體，儒、佛、老莊皆吾之用，是之謂大道。二氏自私其身，是之謂小道。」[1] 從較低的層面看，王陽明這裏説的不能説無道理，但佛道在不染世累和養生方面達到的高度和深度，卻非儒者所能包含。王陽明也曾指出，佛道所長者在心性修養這些形上方面，沒有治國平天下，他們是「有了上一截，便遺了下一截」。像王陽明這樣的大儒，形上本體、形下事物兼治，上下貫通，他對佛道精華的深度吸取是必不可免的。對佛道的吸取，成就了王陽明的博大精深，特別是良知本體的靈動無方而無黏無滯。良知是有與無的合一，「有」指它的天賦道德意識，精誠惻怛的仁心情懷，是非判斷的準則，萬物法則的凝聚，理性的運用等修齊治平不可或缺的這一面。「無」指良知本體原無一物，清明湛一、隨物俯仰、了無掛礙這一面。王陽明晚年化境是即有而無，有不礙無，有無同時而自然無滯，他以太虛形容：「良知之虛便是天之太虛，良知之無便是太虛之無形，日月風雷、山川民物，凡有貌象形色，皆在太虛無形中發用流行，未嘗作得天的障礙。聖人只是順其良知之發用，天地萬物俱在我良知的發用流行中，何嘗又有一物超於良知之外能作得障礙？」[《傳習錄》(下)] 禪宗的「即心即佛」又「非心非佛」，對王陽明以上思想的形成影響尤大。

王陽明早年在佛道上所作的工夫都融釋在良知中，成為良知的內在含蘊，他在軍事、政治活動中表現出的觸之不動、處變不驚、淡泊靜一、超然物外等，他的良知的靈動無方，即體皆用，所在皆是，無黏滯繫縛的精神，皆得力於佛道，特別是禪學。他的：「不離日用常行內，直造先天未畫前」，他的用天道來規範良知，用良知來激活天道，天人一理，良知即天皆是對佛道有深入取擇的結果。如果説早期的良

---

① 《王陽明全集》，第 1180 頁。

知即天着重從內容上着眼說良知的真誠惻怛是天的生生不息的體現的話，晚年的良知即天着重從形式上着眼說良知的有無合一是天的萬物自然流行而無有障礙這一點。良知的內涵已經有了很大擴展。佛道對於陽明起了既內在又超越、既篤實又空靈，既精誠專一又活潑無方的助力的作用。沒有佛道學養的吸取、熔煉，就沒有王陽明的多方面成就。

三、良知上自然的條理

王陽明的最高境界是天人一體。天人一體在他晚年的講學中大量提到，在他晚年受弟子之請而作的教人定本的《大學問》中表現得尤其鮮明。王陽明認為，一個德性充沛的人的境界是「與天地萬物為一體」。但人對待萬物又有輕重厚薄的價值次序，這是「良知上自然的條理」。良知的條理有先驗和後得的區別。先驗的條理，指人本有的分別不同差等而居之的傾向。這種傾向整合後天經驗，並在其中分出價值性的、知識性的不同方面，變為人的精神的內在結構，這是後得的條理。後得的條理有迅捷、直接的優越性，它不是對當下發生的事件進行推論和思索，而是訴諸人心靈的直覺。王陽明曾說：「良知只是一個，隨他發現流行處，當下具足，更無去來，不須假借。然其發現流行處，卻自有輕重厚薄、毫髮不容增減者，所謂天然自有之中也。」［《傳習錄》（中）］從王陽明一生經歷看，他是在數次性命交關、生死搏鬥的大事變中，心靈受到震撼，精神得到激發，良知中的各種儲存經過檢證、調整、對比、定型等步驟確定下來的。

這裏要特別強調「良知上自然的條理」所具有的直覺性質。王陽明的晚年化境，弟子王龍溪有「開口即得本心，不用假借湊泊，如赤日當空，萬象畢照」的描述。此境界全靠精進不已，精神活動的各方面互相促進，集一生理論和實踐成果而後得。這些成果凝定為價值上的條理，並以直覺方式表現出來。王陽明「良知上自然的條理」如果加以詮釋和引申，可以說，它包含着「自然的人化」和「人的自然化」二個方向。「自然的人化」的一個重要方面，就是把價值、美等人類文化的成果賦予自然，使自然在保有了這些品格之後和人成為一體，以價值和美的形態參與人類的生活實踐。它在自然身上發現了自己的本質。自然不再是人的異己之物，而是人抒發感懷，寄託情志的對象。自然的人化將人的理解和詮釋注入自然，使自然內在化，感性化，成為「大我」的有機構成成分。王陽明的「大人者，以天地萬物為一體者也」，這種一體者就是即道德即自然的存在。

「良知上自然的條理」由主體的睿智將一體之仁這種精神、襟懷轉化為自然界中的具體物，這可以說是「人的自然化」。具體化就是呈現，在呈現中將方向倫理表現為具體規範，將一體之仁之精誠惻怛表現為對具體事務的自然感情。這種呈現是直覺的、自然的、當下即是的，不是推證的、邏輯的、先在擬議或事後追憶的。王陽明對是非的判斷，有理智和直覺兩種形式。他早年強調理智的方式，主張「良知越思越精明」，而在晚年，良知的反應能力由於一生的磨礪而熟化，王陽明對良知愈益恃任，對事物的反應越來越傾向於直覺。但這種直覺並非率意的、任性的，而是由他半生驚心動魄的事變中精神活動的各種成分的參與、積累做基礎的。

「見在良知」與「先天正心之學」：王龍溪與陽明學的分化

干春松*

在陽明學的分化與演變過程中，王畿是最為關鍵的人物之一。他的重要性不僅在於開啟了弟子眾多的浙中王門，更在於他對陽明「致良知」思想的深化，引發了王門後學之間對於本體和工夫問題的持續爭論。尤其是他的「見在良知」觀以及建諸其上的「先天正心之學」的工夫論思想，均有其獨特的思考，從體用一元的角度推演出良知本體和經驗領域內道德規範與道德實踐之間的緊張。因此，研究王畿的思想，對於了解王學的發展和晚明社會思潮的變遷，具有重要的意義。

一、王門「四句教」與王畿的「四無說」

明中葉，王陽明試圖以「心即理」來彌合程朱理學「析心理為二」的理論困難，即質疑人通過具體的道德實踐可以達到對於天理的

* 干春松，北京大學教授、中華孔子學會常務副會長。

體認。因為從某種意義上說，在人產生之前，天理就已經具備。這樣的疑慮幾近類似於加爾文教派對於信徒的活動與上帝恩典之間存在「鴻溝」的強調。王陽明一生千難萬險，發明良知之教，到了晚年，更以「致良知」作為其立言宗旨。他在五十歲時給鄒守益的信中說：

> 近來信得致良知三字，真聖門正法眼藏。往日尚疑未盡，今自多事以來，只此良知無不具足。譬諸操舟得舵，平瀾淺瀨，無不如意。①

當然，他也表達了他的擔心：

> 某於此良知之說，從百死千難中得來，不得已與人一口說盡。只恐學者得之容易，把作一種光景玩弄，不實落用功，負此知耳。②

所以，我們可以看到陽明的矛盾：一方面，以朱子的格物窮理的進路來認知天理，工夫和本體之間難以保證一致，因此必須要強調良知本體的「純粹性」；另一方面，他又擔心人們將良知之發用視為「當然」，而忽視工夫的落實。這樣就造成了未發之中與發而中節的問題。或者說良知作為心之本體發用為意、知、物的時候，如何避免物欲的遮蔽乃是陽明致良知思想的關鍵處。如果這一「本體」必須依賴生理性的「意」才能展開，它便總與軀殼、物質欲望相關聯，因此就有可能被物欲、習染所掩蔽。因此，在王陽明那裏，欲恢復「吾心良知」就必

① 王守仁撰，吳光等編校：《王陽明全集．年譜二》，上海：上海古籍出版社，1992 年，第 1278—1279 頁。

② 王守仁撰，吳光等編校：《王陽明全集．年譜二》，上海：上海古籍出版社，1992 年，第 1279 頁。

須「盡去人欲」。「吾心良知」作為最高本體，同時也是明復的對象。他說：

> 性無不善，故良知無不良。良知即是未發之中，即是廓然大公，寂然不動之本體，人人之所同具也。但不能不昏蔽於物欲，故須學以去其昏蔽，然於良知本體，初不能有加損於毫末也。知無不良，而中寂然大公未能全者，是昏蔽之未盡去，而存之未純耳。體即良知之體，用即良知之用，寧復有超然於體用之外者乎？（《傳習錄（中）．答陸靜原書》）[①]

這個問題抑或是王門後學爭議之所從出。從本體上講，既然「性無不善，知無不良」，而且為「人人之所同具」，那麼作為心之本體的「良知」就不可能「昏蔽於物欲」。既然「體即良知之體，用即良知之用」而「良知即是天理」，在邏輯上就不允許有與之對立的「人欲」干擾。

這種矛盾典型體現在王陽明晚年對致良知所作的解釋即「王門四句教」中。而王學內在矛盾的彰顯和王學的分化正是從王畿和錢德洪對這「四句教」的不同理解開其端的。對此，《傳習錄》（下）是這樣記載的：

> 汝中舉先生教言，曰：「無善無惡是心之體，有善有惡是意之動，知善知惡是良知，為善去惡是格物。」德洪曰：「此意如何？」汝中曰：「此恐未是究竟話頭。若說心體是無善無惡，意亦是無善無惡的意，知

---

① 王守仁撰，吳光等編校：《王陽明全集》上，上海：上海古籍出版社，1992 年，第 62—63 頁。

亦是無善無惡的知，物亦是無善無惡的物矣。若說意有善惡，畢竟心體還有善惡在。」德洪曰：「心體是天命之性，原是無善無惡的。但人有習心，意念上有善惡在，格致誠正，修此正是復那性體工夫。若原無善惡，工夫亦不消說矣。」是夕侍坐天泉橋，各舉請正。先生曰：「我今將行，正要你們來講破此意。二君之見正好相資為用，不可各執一邊。我這裏接人原有此二種。利根之人直從本源上悟入。人心本體原是明瑩無滯的，原是個未發之中。利根之人一悟本體，即是工夫，人己內外，一齊俱透了。其次不免有習心在，本體受蔽，故且教在意念上實落為善去惡。工夫熟後，渣滓去得盡時，本體亦明盡了。汝中之見，是我這裏接利根之人的；德洪之見，是我這裏為其次立法的。二君相取為用，則中人上下皆可引入於道。若各執一邊，眼前便有失人，便與道體各有未盡。」既而曰：「已後與朋友講學，切不可失了我的宗旨：無善無惡是心之體，有善有惡是意之動，知善知惡是良知，為善去惡是格物，只依我這話頭隨人指點，自沒病痛。此原是徹上徹下工夫。利根之人，世亦難遇，本體工夫，一悟盡透。此顏子、明道所不敢承當，豈可輕易望人？人有習心，不教他在良知上實用為善去惡工夫，只去懸空想個本體，一切事為俱不着實，不過養成一個虛寂。此個病痛不是小小，不可不早說破。」是日德洪、汝中俱有省。①

從這段對話中，我們可以發現「無善無惡心之體，有善有惡意之動。知善知惡是良知，為善去惡是格物」乃是陽明的「四句宗旨」。但很顯然，陽明指出了兩種可能性，即對於不同的人所應採取的不同方

① 王守仁撰，吳光等編校：《王陽明全集》上，上海：上海古籍出版社，1992 年，第 117—118 頁。

式，而王畿則強調本體的主宰作用，認為這「王門四教」是王陽明隨處立教的「權法」。這其實也可以從這段對話中得到印證。如果說心體是無善無惡的，則心體的發用也應當是無善無惡的，由此提出了心、意、知、物的「四無」說。在他的弟子記錄的「天泉證道紀」中還有這樣的話：

蓋無心之心則藏密，無意之意則應圓，無知之知則體寂，無物之物則用神。天命之性，粹然至善，神感神應，其機自不容已，無善可名。惡固本無，善亦不可得而有也。是謂無善無惡。若有善有惡，則意動於物，非自然之流行，著於有矣。自性流行者，動而無動，著於有者，動而動也。意是心之所發，若是有善有惡之意，則知與物一齊皆有，心亦不可謂之無矣。(《王龍溪全集》卷一《天泉證道紀》)[①]

從「無善無惡心之體」推出心、意、知、物「四無説」體現了王畿對王陽明良知本體主宰作用的深刻的理解。因此，王陽明對王畿的「四無説」遂以「汝中見得此意」首肯。然而這也是王陽明曾説顏回、程顥所不能言的地方，因此不可輕言。[②]王陽明這種帶有折衷色彩的評斷，給了王門後學以不同的解釋空間。王畿從「四無説」出發，會導致忽視道德修養工夫的傾向。錢德洪則謹守其師教言，王陽

① 吳震編校：《王畿集》，南京：鳳凰出版社，2007 年，第 1 頁。

② 陳來先生說：「對於陽明來說，有與無之間不一定是完全平衡的，他的言辭之間表現出對『無』的某種更明顯的嚮往，這也許是他內在的宗教氣質所致。對於陽明，無的境界更為高遠，更難達到，相對而言，道德境界不是一個很難於達到的境界。因而，論高遠，以無為高；論輕重，則以有為重。此外，從天泉證道始末來看，有無之間如何結合和表述，他本來還未考慮得十分成熟。」陳來著：《有無之境：王陽明哲學的精神》，北京：人民出版社，1991 年，第 229 頁。

明死後，他認為「四無說」會使良知之學落空。他在《覆王龍溪》信中說道：

久庵謂吾黨於學，未免落空，初若未以為然，細自磨勘，始知自懼。日來論本體處，說得十分清脫，及徵之行事，疏略處甚多。此便是學問落在空處。(《明儒學案》卷十一《論學書》)①

他強調師門宗旨應以「誠意」為要，以「致知格物」為誠意之功。申言道德踐履和修養的必要性，力挽王學走向空疏之失。

然而王陽明死後，從王畿學者甚眾。因此，王畿的觀點影響甚大，成為一時的風尚，一時王畿的觀點也成為論辯的中心。那麼，王畿的良知學主要包括哪些方面？在哪些方面繼承和發展了王陽明的學說呢？本文將從幾方面來加以闡釋。

二、見在良知（現成良知）說

王畿的四無說立基於他對於良知的獨特認識，其緊要處是要解決先天本具的良知本體在發用過程中如何在經驗層面得到體現。因為如果良知與道德經驗之間並不構成邏輯上的一致性，「前者強調良知的先天性，後者側重良知的後天性。而見在良知在龍溪處就是指良知本體在感性知覺中的當下呈現。」② 王龍溪強調「見在良知，關鍵在於看到

① 沈善洪主編：《黃宗羲全集》，第七冊，浙江：浙江古籍出版社，2005 年，第 263 頁。

② 彭國翔著：《良知學的展開：王龍溪與中晚期的陽明學》，北京：三聯書店，2005 年，第 72 頁。彭國翔認為，王龍溪並未使用現成良知的用語，雖然二者之間存在着意義上的重疊性，但亦有差異，所以應該加以區分。

作為道德實踐之根據的良知並不只是一個靜態的先驗法則和超越所以然之『理』，而更是時時處於感應狀態下的活動與呈現。」[①] 因而繼承了心學傳統下的知情意的統一。

（一）「虛即是道體」

陽明在討論佛道二教的虛無觀念的時候，認為聖人如果要還良知的本色，便不可能在本體上加減，因此，良知便具有太虛無形的狀態。「良知之虛，便是天之太虛；良知之無，便是太虛之無形。日月風雷山川民物，凡有貌象形色，皆在太虛無形中發用流行，未嘗作得天的障礙。」[②] 這樣的無不僅僅是一種心理境界，更是良知應對萬物變化的可能性的基礎。在這一點上，王畿對於虛和無有更多的發揮。他說：「人心無一物，原只是空空之體」，良知是心之本體，因此「良知原是無中生有，無知而無不知」。這是因為「良知惟虛才能集道，惟無才能生有」，「虛即是道體。虛故神，有物便實而不化」。（《王龍溪先生全集》卷三《水西精舍會語》）

王畿則強調良知本體的主宰作用。他認為良知之虛無是本體虛無。本體之虛無，也就決定了依着本體而有之物的虛無性。因此，在他看來外在的事事物物都不具有客觀的實在性。他說：

夫心性虛無，千聖之學脈也。譬之日月之照臨，萬變紛紜而實虛

① 彭國翔著：《良知學的展開：王龍溪與中晚期的陽明學》，北京：三聯書店，2005 年，第 79 頁。

② 王守仁撰，吳光等編校：《王陽明全集．傳習錄下》，上海：上海古籍出版社，1992 年，第 106 頁。

也，萬象呈露而實無也。不虛則無以周流而適變，不無則無以致寂而通感，不虛不無則無以入微而成德業。(《王龍溪先生全集》卷二《白鹿洞續講義》)①

他在回答一個學生關於「虛寂」的提問時，進一步論述了良知本體與具體事物之間的關係：

虛寂者心之本體。良知知是知非，原只無是無非。無即虛寂之謂也。即明而虛存焉，虛而明也；即感而寂存焉，寂而感也。即知是知非，而虛寂行乎其間，即體即用，無知而無不知，合內外之道也。(《王龍溪先生全集》卷十六《別曾見台漫語摘略》)②

「萬變紛紜」和「萬象顯露的」外在之物只是水中之月，鏡中之花。依據這一邏輯，王畿認為心既然是無善無惡的，那麼由它派生的意、知、物也就一切皆無了。

由於強調良知之虛無是一種「空空之體」，這樣，良知本體只是一種無善無惡的「至善」，王畿認為良知「原只無是無非」，「惡固本無，善亦不可得而有也」。

值得注意的是，王畿對於良知本體道德屬性的認知，並非完全要否定良知在判斷善惡過程中的作用，而是強調，作為一種本體的存在，所要具備的是一種原理性的可能性，而非具體的道德規範。良知本體對於善惡、美醜對峙的超越並不是排斥良知本身所具有的一種先

① 吳震編校：《王畿集》，南京：鳳凰出版社，2007年，第47頁。
② 吳震編校：《王畿集》，南京：鳳凰出版社，2007年，第464頁。

天的合理性。這也就是王畿常說的「未發之中」「一脈真純」，即潛在的一種妥善地應付萬物的能力。因此，良知雖是一種虛寂的「空空之體」，但「自有天則，縱恣不肯為」。(《王龍溪先生全集》卷一《撫州擬峴台會語》）這也是儒家與佛道的差別之所在。王畿說：

良知者，千聖之絕學，道德性命之靈樞也。致知之學，原本虛寂，而未嘗離於倫物之感應。…… 吾儒與二氏，毫厘之辨，正在於此。(《王龍溪先生全集》卷一《三山麗澤錄》）[①]

（二）見成良知是一種「當下本體」

我們知道，王陽明在將良知抽象為事物的最後本體的同時，把良知作為人人所共具的先天的道德意識。及至晚年居越後，「所操益熟，所得益化」，更認為良知是唯一可恃任的，循着自己的良知，則無不具足。

無知無不知，本體原是如此。譬如日未嘗有心照物，而自無物不照。無照無不照，原是日的本體。良知本無知，今卻要有知；本無不知，今卻疑有不知，只是信不及耳。[《傳習錄》(下)] [②]

我在南都（今南京）已前，尚有些子鄉愿的意思在，我今信得這良知真是真非，信手行去，更不着些履藏。[《傳習錄》(下)] [③]

① 吳震編校：《王畿集》，南京：鳳凰出版社，2007 年，第 14 頁。
② 吳光等編校：《王陽明全集·傳習錄下》，上海：上海古籍出版社，1992 年，第 109 頁。
③ 吳光等編校：《王陽明全集·傳習錄下》，上海：上海古籍出版社，1992 年，第 116 頁。

並說要以一種狂者的胸次而不懼世間的議論。王畿繼承了王陽明良知自然圓滿的觀點，他說：

良知不學不慮，本來具足，……夫致知之功，非有加於性分之外，學者復其不學之體而已，慮者復其不慮之體而已。(《王龍溪先生全集》卷五《與陽和張子問答》)①

夫學有本體，有工夫，靜為天性，良知者，性之靈根，所謂本體也。知而曰致，翕聚緝熙以完無欲之一，所謂工夫也。良知在人，不學不慮，爽然由於固有，神感神應，盎然出於天成，本來真頭面，固不待修證而後全。(《王龍溪先生全集》卷五《書同心冊卷》)②

所謂「本來具足」「盎然天成」等都說明良知是先天自足的本體。然而王畿的良知觀，強調了本體與工夫的一致性，所以，也就不強調王陽明關於良知「受蔽」和「明復」的理論，而是認為良知是一種不加修證而當下具足的見成良知。王畿認為：

(良知)當下現成。……不假工夫修整而後得。致良知原為未悟者設，信得良知過時，獨往獨來，如珠之走盤，不待拘管，而自不過其則也。(《明儒學案》卷十二《浙中王門學案》)③

黃宗羲認為王畿將「篤信謹守，一切矜名飾行之事皆是犯手做作。」不過王畿從本體即工夫的角度，必然會強調內在的信心的重要性。

---

① 吳震編校：《王畿集》，南京：鳳凰出版社，2007 年，第 127—128 頁。

② 吳震編校：《王畿集》，南京：鳳凰出版社，2007 年，第 121 頁。

③ 沈善洪主編：《黃宗羲全集》，第七冊，浙江：浙江古籍出版社，2005 年，第 270 頁。

> 良知是斬關定命真本子，若果信得及時，當下具足，無剩無欠，更無磨滅，人人可為堯舜。不肖以為千聖學脈，非誇言也。(《王龍溪先生全集》卷十《答吳悟齋》)①

針對同門對於見成良知所可能帶來的對於修正工夫的忽視的懷疑，王畿所要強調的則是需要一種豪傑的心態和氣魄承當，這樣才能對良知本體及其發用保持信心。他所謂的「當下具足」，按他的話來說，就是「一悟本體，即見工夫；物我內外，一齊俱透。」(《王龍溪先生全集》卷一《天泉證道紀》) 也就是說，人們在體察明覺到良知的同時，存在於人的內心深處的一脈真純也就自然流露出來了，它不需要任何工夫，相反，工夫和修養只會阻止真性的自然流行。因為這種良知本來就是現成自在的。他說：

> 良知是天然之靈竅，時時從天機運轉。變化云為，自見天則。不須防檢，不須窮索。何嘗照管得？又何嘗不照管得？(《王龍溪先生全集》卷四《過豐城答問》)②

這種現成良知，無動無靜，不有不無，即寂即感，不着任何物相，是消除了任何主觀意識和人為因素後的一種「自然之覺」。當下本體就存在於有無之間，即有即無得「幾」中，這種「有無之間，當下具足的狀態，是以「見成」作「工夫」。因此它沒有內外之別，也沒有先後之分。它本身就是一種不可規定的存在，良知的本然就是良知之現象。

---

① 吳震編校：《王畿集》，南京：鳳凰出版社，2007 年，第 251 頁。

② 吳震編校：《王畿集》，南京：鳳凰出版社，2007 年，第 79 頁。

這是一個自然的過程，是一種可能性和現實性的真正統一。

正因為如此，所以見成良知與物無對，不可能有善惡的區分，也不可能為外物所掩蔽，因而工夫也就是多餘的了。

王畿自認為是「師門第一參」。他說：「師門良知二字，正指見在而言，見在良知與聖人未嘗不同。(《王龍溪先生全集》卷四《與獅泉劉子問答》)」因此，他在提倡現成良知的同時，也就勢必會對同門別派特別是江右王門的「修證派」「歸寂派」等觀點構成辯難關係。

凡在同門，得於見聞之所及者，雖良知宗說不敢有違，未免各以其性之所近，擬議攙和，紛成異見。有謂良知非覺照，須本於歸寂而始得。如鏡之照物，明體寂然，而妍媸自辨。滯於照，則明反眩矣。有謂良知無見成，由於修證而始全，如金之在礦，非火符鍛煉，則金不可得而成也。有謂良知是從已發立教，非未發無知之本旨。有謂良知本來無欲，直心以動，無不是道，不待復加銷欲之功。有謂學有主宰，有流行，主宰所以立性，流行所以立命，而以良知分體用。有謂學貴循序，求之有本末，得之無內外，而以致知別始終。此皆論學同異之見，差若毫厘，而其謬乃至千里，不容以不辨者也。(《王龍溪先生全集》卷一《撫州擬峴台會語》)①

在此，王畿概括了對於良知學的幾種不同的觀念，認為這是根據不同的品性和思維特徵提出的不同見解。有歸寂，有主宰，有循序等等，但王畿分別加以辨析。他說：

① 吳震編校：《王畿集》，南京：鳳凰出版社，2007年，第26頁。

寂者，心之本體，寂以照為用。守其空知而遺照，是乖其用也。見入井之孺子而惻隱，見呼蹴之食而羞惡，仁義之心，本來完具，感觸神應，不學而能也。若謂良知由修而後全，撓其體也。良知原是未發之中，無知而無不知，若良知之前復求未發，即為沉空之見矣。古人立教，原為有欲設，銷欲正所以復還無欲之體，非有所加也。主宰即流行之體，流行即主宰之用，體用一原，不可得而分，分則離矣。所求即得之之因，所得即求之之證，始終一貫，不可得而別，別則支矣。吾人服膺良知之訓，幸相默證，以解學者惑，務求不失其宗，庶為善學也已。①

王畿堅持了他體用一元的思路，但他在與聶雙江等人關於良知和工夫的辯論，很大程度上「並未能充分理解對方的立場與終點所在。……雙江、念庵在批評龍溪以知覺為良知以及忽略工夫，顯然對龍溪『見在良知』的內涵缺乏相應的正解，龍溪在回應雙江、念庵對見在良知的批評時，往往反覆重申自己的觀念，也缺乏必要的視域轉換。」② 因此，並不能構成有效的對話，當然究其根源，陽明在天泉證道中，將有無問題轉變上根之人和下根之人的不同接引之法的時候，化解本體和工夫之間的緊張方式就變成了某種程度的迴避。

不過，王畿依然要堅持他的立場，認為為了克服流於虛失而強調工夫是可以理解的，但就此懷疑良知本體的現成性，則是「矯枉之過」。他說：

① 吳震編校：《王畿集》，南京：鳳凰出版社，2007 年，第 26—27 頁。

② 彭國翔著：《良知學的展開：王龍溪與中晚期的陽明學》，北京：三聯書店，2005 年，第 388 頁。

至謂「世間無有現成良知，非萬死工夫，斷不能生」，以此校勘世間虛見附和之輩，未必非對病之藥。若必以現成良知與堯舜不同，必待功夫修整而後可得，則未免於矯枉之過。（《王龍溪先生全集》卷二《松原晤語》）①

因此，王畿認為「戒懼」「歸寂」「主靜」等修證工夫，只能有礙於見成良知的真性流行，致知之功正在於拋棄工夫「在萬欲紛紜中，反之一念獨知」，使「一念生生不息，直達流行」，便能「常見天則，便是真為。從一念性命真機，綿密凝翕，不以習染情識參次攙和，其間便是混沌立根。良知本無起，一念萬年，恆久而不已。」（《王龍溪先生全集》卷十二《與陶居安》）在王畿看來，「一念」也就是「無念」「無心」「不動心」。他說：

一念者無念也，即念而離念也。故君子之學，以無念為宗。（《王龍溪先生全集》卷十五《趨庭漫語付應斌兒》）②

這顯然與禪宗「不着一念」思想存在家族類似。「一念無將近，無住着」，也就是使人內在的良知能自然地發用流行。「以無念為宗」，也就是如王畿自己所說的「以自然為宗」。這樣王畿的致知之功，既非程朱理學在性外別求物理，也不是王陽明的「正心」「誠意」「格物」，而是在消除了任何工夫後的「直下承當」和「一念自發」，使良知之真純自然流行。也就是「只要在心上立根」就「一了百了」的先天正心之學。

① 吳震編校：《王畿集》，南京：鳳凰出版社，2007年，第42頁。
② 吳震編校：《王畿集》，南京：鳳凰出版社，2007年，第440頁。

三、先天正心之學

陽明經常論及「心外無物」「心外無事」「心外無理」等，其關鍵的問題要確立心即理的宗旨。因此，需要處理《大學》中「格物」「致知」「正心」「誠意」之間的關係。也就是要處理心、意、知、物之間的關係。在《傳習錄》（上）中，記載了徐愛與陽明之間的一段對話：

愛曰：「昨聞先生之教，亦影影見得功夫須是如此。今聞此說，益無可疑。愛昨曉思格物的物字即是事字，皆從心上說。」先生曰：「然。身之主宰便是心；心之所發便是意；意之本體便是知；意之所在便是物。如意在於事親，即事親便是一物；意在於事君，即事君便是一物；意在於仁民愛物，即仁民愛物便是一物；意在於視聽言動，即視聽言動便是一物。所以某說無心外之理，無心外之物。《中庸》言『不誠無物』，《大學》『明明德』之功，只是個誠意。誠意之功只是個格物。」①

在這段話中，陽明對於心、意、知、物之間建立起一組關係。首先是心和意之間，認為意是心之所發。其次是認為知是意之本體，而物則是意之所在。從這兩組關係看，關鍵是心與意的關係和知與意的關係。如果按《大學》的邏輯，則是心—意—知—物。而根據陽明的說法，則是心、知—意—物。那麼，作為意的本體的知是否是作為心的靈明的良知呢？

由於對《大學》的順序所作的調整，在陽明的工夫論中，「誠意」

① 王守仁撰，吳光等編校：《王陽明全集·傳習錄》（上），上海：上海古籍出版社，1992年，第6頁。

一直是關鍵，因為意是聯繫本體和現象之間的樞紐。

然至善者，心之本體也。心之本體，哪有不善？如今要正心，本體上何處用得功？必就心之發動處才可著力也。心之發動不能無不善，故須就此處着力，便是在誠意。[①]

在這裏陽明認為本體上不能用力，所以誠意才是工夫的落實處。但是誠意與致知之間的關係該如何安置，陽明並沒有充分發揮。而在陽明獨揭致良知之教之後，陽明的關注從誠意向致知轉變。「但致知與誠意作為工夫而言究竟有何不同，和良知觀念一樣，陽明臨終前『未及深究』」。[②] 然要使「意」真實無妄，其關鍵則是作為其體的「知」，因為致良知是將這種純粹的道德判斷體現在具體的「事」上，那麼對於心體的信任便十分關鍵，由此，主張邏輯一致性並將無善無惡作為心體的王畿便必然會提出他的以正心為先的工夫論，也就是「先天正心之學」。

（一）先天正心之學和後天誠意之學

在王畿的工夫論體系中，長期作為陽明學工夫的下手處的「誠意」是一種後天的「補償性」工夫，他把直接在「心上立根」，直悟本體，稱之為先天之學，而在「意上立根」，注重誠意的工夫，稱之為後天之學。他說：

正心，先天之學也；誠意，後天之學也。良知者，不學不慮，存

---

① 王守仁撰，吳光等編校：《王陽明全集．傳習錄》（下），上海：上海古籍出版社，1992 年，第 119 頁。

② 彭國翔：《良知學的展開：王龍溪與中晚期的陽明學》，北京：三聯書店，2005 年，第 97 頁。

> 體應用，周萬物而不過其則，所謂「先天而天弗違，後天而奉天時」也。人心之體，本無不善，動於意始有不善，一切世情見解嗜欲，皆從意生。人之根器不同，功夫難易亦因以異。從先天立根，則動無不善，見解嗜欲自無所容，而致知之功易。從後天立根，則不免有世情之雜，生滅牽擾，未易消融，而致知之功難。勢使然也。(《王龍溪先生全集》卷十六《陸五台贈言》) ①

王畿根據人的不同根器，認為有先天之學和後天之學二種教法。但是他十分推崇先天之學，也就是所謂「即本體即工夫」。他認為如果能直接明心見體，那麼良知如如現成，各各吩咐，不必再從意上立根。也即「上乘兼修中下」。因此，王畿認為如果能在先天心體上立根，就好像「萬握絲頭，一齊斬斷」，簡捷直達。若是在意上立根，則如「芽苗增長，馴至秀實」，繁難牽纏。

那麼，先天之學與後天之學何以有如此巨大的區別呢？王畿又何以如此器重先天之學？其關鍵處是王畿對於心、知、意、物等概念及它們之間的聯繫有了新詮釋。

首先王畿十分強調先天之知與後天之識的區別。他說：

> 夫良知與知識，差若毫厘，究實千里。同一知也，如是則為良，如是則為識；如是則為德性之知，如是則為聞見之知，不可以不早辨也。良知者，本心之明，不由學慮而得，先天之學也。知識則不能自信其心，未免假於多學億中之助而已，入於後天矣。良知即是未發之

① 吳震編校：《王畿集》，南京：鳳凰出版社，2007年，第445頁。

中，即是發而中節之和，此是千聖斬關第一義，所謂無前後內外、渾然一體者也。（《王龍溪先生全集》卷六《致知議略》）①

先天之知和後天之識的差別，有時也被簡化為「知」和「識」的不同。

知一也，根於良則為本來之真，依於識則為死生之本，不可以不察也。知無起滅，識有能所；知無方體，識有區別。譬之明鏡之照物，鏡體本虛，妍媸黑白，自往來於虛體之中，無加減也。若妍媸黑白之跡滯而不化，鏡體反為所蔽矣。鏡體之虛，無加減則無生死，所謂良知也。變識為知，識乃知之用；認識為知，識乃知之賊。（《王龍溪先生全集》卷三《金波晤言》）②

良知就是人心之虛靈明覺，渾然一體，良知即是本心之明，那麼，如果本心不昧，就能洞察良知本體，這種良知也就是「無知而獨知」。然識之為識，來源於後天的見聞，即人們對於外在事物現象的具體知識。王畿認為，如果人們不懂得識依知而有，反而把具體的「識」當作「知」，那麼當具體的知識隨着外物的轉變而轉變時，知亦拘滯於識的幻象。因此王畿教人「轉識成知」，使識為知之用，以本心之明的良知統率依境而起的聞見之知。

對於心與意欲的關係，王畿說：

意者，本心自然之用。如水鑒之應物，變化云為，萬物畢照，未

① 吳震編校：《王畿集》，南京：鳳凰出版社，2007年，第130頁。

② 吳震編校：《王畿集》，南京：鳳凰出版社，2007年，第65頁。

嘗有所動也。惟離心起意則為妄。千過萬惡，皆從意生。不起意，是塞其過惡之原，所謂防未萌之欲也。不起意則本心自清自明，不假思為，虛靈變化之妙用，固自若也。(《王龍溪先生全集》卷五《慈湖精舍會語》) ①

本來的誠意工夫，在王龍溪這裏變成「不起意」，針對學生認為不起意陳義過高，應該定義為「不起惡意」的提問，王畿認為，「起即為妄」。他還說：

夫心本寂然，意則其應感之跡；知本渾然，識則其分別之影。萬欲起於意，萬緣生於識。意勝則心劣，識顯則知隱。故聖學之要，莫先於絕意去識。絕意非無意也，去識非無識也。意統於心，心為之主，則意為誠意，非意象之紛紜矣。識根於知，知為之主，則識為默識，非識神之恍惚矣。(《王龍溪先生全集》卷八《意識解》) ②

意雖是過惡之原，但若有心為之主，則為誠意。王畿由知與識的區分進一步論及心與意、意與識、意與欲的關係。在王畿看來，個體的「明覺」就是良知。由知對具體事物所作的區分即是識，所以識雖本於知，但不是知。然而，由於對於外物有所分別，就會產生好惡，這就是意。所以說意可以被看作人心的一種傾向。意如果拘滯於物相，那麼就會產生一種取捨感，這就產生了欲望，由此我們可以發現王畿的邏輯在於人因為有知識，就產生了意欲，有意欲則偏離了本心良知而

① 吳震編校：《王畿集》，南京：鳳凰出版社，2007 年，第 113 頁。
② 吳震編校：《王畿集》，南京：鳳凰出版社，2007 年，第 192 頁。

起意。即所謂「離心而起意」。這便妄念迭現，「意象紛紜」「識神恍惚」了。

因此，如果相信心體本正，能從心上立根，絕意去識，堵塞「萬惡之原」，則為先天之學，而針對離心而起之意，需加以裁抑，使其返於本心直發之意，並於此意上立根，則為後天誠意之學。

然則，王畿吸收孟子、陸九淵「先立乎其大者」的修養方法，認為只要保住先天圓滿具足的現成良知，那麼一切私意雜念，自無所容。他説：

> 吾人一切世情嗜欲，皆從意生。心本至善，動於意，始有不善。若能在先天心體上立根，則意所動自無不善，一切世情嗜欲自無所容，致知工夫自然易簡省力。(《王龍溪先生全集》卷一《三山麗澤錄》)①

但是，王畿所説的正心，並不包含一種具體的手段，「心體本正，才正心便有正心之病，才要正心，便已屬於意」(《王龍溪先生全集》卷六《致知議辯》）。這種「正心」只是順着我們的至善本體而使之自然流行。所謂在先天根本上立根，就是在我們一切意念未生，善惡未萌之前，根絕一切世情嗜欲。只順此至善之心體，隨感而應，即所謂「先天而奉天時，後天而天弗違」者也。這種過程猶如「夢中得醒」，「一覺便化」。由此，王畿把王陽明的「致良知」工夫轉變成了「良知致」，直截提倡一種「真性流行，隨處豐滿，天機常活，無有剩欠」的「無工夫中真工夫」的頓悟法。

---

① 吳震編校：《王畿集》，南京：鳳凰出版社，2007年，第10頁。

（二）貴悟說與「一念工夫」

王畿認為人與人間由於根器不同，所以不同的人所悟入的方式也就不同。他說：

> 自先師提出本體工夫，人人皆能談本體、說工夫。其實本體工夫須有辨。自聖人分上說，只此知便是本體，便是工夫，便是致；自學者分上，須用致知的工夫以復其本體，博學、審問、慎思、明辨、篤行，五者廢其一，非致也。（《王龍溪先生全集》卷一《沖元會紀》）①

這樣，就對不同的人不同的工夫進路做了分辨。既然先天正心之學的目標是不起意，所以要在良知本體上下工夫，在具體方法上則會借重於體悟。王畿說：

> 君子之學，貴於得悟，悟門不開，無以徵學。（《王龍溪先生全集》卷十七《悟說》）②

王畿認為，見成良知是一種無形體、無方所的「當下本體」，不是言說意象，不是理性思維所能把握的客體對象。它是一種「與物無對」的獨知。不能用主客對置、物我二元的方法將良知與人割裂開來。所以只有通過「一念自反」的反觀內省或「當下了截」，才能把握、體認。他把悟分為三種：

---

① 吳震編校：《王畿集》，南京：鳳凰出版社，2007年，第3頁。

② 吳震編校：《王畿集》，南京：鳳凰出版社，2007年，第494頁。

入悟有三：有從言而入者，有從靜坐而入者，有從人情事變練習而入者。得於言者，謂之解悟，觸發印正，未離言詮，譬之門外之寶，非己家珍；得於靜坐者，謂之證悟，收攝保聚，猶有待於境，譬之濁水初澄，濁根尚在，才遇風波，易於淆動；得於練習者，謂之徹悟，摩礱鍛煉，左右逢源，譬之湛體冷然，本來晶瑩，愈震盪愈凝寂，不可得而澄淆也。根有大小，故蔽有淺深，而學有難易，及其成功一也。

夫悟與迷對，不迷所以為悟也。百姓日用而不知，迷也；賢人日用而知，悟也；聖人亦日用而不知，忘也。學至於忘，悟其幾矣乎。（《王龍溪先生全集》卷十七《悟說》）①

王畿認為從言而入的解悟，或者由靜坐而入的證悟，由於還離不開語言和外物之助，因此還不是一種真正的「徹上徹下」的悟。他說：「古人之言皆為未悟者設，悟則忘言矣」。（《王龍溪先生全集》卷十六《胡栗里別言》）② 要達到真正的悟，就必須加以「練習」，王畿所謂的「練習」。也就是他所強調的「真修實悟」。他用禪宗的頓悟和漸修來形容先天正心和後天誠意之間的工夫進路。

或悟中有修，或修中有悟；或頓中有漸，或漸中有頓，存乎根器之有利鈍，及其成功一也。吾人之學，悟須實悟，修須真修。凡見解上揣摩，知識上湊泊，皆是從門而入，非實悟也。凡氣魄上承當，格套上模擬，皆是泥像而求，非真修也。……悟而不修，玩弄精魂；修而不悟，益增虛妄。……良知是本體，於此能日著日察，

① 吳震編校：《王畿集》，南京：鳳凰出版社，2007 年，第 494 頁。

② 吳震編校：《王畿集》，南京：鳳凰出版社，2007 年，第 457 頁。

即是悟；致知是工夫，於此能勿助勿忘，即是修。(《王龍溪先生全集》卷四《留都會記》)①

在王畿看來，由於不能「真修實悟」而造成的情塵意識，見解意願，虛見思為等心理活動，是導致牽擾、昏蔽、玩忽、疏脱的根源。刻意地追求，執着地探尋，擬議安排，思慮分析，不但會困擾精神，反而會妨礙良知的自然呈露。良知本體，只能在「精融靈洞」中，即在消除物我、主客的獨知之中才能體悟到。只能是一種非理性的生命體驗，這也是中國傳統整體性直觀思維模式的直接邏輯結果，這種直觀所不同於經驗主義或理性主義的根本之點，就在於它是通過主體消解主體和客體的對立，達到一種理智的交融，這種交融使人們置身於對象之內，其目的就在達到對宇宙哲理的解悟時，把自己的思想世界從躍躍欲試的生命意象的恍惚狀態中解放出來，由此，紛繁的世界與自我達成渾然一體的狀態，從而領悟出「萬物一體」的個體和宇宙本體在生命根源上的亙古共性。這種獨特的生命體驗，斷不是語言所能把握的。

生知來處，死知去處，宇宙在手，延促自由，出三界、外五行，非緣數所能拘限，與太虛同體，亦與太虛同壽，非思想言說所能湊泊。(《王龍溪先生全集》卷十二《與殷秋溟》)②

這種境界正如禪宗所言「如人飲水，冷暖自知」。語言只能是進入頓悟

① 吳震編校：《王畿集》，南京：鳳凰出版社，2007年，第89頁。
② 吳震編校：《王畿集》，南京：鳳凰出版社，2007年，第308頁。

境界的「筌蹄」，他說：

> 道必待言而傳，夫子嘗以無言為警矣。言者，所由以入於道之詮。凡待言而傳者，皆下學也。……而其機則存乎心悟。不得於心而泥於言，非善於學者也。（《王龍溪先生全集》卷十三《重刻陽明先生文集序》）①

同樣，這種境界亦非收攝保聚的靜坐所能獲得。他說：

> 學非專於靜坐。靜坐亦甚難，方坐時，念頭作何安頓？有所守即落方所，無所着即墮頑空。不守之守、無着之着，此中須有活潑之機。存乎心悟，非言思之所及也。（《王龍溪先生全集》卷三《九龍紀誨》）②

因此，要掌握「活潑之機」，保護「一脈真純」，只能通過澄明內心的徹悟，他說：

> 吾人欲與直下承當，更無巧法，惟須從心悟入，從身發揮，不在凡情裏營窠臼，不在意見裏尋途轍，只在一念獨知處默默改過，徹底掃盪，徹底超脱。良知真體，精融靈洞，纖翳悉除，萬象昭察，緝熙千百年之絕學。（《王龍溪先生全集》卷九《答季彭山龍鏡書》）③

---

① 吴震編校：《王畿集》，南京：鳳凰出版社，2007年，第341頁。

② 吴震編校：《王畿集》，南京：鳳凰出版社，2007年，第56—57頁。

③ 吴震編校：《王畿集》，南京：鳳凰出版社，2007年，第215頁。

王畿的先天正心之學主張工夫要用在良知本體之上，但其始終還是要處理在陽明到錢德洪那裏十分重要的「誠意」環節。在這方面，王畿的「一念工夫」亦是必須關注。「念」在陽明的學說中已經有很重要的地位，然「在龍溪晚年屢屢提到的『一念之微』這一概念的工夫蘊涵中，不僅先天正心之學和後天誠意之學獲得了緊密的統一，工夫着力點從『意』到『念』的轉化，也使得誠意工夫更為深邃綿密。」[①] 王畿其實是從正念和邪念的區分來展開對「念」與心、物等的相互關係的。他說：

> 人惟一心，心惟一念。念者心之用也。念有二義：今心為念，是為見在心，所謂正念也；二心為念，是為將迎心，所謂邪念也。正與邪，本體之明，未嘗不知，所謂良知也。念之所感，謂之物，物非外也。心為見在之心，則念為見在之念，知為見在之知，而物為見在之物。致知格物者，克念之功也。見在則無將迎而一矣，正心者正此也，修身者修此也。……孟子曰：「必有事焉，而毋正，心毋忘毋助長也。」必有事者，念念致其良知也；毋忘者，毋忘此一念之謂也；毋助者，無所意必，以無念為念之謂也。[②]

這段話有許多內容，首先在王畿的邏輯中，「念之所感謂之物」，這樣在陽明的心、知、意、物的關係中，「念」很大程度上替代了「意」在陽明的心物關係的邏輯系統中的地位。因此，「念」便稱為工夫的關鍵

---

① 彭國翔著：《良知學的展開：王龍溪與中晚期的陽明學》，北京：三聯書店，2005 年，第125 頁。

② 吳震編校：《王畿集》，南京：鳳凰出版社，2007 年，第 501—502 頁。

所在。而他是通過正念和邪念的區分來分疏由良知之呈現的是非善惡之念，與受後天習染所影響的感性經驗層面的「念頭」。所以，要讓良知呈現，就是要保任「最初一念」。

針對王畿的工夫進路，錢德洪的確多有擔憂。他堅持認為「誠意」工夫是學習和實踐之入手處，但「吾師既沒，吾黨病學者善惡之機生滅不已，乃於本體提揭過重，聞者遂謂誠意不足以盡道，必先有悟而意自不生，格物非所以言功，必先歸寂而物自化。遂相與虛憶以求悟，而不切乎民彝物則之常；執體以求寂，而無有乎圓神活潑之機。希高凌節，影響謬戾，而吾師平易切實之旨，壅而弗宣。」（《明儒學案》卷十一《員外錢緒山先生德洪》）①

認為王畿這種執本體以求悟的工夫，毀壞了師門誠意之教，導致了學生希高凌節，不進行切切實實的踐履活動。而聶豹和羅念庵也認為王畿的工夫論容易使人陷入虛無主義而成為無忌憚的小人。

後來劉宗周（蕺山）總結說「王門四句教」是王畿演繹，在陽明集中並不經見，並進一步認為王畿的「四無」說是「教外別傳」，認為已經離開了陽明的宗旨，而是「直把良知作佛性看，懸空期個悟，總成玩弄光景」。（《明儒學案》卷一《師說》）②

① 沈善洪主編：《黃宗羲全集》，第七冊，浙江：浙江古籍出版社，2005年，第261頁。

② 沈善洪主編：《黃宗羲全集》，第七冊，浙江：浙江古籍出版社，2005年，第17頁。當然，劉宗周認為「四句教」在陽明集中不可得見的說法並不成立，在《傳習錄》和由錢德洪撰寫的年譜中都有關於「四句教」的記載以及陽明立教的不同原則的描述。

從「天下」到「世界」：陽明學視界的近代轉換及其反思

陳立勝 *

1894 年 8 月 1 日，中日雙方正式宣戰，甲午戰爭全面爆發。翌年 4 月 17 日李鴻章代表清政府在日本馬關簽訂喪權辱國的《馬關條約》。割讓台灣與遼東、賠款白銀二億兩的消息傳到了北京，正在京城應試的舉子們羣情激憤，在康有為與梁啟超集結下聯名上書，是為近代史上著名的「公車上書」事件。同年 10 月，孫中山領導的興中會在廣州發動了第一次反清武裝起義。嚴復《論世變之亟》《原強》《辟韓》《救亡決論》四篇鴻文也發表在這一年，此時，《天演論》移譯也已經完成了初稿。風雲際會，要變「天」了：萬物並育而不相害的「天道」要被物競天擇、適者生存的「新天道」所取代，一元復始、萬象更新循環往復的宇宙觀要開始讓位於進步主義的世界觀。「20 世紀中國發生的所有巨大變革都可以在這一脈絡中尋找到其思想的因緣」，「革命的世

* 陳立勝，中山大學教授、中國哲學史學會常務理事。

紀」的帷幕自此徐徐拉開了。① 的確，革命世紀最初的那代知識人的「意識構造」中，「幾乎都可以蒸餾出甲午戰爭後遺症的歷史效應」。②1898 年張之洞於《勸學篇》提出國家公派留學生的建議，並指出遊學之國「西洋不如東洋」的主張。實際上，從晚清到民初，日本儼然成為「所有中國革命者和現代主義者朝聖的麥加」。③ 早在 1896 年 3 月，清政府就已首次派遣學生 13 人東渡扶桑學習。1906 年振聵書社出版了警世小說《傷心人語》，內中《東京支那學生之現象記》收有《王陽明生於日本之笑談》一文：

日本維新諸豪，如吉田松陰、西鄉隆盛、木戶孝允等，無不得力於王陽明之學。近世日俄戰爭對馬海島一役，東鄉平八郎以相等之軍艦力，四十餘時間，殲俄艦全軍，使之隻輪不返。觀其料敵之精密，執事之靜逸，從容佈置，不為物動，故能奏此黃白相戰之第一功。然聞其語人，謂平生得力在陽明知行合一之旨，是以處危難而不驚。自此，日人之視陽明愈益加重。故近日彼中人士，每與吾國人言則必談及王陽明之學。有某省師範生，平日於陽明尚未寓目，即陽明出處亦覺茫然不解，某日與日人談，日人謂陽明先生之學吾國人皆以此為宗，支那學生更宜研究等語。某師範生用筆談答曰：「貴國能生一個陽明，所以能打破俄國。若敝國也能生一個陽明先生，那就好了。」

---

① 高瑞泉：《動力與秩序：中國哲學的現代追尋與轉向（1895—1995）》，廣西師範大學出版社，2019 年，第 112—113 頁。

② 楊儒賓：《章太炎眼中的台灣人》，收入《多少蓬萊舊事》，台灣聯經出版公司，2022 年，第 38 頁。

③ 鮑吾剛著、嚴蓓雯等譯：《中國人的幸福觀》，江蘇人民出版社，2004 年，第 346 頁。

這段話頗能折射出陽明學於近代中國復興的「出口轉內銷」時代場景：日本明治維新的思想導師羣無不得力於王陽明之學；讓當時黃種人揚眉吐氣的日俄戰爭（據稱是黃種人在與白種人戰爭之中首次取勝的戰爭）中的「軍神」東鄉平八郎自謂其平生得力在王陽明知行合一之旨；來自王陽明故國的中國留學生竟然不知王陽明之出處，乃至羨慕日本「能生一個陽明」！「若敝國也能生一個陽明先生，那就好了」的感慨，一方面說明王陽明從中國人的文化視野中淡出由來已久，另一方面更是說明「國家」與「民族」的「剛需」（「打破俄國」）才是陽明學在清末民初枯木逢春、重新登場的機緣所在。

顯然新時代登場的陽明學攜帶着新的信息，表現出新的精神氣質，究其原因，最根本的不同在於「視界」的轉換，即從傳統的「為己之學」與「天下同風」的「天下視界」轉向民族振興之學與「萬國競爭」的「世界視界」。

一、「為己之學」與「天下同風」：傳統陽明學本身的視界

「視界」（horizon）顧名思義即視力所及之範圍，這個範圍是由一個「視角」「立場」「觀點」所敞開的。一方面我們的經驗與認知總是存在着一個「邊界」，另一方面，這個邊界又是移動的，只要我們移動，新的邊界就像地平線一樣又會出現在我們視力的盡頭。「山高月遠覺月小，便道此山大於月。若人有眼大如天，還見山高月更闊。」王陽明這首童年詩歌很能表現「視角」「立場」「觀點」的轉換如何決定了「視界」的性質。郭熙《林泉高致．山水訓》謂山形「步步移」「面面看」，一山而兼數十百山之形狀，又謂「四時」「朝暮」「陰晴」景不同，一

山而兼數十百山之意態。觀山者時、空視角的轉換來山之形狀與意態的變化。觀者所處視界的時空性質造就了相應的「景觀」。就「視界」自身的構成而言，它實際上是一副「意義」地圖，每一個所見的事物都被分門別類地定位於相應的位置上，而這副意義地圖自身又「先行」引導着觀者之觀察的興趣、角度與範圍。「同一材料」（同一所見對象）被置於不同的視界（意義地圖）中自然會呈現出不同的意義。

傳統陽明學的視界乃是由一「至大無外」的「大道」意識造就的：

道一而已，仁者見之謂之仁，知者見之謂之知。釋氏之所以為釋，老氏之所以為老，百姓日用而不知 ，皆是道也，寧有二乎？……世之儒者，各就其一偏之見，而又飾之以比擬仿像之功，文之以章句假借之訓，其為習熟既足以自信，而條目又足以自安，此其所以誑己誑人，終身沒溺而不悟焉耳！①

神無方而道無體，仁者見之謂之仁，知者見之謂之知。是有方體者也，見之而未盡者也。②

「道」成了「超越」文字乃至文化的「終極實在」。在大道面前，每一種「教」都是來自特定立場下的「所見」，而有所「見」則有所「不見」。這不僅是指具體的某種「見」是有範圍的，「所見」之外皆為「不見」，更是指任何一種「見」自身作為「視角」「觀點」「立場」就有其限度。望遠鏡可讓人「見」到離我們遙遠的星體，但卻不能讓我們「見」到

① 《寄鄒謙之四》，王守仁撰，吳光等點校：《王陽明全集》卷六，上海古籍出版社，1992年，第205—206頁。

② 《見齋說》，王守仁撰，吳光等點校：《王陽明全集》卷七，第262頁。

離我們至近的細菌。因為任何「見」都受限於「見者」所站立的「位置」「立場」，「才有所見，便有所偏」，「所偏」即「偏於」自己的「立場」自以為是而不知「換位」思考，此正是莊子所譏諷的「束於教」的「一曲之士」之心態。惟有對「所見」之「所」有所自覺，方會避免陷入「自以為是」與「排他主義」的「一偏之見」。故王陽明稱「文王望道未之見」方是真見道之表現。①

諦觀王陽明論三教的文字，王陽明往往將排斥佛教、道教的儒者稱為「世儒」。為了與此封閉心態的「世儒」有所區別，王陽明稱儒學為「聖學」。聖學所傳乃「大中至正之道」，此大道成己成物，「徹上徹下，只是一貫」，而無有所謂「上一截」「下一截」之區別；聖學乃是大全之學（「聖人之全」），只要能夠成全人性（「成聖」）的智慧均應涵括包容而無計其出處。超越教派門戶，向不同「文化的他者」敞開、學習進而成全自我，成了陽明對待佛道二教的基本態度。《論語》首篇開宗明義就說：「學而時習之不亦說乎，有朋自遠方來不亦樂乎，人不知而不慍不亦君子乎？」這三句話濃縮着儒家「學」的精義，「學而時習之」，學習的內容不外是學禮、學詩、學文、學易，學道，有歷史文化傳承的意思；「有朋自遠方來」是「共學」，是在人文共同體中學習，共同弘揚「斯文」；「人不知而不慍」，學習的本質是「為己之學」（用老子的話說「修之於身，其德乃真」），是學君子之道，是成就君子人格，它不求為人知，因為有天知，故孔子說「不怨天，不尤人，下學而上達。知我者其天乎？」「上達」而「知天」，這有超越性的意思。「學」與「問」都意味着一個開放與傾聽的心態。孔子作為「天

① 《傳習錄》（上），王守仁撰，吳光等點校：《王陽明全集》卷一，第24頁。

縱之聖」，其好學、好問的品性確實具有重要的文明象徵意義。基督教的文明、伊斯蘭教的文明，他們的聖人都是得到神的啟示，是先知，耶穌基督作為「神之子」其自身即「道路、真理、生命」。確實從比較文明的視野看，孔子幾乎就是惟一一位學而不厭的「學者」、一位名副其實的「學者」:「見賢思齊，見不賢內自省焉」，幾乎每個人都可以成為他的老師。《戰國策 · 秦策五》甚至「記載」孔子向年僅七歲的項橐拜師一事。「孔子的學習可以在一切地方一切時候進行。學就是朝向世界、朝向歷史、朝向人羣，更深切微妙地打開人的心靈，在學習中感受到人生與世界的結構和真理。」① 實際上儒家所理解的自我本身就是一「對話的自我」、一「開放的結構」，即「永遠要對其異質的東西保持親和感。這一親和感是永遠不能被人現階段的發展所包容，所以，永遠向外通透，永遠有外在的資源要進來。」② 有門人請教陽明儒教與佛教區別何在，陽明答曰:「子無求其異同於儒、釋，求其是者而學焉可矣。」③ 道是天下公共之道，心是天下普遍之心。「學習」是自信而不自大、自尊而不自傲、自主而不自固的表現。可以説，「自我成全」「吾之用」這一「為己之學」之第一義使得陽明心學一系對異質的東西保持着高度的親和感與開放性。

而在政治關懷上，天下一家、萬物一體始終是陽明的終極理論視界。王陽明思想中「心學純明之時」這一觀念最能體現其道德理想主義情懷。陽明曾精心描繪出以下兩幅「心學純明之時」的「天下」畫面:

---

① 張祥龍:《中西印哲學導論》，北京大學出版社，2022 年，第 56 頁。

② 郭齊勇、鄭文龍編:《杜維明文集》第四卷，武汉出版社，2002 年，第 539 頁。

③ 《贈鄭德夫歸省序》，王守仁撰，吳光等點校:《王陽明全集》卷七，第 254 頁。在王陽明看來三教不過是為了盡吾心、安吾命，學三教者，亦不過是要學盡心、學安命而已。就此而言，三教異同的確不是學者應當關心的「焦點」。

或問三教同異。陽明老師曰：道大無外。若曰各道其道，是小其道矣。心學純明之時，天下同風，各求自盡。就如此廳事，元是統成一間。其後子孫分居，便有中有旁。又傳漸設藩籬，猶能往來相助。再久來漸有相較相爭，甚而至於相敵。其初只是一家，去其藩籬，仍舊是一家。三教之分，亦只似此。①

當是之時，天下之人熙熙皞皞，皆相視如一家之親。其才質之下者，則安其農、工、商、賈之分，各勤其業，以相生相養，而無有乎希高慕外之心。其才能之異，若皋、夔、稷、契者，則出而各效其能。若一家之務，或營其衣食，或通其有無，或備其器用，集謀並力，以求遂其仰事俯育之願，惟恐當其事者之或怠而重己之累也。故稷勤其稼，而不恥其不知教，視契之善教，即己之善教也；夔司其樂，而不恥於不明禮，視夷之通禮，即己之通禮也。蓋其心學純明，而有以全其萬物一體之仁，故其精神流貫，志氣通達，而無有乎人己之分，物我之間：譬之一人之身，目視，耳聽，手持，足行，以濟一身之用，目不恥其無聰，而耳之所涉，目必營焉，足不恥其無執，而手之所探，足必前焉：蓋其元氣充周，血脈條暢，是以癢痾呼吸，感觸神應，有不言而喻之妙。②

「畫面一」論述三教之間原無界限，心學純明時代（實則是王陽明心目中理想的社會狀態）中，「天下同風，各求自盡」，即是說，每個人均以自我成全為目的，「教」不過是每個人「自盡」「自我成全」的途徑，

① 朱得之編：《稽山承語》，王守仁撰，吳光等編校：《王陽明全集》（新編本）卷四十，浙江古籍出版社，2010 年，第 1611 頁。

② 《傳習錄》（中），王守仁撰，吳光等點校：《王陽明全集》卷二，第 54 頁。

故並不存在「教」之間的藩籬意識。「畫面二」「描述」的是「心學純明」之時，人類共同體親如一家之狀態：無內外遠近，人人皆一體相關，志氣通達；士農工商，異業同道，各效其能，各勤其業；「人之有技，若己有之」(語出《尚書．秦誓》)，而無人己之分，物我之間。要之，人之資質、才能、興趣各有不同，然各自以成其德行為目標，「教」之間、「職業」之間、人與人之間無「相較相爭」，亦無「希高慕外」，惟有一體相親，協同合作，而各自實現其人生理想（「遂其仰事俯育之願」）。一體之仁的「元氣」周流貫通，讓世間人物徹底突破了世俗的人己之「分」、物我之「間」的「界限」，而成為「志氣通達」「感觸神應」的人己、物我之生命共同體。需要指出的是，「畫面二」在描述人類共同體分工合作時使用了「身體」的隱喻，以身體頭（心）、目、耳、手、足諸器官共濟為「一身」之「用」來説明社會有機體成員之間的「有機聯繫」是理解「共同體」常見的隱喻。不過在陽明此處的身體隱喻中，並未見到「頭」(心) 這一器官，此即意味着社會有機體之分工合作並不是一宰制性的結構，更不是如同蜂蟻社會惟「首領」(蜂王、蟻后) 是瞻的分工合作系統，而是基於每個獨立人格（「自尊」）之間互以對方為重（「尊人」）共生、共成的人格共同體。唐君毅在討論分工合作有機體概念時，曾指出有兩種類型的共同體：一是由於互相監督、互相牽製而各作其工的社會，這種共同體縱能發展到最理想的境地，「亦不過化整個社會如一大身體之有機體。其中之一切器官、組織、細胞之配合，均處處適於此大身體之存在之目的而已。這是社會之生物學的理想，不是人文社會之理想。」另一種則是每個人各自發展出其道德的天性，「以仁者之心互相涵蓋，互相同情，互相了解，以各自完成擴大其人格」，而成就一「心與心交光互映之社會」。[①] 顯然「畫面二」與唐君毅所說的「心與心交光互映之社會」所描繪的是同一風光。

要之，王陽明的「致良知」教其目標即是要達到此「心學純明」之終極境地。大道意識、為己之學與天下一家，構成了傳統陽明學的基本精神氣質。

二、走向「世界」：近代陽明學「視界」的轉換

漢籍早有「世間」「人間」而本無「世界」概念。「世界」概念源自佛典漢譯，其語義在佛教文獻之中亦有所變化，[②] 逮及唐代所譯《楞嚴經》，「世界」概念有了更明確的界定：「何名為眾生世界？世為遷流，界為方位。汝今當知，東、西、南、北、東南、西南、東北、西北、上、下為界，過去、未來、現在為世。位方有十，流數有三。」此種「世界」觀在儒家之中並無實質的影響，象山云「四方上下曰宇，往古來今曰宙。宇宙便是吾心，吾心即是宇宙。千萬世之前，有聖人出焉，同此心同此理也。千萬世之後，有聖人出焉，同此心同此理也。東南西北海有聖人出焉，同此心同此理也。」[③] 顯然儒家的「宇宙」乃是一真實、有常的存有，而有別於佛教「假有性空」的「世界」。無論如何，佛教以及後來的景教、伊斯蘭教、天主教的傳入雖然帶來了一

① 唐君毅：《人文精神的重建》，《唐君毅全集》（卷五），台灣學生書局，1988 年，第 62—63 頁。

② 對「世界」概念的考察參鍾書林：《「世界」語義的生成、演變與佛、道文化以及中、印、西文化的互動：兼論「宇宙」「世界」語義的異同》，李建中、高文強主編：《文化關鍵詞研究》第 1 輯，武漢大學出版社，2014 年，第 282—310 頁。

③ 陸九淵：《陸象山全集》卷二十二，中國書店，1992 年，第 173 頁。

些「西方世界」知識（包括「世界」這個概念），都沒有在根本上改變傳統士大夫的「天下」視界與「大道」意識。確實，沒有一個「對等的他者」作為「鏡子」，也就很難獲得清醒的自我認識。只有「中國」在確立了「世界」「亞洲」乃至「日本」等「他者」之時，現代意義上的「中國」才開始認清自己。①

梁啟超曾把這個開始認清自己的中國近代稱作「過渡時代」。② 用列文森的話概括，這個過渡時代就是一個使「天下」成為「國家」的過程。③「天下」視界的改變與「大道」意識的喪失有着密切的關係。王國維《論政學書稿》（1924 年）敏銳地指出：「自三代至於近世，道出於一而已。泰西通商以後，西學西政之書輸入中國，於是修身齊家治國平天下之道乃出於二。」④ 羅志田基於對近代思想史的考察得出如下結論：「道出於二」至少還是各存其「道」，雖已退讓而尚有所守，還是一種相對理想的狀態；清末朝野的實際作為，有意無意間已開啟了一種另類的（alternative）「道出於一」，即「道出於西」。⑤ 與西方遭遇後的「新世界」不再是我們先民的「舊天地」。「西」不僅具有異域的空間性，更富有未來的時間性。西方「世界」成為「放之四海而皆準」的真理發源地，向西方學習的過程便成了走向「世界」的過程。這一說法無疑意味着，中國還不是「世界」的一部分。在此「世界」實則指「西方世界」（the west world），「中國」是在「世界」之外的（the

① 葛兆光：《中國思想史》（第二卷），復旦大學出版社，2001 年，第 458 頁。

② 梁啟超：《過渡時代論》，《梁啟超全集》（第 2 卷），北京出版社，1999 年，第 464—466 頁。

③ 列文森著、鄭大華譯：《儒教及其現代命運》，中國社會科學出版社，2000 年，第 87 頁。

④ 《王國維全集》，第 14 卷，浙江教育出版社，2009 年，第 212 頁。

⑤ 羅志田：《道出於二：過渡時代的新舊之爭》，北京師範大學出版社，2014 年。

rest world）。實際上今天中國中學與大學的「世界歷史」仍然不包括中國在內，而原來儒家所設想的「天下」不過是「中國」。更為要命的是，中國這個「國」在歷史與現實之中並不真是一個「國」。[①] 中國「無國」説曾流行一時，梁漱溟説中國無國家意識，無階級意識，無種族意識，「中國人心目中所有者，近則身家，遠則天下。」「中國之缺乏階級不像國家，是其負面；而倫理本位職業分途，即以社會為國家，二者渾融莫分，則為其正面。」[②] 而早在梁啟超那裏，中國無國名一事就成為其心頭「最慚愧者」：「今世各國所以得稱為國家者，舉其特徵以求諸我，其可見者，殆什無二三」，「以嚴格的國家學衡之，雖謂我國自始未成國焉可耳」。[③] 楊度進一步引申説：「中國數千年歷史上，無國際之名詞。而中國之人民，亦惟有世界觀念，而無國家觀念。此無他，以為中國以外，無所謂世界；中國以外，亦無所謂國家」。故近代西潮衝擊以前，可説「中國即世界，世界即中國」。[④] 在這些説法的背後，顯然「天下」「世界」「國家」的語義都發生了重要的轉變：「世界」取代了「天下」，「天下」變成了「中國」，「中國」成為「萬國」之中的「一國」，但卻又不是一個「完全國家」。[⑤] 西方世界中的近代「民族國家」（nation-state）一如巴黎的「標準米」成為「國」之為「國」的

---

① 晚清「無國説」實有兩種形態，一是本文所述以西方民族國家作為標杆而對傳統中國是否具備「國家」特徵的一種否定性主張，一是以國粹派為代表的否定「大清國」是漢人「祖國」，將滿清「朝廷」與「國」區隔、「拒絕體制內變革」的主張。後一無國説見王汎森：《中國近代思想與學術的系譜》，河北教育出版社，2001 年，第 85—86 頁。其實，兩種無國説之「無」的對象雖有不同，但却都具有相同的民族主義情懷。

② 梁漱溟：《中國文化要義》，《梁漱溟全集》（第三卷），山東人民出版社，2005 年，第 163 頁、第 189 頁。

③ 梁啟超：《中國立國大方針》，《梁啟超全集》（四），北京出版社，1999 年，第 2488 頁。

④ 楊度：《金鐵主義説》（1907 年），劉晴波主編：《楊度集》，湖南人民出版社，1986 年，第 214 頁。

⑤ 羅志田：《走向世界的近代中國》，《文化縱橫》，2010 年第 3 期。

標杆。「立於世界民族之林」或者說使中國成為「世界的中國」便成了中國近代思想的一個重要主題。《新民説》明確提出：「凡一國能立於世界，必有其國民獨具之特質」。[①] 建設何種國家（「國性」）、培育何種「國民」（「民德」）問題意識均在新的「世界」視界下形成的。

由「天下」向「世界」的轉換、由傳統「天下」視界下的「中國」向現代「世界」視界下的「民族國家」的中國之轉換、由「道出於一」向「道出於二」再向另類的「道出於一」（實則「道出於西」——先是「歐美之西」，繼而是「蘇俄之西」）的轉換，牽涉到「三千年未有之大變局」，其中充滿着滿漢、古今、中西、新舊之糾結與緊張。這個大變局涉及政治制度、經濟與社會生活、文化理念與價值觀念各個方面的轉變，這是一次全盤的結構性轉變。這個空前未有的轉變反映在思想層面，便是各種一攬子解決方案的提出、各種「主義話語」的競相登場。這一變局在本質上可概之為「中國現代性問題」。

這是近代陽明學復興的大背景，而明治維新—甲午海戰—日俄戰爭—留日學潮這一系列與東瀛崛起綰結在一起的「事件串」，則成就了陽明學在中國近代出場的「大事因緣」。說白了，近代中國陽明學的興起是「出口轉內銷」的一個結果。這跟中國近代佛學尤其是唯識宗的復興倒有幾分相似之處：中國知識人看到日本近代佛教立場的調整、佛教與科學哲學的融通，便誤認為這是日本近代化的精神動力，於是，佛教復興被視為中國變革的一個重要精神更生的途徑。[②] 實際上佛教護國論與陽明救國論兩波思潮多有交疊，即已說明問題。梁啟超

① 梁啟超：《新民説》，《梁啟超全集》（第 3 卷），北京出版社，1999 年，第 657 頁。

② 葛兆光：《中國思想史》（第二卷），第 524 頁。

早已指出，晚清公羊學與佛學同聲相應。近代具有心學思想底色維新派、革命家如康有為、譚嗣同、章太炎等都同時又具有佛教情懷。①毋庸置疑，這個經過「出口返銷」的陽明學實際上已經是「東瀛」再加工過的陽明學。

如所周知，在 19 世紀與 20 世紀之交，高瀨武次郎就提出「兩種陽明學」的說法：大凡陽明學含有二元素，一曰事業性的，一曰苦禪性的。得苦禪之元素者可以亡國，得事業之元素者可以興國，中日兩國各得其一。這一說法影響很大，將明代滅亡與明治維新的成功歸結為陽明學的不同影響之結果，顯然無限誇大了思想的作用。當今中日學界已明確指出，將陽明學與明治維新關聯在一起的說法純是一種「近代民族主義者」製造出來的命題，是一種「幕末陽明學 = 明治維新的原動力的假像」。②將陽明學與明治維新的原動力劃等號這一「假像」被當初留日中國知識分子當作歷史事實而深受鼓舞，至今在坊間仍廣為流傳。朱謙之與張君勱這些學問大家都受其影響。張君勱的感慨最具代表性：「嗚呼！陽明學之在吾國，人目之為招致亡國之禍，而在日本則殺身成仁之志行，建國濟民之經綸，無不直接間接受王學之賜。語曰：『種瓜得瓜，種豆得豆』，瓜豆之種同，而所獲之果大異。在吾國則為性心空譚，在日本則實現近代國家建設之大業。」③牟宗三一度也受張君勱的影響，稱王學雖也有「活潑潑地與事業元素」，但此事業性

① 蔣海怒：《晚清政治與佛學》，上海古籍出版社，2012 年。

② Ogyu Shigehiro（狄生茂博），The Construction of「Modern Yōmeigaku」in Meiji Japan and its Impact in China, *East Asian History* 20（2000）, pp.83-120. 張昆將：《德川日本「忠」「孝」概念的形成與發展：以兵學與陽明學為中心》，台灣大學出版中心，2004 年，第 311 頁。另參鄧紅：《日本的陽明學與中國研究》，廣西師範大學出版社，2018 年。吳震：《東亞儒學問題新探》附錄二《關於「東亞陽明學」的若干思考》，北京大學出版社，2018 年。

③ 張君勱：《比較中日陽明學》，中央文物公論社，1955 年，第 3 頁。

表現在泰州派一形態，不得積極之善果，只流為氣機鼓盪之狂禪，究其由，乃大都缺乏日本陽明學所具備的「超越之精神」「積極身殉之精神」與「客觀理想」，「是故欲振興王學」，則須「借鑒日本，恢復其活潑潑地與事業之精神」。[①]

那麼，所謂的日本陽明學究竟是何種面目？

井上哲次郎對明治時期的「陽明學」之精神做了如下的概括：「通過學習陽明學而具有素養的人有這樣的風尚，即必欲付諸行動，必努力在社會上作一番事業，因此往往要麼被殺害要麼就殺害別人……首先，大鹽平八郎謀反，西鄉隆盛也謀反……否則往往就為人所殺，佐久間象山、橋本左內等大抵都遭砍頭……大抵以陽明學為基礎要做一番事業時，或殺身成仁或必付諸實踐，陽明學者都死得不尋常。」[②]這種雷厲風行、雖千萬人吾往矣的行動主義者擁有共同的心態，即為了某種「絕對價值」而敢於衝破世間倫常而獻出自身生命。這裏所謂的「絕對價值」應該是指日本陽明學特有的「神道合一」、以國家精神為本的價值取向，此是陽明學日本化最為顯著的特徵。[③]三島由紀夫在其《作為革命哲學的陽明學》一文中甚至稱這種陽明學的精神氣質「作為潛流」，「構成了日本人行動方式的精神基礎」。溝口雄三將此種日本陽明學刻畫為以下六個基本面向：(1) 將陽明學看作是在精神上自立、不為外界的權威所羈的進取思想。(2) 將陽明學作為變革的思想。(3)

---

① 牟宗三：《〈比較中日陽明學〉校後記》，《牟宗三先生全集》(第27冊)，聯經出版公司，2003年，第104—105頁。

② 井上哲次郎：《陽明學》20號，明治四十三年，轉引自溝口雄三著、孫軍悅 李曉東譯：《李卓吾．兩種陽明學》，三聯書店，2014年，第256頁。

③ 井上哲次郎著、付慧琴 賈思京譯：《日本陽明學派之哲學》，中國社會科學出版社，2021年，第424頁。

將陽明學作為對心的鍛煉、超脱生死的思想。(4) 將良知比擬作神、佛。(5) 將陽明學看作是具日本性的思想。(6) 將陽明學看作宇宙哲學。在做出如此概括後，溝口雄三評判説：「原本在中國陽明學中發揮人的道德本性（良知、心之本體）這一命題是以孝悌慈為內容的；而在日本陽明學中，孝悌慈這一內容已被剔除。……也就是説，在前述的中國陽明學中，我們可以看到，朱子勸諭到太祖六諭，再到陽明鄉約這樣一個一脈相承的『儒教道德的大眾化』的潮流；而與此不同，日本陽明學中則有着關於『心的無限活用』的解釋的一脈。因此，在日本，陽明學作為每一個人的超俗的決心、精神的覺醒，以及宇宙大的自我的確立等個人精神世界的自我完結的思想，僅零星地存在於知識界中，看不到像中國陽明學那樣在民間進行宣傳活動、具有作為學派的影響力。」溝口雄三將日本近代陽明學與傳統中國的陽明學做了如此區隔之後，接着就説：「不過，回顧明治期的明治維新，把幕末志士的變革和將生死置之度外的精神與陽明學聯繫起來的解釋，還對清末的中國革命家產生了影響。……就這樣，在中國，由於知行合一即革命實踐的方向，以及將心、心力的譜系與革命精神相聯繫的解釋，使得陽明學也因此得到了重新評價，可以説，這實際上是對日本陽明學觀點的再引進。」①

溝口雄三的結論當然還值得斟酌，如一個喪失了人倫教化的向度、缺乏孝悌慈道德內涵（「良知」）的陽明學還是不是陽明學？又如，「鍛煉心術，脱離生死」、自主、自立是否只是日本近代陽明學特

① 溝口雄三著、孫軍悦 李曉東譯：《李卓吾 · 兩種陽明學》，三聯書店，2014 年，第 261—262 頁，第 262—263 頁。

有的內容？確實在日本，武士道的終極意義即是「常不忘死之事」，「武士所學無他法，唯不懼死是天機。」「日本人沒有什麼特別的生命哲學，卻有死亡哲學。」[①] 但破「生死一念」本是《王陽明年譜》所記龍場悟道的「初心」，而生死一念成為理學修身的一項重要議題也與禪宗的深刻影響分不開。王文轅在陽明受命剿匪啟程之前即斷定「陽明此行，必立事功」，人問所以，答曰：「吾觸之不動矣。」[②] 顯然，鍛煉心術，脱離生死，成功立業等等所謂日本陽明學面貌未嘗不可在傳統中國陽明學之中找到雛形。

撇開這些技術枝節無論，溝口雄三揭示的中日近代陽明學先後「聯動」的現象確實值得深思。無論近代中國抑或日本陽明學的復興或興起都與民族國家的建構、「國性」與「民德」的重新塑造聯繫在一起，都反映了傳統儒學資源在東亞文化圈融入「現代世界體系」過程之中被「激活」、被騰挪轉化的情形。

早在20個世紀四十年代，賀麟就指出近代陸王心學的復興有兩大原因，第一，陸王注重自我意識，於個人自覺、民族自覺的新時代較為契合。第二，處於青黃不接的過渡時代，無舊傳統可以遵循，無外來標準可資模擬，只有凡事自問良知，求內心之所安，提挈自己的精神，以應付瞬息萬變之環境。[③] 其實，近代中國從新技術到新法、「新心」的追求歷程、由「鼓民力」到「開民智」「新民德」的層層遞進，最終都深入到「心」的覺悟這一環節。實際上唐才常對此已有精準預判：「中國之創新政求新法也，費五十年之時日，擲萬億兆之金錢，購

① 鈴木大拙著、陶剛譯：《禪與日本文化》，三聯書店，1989年，第49頁、第62頁。
② 《年譜一》，王守仁撰，吳光等點校：《王陽明全集》卷三十三，第1238頁。
③ 賀麟：《當代中國哲學》，勝利出版公司，1947年，第19頁。

恆河沙數之槍械，然而北脅於俄，南挫於法，東困於日者，何也？新其政不新其民，新其法不新其學也。欲新民必新學，欲新學必新心。」①劉師培於其《中國民約精義》「王陽明」條目結尾也大聲疾呼：「今欲振中國之學風，其惟發明『良知』之說乎！」② 筆者曾將近代陽明學復興的背景與走勢做了以下的歸結：危機四伏、外患內患交替不已的近代中國，如何由傳統的帝制向現代民族國家、政黨政治轉變，如何保證國家政策與黨的政策之貫徹至底層，如何動員全民力量形成統一的國家意志、民族意志，如何從帝國的「臣民」轉化為「軍國民」「國民」「公民」，如何將滕尼斯（Ferdinand Tönnies）所謂的「共同體」（在中國實則是宗法社會）中的「成員」轉化為現代民族國家與政黨中的「一分子」，如何從古典的天人合一、存有連續體之「自我」轉化為現代主體主義的個體，……這一系列的古今中西交織而成的中國現代性「轉變」問題，陽明學的某些氣質顯然能從不同的向度為之提供精神上的支持：(1) 在保國、保教、保種與革命的救亡運動之中，陽明學之中的自主、自立及其「一體不容已」的使命感、救世情懷能夠被塑造為一種維新與革命的哲學；(2) 在抵禦外族入侵之際，陽明學之中的知行合一、不畏死、冷靜與堅強的意志主義能夠成為武裝軍隊的「軍魂」並被塑造為一種戰士哲學；(3) 在政黨政治之中，陽明學之中的「覺悟」與即知即行的行動力、執行力能夠被塑造為統一全黨認識、貫徹黨的方針政策的政黨哲學；(4) 而在與近現代西方哲學的對接之中、在現代學科建制下的哲學活動之中，在個體的啟蒙與覺醒之中，陽明學之

① 《唐才常集》，中華書局，1980 年，第 32 頁。

② 劉師培：《儀徵劉申叔遺書》，廣陵書社，2014 年，第 1724 頁。

中的自信、自主、自我立法顯然更容易被塑造為一種主體性哲學。[①] 這種陽明學在 20 世紀所獲得的新面貌在根本上是由於視界的轉換，即由傳統的「為己之學」與「天下同風」視界向現代的「世界」視界的轉換塑造的。

在這個視界轉換的過程中，成全自我的「為己之學」被代之以「成全國家」。「為中華之崛起而讀書」取代了為「成聖」而讀書，「國家」成為最大的思考單位。梁啟超《新民説》對此有精闢的闡述：「國也者，私愛之本位，而博愛之極點，不及焉者野蠻也，過焉者亦野蠻也。」「不及焉者野蠻」，甚好理解，「過焉者野蠻」則如何講？梁啟超解釋說，世界主義、博愛主義、大同主義此類事情「或待至萬數千年後」猶不敢知，而競爭為文明之母，國家則是競爭的最大單位（「最高潮」），國家之界限被突破，則競爭消泯，「競爭絕」，「毋乃文明亦與之絕乎！」文明絕，則重陷入「部民」之競爭，「率天下之人復歸於野蠻」。傳統的「獨善其身」被視為「私德」，而以此自足放棄對國家之責任則「無論其私德上為善人為惡人，而皆為羣與國之蟊賊」，「實與不孝同種」，「謂其對於本羣而犯大逆不道之罪，亦不為過。」[②] 張灝指出：梁啟超對王陽明道德學說的興趣並不是以道德為人生目標，支配傳統修身理論的儒家的「仁」和「內聖外王」的思想內容在梁啟超的新民說中都被暗中削弱了。[③] 實際上這不只是觀點「削弱」的問題，更是一整個理論「視界」轉換的問題，用梁啟超本人的術語說這是「道

① 陳立勝：《陽明學登場的幾個歷史時刻 —— 當「王陽明」遭遇「現代性」》，《社會科學戰線》，2018 年第 7 期。

② 梁啟超：《新民説》，《梁啟超全集》（第 3 卷），第 664 頁。

③ 張灝著、崔志海 葛夫平譯：《梁啟超與中國思想的過渡（1890—1907）》，江蘇人民出版社，1995 年，第 165 頁。

德革命」的問題。現代新儒家領軍人物熊十力在其《乾坤衍》論公德私德時明確以新舊社會、新舊道德判二者之異同：「舊社會時代之個人，各各陷於孤立狀態，其時羣體尚未形成。以德言，只以獨善為德；以慧言，只以自明為慧。至於天下一家之新社會時代，由各獨立體結合為羣體。改各各私營制度，創建共同生活制度。各獨立體皆為組成羣體之一分子，分子健全，羣體方能健全。……以私德言，舊社會所崇尚之私德，若在今後新社會行之，往往是失德之尤。尤者，言其失德之甚也。以公德言，舊社會所敬服之公德，亦多是不德。如古之所謂仁人義士當國家危亡之際，潔身遠遁，不仕於侵略者之廷，保存崇高氣節。世人莫不承認其為抗敵之公德而相率敬慕之。然抗敵之道，要在領導羣眾革命，事如不濟以身殉之，亦所不惜。今乃消極抵抗，實為全身避害之計。此其影響所及，將使族類習為偽善、萎靡，終當卑屈而作順民。其失德最甚，何可許以公德乎？」① 熊十力這裏的説法顯然是繼承梁啟超的觀點而來，在新社會、新道德的視野下，「獨善其身」變成了「失德最尤」「失德最甚」，起孟夫子於地下，會首肯否？

與此相關，傳統儒學「為己」視界中的「己」在存在論上被改造為「國民之一分子」「人道之一阿屯」。「家」逐漸被視為「罪惡的淵藪」，② 傳統的「身家」成了現代「國家」的累贅，套用章太炎的術語説，從家族倫常之中掙脱出來成為「大獨」，才能成就國家這個「大羣」，所謂「小羣，大羣之賊也；大獨，大羣之母也」。③ 傳統的「身—家—

① 熊十力：《熊十力全集》，湖北教育出版社，2001 年，第 455—456 頁。

② 誠如張灝所指出的，家庭倫理在梁啟超那裏尚未成為國民發展的障礙，這可能與他受到日本忠孝一體的觀念影響不無關係。同上書，第 91 頁。

③ 章太炎：《獨居記》，《章太炎全集》（十），上海人民出版社，第 2 頁。

國一天下」的存有鏈條斷裂為「個體」(「身」「大獨」) 與「國家」(「大羣」) 兩截。[①] 作為「身家」存在的人之觀念甚至也遭受到第一代新儒家的懷疑，稱「家庭為萬惡之源，衰微之本」的熊十力自不必説，[②] 連最為保守的馬一浮也感慨説，儒家即便程朱諸公亦未嘗不婚，儒者自大賢以下鮮不為室家所累。[③]「離家出走」方能真正成為無牽無掛、放開手腳做大事的「個體」。現代性中的個體其本質就是「出離自身」的，即是「無家可歸」的。於是原來旨在覺悟成聖的「身」被塑造為一種具有衝破羅網、敢於行動的革命覺悟的主體，原來的「為己之學」變成了帶有革命氣質的主體性哲學。傳統扎根於人倫共同體之中的「修身」，變成了政黨信仰共同體之中的「修養」與超越人倫的「革命覺悟」。

而與「為己之學」一同被轉換的是「天下同風」的視界。宋明理學「民胞物與」「萬物一體之仁」之精神旨趣在於突破人己、物我界限 (「無有乎人己之分，物我之間」)，在梁啟超看來此天下同風的意識造成中國人「知有天下而不知有國家」，進而「視國家為渺小之一物，而不屑厝意」。更為重要的是，國家作為「大羣」其成立「必以對待」，即「羣」之為「羣」必有一「界限」意識：對外競爭，故須善認「羣外之公敵」；對內團結，故必不認「羣內之私敵」。這種民族國家建構之中分清敵友的意識後來則成為中國革命的「首要問題」——只是在後者那裏，敵友的劃分是依照階級而不再依照國族，或者説階級敵人已經被放逐於「羣」之外，不屬於革命「羣眾」的隊伍。而根據現代某

① 王汎森：《中國近代思想與學術的系譜》，河北教育出版社，2001 年，第 108—116 頁。

② 熊十力：《與梁漱溟》，蕭萐父主編：《熊十力全集》(第八卷)，湖北教育出版社，2001 年，第 651 頁。

③ 馬鏡泉等點校：《馬一浮集》(第 3 冊)，浙江古籍出版社、浙江教育出版社，1996 年，第 1053 頁。

些政治哲學家的看法，劃分道德領域的標準是善與惡，審美領域是美與醜，經濟領域則是利與害，政治領域則是敵與友，把敵人明晰無誤地確定為敵人是政治誕生的時刻：「所有政治活動和政治動機所能歸結成的具體政治性劃分便是朋友與敵人」。[①] 顯然，「天下之人，無外內遠近，凡有血氣，皆其昆弟赤子之親」，陽明學的這種「天下」視界在根本上是一種消解現代政治的意識。在饑鷹餓虎、萬國競爭的叢林時代，在「國與教與種將偕亡」的時代，[②] 民族國家體系的世界視界取代這種天下一家、天下同風的視界自是「人勢」所趨、在所難免。與此相關，物競天擇、適者生存的新天道在「氣勢」與「聲勢」上逐漸掩蓋了傳統天地位、萬物育的生生之道。實際上嚴復在翻譯《進化論與倫理學》(*Evolution and Ethics*) 一書中為了讓物競天擇的新天道更加醒目，不惜改變原文，加進原文並沒有的「強者後絕，弱者先亡」等文字，並在案語中一再駁斥赫胥黎書中的「倫理學」一邊，用斯賓塞的「力」的原則與民族優劣論的社會進化論來頂替。對於這部當時中國讀書人的「枕邊書」，張祥龍先生說道：「《天演論》是中國近代乃至現代史最成功也是最致命的一部書，從此，弱肉強食化的『物競天擇』說、『適者（宜者）生存』說就風行天下，成為知識分子主流的共識，令他們甚至在兩次世界大戰的力量化危機面前也沒有醒覺，直到今天，它的影響還在深層發揮作用。」[③]

人倫教化（「孝弟慈」）與為己之學，這些傳統陽明學情懷被擱置，惟其知行合一的行動哲學、致良知之工夫論因具有一種「動的精

① 施密特著、沈雁冰譯：《政治的概念》，上海人民出版社，2015 年，第 30 頁。
② 譚嗣同：《譚嗣同全集》（下冊），中華書局，1981 年，第 343 頁。
③ 張祥龍：《21 世紀的儒學》，《杭州師範大學學報》2011 年第 1 期，第 53 頁。

神」[①]而從其原有的視界之中「脱嵌」，並被「嵌入」現代民族國家與政黨政治的視界之中。這體現在「個人意識」與「團體意識」兩個方面。第一，就個體的心性世界的錘煉而論，它成為政治領袖、時代的先知先覺者自我規訓、自我挺立、自我決斷的精神指引，賀麟一度稱蔣介石為「王學之發為事功的偉大代表」，其責己之嚴、治事之勤、革命之精誠、事業之偉大，皆由於精誠致良知之學問得來。[②]梁漱溟在讀到《德育鑒》後，深信救國救世，建立功業、做大事之人「必須有人格修養才行」。[③]在有志之士中，用陽明心學乃至宋明理學錘煉自己的人格、培養自己的革命意志已蔚然成風。第二，就培育團體意識而論，它成為現代政黨政治統一認識、提升黨的政策一竿子插到底的貫徹力、執行力的重要思想資源，成為「實行革命主義最重要的心法」。「全民總動員的國家」與政黨政治最終必須訴諸全民性的意志、覺悟與行動力，用孫中山的話説，「革命必先革心」：改造國家在根本上要從「人民的心理」改造起，全國人民的人心都歸化為本黨，那才方可稱「革命大告成功」，「……革命尚未成功，因為我黨尚欠缺力量之故。所欠缺者是何種力量？就是人民的心力。……革命行動，缺乏人民心力，無異於無源之水，無根之木。……所以吾黨想立於不敗之地，今後奮鬥的途徑，必要先得民心，要國內人民與吾黨同一個志願，要使國內人民皆

---

① 19世紀末與20世紀初，中國學人喜用「動靜」二字分判中西文化精神之異同。梁啟超著有《説動》一文，李大釗更是明確提出：東西文明的根本不同之點在於：東洋文明主「靜」，西洋文明主「動」。而主靜的文明已處於「屈敗之勢」。見李大釗：《東西文明根本之異點》，高瑞泉編選：《向着新的理想社會——李大釗文選》，上海遠東出版社，1995年，第150—163頁。

② 蔣介石與陽明學之關係見黃克武：《蔣介石與陽明學：以清末調適傳統為背景之分析》，黃自進主編：《蔣中正與近代中日關係》，台北稻香出版社，2006年，第1—26頁。

③ 梁漱溟：《我的自學小史》，《梁漱溟全集》（第二卷），山東人民出版社，2005年，第683頁。

與吾黨合作，同為革命而奮鬥。」[①] 從梁啟超、孫中山、蔣介石到毛澤東這些現代政治風雲人物紛紛關注知行問題，不亦宜乎！不用說，「全民」之民已經抖落乾淨傳統的「身家」關係。它不再是多元的、具有不同身份的「複合羣體」，而是清一色的、擁有統一意志的「單純的同質性」的整體。[②] 塑造這種具有統一意志的「羣體」便成了中國現代性「教化」的最重要任務，「改造社會」（「社會改造」）與「改造自我」（「自我改造」）乃車之兩輪、鳥之兩翼，從梁啟超的新民説到劉少奇的共產黨員修養論，這是一一以貫之的主題。作為單刀直入，直指人心的陽明心法，自然在這場持續百年的近現代中國的「國性」「黨性」、乃至「人性」營造與改造運動之中發揮着重要作用。

正是在這個視界轉換的過程之中，本已是不絕於縷的陽明學卻如枯木逢春，重獲生機。然而這是與原有的母體、土壤脱嵌而被移植於新的境域之中所獲得的「生機」，其生機處重又是其「危機」處。早在 1905 年，梁啟超在《德育鑒》中就將「致良知」與「愛國」劃等號，反覆強調陽明的愛父母、妻子的良知就是「愛國之良知」，在愛國成為「吾輩今日之最急者」時代，人人須以陽明刻刻不欺良知的心法來檢查、省察自己的「愛國心」之誠偽。[③] 而在 1932 年，蔣介石在其《自述研究革命哲學經過的階段》一文中直接呼籲：「愛國家，為國家犧牲，就是個人良心上認為應該做的事情，這就是良知」，否則「只顧逞意志，爭權利，就是在強敵壓境的時候，還要破壞統一，破壞團

① 《孫中山選集》（下卷），人民出版社，1956 年，第 466 頁，第 475 頁。

② 張灝：《五四與中共革命：中國現代思想史上的激化》，《中央研究院近代史研究所輯刊》，第 77 期，第 8 頁。

③ 王汎森指出，這種將良知與愛國聯繫在一起的思想是陽明以來所不曾強調的。見王汎森：《中國近代思想與學術的系譜》，河北教育出版社，2001 年，第 137—138 頁。

結，並且藉這個機會來反對黨，推倒政府，這就是不能致良知。」[①] 由於「國家」與「主義」成了終極視界，而對「國家」與「主義」的理解呈現出黨派性與階級性根本性差異，在傳統陽明學那裏本是「一個」的良知遂變成了複數。於是，「良知」這個原本最可靠、最自明的觀念變成了最可疑的符號。借用當代倫理學家的話説：許多以「我的良心是我的嚮導」為根據的行為的所謂正確性，不過是將不道德行為合理化而已。例如，政治刺客和恐怖主義者一般都以良心來證明自己的行為是正確的。所以，良心的可靠性不是自我有效的，事實上，它需要一個外在的確證根據。[②] 在「革命」話語中，「既是劊子手又是牧師」的王陽明，其「良知」不過是反動統治階級的聲音而已：「王陽明的全部哲學，都服務於一個目的：『破心中賊』，而『破心中賊』最後又是為了所謂『破山中賊』！」[③] 實際上早在「排滿」與「民族主義」高漲的晚清，章太炎就對「途説之士羨王守仁」現象表示不解，王陽明學問「至淺薄」「無足羨」，而且還犯有雙重的政治立場錯誤：「抑守仁所師者，陸子靜也。子靜剪爪善射，欲一當女真，與之搏。今守仁所與搏者，何人也？……以武宗之童昏無藝，宸濠比之，為有長民之德。晉文而在，必不輔武宗蹶宸濠明矣。」[④] 王陽明所搏擊的對象不是北方的「異族」，故民族大義上是非不明，更為重要的是，他站在無德可言的明武宗立場而不是追隨「有長民之德」的朱宸濠，故革命是非不清。「雙重是非」不明，起王陽明於地下，會有何辯解？「無端禮樂紛紛議，誰與

① 劉健清編：《中國法西斯主義資料選編》（一），中國人民大學中共黨史系，1985 年，第 109—110 頁，第 117 頁。

② 彼徹姆著、雷克勤等譯：《哲學的倫理學》，中國社會科學出版社，1990 年，第 395 頁。

③ 楊天石：《王陽明》，中華書局，1972 年，第 24 頁。

④ 章太炎著、徐復点校：《太炎文錄初編》，上海人民出版社，2014 年，第 116 頁。

晴天掃舊塵？」這種對王陽明「無端」批評背後折射出的是另一套「是非」標準，在弱肉強食的新戰國時代，在保種、保祖、保教、保國的危機氛圍之中，國勢強弱、民族存亡成了最高的價值判准，「富強」成為第一價值，王道讓位於霸道，「天倫」「人倫」之「理」讓位於「內競」與「外競」之進化論「公例」。可謂此亦一是非，彼亦一是非！

三、「大道意識」的再覺醒：超越「天下」與「世界」

在傳統的陽明學的天下同風與為己之學的取向的視界中，其基調是「通」，人天、身心、人我、人物之間聲氣相通，感通無礙。自我的安頓、人際的和諧、天人的溝通、天地萬物的共鳴，這是身—家—國—天下一氣流通的存有論的必然要求。

近代陽明學的「世界」視界所塑造出的國家主義、民族主義價值取向，卻帶有強烈「界限」的色彩。「界限」有「界限」的意義，它成就了「分際」意識、「權界」意識，乃至現代意義上的「自由」空間。在弱肉強食的「國與國競之世」，「國家」成為存在的基本單位（「今世界以國家為本位」），也因而成了基本的思考單位。中國人如不能使中國「進為世界的國家」則即是劣種，而優種殄滅劣種乃「世界之大勢」，中國人種之優劣取決於能否建設「一完全之國家」。被開除「球籍」的民族生存焦慮折磨了國人百年之久。從傳統的「天下」視界之中「隔」出一個卓然立於世界民族之林的國家與民族的「大羣」，可謂是一百多年來幾代有志之士縈繞於懷的「中國夢」之所在。

然而「界限」如完全喪失了「大道」意識，便會帶來前所未有的「隔閡」。放眼當今全球化時代，「時空的壓縮」讓不同的文明、不同種族、不同信仰的人匯聚到了同一個世界（「地球村」）之中。「全球意識」「世界公民」意識理應成為全球化的「共識」與「時代精神」。實際上，即便是在晚清「盛世危機」時代，陽明學「天下一家」「萬物一體」的觀念也一直沒有退出國族建構者的「世界」視界，康有為的「大同」論、譚嗣同的「有天下而無國」的「地球之治」論以及第一次世界大戰後梁啟超的「世界主義的國家」與「盡性主義」論，這種種「反現代性的現代性理論」（「反西化的西方主義」）一直綿延不絕。康有為充分意識到民族國家世界體系的問題：「人人自私其國而奪人之國，不至盡奪於人之國而不止也。或以大國吞小，或以強國吞弱，或連諸大國而已，…… 其戰爭之禍以毒雀民者，合大地數千年計之，遂不可數，不可議」，惟有消除國家這一形態（「去國」），才能在根本上讓人類進入「太平世」。[①] 孫中山雖然一方面抱怨傳統中國之所以「不國」就是因為傳統的世界主義（實則是「天下主義」）抑制了「民族主義」，故當今中國應該大力提倡民族主義，不過他話鋒一轉，中國的民族主義包含着真正的世界主義精神，因為歐洲的世界主義是有強權無公理的世界主義，中國的世界主義是天下為公、大同之治的和平主義。[②] 與馬克思主義一同傳入中國的無政府主義更是將「大同」世界完全想像為「語言同，文字同，風俗同，教養同，凡可同者無不同」的世界，在這個世界中隔閡與限界均被取消：「社會主義者，無自私自利，專憑公道真理，以圖社會之進化。無國界，無種界，無人我界，以冀大同；無貧富，無尊卑，無貴賤，以冀平等；無政府，無法律，無綱常，以冀自

① 康有為：《大同書》，《康有為全集》（第 7 集），中國人民大學出版社，2007 年，第 118 頁。

② 梁治平：《「天下」的觀念，從古代到現代》，《清華法學》，2016 年第 5 期，第 31 頁。

由。其求幸福也，全世界人類之幸福，而非限於一國一種族也。」[①] 即便是後來的馬克思主義者的社會主義、國際主義論述中，「天下一家」的雪泥鴻爪仍然依稀可辨。郭沫若在20世紀20年代稱王陽明學說與「近世歐西社會主義」有「一致點」，並說他自己既「肯定王陽明」，同時「更是信仰社會主義」，因為「馬克思與列寧的人格之高潔不輸於孔子與王陽明，俄羅斯革命後的施政是孔子所謂的『王道』。」[②] 而第一代中國馬克思主義者李大釗《新紀元》一文更是點出俄國革命所彰顯的天道不再是物競天擇的叢林之道：

看呵，從前講天演進化的，都說是優勝劣敗，弱肉強食，你們應該犧牲弱者的生存幸福，造成你們優勝的地位，你們應該當強者去食人，不要當弱者，當人家的肉。從今以後都曉得這話大錯，知道生物的進化，不是靠着競爭，乃是靠着互助。人類若是想求生存，想享幸福，應該互相友愛，不該仗着強力互相殘殺。……從今以後，大家都曉得生產制度如能改良，國家界線如能打破，人類都得一個機會同去作工，那些種種的悲情、窮困、疾疫、爭奪，自然都可以消滅。人類的衣食，沒有少數強盜的侵奪暴掠，自然也可以足用了。……從今以後，生產制度起一種絕大的變動，勞工階級要聯合他們全世界的同胞，作一個合理的生產者的結合，去打破國界，打倒全世界資本的階級。總同盟罷工，就是他們的武器。……這個新紀元是世界革命的新紀元，是人類覺醒的新紀元。[③]

---

① 褚民誼：《伸論民族、民權、社會三主義之異同再答來書論〈新世紀〉發刊之趣意》，葛懋春等編：《無政府主義思想資料選》（上），北京大學出版社，1984年，第176頁。

② 《郭沫若全集．歷史編》（第3卷），人民出版社，1984年，第299頁。

③ 《李大釗全集》（第3卷），1999年，128—129頁。

早在嚴復翻譯《天演論》時就指出「烏托邦」為古今世界所未有，如後世果能實現，也不是自然演化的結果，而是人自覺努力造就的。康有為於其《大同書》中更是斥物競天擇的世界（「天演者」）是「無知之物」的世界，人道的世界（「人義者」）是仁愛的世界。不過這些說法都還停留在「夢想」狀態，而俄國革命的成功讓物競天擇的叢林之道失效，大同夢、烏托邦夢自此在中國激進知識分子的眼中不再只是一種遙遙無期的計劃、設計，而是一種已經在「落地化」「現實化」的社會工程。革命的旗幟高高飄揚，新紀元的號角已經吹響！革命的彌賽亞運動在密鑼緊鼓的吶喊聲中正式拉開了大幕。提出中國「內發性近代」，並以「內發性變動」揭示中國現代性演進的內發性脈絡而揚名學界的溝口雄三指出：從清末自由和平就被視為天理（嚴復、康有為），三民主義被視為公理（孫中山），革命的趨勢被視為理的力量（李大釗），這種種變化表明「理」並非只殘存於故紙堆中，而是伴隨着主導那個時代的社會實體而存續下來，從而具有現實的影響力量。① 這個「理」顯然可歸結為「一體之仁理」，它作為一種終極的視界，是近現代中國知識分子向西方文明、西方現代性文化眺望的地平線。

一方面是「物競天擇」新天道視界所引發的「強國夢」，另一方面則是萬物一體之仁、天地位萬物育「舊天道」所誘發的「大同夢」，兩「夢」之間的緊張關係實可見於同一人之不同思想階段或同一思想階段之不同面向。誠如唐君毅指出的，「中國在感受外來之壓迫時，一方覺要建立富強的國家，而同時又不能真懸自己國家之富強為最高之理想，而常存世界主義超富強主義之理想。這才是中國之建國問題之

① 溝口雄三著、陳耀文譯：《中國前近代思想之曲折與展開》，上海人民出版社，1997 年，第 21—22 頁。

最深刻的內在矛盾。」①近代的世界主義論述究竟在多大程度是由傳統天下的觀念生發出來的，而不是由「另類的西方世界」觀（一種扎根於基督宗教的烏托邦主義終末論的世界觀）投射給傳統而製造出來的，甚或是某種出於對「西方」愛恨交織的「兩難心理」激發出來的，仍還是值得深究的問題。②

更值得注意的是，自康有為以降世界主義或多或少都帶有「同質化」的「一通到底」的革命浪漫主義的底色，破除「家界」「國界」成就一「無界」的「大同世界」成了政治的最高境界，家庭與倫理因其天然的「異質性」「具體性」「脈絡性」而成了「被革命」的領域。從康有為的《大同書》破除九界（國界、級界、種界、形界、家界、產界、亂界、類界、苦界）、章太炎的《五無論》（《章太炎全集 · 太炎文錄初編》）五無（無政府、無聚落、無人類、無眾生、無世界）到後來的「世紀革命新紀元」的願景，人越來越「抽象化」，越來越「齊一化」，越來越趨於一「天使的存在」，因而無不具備強烈的「靈知主義」(Gnosticism) 色彩。

「界」與「通」實是一體之「兩極」，無「通」之「界」，「界」即成為「界隔」，由此而造成個體與個體之間、個體與羣體之間、羣體與羣體之間的「冷漠」甚或「衝突」，無「界」之「通」，「通」即成為一純粹量化的一致與千篇一律，由此而造成個體的泯滅與多數者的暴

---

① 唐君毅:《人文精神之重建》,《唐君毅全集》(卷五)，台灣學生書局，1988 年，第 265 頁。

② 周偉馳《太平天國與啟示錄》（中國社會科學出版社，2013 年）以强有力的證據説明太平天國意識形態跟千禧年主義和末世論尤其是啟示錄神學有着千絲萬縷的關係。而在康有為的《大同書》、梁啟超的《新中國未來記》也明顯受到李提摩太（Timothy Richard）翻譯的畢拉宓（Edward Bellamy）烏托邦小説《回頭看記略》(《百年一覺》*Looking Backward, 2000-1887*. Boston: Ticknor and Company, 1888）的影響。見路寬：《清末空想主義小説的思想意蘊與歷史影響》,《福建論壇》2021 年第 3 期，第 128—141 頁。

政。王陽明天下一家、萬物一體的理念始終強調仁愛是在身己—家—國—天下存有脈絡中得到落實的，其所論重點自是突破人己、物我界限（「無有乎人己之分，物我之間」），然此突破「界限」意識絕不意味着要徹底抹殺乃至顛覆人己、物我以及家國等等作為存有單位的「差別」（「分際」「界」）與「秩序」（「倫常」），而是説人之良知本體（一體之仁）不應停留在現實的存有單位與秩序的某個「環節」，不應被「界」所限，而應不斷得到推致以落實於存有的連續體中。將「己」與「家」「國」「社會」完全脱離而擲入一無差別的同質化的「世界」中，「己」或成為無根的浮萍而漂泊不定，或成為烏托邦工程中的一個螺絲釘而無法自拔，要之，最終必陷入虛無主義的泥沼中。

反觀陽明學復興百年史，其命運確實脱離不了現代國家的建構。陽明學的大道意識與為己之學的思想品性固然可以在現代「個體」與現代「世界」中得到轉化與安頓，但到底陽明學與「國家」的建構是什麼關係？陽明學為現代民族國家建構除了提供了「革命的心法」之外，能否為「非主體運作」的制度建設提供支持以及提供何種支持，誠是值得進一步追問的問題。

現代新儒家在發揮陽明學的現代意義上均注重儒家「仁學」所內涵的「通」與「界」的辯證義。徐復觀在《中國人性論史先秦篇》中，闢專節討論王陽明將朱子《大學章句》中的「新民」重新改回「親民」的政治意義，稱王陽明之所以再三反覆於《大學》上的「親」字與「新」字的一字之爭，「這是他隱而不敢發的政治思想之所寄。他看到越是壞的專制政治，越常以與自己行為相反的道德濫調，作為榨壓人民生命財產的盾牌；所以他藉此加以喝破。他的話，尤其對現代富有偉大的啟示性；因為現代的極權政治，一定打着『新民』這類的招牌，作自己殘暴統治的工具。只有以養民為內容的親民，才是統治者對人民的真正試金石，而無法行其偽……所以王陽明的反對改親民為新民，乃有其偉大的政治意義。」[①] 當代新儒家對「新民」警惕的背後，無疑折射出他們的強烈的「道德」與「政治」分際意識、羣己權解意識。[②] 牟宗三從20個世紀50年代的新外王三書（《道德理想主義》《歷史哲學》《政道與治道》）到晚年的各種演講，都一再強調儒家的萬物一體與大同觀念是「質的社會主義」而非「量的社會主義」。唐君毅也強調儒家理想社會不是「混然齊一的大同世界」——倘如此，則只是一「蜂子螞蟻」的「天國生活」，故不應名之為「一大同的世界」而應名之為「一太和的世界」。「一種絕無人我之分別、無家庭之分別、無國家之分別之渾然一體之世界」，縱然能夠實現，這個「美麗的新世界」最終只會導致人文世界之死亡：

其中一切人，均只有一個思想、一個意志、一個情感，過着同一文化生活，再無一切之差別；則人之思想之交流莫有了，情意之互相關切莫有了，文化活動之互相觀摩、欣賞、互相砥礪、批評，與互相影響、充實、互相提攜引導之事，都莫有了。這將只是人文世界之死亡，而不見有人文世界之存在生長。所以我們理想的世界，不是無異之人與人同之世界，而是有異而兼容、相感、相通，以見至一之世界。異而相感相通之謂和。所以我們不名我們之理想世界為大同之世界，而名之為太和之世界。和與同之不同，是我們所最須認識的。[③]

---

① 徐復觀：《中國人性論史先秦篇》，上海三聯書店，2001年，第258—259頁。

② 相關討論見陳立勝：《「親民」抑或「新民」：從傳統到現代》，《宋明儒學中的「身體」與「詮釋」之維》，商務印書館，2019年，第283—314頁。

③ 唐君毅：《人文精神之重建》，《唐君毅全集》（卷五），台灣學生書局，1988年，第71—72頁。

「天下」「世界」「環球」這些出自不同時代、不同地域的概念最終交織在一起，構成了我們今天研究王陽明哲學思想的「視界」。

研究王陽明，首先要理解王陽明。而理解王陽明就要求我們「懸擱」我們的「視界」而進入王陽明的「視界」之中，在王陽明的「生活世界」之中理解他。只有沉潛於王陽明的精神世界之中，掘地及泉，疏通並接上中華文明的慧命脈絡，陽明學的意義才能在我們這個「世界」之中重新被激活，被承繼，被發揚。陽明學固有的「天下」與「為己」視界與「大道意識」使得其「致良知」話語本身即具有開放性、普遍性與生存性特徵。實際上，整個理學體系之中「理」與「心」皆是普遍性的範疇，理學之知識體系自其始就既不以「地方性」知識、「時代性」知識自限自畫。用《中庸》的話說：「君子之道，本諸身，徵諸庶民，考諸三王而不繆，建諸天地而不悖，質諸鬼神而無疑，百世以俟聖人而不惑。」王陽明每每強調良知之在人心，「無間於聖愚，天下古今之所同也」，「亘萬古，塞宇宙，而無不同」。這種儒家知識普遍性的信念，這種王陽明所稱的道大無外，聖學之全，無所不具之精神，決定了在今天講王陽明哲學乃至儒家哲學必須要具備一真正的「世界」視界。讓由於近代「視界的轉換」而造成的儒家知識「國族化」「時代化」「抽象普遍化」重新「世界化」「現時化」「具體普遍化」，讓王陽明的「大道意識」再次成為我們眺望未來的地平線，是當今中國哲學研究的重要使命。

第一，陽明學乃至「中國心學」之「心」乃「天地之心」之發竅「最精處」。「心」乃天道、地道、人道交感共鳴的「神經樞紐」，「天」之高、「地」之深、人之尊嚴、萬物之生機均在此處得以呈現。心學研究必面向此心之高大、廣遠、深厚、恢弘之「實事」本身，而不應將「心」

窄化、矮化、固化為國族心、地方心、時代心。

第二，陽明學「天下同風」之中的「通」義，內在地含有「通中外」「通古今」「通天地」「通人我」的精神力量。這種萬物一體「通」的精神當然不只是陽明學或儒家獨有的精神，實際上每個偉大的文明都有這種普世性的關懷。只有這種「通」的精神才能化解民族、國家乃至宗教所造成的人為的、過度化的「隔」。另一方面，這個「通」並不是同質化的一通到底的「抽象之通」，而是在具體的存有脈絡中因循着存有的不同性質而表現出的「具體之通」。要之，全球化時代下民族國家之間的和平共處與相互合作，人與天地萬物之間的共生、共成，離不開對這種「具體之通」精神的重新解釋。

第三，這個「大道意識」是基於對聖學之全無所不具的自信，故能夠超越狹隘的「教」之固化與封閉的立場、超越「教」之異同意識，而向所有能夠「豐富」與「成全」人性的精神資源敞開。立足於聖學「大中至正之道」，超越三教的界限，「求其是者而學焉」，遂成就了宋明理學尤其是陽明學的博大精深的智慧，並一度成為東亞儒家文化圈共享的思想資源。於今全球化之世界，吸納、轉化異質的、多元的思想資源，是儒學重新世界化、普遍化、現時化的重要途徑。

陽明學義理之當代開展必須具備「大道意識」。具體而言：

第一，陽明學之中的「為己之學」含有豐厚的「心性」「精神」資源，這些思想只有通過與包括印度在內西方心靈哲學、精神哲學、意識哲學對話才能更清楚地得到自我理解，進而超越異同而豐富其自身。陽明學所呈現心性結構究竟與印度文明、兩希文明中所呈現的心性結構有何異同？如何在哲學上描述這一心性結構？是當今陽明學研究題中應有之義第二，陽明學之中的「天下一家、萬物一體」的情懷涉及世間秩序、萬物秩序的安頓問題，這些思想同樣也只有通過與各大文明之中的政治哲學、社會哲學、生態哲學充分對話，才能得到創造性的轉化。

第三，陽明學之中的工夫論作為儒家修身傳統的重要部分，是中國哲學思想的一大特色，但「工夫」這個詞在西方語言中或找不到準確的對應者，但作為修行的實踐智慧絕不是「只此一家別無分店」。大凡各個偉大的宗教都有其各自的自我轉化（人格轉變、重生、再生）路徑，故都有其各自的「工夫」。印度宗教、基督宗教與伊斯蘭教源遠流長的靈修傳統其豐富多彩的「自我技術」實不遑多讓儒家的「成聖」工夫。職是之故，陽明學的工夫論乃至儒家的修身學只有通過與古希臘羅馬精神修煉傳統、基督宗教、伊斯蘭教的靈修學傳統、印度宗教的身心修煉的傳統對話，才能在人類文明的「自我轉化」（self-transformation）之道中獲得更清晰的自身定位。

第四，陽明學富有「唯變所適」的時宜性、主動性與創造性，這種精神本身要求我們要超越古今中西種種現成視野之限制，立足於良知這個「大規矩」，直面當今人類生存所面臨根本性的生存困境，給出有效的解決思路。

要之，隔離乃至排斥「世界」視界，儒家哲學的重建將變成一種單向度的「特殊性」論述，其自我更新的精神資源勢必日趨枯槁與萎縮，其最終的結果只能讓儒家哲學遠離世界哲學舞台，輕則陷入自說自話的「自戀式」的迷醉之中，重則為民粹主義、狹隘的民族主義綁架而陷儒家哲學於不義。

大儒之外的陽明學：小讀書人為主的基層講會及運動

張藝曦 *

陽明心學對明中晚期思想、文化及生活各方面產生深遠的影響，這種影響不僅體現在學説的創新上，還反映在講會的廣泛舉行，以及陽明學者們的社會實踐中。如余英時先生所指出的，陽明心學家有其「覺民行道」的學術實踐，積極參與鄉約、田土丈量等事。① 然而，過往相關研究以大儒為中心，較多聚焦在大儒的思想內容、學術論辯，以及相關的講會活動，在視角上不免有所局限。事實上，陽明學及其講會的盛況，是由大儒與小讀書人共同促成的，因此，將小讀書人的角色及視角納入研究範疇，對於全面理解陽明心學的傳播及影響至關重要。

在此，我們需要區分「大儒」與「小讀書人」這兩個概念。大儒並非僅指那些擁有高級功名的學者，而是指那些擁有跨地域聲望和影

* 張藝曦，中國台灣交通大學人文社會學系教授。

① 余英時：《宋明理學與政治文化》，中國台北：允晨文化實業股份有限公司，2004，第292—297頁。

響力的思想家。相對而言，小讀書人多為擁有中下級功名的士人，或是沒有功名的布衣、處士，他們的影響力通常局限於本地，而沒有跨地域的聲名。兩者的區分主要基於學術成就和影響力，而非單純的功名高低。

陽明心學以浙中、泰州、江右三派最盛，江右陽明學派被視為正統，因此以下便以江右陽明學派的重鎮安福、吉水等地為例來討論。選擇這幾個地區作為研究重點，不僅因為它們是陽明心學的重鎮，也因為這些地區保存了豐富的史料，有助於我們深入考察大儒和小讀書人在陽明心學傳播中的互動關係。

一、江右陽明學派的模式

過往相關研究會比較注意到大儒的講學，小讀書人則是聽講者及參與者。在一般想像中，陽明心學會從大儒的講學，一路向下傳播流傳到基層民眾，而且被庶民所理解及信服，讓陽明心學在基層的影響力日益擴大。所以過去對泰州學派的研究，多會側重學說的庶民化，以及大儒向基層百姓講學的部分。這樣的視角固然沒錯，但卻不免失之簡化。

我們若是把目光移向江右陽明學派，便會看到不同的傳講模式，小讀書人的角色便會突顯出來。倘若泰州學派在直接面向基層民眾的這一面較強，江右陽明心學的特色，則是從大儒到小讀書人，間接觸及基層民眾，亦即大儒在書院講學，而小讀書人在聽完講會以後，回到鄉里間舉行鄉會、家會，向鄉、族、家中的人作二次傳講。如果說泰州學派更側重（但不局限於）個人傳講，由大儒直接面對各方人士

（包括小讀書人與基層民眾），則江右陽明學派更多是從大儒到小讀書人，從書院到鄉里講會，有層級的、成系統的傳講模式。①

也許正是個人傳學與系統傳學的差別，所以儘管顏鈞、羅汝芳、何心隱這些泰州學派的健將都出身江西，但他們在江西當地的影響力很有限。我們從《明儒學案》所讀到泰州學派幾位從事基層傳講的人物記錄，往往會突顯這些人赤手搏龍蛇，以及使人當下醒悟的能力。相對於此，江右陽明學派當然也有大儒對小讀書人講學而小讀書人有悟的這一面，但更多的是一縣或一府的大範圍的講學活動，而尤其關鍵而使其講學發揮極大作用的，則在於小讀書人的二次傳講。或許正是這個泰州與江右的差異，所以顏鈞在江西南昌所舉行的「急救心火」講會，這是以應鄉試的小讀書人為對象所舉行的講會，並得到宗室與地方官員的支持而舉行的，這次的講會傾向於大儒對小讀書人的面對面傳講，於是我們可見到一些人（如羅汝芳）在此講會中有所領悟，但這些人是否回歸鄉里舉行講會作二次傳講，就不是此會的重點所在了。②

在江右陽明心學的活動中，常見大儒在較容易聚集人羣的場所或知名的書院講學（也有例外），如安福復古書院便在縣城，而這不僅是安福最重要的講學地，而且往往可以聚集縣城、各鄉，甚至他縣的人前來聚講。大儒在書院的講學，聽講人數有限，而且多數前來聽講的都是小讀書人，所以關鍵便在於這些小讀書人回歸鄉里後的二次傳講。小讀書人的二次傳講，不見得跟大儒所講的一樣，可能有簡化、

---

① 關於江右陽明學派的小讀書人的二次傳講，請見張藝曦：《一場從基層而起的運動：陽明學講會與小讀書人》，《故宮文物月刊》，493 期，中國台北：2024 年 04 月，第 68—77 頁。

② 見張藝曦：《明代江西宗室在思想及文學復古運動》（未刊稿）。

有小讀書人個人的見解，甚至會扭曲大儒的原意，也因此在學術史的討論，由於重視思想的精確及純粹，不會注意小讀書人的二次傳講。但我們若是從思想流傳的角度來看，在流傳的過程中，思想本就會有簡化、變形或扭曲，但思想的核心沒有被改動，都可視為是思想的流傳。這就像是基督教有許多地方教派，各地教派對聖經的解釋及所持的教義各有不同的變形，所以教廷提出：三位一體、神人二性與十字架救贖等基本原則，只須承認此三者，便不會被視為異端。陽明心學家極重宗旨，儘管脈絡及用意不同於教廷的原則，但其作用是很類似的：也就是無論思想如何流傳，只須仍不離其宗旨，就算是從大儒而來的學說。

小讀書人的二次傳講是讓思想流傳的關鍵所在。陽明心學雖然訴求簡易直接，但這是相對於程朱學而言，大儒所講的內容較多傾向於原則性的學說或概念，無論再簡易再直接，對一般庶民百姓而言仍是隔了一層。所以前往書院聽講的，以小讀書人居多，有時也會有農工商賈前來聽講，但不會是常態，人數也不會多。至於小讀書人的二次傳講便很容易直接面對這些庶民百姓，小讀書人會因傳講對象的不同，而對所講內容有所調整，或者使其更生活化，或者以生活周遭的事物舉例。小讀書人對大儒的學說會有所轉化或甚至變形，但正是轉化或變形，讓學說可以更深入到鄉野閭里之間。在此系統的傳講模式下，大儒與小讀書人甚至可以進一步合作展開社會事業。①

也因此，我們在看陽明學的流傳，不能只是看大儒在書院的講學而已，還必須看小讀書人在地方上的講會。這類講會還因區域大小而

① 請見張藝曦：《社羣、家族與王學的鄉里實踐：以明中晚期江西吉水、安福兩縣為例》，中國台北：台灣大學出版委員會，2006。

分，至少分作鄉會與家會。一縣分作數鄉，一鄉又分數個都（或里），一都中有數個家族。所謂的鄉會，名義上是一鄉之中的會，但多半是聯合數都共同舉行。家會則可能是一都之內的數個家族共同舉行，也可以在自身的家族內舉行。於是我們至少看到三個層次的講會：大儒在縣級的書院講學，其次是小讀書人舉行的鄉會與家會。

這是比較理想的形式，而有此基本型的概念，使可知各縣的陽明學講會的發展特點或偏重。如安福與吉水兩縣都是陽明學的重鎮，而且只在鄰縣，安福的陽明學講會是很理想形式，即鄒守益（1491 1562）這位大儒主持縣城的復古書院講學，地方上則有鄉會、家會的舉行。相對的，吉水陽明學在羅洪先（1504—1564）的主持下，講會不多，由於沒有小讀書人前往各地鄉里作二次傳講，於是陽明學的發展便多局限在羅洪先所在的鄉里。

若是把陽明學分作「作為學說的陽明學」，與「作為運動的陽明學」，大儒是前者，而小讀書人則是後者的主角。大儒的學說高深玄遠，既有其時代性，又超越時代，所以成為鎂光燈焦點所在，但我們卻不應忽略作為陽明學運動主角的小讀書人。一旦小讀書人轉向，從陽明學講會轉向制藝文社，便將帶動整個運動或風潮的轉變。這也是我們必須更深入到縣以下的層級看學術發展的原因。從縣到鄉與族，從大儒到小讀書人，正是這些在鄉里間的小讀書人，以及他們所作的二次傳講，形成明中期陽明學的盛況，而且這正是陽明學與兩宋以來理學的差異所在。兩宋以來的理學家便常在書院講學，而知名理學家既有羣從弟子，其講學也常可吸引大批的聽眾，但卻少見鄉里間小讀書人的二次傳講。地方上的各式講會，正是讓陽明學與兩宋以來理學的不同處。

二、小讀書人的二次傳講：家會與鄉會

大儒與小讀書人是互為表裏的。大儒風光登壇講道，所講的心性義理學説，晶瑩通澈，令人神往，而實際上讓這些學問流傳並深入鄉、里、族之間，則須倚賴小讀書人之力，而小讀書人所面對的，很多是識字不多，或對心性義理之説沒有興趣的人，所以他們不能夠講那些高深玄遠之學，也不能像打啞謎一般讓人自行揣度或領悟，他們説話必須直截了當，直擊人心，又必須能夠與日常生活的情態相對照相呼應。大儒是光鮮亮麗的大人物，小讀書人則是實現這些光鮮亮麗的小卒子。

以安福為例，便有許多小讀書人在鄉里間舉行講會的事例，這些小讀書人也有區別，有些是比較著名的。如歐陽瑜（1528 年舉人），他有舉人功名，但其聲名尚僅局限在一鄉，而沒有跨地域的聲名，所以可説是介於大儒與小讀書人之間的人物。歐陽瑜跟鄒守益一樣都是北鄉人，加上他隨從於鄒守益講學的腳步，所以他也參加復古書院的講學，而且據説他「詣書院如赴其家」。這也突顯出他雖然沒有像鄒守益一樣有跨地域的聲名，但仍然頗受當時人的看重。由於復古書院不常有講會，所以學術流傳的關鍵更多在於家會與鄉會，也因此歐陽瑜每月朔望率子弟會講於家祠，而且立鄉會達到四個之多。① 如前述，一鄉的地域範圍不小，而歐陽瑜立四個鄉會，可知他很希望把陽明學真正推行到一般人的生活中。

---

① 歐陽勛平等纂修：《續修安福令歐陽公通譜》（上海圖書館藏民國間影印清乾隆十五年刻本），《理學傳．三溪公傳》，第 15—17 頁。

至於一鄉之間的小讀書人，朱調、朱叔相則是很好的例子，二人原本都有諸生功名，但棄去，二人都師從鄒守益，而在鄉里間講學，頗有聲名，並稱作「南來兩朱」。朱叔相有一間個人書屋，以此書屋為中心舉行講會，據當時人形容說：

> 先生每朔望為家會，月為族會，季為鄉會，諸所發明，一時在會者聞而興起，兢兢服行其教，無敢失。以故朱氏子弟最以繩檢聞，途遇之，不問可知其人，然皆公倡導維持之力也。①

朱叔相把講會分得更細，分作家會、族會與鄉會，初一十五舉行家會，每月行族會，每季還有鄉會，顯示他花費較多心力在家與族的教化上，而其效益則是讓族中子弟的言行有所改變。

許多小讀書人未必有歐陽瑜的份量，能夠常駐在復古書院講學，也不見得能夠如朱調、朱叔相，成為一鄉之間的知名人物。所以他們無法將定期舉行家、族、鄉會形成規範，但仍會不時在鄉里間舉行講會，有些是鄉會，有些是族或家會，這些都被收錄到地方誌中，或文集的行狀傳記或墓誌銘也會記載。如王宗舜（嘉靖年間貢士）與鄉里人士舉行惜陰會，這是聯合幾個都里的人士共同舉行的鄉會；如王威建嘉會堂，舉行惜陰會，嘉會堂是個人書屋，而此惜陰會則可能是鄉或族會。②

---

① 曾同亨：《泉湖山房稿》（據日本內閣文庫藏明刊本影印），卷 26，《贈行人司行人春圃朱公墓誌銘》，第 10—11 頁。

② 王宗舜事見（同治）《安福縣志》卷 11，《儒林》，中國台北：成文出版社，2014，據清同治七年（1868）刊本影印，第 18 頁。王威事見同前書，卷 2，第 24 頁。

三、大儒的角色

大儒在書院，小讀書人在鄉里間作二次傳講，以及大儒是作為學術的陽明學的主角，小讀書人是作為運動的陽明學的主角，這種大儒與小讀書人共同合作，分進合擊，可說是江右陽明學派的學術傳播模式。安福是最佳的典型範例，在鄒守益的主持下，不僅吸引北、東、南三鄉的小讀書人參與在講學活動，而且也在回歸鄉里以後舉行鄉會與家會，進行二次傳講。若循此模式來觀察江西的其他區域，雖會有或多或少的差異，基本上都不脫大儒與小讀書人合作而分進的模式。

儘管小讀書人的二次傳講才是推動整個陽明學運動流行的主力，但我們仍不能夠忽略大儒才是整個運動的啟動者。儘管運動成形以後，大儒的角色便會減弱，但大儒在運動初起時確實佔有關鍵角色，影響一縣或一鄉的陽明學特色及走向。羅洪先與劉元卿的兩個個案，正可作為說明。

羅洪先是跟鄒守益同世代的大儒，若不嫌誇張說，羅洪先主持下的吉水陽明學，幾乎很少有講會活動，包括羅洪先所在的石蓮洞，也只是個人書屋，而且位於相對僻遠之地，我們在安福所見的書院或講會，往往是在容易聚集人羣的地點，但羅洪先的選擇完全相反，他刻意選擇石蓮洞，簡直好像擔心人們過來一樣。也正是因為僻遠，當羅洪先在世時，人們尚因慕羅洪先之名而前往，但在羅洪先去世以後，石蓮洞很快就荒廢而乏人問津了。

羅洪先主持下的吉水陽明學，幾乎在以羅洪先為中心的人際關係網絡間流傳，所依靠的不是書院或講會，而是人與人的親友關係，以及家族內部或家族間的血緣或姻親關係。因此我們若是仔細查察與羅洪先往來的一些人，不是與羅洪先同都里，就是在鄰近的都里，而且彼此往往有姻親關係。我們甚至可以簡化一點說：嘉靖年間的吉水陽明學，幾乎是以羅洪先所在的 61 都為中心，而流傳的範圍則極少跨出 61 都所在的同水鄉之外。[①]也因此，羅洪先身邊的小讀書人數量極有限，而且往往跟羅洪先有一些私人的血緣或姻親關係，這些小讀書人所進行的二次傳講，同樣也局限在一都或一鄉的家族人際網絡中。

不過，這類非常封閉的學術流傳，流傳的地域範圍雖極有限，但卻仍可能在家族內部下達到基層的人，如泥田周氏與曾氏的幾位商人，便得以與羅洪先結交，並得其撰文表彰。而且這種以某地域間的幾個家族共同支持的學術，似乎頗能夠長久發展，而較不受外在情勢變化所干擾，所以萬曆朝鄒元標在縣城講學的同時，同水鄉仍保持其學術的傳承與活力，直到清初吉水的代表人物李元鼎（1595—1670），仍是出自 61 都的谷平李氏。

羅洪先開創的吉水陽明學，講會活動既少，小讀書人的作為便也有限，這既是特例個案，但同時也突顯出大儒在陽明學流傳之初有很關鍵的角色。劉元卿則是大儒影響陽明學走向的另一個個案，而且與羅洪先恰好形成對比。

劉元卿晚了鄒守益、羅洪先一輩，生於安福西鄉。西鄉是樸素少文之區，頗多豪強之輩，因此不像安福其他三鄉有大儒在書屋或書院講學，以及許多小讀書人作二次傳講。這類文教不發達又有豪強的地區，所需要的大儒，不僅不能是文弱書生，還必須有極大的人格魅力，以人格口才學問以及對成聖的追求，來讓人欽服，才有可能懾服

① 詳細的討論，請見張藝曦：《社羣、家族與王學的鄉里實踐：以明中晚期江西吉水、安福兩縣為例》，第三章，《吉水王學與家族》。

地方豪強。西鄉雖有一些小讀書人前往鄒守益主持的復古書院聽講，但這些人回到鄉里以後，卻未必能夠與地方豪強對抗，加上沒有成立講會，便更難發揮影響力。這也使得嘉靖年間的安福西鄉相較於其他三鄉，儼然像是化外之地一樣。

劉元卿出身不高，也非名門世族之後，所屬的南溪劉氏是資雄於鄉里的西鄉大族，他曾前往縣城求學，過程中頗受其他名門世族之後的欺凌與羞辱。也因此，劉元卿考取舉人功名以後，生活及心態並未大變，很能夠融入鄉里的生態，他回到西鄉以後，不僅與形形色色的人打交道，折服或說服地方豪強，甚至使其轉念向學。所以當劉元卿起而倡學時，當地為數不多的小讀書人遂紛紛起而響應。在此我們正可看到陽明學流行之初大儒的關鍵角色，以及大儒與小讀書人間互為表裏合作的情景。劉元卿以一人之力，加上當地小讀書人的響應，使得嘉靖年間少見陽明學講會的西鄉，卻在隆慶（1567—1572）及萬曆（1573—1620）初期便興建多間書院，而且取得地方家族的支持或配合。

西鄉小讀書人如王子應，生於正德年間（1506—1521），其族金灘王氏以資財雄於鄉里，文教非其所長，王子應早年曾習舉業，不久棄去，但他應是該族少數有詩書素養的人。當王守仁在浙江講學時，王子應動念希望前往聽講，遭其父母與族人反對，於是王子應只好就近前往安福縣城的復古書院，習於鄒守益、劉文敏（1490—1572）等大儒門下。直到三十多年後，劉元卿在西鄉倡學，王子應雖已年老，但終於可以發揮影響力，於是率領及動員族人前往聽講。① 類似的情形

① 劉元卿：《劉聘君全集》，收入《四庫全書存目叢書》集 154，卷 8，《王箕峰公墓銘》，台南：莊嚴文化事業有限公司，1997，據南開大學圖書館藏清咸豐二年（1852）重刻本影印，第 27—29 頁。

也可見於洋溪趙氏，如趙師孔、趙子達都曾有諸生功名，趙師孔是鄒守益的門人，趙子達則是西鄉諸生領袖，二人雖欲在鄉里倡學，效果有限。直到劉元卿前來西鄉，才成功作興風氣。①

賀宗孔則是連諸生功名也沒有的一介布衣，甚至有可能是地方豪強，所以當劉元卿在西鄉倡學，而他前來聽講時，會中人便刻意通知劉元卿，劉元卿也特別與其單獨談説。劉元卿的講説似乎有一種魅力，讓這些以力為豪強者能夠降心聽講，甚至衷心佩服，在對談過後，賀宗孔表示：「吾幾枉此生矣！」於是一心向學，而且希望以學來化俗。② 劉元卿的族人劉本振也有類似的反應，劉本振是任俠意氣之人，又好訴訟，且不喜讀書，一聽人談論儒經便會睡着。但他卻願意聽劉元卿講學，而且聽到講聖人可為，便喜動顏色，為自己也可以當聖人而喜不自勝，於是折節力學，而且糾集子弟舉行講會。③

劉元卿得到賀宗孔、劉本振等這些有力人士的襄助，於是順利成立復禮書院（隆慶六年，1571），此後又陸續成立識仁書院（萬曆十九年，1591）與中道會館（萬曆三十一年，1603）。值得注意的是賀宗孔的反應，他因亟於移風易俗，於是總不滿意書院講學的成效，多次向劉元卿抱怨書院能夠容納的人數太有限，能夠聽講的人太少，甚至指責劉元卿怠惰，不該只是坐在書院講學，而應該挨家挨戶去講才對。從賀宗孔的這番話，可以想見劉元卿的個人魅力應是極大的，所以讓賀宗孔覺得若劉元卿願挨家挨戶傳講，肯定能讓陽明學在西鄉大復

① 劉元卿：《劉聘君全集》，卷 7，《趙時卿傳》，第 58—60 頁。

② 劉元卿：《劉聘君全集》，卷 8，《一溪賀君行狀》，第 26—29 頁。

③ 劉孔當：《劉喜聞先生集》，卷 4，《雙潭公傳》，據日本內閣文庫藏明萬曆三十九年（1611）刊本影印，第 16—19 頁。

興，也肯定能夠收到移風易俗之效。劉元卿無言以對。有意思的是，賀宗孔死前仍不忘告誡子孫說：「家會、鄉會，所以講學修德，維持世風，吾雖死，其勿懈！」這也突顯出，除了書院講學以外，地方上的家會、鄉會才是讓學術能夠深入鄉里及百姓生活中的關鍵所在。①

或許正是成功在西鄉倡學的緣故，讓劉元卿在安福這個大儒羣集之地有一席之地。該縣列名《明儒學案》的大儒，有鄒守益父子孫三代五人、劉文敏、劉邦采（1492—1578）、劉陽（1525 年舉人）、王時槐（1522—1605），加上劉元卿，共十人。其中，鄒守益最受當時人所尊崇，而從鄒守益的傳記可知，當他病危及死後，遠近士民不分男女老幼皆痛哭失聲，儼然是把鄒守益當作像是父母，又像是儒家的聖人一樣。鄒守益以外，則只有劉元卿被門人弟子視為聖人一樣的人物，為他在縣城建近聖館，入祀其中。②

四、小讀書人與陽明學講會的中衰

一般認為，萬曆朝是陽明學發展的鼎盛期，衡諸江右陽明學派，表面上亦看似如此：安福有鄒德涵、鄒德溥兄弟及鄒德泳先後重振復古書院的講學活動，劉元卿則在西鄉倡建多所書院，吉水則有鄒元標在吉水縣城的仁文書院講學。但這其實是從大儒的角度來看，所以僅着眼在大儒的講學及其作為。

即使從大儒的角度看，我們也須警覺到，江右陽明學派在鄒元

① 劉元卿：《劉聘君全集》，卷 8，《一溪賀君行狀》，第 26—29 頁。

② 鄒德泳：《劉正學私謚議》，收入《南溪劉氏續修族譜》（上海圖書館藏清崇本堂木活字本），《徵翰記》，第 7—8 頁。

標以後便無大儒的問題。鄒元標在羅洪先後主持吉水的陽明學，跟羅洪先不同的是，鄒元標已回歸到書院講學，所以他所在的區域已不在同水鄉，而是在縣城，而他所講學的仁文書院則被視為當地的陽明學中心。根據《明儒學案》的江右學案所列，與鄒元標同時代還有其他人，但鄒元標卻是最知名也是最後去世的一位。[①]鄒元標活躍於萬曆朝前期，先因諫奪情被杖，後來居鄉講學，天啟朝（1621—1627）一度進入中央朝廷任官，主持首善書院講學，但很快便因閹黨的謗議而去職，在天啟四年（1624）去世，而鄒元標去世以後，便沒有跨地域聲望的心學大儒，因此鄒元標可說是江右陽明學派的最後一人。也因此，清初施閏章在康熙二年（1663）前來吉安講學時指出：「西江講學之會，吉州最盛，中輟者四十年矣。」[②]所謂的中輟四十年，往前推算，正是從天啟四年（1624）鄒元標去世當年算起，亦可見從鄒元標以後，已無大儒及足以稱道的講會活動。但問題是：鄒元標去世的時候，距離明亡尚有至少二十年的時間，這二十年不可能是空白的。那麼，接續陽明學講會而起的又是什麼呢？

我們若是從小讀書人的視角來看，則會看到更複雜的一面。筆者在過去對安福與吉水兩縣的研究中便發現，嘉靖朝陽明學大儒所主持的社會事業，能夠動員許多小讀書人參與及合作，但進入萬曆朝以後，卻只見大儒有所主張，而少見小讀書人的協助。由於這類社會事業，如田土丈量，必須有賴於小讀書人在各鄉、都、族中奔走，所以

① 《明儒學案》雖以宋儀望、萬廷言等人為殿軍，但這是依師承及生年來作排列，實際上幾人的卒年早於鄒元標、鄒德泳二人。

② 施閏章：《施愚山先生學餘詩集》（收入《清代詩文集彙編》，第67冊，上海：上海古籍出版社，2010，據清康熙四十七年刻本影印），卷19，《鷺洲講會歌》，第1頁。

若是沒有小讀書人的協助，即使大儒有所主張，也無法有何實際作為。如吉水縣，羅洪先身邊的小讀書人雖不多，但仍然能夠編審黃冊，以及動員小讀書人清丈田土。但萬曆朝以後，鄒元標所能做的，就只是上書言事，建請知縣編審虛丁虛糧而已。① 從嘉靖朝到萬曆朝的變化關鍵所在，便在於小讀書人的流失。當萬曆朝的陽明學講會已吸引不到小讀書人，又或者是小讀書人已從講會流動到其他類型的社集時，大儒便難以再像過去一樣，動員小讀書人進行田土丈量等工作。

也可以說，儘管大儒仍在書院講學，但小讀書人已不再作二次傳講，鄉里間已罕見鄉會及家會，於是大儒的學術地位再高，書院再有名，陽明學運動也會趨於萎縮。大儒就像舞台上的明星，鎂光燈下，何等光彩，但這些明星卻是最後一位發現觀眾已經離場的人。相對的，小讀書人才是買票的人，他們比大儒更快嗅到風氣變了，新的潮流起來了，於是紛紛轉向了。也因此，在一門學術鼎盛期，我們可以只看大儒。但在一門學術由盛轉衰時，小讀書人才是先行指標，所以我們必須看小讀書人的流動。在大儒與小讀書人的合作模式中小讀書人的二次傳講是關鍵所在，但隨着小讀書人的流動，於是二次傳講的鄉會、家會越來越少，於是即使大儒仍在講學，所能發揮的作用及影響力便很有限了。

為何小讀書人漸漸從鄉里講會中離開？原因應有多重多樣，在此無法給予完整的解答。過去較傾向從政治力的介入來解釋，所以往往會討論明中晚期幾次禁毀天下書院，尤其是萬曆前期及天啟年間的禁

① 請見張藝曦：《社羣、家族與王學的鄉里實踐：以明中晚期江西吉水、安福兩縣為例》，第五、六兩章。

毀，對陽明學講會造成傷害。儘管中央政府所禁毀的書院僅數十間而已，但禁毀書院的作用在其政策的宣示性、指標性，而不是所造成的實質的傷害。[①] 禁毀突顯一事，就是這類在公共場合所作的講學活動，很容易引人側目，無論是大儒在書院講學，或小讀書人在鄉里的二次傳講皆然。也因此，我們看到萬曆中期以後，安福鄉里間越來越少見小讀書人成立講會，反而僅剩下少數書院的講學活動。我們固然無法據此判斷政治力發揮多大的作用，但應仍有其影響力。

當小讀書人從陽明學講會逸出而流動，最初並不是有定向的，所以有些人轉向佛、道教，或三教合一，也有些人轉向經世或事功。[②] 但萬曆中期以後，制藝文社吸引許許多多的小讀書人。小讀書人初期以熱情及理想而參與在覺民行道的理想及社會事業中，但除非覺民行道或社會事業能夠開展出新的天地，否則這些理想及事業終究無法化解個人的焦慮。於是一或兩代以後，小讀書人便須面對應舉與窮經分歧的焦慮，而必須另覓出路。於是有明末制藝風潮之興。

這也讓我們注意到，大儒的書院講學，與小讀書人在鄉里講會的二手傳講，這個十六世紀江右陽明學派所發展出來的新模式，讓學術在地域間廣泛流傳，在廣度上，觸及各地的小讀書人，而在深度上，則藉由講會而進入鄉里百姓的日常生活中。但這個模式似乎在十七世紀遭遇困境，而無法再持續運作下去。

---

① 對禁毀書院的討論，請見張藝曦：《明中期地方官員與王學學者的緊張 —— 以白鷺洲書院興廢為例》，《大陸雜誌》，104 卷 6 期（2002.6），第 30—54 頁。

② 相關研究請參考拙作《歧路彷徨：明代小讀書人的選擇與困境》，尤其是第四章《飛升出世的期待：明代士人與龍沙讖》，第六章《詩文、制藝與經世：以李鼎為例》，及第七章《風潮遞嬗下的地方小讀書人：以涂伯昌為例》。

五、後續的轉折：明末制藝文社之興與陽明學的新變化

萬曆朝極長，共 48 年，而這正是陽明學運動從極盛而轉衰的時期。也正是在此由盛轉衰的過程中，小讀書人必須面對應舉與窮經分歧，而陽明學也因應於此而有新變化。

如果把研習心學視為是廣義的窮經，則窮經與應舉之間，其實是二分的，陽明心學最初並不直接有利於科舉考試。陽明心學的學說及對儒經的詮釋，與官方認可的《四書集註》等程朱學者著作有別，所以即使是王守仁作舉業時，也用朱註，而未直抒己見，[①] 直到其門人後學紛紛位居顯要，情勢方才有變。[②] 當陽明學運動極盛時，其基調往往是將制藝寫作視為是晉身求取功名的手段，並不認為制藝可以與儒經的註解有何關係。

在陽明學運動以前，小讀書人往往只是讀書以應舉而已，只有少數人有窮經的目標，或者自行攻讀研習儒經，或者是外出尋師訪友。但在陽明學運動興起以後，卻讓小讀書人有了新的功課，而且隨着運動的流行及鼎盛，對心性義理的追求及領悟，已不只是個人的目標及

---

① 俞長城：《可儀堂百二十名家制義》[日本國立公文書館內閣文庫藏，清乾隆 3 年（1738）刊本]。

② 如歐陽德在考取舉人以後，便前往南贛從學於王守仁門人，而不赴進士科的考試。《明儒學案》（北京：中華書局，1985），卷 17，《江右王門學案二》，「文莊歐陽南野先生德」，第 359 頁。羅洪先在十四歲時，聽聞王守仁在南贛講學，心即向慕，欲前往聽講，而被父母所阻，只好讀《傳習錄》以解內心疑難。《明儒學案》，卷 18，《江右王門學案三》，「文恭羅念庵先生洪先」，第 388—389 頁。安福三舍劉氏的劉文敏的記載更詳細，他與族人劉邦采便是在學習上遇到困擾，而求助於王守仁，據載：「劉文敏……年二十三，與（劉）師泉共學，思所以自立於天地間者，每至夜分不能就寢。謂師泉曰：『學苟小成，猶不學也。』已讀《傳習錄》而好之，反躬實踐，唯覺動靜未融，曰：『此非師承不可。』乃入越而稟學焉。此自一以致良知為鵠，操存克治，瞬息不少懈。」《明儒學案》，卷 19，《江右王門學案四》，「處士劉兩峰先生文敏」，第 431 頁。

志業，而是以羣體講會的形式，形成一種羣體的動向。

江西作為陽明心學的重鎮，許許多多的小讀書人被吸引到這場運動中，不僅參與大儒的書院講學，回歸鄉里以後更自發進行二次傳講，並且更秉持萬物一體的理想，協助大儒進行田土丈量。如安福在嘉靖朝有大儒鄒守益率領小讀書人舉行田土丈量，而萬曆朝再次丈量時，鄒守益已歿，官方則諮詢當初協助丈量的小讀書人的意見。小讀書人的參與及推展，是整個江右陽明心學能夠在明中期取得高度成功的關鍵所在。

但同時間，小讀書人必須面對應舉與窮經分歧的問題。在第一、二代大儒仍在時，陽明學既盛，加上有社會事業的作為，所以小讀書人的焦慮尚不明顯，但隨着一、二代大儒的去世，社會事業完成以後便無後續，也沒有新的作為及開展，這讓小讀書人的二次傳講失去目標。余英時先生指出，陽明心學不同於兩宋以來理學的地方，在於其「覺民行道」，而實踐其覺民行道的關鍵主角，在於這些小讀書人，當行道的目標已經達成，而沒有更多開展的空間時，便會讓小讀書人必須面對應舉與窮經的焦慮。過去當陽明心學運動盛時，即使有人有此焦慮，往往只會視之為是個人的問題，但此時則會日益形成羣體的共同焦慮。

但小讀書人已回不到陽明學以前的世界。過去被激勵起來的小讀書人，所思所想所行的，是心性良知的領悟與覺民行道的實踐，加上古籍的搜獵及復興，陽明學運動擴展甚至改動了人們的知識範圍，也給予儒經再詮釋的可能性，這些都令小讀書人無法無視陽明學的學說。如果用比較當代的比喻來說，就是陽明心學把人帶到街頭上，即使領頭的人不在了，運動結束了，但在街頭上的小讀書人卻不願意解散回去了。正是在此焦慮下，小讀書人從陽明學講會中流動而逸出而往制藝文社流動，形成風潮。①

有必要指出的是：明末江西陽明學講會中衰，但講會的中衰並不表示陽明學學說也隨之而衰，相反的，陽明心學的影響更擴及於科舉用書及制藝寫作。萬曆朝以後，越來越常見陽明學進入科舉用書而影響儒經的註解，以致陽明學講會雖呈現中衰之勢，但陽明學卻藉明末的制藝及制藝文社而擴大其影響力，進入講章及儒經註解中，並且被許許多多準備科考的小讀書人所摩挲研讀。明中期陽明心學雖極盛，仍會有人對陽明心學興趣缺如，或敬而遠之，或根本沒有深入接觸。但如今藉由制藝及科舉考試，讓陽明心學被更多人所熟悉。

對學習舉業的小讀書人來説，陽明心學不僅有助於士人從不同眼光解讀儒經，從心學得到啟發，將其見解用於制藝寫作上。於是我們便可理解涂伯昌的故事。涂伯昌是江西新城人，這個地方在明中期有鄧元錫這位大儒，鄰縣南城則是羅汝芳的故鄉，而羅汝芳晚年曾回鄉講學。涂伯昌的時代，羅、鄧等人皆已去世，流風餘韻亦已罕聞，於是涂伯昌及其姪涂世名自行尋找一些心學大儒的書籍來讀，以助其制藝寫作，而他們所讀的，即涂宗濬與羅汝芳二人的著作。涂宗濬是李

① 請參考張藝曦：《明中晚期的思想文化風潮與士人活動》，《中華文物學會二〇一九年刊》，第 128—136 頁；張藝曦：《明中晚期士人社集與思潮發展》，收入林宛儒主編《以文會友—雅集圖特展》，第 250—261 頁。

明末江西派所引領的制藝風潮，跟明中期陽明心學與文學復古運動的關鍵差別，在於這是一波因小讀書人的需求及焦慮而衍發的風潮，儘管江西派、江南復社諸子被視為是這場風潮的領袖人物，但他們並無法完全主導這場風潮的走向。明中期的陽明心學與文學復古運動以王守仁及後七子為中心而在各地開枝散葉，而在兩場運動都會不斷重述一些核心的主張，如王守仁如何談致良知，王世貞對詩及古文辭的見解。相對比之下，明末江西制藝風潮中，江西派諸人所能發揮的，是如火車轉轍器一般的作用，而無法引領潮流。

材的弟子，在《明儒學案》列於《止修學案》中。涂伯昌說：

> 仲嘉（按：涂世名）為予言，別後讀家恭襄公（按：涂宗濬）《隆沙證學記》，忽爾朝徹，數年所讀羅明德書，忽於此印合，發為文章，遂洞洞不竭若是。①

「羅明德書」即羅汝芳的著作，涂伯昌與涂世名二人分別讀其著作有悟，於是寫作制藝便可洞洞不竭。涂伯昌是建昌府新城縣人，而他為習陽明學，遠走吉安，並待了兩年之久。他在寫給鄒元標的信上，自述有志於聖人之學，但未能親承鄒元標，於是附上己作以求刪正。有意思的是，他所附的，主要竟是經義十篇，另加一些古文辭與詩歌。經義即制藝。涂伯昌想向鄒元標請教的是心學，但他所呈上的竟是制藝，且說：「凡所為心不能言，言不能盡者，先生自能得之意中，觀之意外。」②

涂伯昌在另一篇序文還提到，他因制藝而識吉水謝白者（字），而涂伯昌特別提到該生祖父是鄒元標的入室弟子，有顏子之目。謝白者雖專意於制藝，但在涂伯昌看來，其實與其理學的家學並不相違，因為：

> 若夫聖賢之心，六經之旨，仁義禮樂之精微，漢唐宋諸大儒之疏記，學者於其中所得之淺深，咸於經義徵之。③

---

① 涂伯昌：《涂子一杯水》，卷 3，《侄仲嘉文序》，第 65 頁。

② 涂伯昌：《涂子一杯水》，卷 4，《寄鄒南皋先生》，第 6—7 頁。

③ 涂伯昌：《涂子一杯水》，收入《四庫全書存目叢書》第 193 冊，卷 3，《贈謝白者序》，台南：莊嚴文化，1997，據中國社會科學院文學研究所藏清康熙四十五年（1706）涂見春刻本影印，第 10—11 頁。

即連在書院講學的大儒，也無法無視小讀書人的轉向及制藝文社流行的趨勢，於是即使是晚明主持安福復古書院的鄒德泳，也必須回應小讀書人的需要。萬曆中期鄒德泳重振復古書院的講學活動，雖未能再現過去千百人聽講的盛況，但仍有一些當地人士的參與。值得注意的是，鄒德泳除了講學以外，也有四書文留下，而且從批點內容可知，這些四書文曾在心學社羣中傳閱，甚至有可能曾在講會中討論。如鄒德泳作《若有一個臣至尚亦有利哉》，文末有趙彥良評，趙彥良有可能是地方上參與講會的小讀書人，他評：

> 會題之竅，故出之纚纚洋洋，滿而不竭，此尤老於學而深於工者，可以式靡，可以矩俗。

鄒德泳的自批則作：

> 此題作者不曰摹，則曰繪，甚有著譜字者。至於一個臣，則任真作一個臣，一用再用三四用，若有二字，則又曰：想之憶之擬議之，只將此數字束縛成篇，自以為時局中高手，而不自知其說夢也。題中大意，全然不知發揮。余特拈此與諸相知商之，庶作一醒魔湯云。①

根據鄒德泳的批點內容推測，原本有人就某題目擬作，而被鄒德泳評為「不自知其說夢」，所以鄒德泳另作一文以示人，「庶作一醒魔

① 鄒德泳：《鄒德泳雜著》（明刻本，華盛頓：美國國會圖書館藏），《聖門律令》，不分卷，第4—5頁。

湯」。另一篇四書文《從容中道聖人也》，則是作於鄒德泳 72 歲時，[①] 此文文末有朱世守手批語。朱世守是鄒守益弟子朱叔相之孫，萬曆 23 年（1595）進士，從學王時槐門下，他的批語：

> 此題最難，恰肖天然，逼真聖諦，深言淺言，用虛用實，惟我儒宗，信手拈來，落筆便韻。……（此文）當與前小試擬作一首合刻，以式多士，亦蓺林一快也。[②]

儒宗指鄒德泳，而朱世守建議應合刻兩首擬作的四書文，作為士人作文的範本。鄒、朱二人皆心學家，而所說的士人，應指心學羣體而言。另一篇《遠之則有望．在彼無斁》，朱世守則手批——

> 一氣喝成，驚霆閃電，經生望而卻走，其名理名言，牛毛繭絲，通晝夜而知，剖天人之祕，居然理學宗師，敢不下拜！[③]

把一篇四書文當作剖析天人之祕，把作文者當作理學宗師。這段話若不是放在四書文之末，看來便像是講學語氣。從趙、鄒、朱等人的批點可知，當地應該有一羣人相互點評或討論四書文，而且很可能都在當地的心學社羣中。

---

① 鄒德泳的年紀應小於鄒德涵與鄒德溥，鄒德溥生於 1549 年，所以據此往後加 72 年即 1621 年，即天啟元年，亦即此文可能作於天啟元年以後。

② 鄒德泳：《鄒德泳雜著》，《聖門律令》，不分卷，第 7—8 頁。

③ 鄒德泳：《鄒德泳雜著》，《聖門律令》，不分卷，第 16 頁。

結語

《明儒學案》描繪的陽明學圖景主要以大儒為中心，卻忽視了小讀書人的重要角色。誠然，學術的創新主要源於大儒，但學說的推廣及其在鄉里基層間的深入傳播，則有賴於小讀書人的努力和二次傳講。

若僅從學術內容的角度觀之，大儒與小讀書人的關係恍若水面上的波紋：以大儒為中心，層層向外擴散，經由小讀書人再至基層百姓。在這個過程中，學說的深度和精確性或有遞減，最終甚至可能簡化為口號。然而，若從學術運動的視角審視，小讀書人實為主角。他們在鄉里間的二次傳講，雖可能使大儒學說簡化或變形，卻使之更加生活化，更能切合基層百姓的日常需求。因此，大儒與小讀書人的關係不應視為波紋的內外圈，而應各據一方：大儒為學說之主角，小讀書人則為運動之主角。

從小讀書人的視角審視陽明學運動的發展軌跡，我們會發現一個常被忽視卻極為關鍵的動態：約莫在萬曆中晚期，陽明學運動已現中衰之象，而小讀書人開始從講會逸出，轉而流向制藝文社。心學與制藝、講會與文社，雖屬不同性質的知識和社交形式，卻呈現出前後相承的興衰關係。正是小讀書人從講會轉向制藝文社，才掀起了明末制藝文社大盛的熱潮。

基於此，即便在研究陽明學時，我們也不能忽視明末以江右四大家為首的江西派及其社集活動。值得注意的是，陽明學講會式微之際，陽明學思想卻藉由制藝及制藝文社的形式進一步擴大了其影響力。在這一過程中，小讀書人的流動實際上引導了整個明末學術文化活動的走向。

這種視角的轉換不僅豐富了我們對陽明學發展的理解，也為探討明代後期學術文化變遷提供了新的切入點。它揭示了學術思想的傳播與社會文化變遷之間的複雜互動，同時也彰顯了小讀書人在這一過程中的關鍵作用。通過關注這些往往被忽視的羣體和現象，我們得以構建一個更為全面、動態的明代學術文化圖景。

明清之際王學對天主教的接引及其意義

陳衛平 *

從明末萬曆年間至清代乾隆年間，西方傳教士帶來的西學，在中國流傳了二百多年。當時的西學主要是天主教神學和科技知識兩個方面，作為中國本土思想的王學對天主教的流播起到了接引作用，這對於明清之際重建信仰價值系統是有某種意義的。

一、王學對天主教的接引

「陽明先生之學，有泰州、龍溪而風行天下」。[①] 泰州學派和王畿使王學成為廣泛的社會思潮而席捲明末。這為恰在其時來到中國的天主教充當了媒介。

第一，王學的解禁打破了程朱理學對思想的壟斷，創造了天主教作為新的信仰價值系統得以輸入和傳播的文化氛圍。明代以程朱理學

* 陳衛平，華東師範大學教授、中國哲學史學會副會長。

① 黃宗羲：《明儒學案》，《黃宗羲全集》第 15 冊，浙江古籍出版社，2012 年，第 767 頁。

為信仰價值系統的最高權威，「言不合朱子，率鳴鼓而攻之」。① 在這樣的文化氛圍裏，天主教不可能被接納。萬曆初期張居正死後，曾被嘉靖皇帝判為「邪説」而遭禁錮 50 年的王學全面解禁，造成了「嘉、隆之後，篤信程朱，不遷異説者，無復幾人矣」② 的局面。作為域外異説的天主教此時傳入中國，適逢其會。同時由於王學本身剛從「邪説」翻身，因而對於不同於以往正統儒學的天主教是比較寬容的。已有論著指出在利瑪竇等最初進入中國的階段，給予幫助者均是王學或傾向於王學的學者。③

當然，王學能成為天主教的接引者，更在於其良知準則論蘊含着反對思想壟斷，寬容異説的思想精神。王陽明強調以自家內在的「心」（良知）而不是聖賢經典作判斷是非善惡的準則。王畿和泰州學派將此大加發揮。王畿把自信自家良知和依傍聖賢及經典格套相對立：「世之儒者，以學在讀書、學在效先覺之所為，未免依籍見聞，仿循格套，不能自信其心」。④ 泰州學派直截了當地指出聖賢的學説並無神祕性：「百姓日用條理處，即是聖人之條理處。」⑤ 羅汝芳以摒棄外在權威的束縛為快事：「解纜放船，順風張棹；則巨浸汪洋，縱橫任我，豈不一大快事也哉！」⑥。王學的解禁使得如此觀念成為社會思潮而大肆氾濫，以程朱為儒家正統的信仰價值系統遭到了貶黜，如時人所説：隆萬年

① 朱彝尊：《道傳錄 · 序》，《曝書亭全集》，吉林文史出版社，2009 年，第 413 頁。
② 張廷玉等：《明史 · 儒林傳序》，《明史》第 24 冊，中華書局，1974 年，第 7222 頁。
③ 參見朱維錚：《利瑪竇在中國》，《走出中世紀》（增訂本），復旦大學出版社，2007 年，第 74－79 頁。
④ 王畿：《書貞俗券序》，《王畿集》，鳳凰出版社，2007 年，第 363 頁。
⑤ 王艮：《王心齋先生遺集》，《王心齋全集》，江蘇教育出版社，2001 年，第 10 頁。
⑥ 黃宗羲：《明儒學案》，《黃宗羲全集》第 15 冊，第 837 頁。

間，「學脈之瞀亂，於斯為極。不惟詘紫陽，幾祧孔孟」。[①] 正統儒家學脈的紊亂，意味着原有信仰價值系統已經無法有效收拾人心，這必然導致其他新學異說則紛紛出台。這就為天主教傳播提供了空間。如《明史·意大里亞傳》所説，西方傳教士「所著書多華人所未道，故一時好者咸尚之，而士大夫如徐光啟、李之藻輩，首好其説，自為潤色其文詞，故其教驟興」。徐光啟、李之藻、楊廷筠有明末天主教「三柱石」之稱。可見，由於王學風行動搖了程朱正統儒家信仰價值的權威，形成了另覓新異價值信仰的文化氛圍，青睞天主教正是這種文化氛圍的產物。徐光啟的業師黃體仁、座師焦弘都以王學為宗，後者是泰州學派名士。徐光啟深受王學影響，他為焦弘《淡園續集》作序，指出文章有「朝家之文」「大儒之文」「大臣之文」三種，對人的影響也有三種，即「當物者使人油然以思，若潤於膏澤；入心者使人惕然以動，若中於肌骨；切用者使人俯拾抑取，若程材於鄧林，而徵寶於春山」，能夠融三種文章和三種影響於一身，「兼長備美，讀其文而有益於德，利於行，濟於事」的，「近世見陽明氏焉，於今見先生」。他認為王學最可取之處是能激發人們越出常規來考慮問題，「平心以求諸六經，終覺紫陽氏為順守，而彼氏（陽明氏）為逆取」。[②] 所謂「順守」就是恪守固有的格套，所謂「逆取」就是敢於打破傳統的常規。打破常規往往和懷疑精神相聯繫，後者是前者的先導。徐光啟自稱「啟生平善疑」，[③] 這與王學的「逆取」有密切關係。可以説，徐光啟接受和傳揚天主教，

① 陸世儀：《高顧兩公語錄大旨》，《陸桴亭選集》，《續修四庫全書》集部，上海古籍出版社，2002 年，第 1398 冊，第 446 頁。

② 徐光啟：《尊師淡園焦先生續集·序》，《刻〈紫陽朱子全集〉序》，《徐光啟全集》第 9 冊，上海古籍出版社，2010 年，第 290、295 頁。

③ 徐光啟：《二十五言·跋》，《徐光啟全集》第 9 冊，第 268 頁。

是經過對以往正統思想的疑慮而做出的破除常規的「逆取」之舉。

王學發揚源自陸象山「東海西海，心同理同」的思想，也體現了反對思想壟斷、容納不同學說的精神。王學的解禁使得這個思想成為不同學說並存相通的重要依據，很多人接受天主教就是如此。這裏略舉幾例：李之藻說，讀了西學之書，「信哉『東海西海，心同理同』，所不同者，特語言文字之際」；[①] 馮應京看了利瑪竇《交友論》後，「益信東海西海、此心此理同也」；[②] 楊廷筠認為儒學和從萬里之外的天主教相通並不奇怪，因為「象山有言：四海之內，此心此理同也，以地拘之非也」；[③] 從這些話語不難看到，王學解禁使其反對思想壟斷、寬容異說的精神得以彰顯，從而對天主教產生了接引作用。

第二，王學注意倫理學的自願原則，為天主教教義的傳播架設了思想橋樑。法國耶穌會士裴化行對此有所揭示，他說程朱理學喜歡「扣住字面不放」，類似「熱衷於狹隘、強迫別人接受、註釋傳統禮儀」而反對外來希臘文化影響的法利賽人，而「某些溫和學說的影響，例如王陽明的直覺倫理學，仍然使得利瑪竇的某些聽眾有了接受基督信息的思想準備」。[④]

王學有別於程朱的表現之一，是注意到了被程朱忽視的自願原則。在倫理學上，自願原則以為道德行為出於意志自由的選擇；自覺原則強調道德行為出於理性的自覺。正統儒學從孔孟到董仲舒直至程朱，認為倫理綱常出於天命、天理，人們只能認識它，自覺地順應和

① 李之藻：《〈天主實義〉重刻序》，《明末天主教三柱石文箋註》，道風書社，2007 年，第 142 頁。

② 馮應京：《刻〈交友論〉序》，《利瑪竇中文著譯集》，復旦大學出版社，2001 年，第 116 頁。

③ 楊廷筠：《聖水紀言》，《明末天主教三柱石文箋註》，第 204 頁。

④ 裴化行：《利瑪竇神父傳》上冊，商務印書館，1993 年，第 305 頁。

服從它。王陽明以內在的良知為本體，注重自願原則。王畿和泰州學派更突出了這一點。王畿說：「不論在此在彼，在好在病，在順在逆，只從一念靈明，自作主宰，自去自來，不從境上生心……便是真為性命」。[①] 德性的自我培養（「真為性命」）由靈明自作主宰而不是對外在之「境」的被迫服從。泰州學派認為德性修養的成功與否均取決於主體的自我選擇：「自成自道，自暴自棄」。[②] 這樣的自我選擇表現了意志自由的自主性：「獨即意之別名……自做主張，自裁自化，故舉而名之曰獨」。如此自主性的意志自由不受「見聞才識之能，情感利害之便」[③] 的制約。

天主教在倫理學上繼承了西方哲學注重自願原則和意志自由的傳統，認為人在道德和信仰領域應有出於意志自由的自主選擇，人是否服從或信仰上帝，都是自願選擇的結果，唯此上帝的賞善罰惡才有意義。利瑪竇說：「意者心之發也。金石草木無心則無意……善惡是非之心內之意為定。……故吾發意從理，即為德行君子，天主佑之；吾溺意獸心，即為犯罪小人，天主且棄之矣」。[④] 善惡是主體意志自由選擇的結果。傳教士陸安德以寓言對比作了形象的說明：一少年行至歧路，一平坦路有美女，一岐嶇路有賢婦，美女和賢婦均請少年登上自己的路程，少年選擇了崎嶇之路，經歷艱險，終享真福。[⑤] 這裏以美女為誘人作惡之妖魔，以賢婦為勸人為善之福音，何去何從，由你自己作主。

① 王畿：《答周居安》，《王畿集》，第 335 頁。

② 王艮：《王心齋先生遺集》，《王心齋全集》，第 18 頁。

③ 王棟：《王一庵先生遺集》，《王心齋全集》，第 149 頁。

④ 利瑪竇：《天主實義》，《利瑪竇中文著譯集》，第 59—60 頁。

⑤ 參見陸安德：《真福直指 · 自序》，《明清間耶穌會士譯著提要》，上海書店，2010 年，第 51 頁。

由於王學和天主教都注重自願原則，因而王學風行就成為天主教傳播的思想張力。《四庫全書總目提要》在論及畢方濟的《靈言蠡勺》時已指出這一點：「明之季年，心學盛行，西士慧黠，摭佛經而變幻之，以投時好，其說驟行，蓋由於此，所謂物必腐而後出生，非盡持論之巧也」。[①]《靈言蠡勺》專言「亞尼瑪」即靈魂。在天主教義中，靈魂不滅與意志自由相聯繫。湯若望說：人類有了靈魂，才有為善作惡的意志自由，「凡人自專自主，全由靈力」，於是人「能究是非，能辯可否，肯與不肯能決於己」；於是上帝賞善罰惡就加之於不滅的靈魂，「靈之在身，為惡享世福，為善蒙世禍者，往往而有，是生時既未報，報亦未盡，豈應死後遽滅，縱惡而負善乎？」[②] 所以，《四庫全書總目提要》認為王學和天主教靈魂不滅說意氣相投並非虛言。在傳教士論述靈魂的著作中，可以看到不少類似王畿和泰州學派的說法。茲舉兩例：艾儒略說「西士」論亞尼瑪的主旨在於「醒人僉應認己，固惟有人認己，則知己之靈性有由來，美逾萬象，韜含匪小，定罔敢自暴棄」。[③] 巴多明說：成才與成德有所不同，「才之為道，非廣博見聞，不能增其學識，非日精月累，不能臻於老成。⋯⋯惟大德行則不然，不專在乎讀聖賢書，受父師訓，自用其力也」。[④] 這些說法從內容到語句，都和上述王畿、泰州學派的說法相當吻合。

可以說，由於王學在一定程度上突出了久被正統儒學所忽視的自願原則，因而它的風行使得為其薰習的士大夫頗能領悟和接受天主教

① 紀昀總纂：《四庫全書總目提要》卷一百二十五，河北人民出版社，2000 年，第 3237 頁。
② 湯若望：《主制羣徵》，《續修四庫全書》子部，第 1296 冊，第 578 頁。
③ 艾儒略：《性學粗述．自序》，《明清間耶穌會士譯著提要》，第 159 頁。
④ 巴多明：《德性譜．序》，《明清間耶穌會士譯著提要》，第 36 頁。

教義包含的自願原則。前文引述的裘化行關於王學「直覺倫理學」有助於中國士人接受基督教的說法就道出了這一點。徐光啟說：中國歷來「帝王之賞罰，聖賢之是非，皆範人於善，禁人於惡，至詳極備，然賞罰是非，不能及人之中情」，實際上這是批評正統儒學要求人們遵守道德規範只是外在的而不是出自情願的；對於天主教，他則說：「其法能令人為善必真，去惡務盡，蓋所言上主生育拯救之恩，賞善罰惡之理，明白真切，足以聳動人心，使其愛信畏懼，發於由衷故也。」① 所謂「聳動人心」「發於由衷」是強調出於內心的意願。楊廷筠在對「天主不予人至善釋疑」時說：「天主生人獨異於萬物，欲令其能自專也。自專者所作善惡由己，可以功罪課之。不能自專者，所作善惡不由己，不得以功罪加之」，② 認為人與萬物的根本區別在於為善行惡是否出於「自專」即自由意志。王徵說：「西學向天主三德，信為之首……言信者心之真嗜，非必見之，非必聞之，待見待聞，其信猶淺之者」。③ 這清楚地道出天主教的信仰原則不是以見聞之類的經驗知識而是以內心的自願為基礎。瞿式耜以泰州學派的語言來表述對天主教靈魂說的自願原則的理解：「上曰靈魂，即人魂也……庶上主所以生物之意，在人能物物，不物於物之意，皆洞達無疑，殆如夢者一喚而使知覺乎？詠鳶魚之詩，先儒嘗活潑潑地。讀是編而不於官骸知覺外，恍有所存焉，亦難語萬物之靈矣」。④「鳶魚」「活潑潑」等語，是泰州學派常用

① 徐光啟：《辨學章疏》，《徐光啟全集》第 9 冊，第 250 頁。
② 楊廷筠：《天釋明辨》，《明末清初天主教文獻彙編》第三卷，北京大學宗教研究所，2003 年，第 126 頁。
③ 王徵：《代疑篇．序》，《明末清初天主教史文獻新編》下冊，國家圖書館出版社，2013 年，第 1535 頁。
④ 瞿式耜：《性學粗述．序》，《明清間耶穌會士譯著提要》，第 157 頁。

的，如王艮說：「良知之體，與鳶魚同一二活潑潑地」。[①] 瞿式耜以此說明上帝賦予的靈魂是自主自願的，不屈從於外物的意志。

第三，王學大興講學會的風氣，對天主教的傳播提供了組織形式上的借鑒。講學會在明代中葉以後蓬勃發展，肇始於王陽明的講學活動，如陸世儀所說：「至正、嘉時，湛甘泉、王陽明諸先生出，而書院生徒乃遍天下，蓋講學於斯為爛漫矣。……迄於隆、萬，此時天下幾無日不講學，無人不講學。」[②] 講學如此盛況，講學會自然是蔚為大觀。明代中晚期的講學會數目之大，不易統計。[③] 就嘉、萬時期而言，最重要、最有影響的講學會都與王學學者有直接關係，可以說就是「王學講會」，他們還組織了各種名稱的「會」，如「惜陰會」「青原會」「水西會」等等[④]。王學熱衷於講學和組織講學會，如余英時所說走的是「覺民得道」的路線，[⑤] 因而王陽明及其後學十分注重通過會約、鄉約來佈教於平民。這樣的組織形式被恰在此時傳入的天主教借鑒，成為在城鄉民間宣教的重要渠道。明清之際在上海、杭州、福建、陝西、山西等地形成了不少宣講天主教的「會」，如「仁會」「興仁會」「善終會」「苦難會」「天神會」等等；也有會約，如王徵寫的《仁會約》；韓霖寫的《鐸書》則是從天主教教義出發的鄉約。[⑥] 這對於他們所在的陝西、山西這樣的偏僻地區傳佈天主教信仰起到了很顯著的作用。《鐸書》是為在鄉

① 王艮：《王心齋先生遺集》，《王心齋全集》，第 11 頁。

② 陸世儀：《高顧兩公語錄大旨》，《陸桴亭選集》，《續修四庫全書》集部，第 1398 冊，第 446 頁。

③ 參見陳寶良：《中國的社與會》，浙江人民出版社，1996 年，第 310－314 頁。

④ 參見陳來：《明嘉靖時期王學知識人的會講活動》，《中國近世思想史研究》，商務印書館，2003 年。

⑤ 參見余英時《朱熹的歷史世界》《現代儒學的回顧與展望》《宋明理學與政治文化》等論著。

⑥ 參見黃一農：《兩頭蛇：明末清初的第一代天主教徒》第 7 章，上海古籍出版社，2006 年。

約講會上宣衍明太祖《聖諭六言》而編撰的，這更是直接對王學講學會的借鑒。在王學學者如泰州學派的顏農山、羅汝芳及其弟子楊起元等人的講學會中，不時能夠看到對《聖諭六言》的宣示。王學講學從「覺民得道」出發，因而注重文體通俗，貼近民間，特別顏農山用了很多便於傳唱的歌、詞。這也為宣揚天主教所借鑒，如格言類的《二十五言》等，語言淺近；《聖夢歌》押韻順口；《儒交信》用語體文撰寫，每回前有曲調，純然是小說體。更重要的是王學尤其是泰州、龍溪「益啟瞿曇之祕而歸之師，蓋躋陽明而為禪矣」，① 即把王學進一步朝着佛教的方向發展，將儒學傳統中的神祕體驗發展得最為充分，表現出與宗教的神祕體驗基本一致的傾向，因此他們的講學會就有一些宗教的氣氛，有的甚至與民間宗教組織差不多了，如顏農山的「萃和會」。② 這為上述的天主教民間會社提供了組織樣式和宗教體驗的準備。

二、接引天主教與明清之際重建信仰價值的新藍圖

明清之際王學對天主教的接引，意味着天主教成為內在於這個時期中國思想的元素，這突出表現在它成為重建信仰價值系統新藍圖的重要資源。這裏涉及如何認識明清之際思想的性質。學界論述中國思想史或哲學史，都把明清之際作為介於宋明理學和近代之間的相對獨立階段。那麼，這個獨立階段的性質是什麼呢？學界公認明清之際思

---

① 黃宗羲：《明儒學案》，《黃宗羲全集》第 15 冊，第 767 頁。

② 參見陳來：《儒學傳統中的神祕主義》《明代的民間儒學與民間宗教》，《中國近世思想史研究》，商務印書館，2003 年。

想的整體走向是反省宋明理學。然而，對其性質則評價不一，或謂早期啟蒙，或謂批判總結，或謂進步思潮。我以為這一走向也許可以表述為：重建後宋明理學時代的思想世界。因為早期啟蒙是以出現資本主義萌芽為社會依據的，但明清之際是否具有資本主義萌芽至今尚無定論；而批判總結的過程就是重建的過程，以「重建」為關鍵詞，表達了批判總結的宗旨所在；至於將批判理學視為「進步」，顯然不很妥當，其實這個時期的思想家對理學和心學亦有肯定，況且「進步」與否僅是政治判斷，不能全面概括這一走向的性質。重建后理學時代的思想世界，主要有信仰價值和知識思維兩個層面。這裏僅僅闡述天主教和「三柱石」重建信仰價值系統新藍圖的關聯。所謂新藍圖是指與明清之際三大思想家王夫之、黃宗羲、顧炎武相比較而言的。因此，這裏先對這三位的重建后理學信仰價值系統略作申述。

王夫之自題的堂聯「六經責我開生面」，是其在反省宋明理學基礎上重建信仰價值系統的宗旨。對於宋明理學，他是「宗師橫渠，修正程朱，反對陸王」；而這是與反對佛教相聯繫的，「船山宗旨是徹底排除佛教，闢陸王為其近於佛老，修正程朱亦因其有些地方還沾染佛老。只有橫渠『無絲毫沾染』，所以認為聖學正宗」。[①] 由此重建信仰價值系統，是繼承了張載的氣本論，「言心言性，言天言理，俱必在氣上說」。因此，在天道觀上，用氣本論辨析理氣（道器）、有無（動靜）等問題，以把握「實有」即真實的存在為聖賢學問。他說：「誠，以言其實有爾。」釋「誠」為「實有」，而「盡天地只是個誠，盡聖賢學問

① 嵇文甫：《船山哲學》，《王船山學術論叢》，生活 · 讀書 · 新知三聯書店，1962 年，第 109、116 頁。

只是個思誠」[①]。在人道觀上，發揚張載的「知禮成性變化氣質之道」，[②]以成性說反對宋明理學復性說，強調性「日生而日成」，在繼善成性之「繼」字上努力，不斷地擇善棄惡，由此成為聖人，「至於繼，而作聖之功蔑以加矣」。[③]

黃宗羲「以六經為根柢」[④]來重建后理學時代的信仰價值系統。他認為晚明的整個「學問之事」即思想世界處於沒有統一根柢的碎片化狀態：「夫一儒也，裂而為文苑、為儒林、為理學、為心學」，喪失了支撐世道人心的信仰價值功能，「今之言心學者，則無事乎讀書窮理；言理學者，其所讀之書不過經生之章句，其所窮之理不過字義之從違。薄文苑為詞章，惜儒林於皓首，封己守殘，摘索不出一卷之內。其規為措註，與讖兒細士不見長短！天崩地解，落然無與吾事，猶且說同道異。自附於所謂道學者，豈非逃之者之愈巧乎？」這裏的天崩地解不僅指社會變動，更是指信仰價值大廈的轟然倒塌。因此，黃宗羲以重建倒塌的信仰價值系統為使命：「儒者之學，經緯天地。」[⑤]經緯天地之儒學就是對天崩地解的信仰價值世界的重建。這對於宋明理學和佛學的取捨是：認同「聖人之學，心學也」，但又力圖彌補其空疏之弊；鄙視巧避現實，淪為「道學之鄉愿」的程朱派理學家；[⑥]所著《破

---

① 王夫之：《讀四書大全説》，《船山全書》第 6 冊，岳麓書社，1991 年，第 1109 頁；《張子正蒙註》，《船山全書》第 12 冊，岳麓書社，1992 年，第 74 頁；《讀四書大全説》，《船山全書》第 6 冊，第 996 頁。

② 呂大臨：《橫渠先生行狀》，《張載集》，中華書局，1978 年，第 383 頁。

③ 王夫之：《尚書引義》，《船山全書》第 2 冊，岳麓書社，1988 年，第 299 頁；《周易外傳》，《船山全書》第 1 冊，岳麓書社，1988 年，第 1008 頁。

④ 全祖望：《梨州先生神道碑文》，《鮚埼亭文集選註》，齊魯書社，1982 年，第 105 頁。

⑤ 黃宗羲：《留別海昌同學序》《贈編修弁玉吳君墓誌銘》，《黃宗羲全集》第 20 冊，第 561、450 頁。

⑥ 黃宗羲：《明儒學案》，《黃宗羲全集》第 13 冊，第 188 頁；《孟子師説》，《黃宗羲全集》第 1 冊，第 154 頁。

邪論》有不少篇章批判佛教。以如此取捨為基礎的信仰價值世界的重建，反映在天道觀上，既說「盈天地皆心也」，又說：「盈天地間皆氣也」，還說：「心即理也，」「心即氣也。」① 這是以氣為溝通心與物、心與理的中介，「我與天地萬物一氣流通，無有礙隔。故人心之理，即天地萬物之理，非二也。」② 這是綜合心本論、氣本論、理本論而重建世界統一原理。心即氣表現在人道觀上，主要是修正王學末流割裂工夫和本體的弊病，強調「工夫所至，即其本體」，即事功與道體的統一，「以救空空窮理」而還以陽明「聖人之學」③ 的本色。

顧炎武對於后理學信仰價值系統的重建，同樣以伸張經學、拒斥佛學和反省宋明理學為主旨，他說：「古之所謂理學，經學也」；「今之所謂理學，禪學也，不取之五經，而但資之語錄。」④ 認為類似禪學的理學作為信仰價值系統，概而言之，就是「以明心見性之空言，代修己治人之實學」。⑤ 因此，必須「撥亂反正」，⑥ 重建修己治人之實學的信仰價值系統。這裏的「明心見性之空言」，主要指向陸王心學，也涉及程朱理學。不過，顧炎武以朱熹為信仰價值系統重建的引導者，他肯定「朱子一生效法孔子，進學必在致知，涵養必在主敬，德性在是，問學在是」，認為專言涵養以解釋朱熹，是對心學的附會。顧炎武的作為信仰價值系統的修己治人之實學，其天道觀以為「盈天地之間者氣

---

① 黃宗羲：《明儒學案．序》，《黃宗羲全集》第 13 冊，第 3 頁；《明儒學案》，《黃宗羲全集》第 17 冊，第 649 頁；《明儒學案》，《黃宗羲全集》第 13 冊，第 188 頁；《孟子師説》，《黃宗羲全集》第 1 冊，第 57 頁。

② 黃宗羲《明儒學案》，《黃宗羲全集》第 14 冊，第 556 頁。

③ 黃宗羲：《明儒學案．序》《明儒學案》，《黃宗羲全集》第 13 冊，第 3、185 頁。

④ 顧炎武：《亭林文集》，《顧炎武全集》第 21 冊，上海古籍出版社，2011 年，第 109 頁。

⑤ 顧炎武：《日知錄》，《顧炎武全集》第 18 冊，第 308—309 頁。

⑥ 顧炎武：《亭林餘集》，《顧炎武全集》第 21 冊，第 230 頁。

也」，「氣之盛者為神」；而「理」是氣之流行的秩序，因此，「心不待傳也，流行天地間，貫徹古今而無不同者，理也。理具於吾心而驗於事物。」這樣的天道觀是把朱熹「心具眾理而應萬事」轉化為「驗於事物」，即以下學為上達的進路，「由朱子之言以達夫聖人下學之旨」。[①] 在人道觀上，修己治人之實學提出「行己有恥」，這不僅要在「辭受」「取與」之間有所不為，而且要有天下興亡的責任感，「恥匹夫匹婦有不被其澤」；「士不先言恥，則為無本之人。」[②] 行己有恥就是對為人之本的重建。

比照王、黃、顧對信仰價值系統的重建，「三柱石」提供了重建另一幅藍圖。這就是徐光啟說的，以天主教「補儒易佛」。他在聽聞利瑪竇闡述天主教「大旨」後感慨道：「余向所歎服者，是乃糟粕煨燼」，認為儒學「空有願治之心，恨無必治之術，於是假釋氏是說以輔之」，然而「奈何佛教東來千八百年，而世道人心未能改易，則其言似是而非也。」認為佛教其實是沿襲了老莊思想、夾雜着道教符籙，因而使得善惡之教化流於虛無荒謬，如果「必欲使人盡為善，則諸陪臣所傳事天之學，真可以補益王化，左右儒術，救正佛法」。[③] 這意味着在「向所歎服」的本土信仰之外，尋求重建信仰價值系統的思想資源。李之藻指出，這就要求突破獨尊華夏文明而鄙視其他文明為蠻夷的狹隘頑固的傳統觀念：「惟拘守舊聞，自矜極致，妄謂世無域外之境界，人無

---

① 顧炎武：《日知錄》，《顧炎武全集》第 19 冊，第 729 頁；《日知錄》，《顧炎武全集》第 18 冊，第 78 頁；《日知錄》，《顧炎武全集》第 19 冊，第 717—718 頁；《亭林文集》，《顧炎武全集》第 21 冊，第 195 頁。

② 顧炎武：《亭林文集》，《顧炎武全集》第 21 冊，第 93 頁。

③ 徐光啟：《二十五言．跋》《辨學章疏》，《徐光啟全集》第 9 冊，第 268、250、250—251 頁。

超性之明理。局小心量，靈機不活」。① 楊廷筠説得更加明白：「中國自有二氏（引者按：指佛道二教），幾與吾儒並立為三，人生耳濡目染，童習白紛，自謂名理已盡於此，此外可無置喙矣。乃有西學，言天而確言主，實補吾儒之傳。非仙非佛，超出三教之表」。② 顯然，在中國人基本為夷夏傳統蒙蔽的時候，這是前所未有的新視野，也是王、黃、顧不具有的。

所謂「補儒易佛」，亦為利瑪竇等傳教士的天主教「合儒」「補儒」的重要內容。所謂「合儒」，是論證天主教與「先儒」即先秦儒家經籍的思想相一致，如利瑪竇引證《詩經》《尚書》《周易》等，證明這些典籍中的「上帝」就是天主教的「天主」；於此同時是拒斥佛、道，認為天主教的上帝是「實」和「有」，與佛、道的「空」和「無」大相徑庭，而與儒學的「有」和「誠」大抵相似。③ 所謂「補儒」有三個方面：其一，漢代以降的「後儒」尤其是宋明理學為佛、道污染，湮滅了「先儒」崇奉天主的真諦，因而必須予以補救，利瑪竇説：對於「儒教目前最普遍信奉的學説……我們試圖駁斥這種哲學，不僅僅是根據道理（引者按：指天主教教義），而且也根據他們自己古代哲學家的論證，而他們現在的全部哲學都是有負於這些古代哲學家的」；④ 其二，即便是先儒，也只講了「率性」（因性）即有形世界的道理，而天主教不僅包括了有形世界的道理，還以「超性之學」論證了有形世界之外的天堂

① 李之藻：《代疑編 · 序》，《明末天主教三柱石文箋註》，第 185—186 頁。

② 楊廷筠：《代疑編》，《明末天主教三柱石文箋註》，第 329 頁。

③ 利瑪竇《天主實義》第二篇説：「吾天主，乃古經書所稱上帝。」「二氏之謂曰無、曰空，於天主理大相刺謬，其不可崇尚明矣。夫儒之曰有、曰誠，雖未問其釋，固庶幾乎！」《利瑪竇中文著譯集》，第 15 頁。

④ 利瑪竇、金尼閣：《利瑪竇中國札記》，中華書局，2010 年，第 102 頁。

地獄的存在，彌補了儒學的缺失，傳教士利類思把神學譯著命名為《超性學要》突出地反映了這一點；其三，儒學的修身缺乏上帝監督和明確戒律，因而收效甚微，「貴邦儒者病正在此，第言明德之修，而不知人之意易疲，不能自勉而修，又不知瞻仰天帝，以祈慈父之佑，成德者所以鮮見」。① 如此的「合儒」「補儒」可以歸結為四個「實」：為古經證實、天主實存、天堂地獄實有、修養工夫切實。這就是利瑪竇最早系統闡釋天主教教義的《天主實義》之「實」的內涵。「三柱石」稱西學為「實學」，② 包含了對如此之「實」的認同，他們構建「易佛補儒」的信仰價值系統，吸取了傳教士的「合儒」和「補儒」：以儒家六經詮解上帝，大力辯駁佛教的虛妄，揭示宋明理學作為信仰價值系統種種缺陷，讚美天主教的修身戒律，肯定天堂地獄之說對於賞善懲惡的意義等等。對此很多闡述「三柱石」與天主教關係的論著已有充分闡述，這裏不再贅述。

就以六經為據、拒斥佛老和反省宋明理學來說，「三柱石」和王夫之、黃宗羲、顧炎武以及傳教士的「合儒」「補儒」是相同的。這反映了它們是后理學重建信仰價值系統共同性。「三柱石」不同於王、黃、顧的，是引入了天主教，為信仰價值系統的重建提供了另一幅藍圖。「三柱石」的「補儒易佛」也不同於傳教士的「合儒」「補儒」，後者意在從「合儒」「補儒」走向「超儒」，即以天主教取代儒學而成為中國人的信仰價值系統。「三柱石」拒絕了「超儒」論。他們的「補儒」是

---

① 利瑪竇：《天主實義》第七篇，《利瑪竇中文著譯集》，第 82 頁。

② 徐光啟說：傳教士「實心、實行、實學」（《泰西水法・序》，《徐光啟全集》第 5 冊，第 290 頁）；李之藻說：傳教士「真修實學」（《請譯西洋曆法等書疏》，《明末天主教三柱石文箋註》，第 181 頁）；楊廷筠說：「西賢之行皆實行，其學皆實學」（《代疑續編》，《明末天主教三柱石文箋註》，第 311 頁）。

把天主教置於補益儒學的輔助地位，仍然把儒學作為信仰價值系統的主幹。這反映在他們以儒家的治國平天下作為終極價值，將天主教作為實現儒家堯舜三代理想社會的教化手段。徐光啟說倘若天主教得以廣泛宣揚，「使敷宣勸化，竊意數年之後，人心世道，必漸次改觀。乃至一德同風，翕然丕變，法立而必行，令出而不犯，中外皆勿欺之臣，比屋成可封之俗，聖躬延無疆之遐福，國祚延永世之太平矣」[①]。這裏的「比屋可封」出自《尚書》，漢儒陸賈《新語．無為》指出：「堯舜之民可比屋而封，桀紂之民可比屋而誅者，教化使然」。李之藻和楊廷筠亦有相似的說法。[②] 徐光啟的名言「欲求超勝，必先會通；會通之前，必先翻譯」，[③] 是「三柱石」汲取包括天主教在內的西學的根本綱領，這就是在理解西學基本精神的基礎上，通過中西會通而求得超勝。對於重建信仰價值系統而言，這樣的「超勝」是雙重的：既「超勝」原有的儒學傳統，也「超勝」西來的天主教。為此需要進行中西會通，這表現在他們「補儒」的重要方面是天主教和儒學的會通。

這突出反映在「三柱石」對待宋明理學的態度上。西方傳教士為了在信仰價值上用天主教取代儒學，把中國人現實信仰價值系統即宋明理學當作對立面，基本上予以全盤否定。與此不同，「三柱石」注意以宋明理學詮釋天主教教義，於是，「補儒易佛」的信仰價值新藍圖表現出對宋明理學的「接着講」。傳教士拒斥程朱對六經的解說，「三柱石」則多方面以程朱的經說來詮釋天主教。徐光啟引用程朱對佛學的批評，以證明天主教教義的正當性：「朱子謂輪迴之說，止可以愚庸釁

① 徐光啟：《辨學章疏》，《徐光啟全集》第9冊，第251頁。
② 參見《明末天主教三柱石文箋註》，第174、336頁。
③ 徐光啟：《曆書總目表》，《徐光啟全集》第9冊，第198頁。

婢」，「先儒謂佛氏知性，不知有天命之性，故言性不言天。」① 認為朱熹批評佛教輪迴說和只言性不言天，都和天主教教義相吻合。傳教士強調「後儒」遮蔽了六經對天主的信仰，而李之藻則指出，《周易》作為「文字祖」，開篇即言「乾元」，又言「帝出乎震」，「紫陽氏解之，以為『帝者，天之主宰』」。② 楊廷筠進一步指出，朱熹能做出如此解釋，在於把「帝」和「天」統一了起來，「宋儒分別以形體言謂之『天』，以主宰言謂之『帝』。至《中庸》則曰：『郊社之禮，所以祀上帝也』。《易．繫辭》：『帝出乎震』。朱子釋之曰：『帝者，天之主宰』，則已顯然。明有一主，而豈西儒倡為之說哉！」③ 認為朱熹的解釋表明了對天主的肯定。

「三柱石」還在深層次理論上會通宋明理學與天主教。徐光啟以為朱熹理學的「順守」與陽明心學的「逆取」，對於構建信仰價值系統各有所長，但它們之所長即是它們之所短。陽明「逆取」，注重德性教化與出於意志自由的自願相聯繫，但王學後學由此產生行為狂妄而無視規範之弊，即「非名教之所能羈絡」；④ 朱熹「順守」，把德性培養與出於理性自覺的遵守禮教規範相聯繫，強調理即禮，但存在着以必然之理（禮）束縛內在情意之弊；徐光啟把天主教的注重自願原則與王學相會通，以克服理學忽視自願之弊；又把天主教的信徒「都要遵依了十戒，從自己身心上實實做出來」，⑤ 即要求人人必須切實遵守戒律與理

---

① 徐光啟：《辟釋氏諸妄》，《明末天主教三柱石文箋註》，第 130、133 頁。

② 李之藻：《〈天主實義〉重刻序》，《明末天主教三柱石文箋註》，第 139 頁。

③ 楊廷筠：《代疑續編》，《明末天主教三柱石文箋註》，第 279 頁。

④ 黃宗羲：《明儒學案》，《黃宗羲全集》第 15 冊，第 767 頁。

⑤ 徐光啟：《造物主垂象略說》，《徐光啟全集》第 9 冊，第 384 頁。

學注重禮教相會通，以避免王學肆意妄為之弊。① 李之藻特別注意《天主實義》運用的邏輯論證方法：「緣數尋理，載在《幾何》，本本元元，具存《實義》諸書。」認為《天主實義》用《幾何原本》「緣數尋理」即邏輯推理的方法構建信仰價值體系，是儒學「格物窮理」不具有的；並指出邏輯推理的過程，以聖人並非完全把握終極真理為前提，「及其至也，聖人有不能不知焉」，因而這個過程充滿不同意見的討論和辯駁，「一翻新解必一翻討論，一翻異同必一翻疑辨，然後真義理從此出焉。」因此，這樣的方法歸根結底說明真義理「求諸自心」。② 這是把邏輯推理方法和王學的良知準則作了會通。楊廷筠認為，中西會通是完善信仰價值之道的必由之路。他說：「道之大者，古今不能盡，固有昔所略，而今則顯；昔未有，而今始闢；昔晦蝕，而今大明」，中西會通猶如「水火梅鹽相濟」，③ 將使信仰價值之道有新發展。他尤重在心性之學上融合宋明理學與天主教。他提出「人有三種性光」，即「良知良能，謂之本性之光」，還有信奉天主的「超性之光」和死後升入天堂的「真福之光」。④ 這裏把王學性善論的良知本性和天主教的超性之光、真福之光糅合起來，意在既超越儒學的性善論，又超越帶有性惡論涵義的天主教原罪說。他在說明宋明理學「仁者以天地萬物為一體」和天主教強調人性與物性、此岸與彼岸分別並不矛盾時說：「明儒特醒之

① 徐光啟批評王學「後進之士波盪而從之，則紫陽一脉幾欲敝帚相視」，同時推許朱熹之學「實行實功，有體有用」（刻《〈紫陽朱子全集〉序》，《徐光啟全集》第 9 冊，第 295 頁），即有此含義。

② 李之藻：《同文算指．序》《代疑編．序》，《明末天主教三柱石文箋註》，第 158、185—186 頁。

③ 楊廷筠：《代疑續編》，《明末天主教三柱石文箋註》，第 274、276 頁。

④ 楊廷筠：《代疑編》，《明末天主教三柱石文箋註》，第 266 頁。

曰：物我一體，分雖殊而理則一，派雖別而源則同。」[①] 這是用理學的「理一分殊」來調和心性學上天主教與宋明理學的矛盾。從兼取程朱和陸王來説，「三柱石」的「補儒易佛」和王、黃、顧有共同之處，這意味着他們與後者一樣，試圖從宋明理學轉化出新的儒學價值系統。就王、黃、顧來説，如此的新價值系統的重要標誌是從以四書為中心轉到以五經為中心；而對「三柱石」來説，這個新價值系統則表現為儒學化的天主教。王學接引天主教的意義，就在於是構建這個新價值系統的起點。

① 楊廷筠：《代疑編》，《明末天主教三柱石文箋註》，第238頁。

陽明心學的價值追求及其現代意義

丁為祥 *

摘　要：價值觀念往往由主體意識而生成，亦因為其在社會生活中的落實與表現而成為人生世界的靈魂。但這並不是說價值觀念就與主體意識同步而生，而是必然要表現為此前價值觀念的某種繼承與發展；只有在主體精神真正確立之後，新的價值觀念才能真正生成。價值觀念的這一特點也充分表現在王陽明一生的實踐追求中：從其「讀書學聖賢」的理想到「身心之學」的方向再到其個體精神的確立以及內在性探索的開闢，也就使得儒家的慎獨、誠意傳統得以激活，其「世界」之個體性也得以真正形成。這種扎根於「慎獨」傳統並由「誠意」所表現的應世面向，也就為儒學從農耕文明到工商文明的過渡與發展提供了一種價值觀的基礎；而由此所形成的獨立、平等的自立精神與人際關係中的職業操守與契約原則，不僅體現着個體立身行事的基本精神，而且也代表着陽明心學對於現代工商文明所具有的積極意義。

*　丁為祥，陝西師範大學教授、中華孔子學會陽明分會副會長。

關鍵詞：王陽明　價值追求　個體精神　誠意　現代意義

王陽明（1472—1529）是距離我們最近，也最具有現代蘊含的一位儒家思想大師，但在以往的研究中，人們往往聚焦於陽明心學的思想命題進行理論性的詮釋與闡發，或者視其為人生的榜樣而又僅僅停留於名言背誦的層面，而對於陽明所真正繼承，並通過其人生實踐加以落實與彰顯的儒家做人精神反而關注不夠。所以，本文試圖通過陽明一生的價值追求來闡發其做人精神，並通過其人生實踐中所體現的價值觀念來闡發陽明心學所具有的現代價值與現代意義。

一、「讀書學聖賢」——陽明人生志向的形成

王陽明在歷史上的真正「亮相」，也就表現在其剛入私塾時與塾師的一段對話中，《王陽明年譜》記載：

> 嘗問塾師曰：「何為第一等事？」
> 塾師曰：「惟讀書登第耳。」
> 先生疑曰：「登第恐未為第一等事，或讀書學聖賢耳。」[1] 1221

這就是十一歲的王陽明在「始入私塾」時與塾師的一段對話。從這一對話來看，少年王陽明根本就沒有將「讀書登第」作為自己的人生目標。對於這一事件，人們當然可以將此事視為這就是王陽明對此前其父王華高中狀元一事的反應，意即陽明的人生志向並不以「登第」或所謂

「狀元」為限，而是有着更為高遠的人生追求；但也極有可能這不過是少年王陽明的一時之思——所謂「壯懷激烈」而已。因為在沒有與社會現實接觸之前，所謂空懷大志也可能是少年男兒的一種常態表現。

十一年後，王陽明就遭到了會試下第的打擊，這可以說是其人生中的第一次重大挫折。當時，「同舍有以不第為恥者，先生慰之曰：『世以不得第為恥，吾以不得第動心為恥。』識者服之。」[1]1223—1224 如果說所謂「讀書學聖賢」的志向不過是王陽明「少年不識愁滋味」的表現，那麼現在的「會試下第」則可以說是實實在在的「落榜」，但王陽明卻能夠「以不得第動心為恥」，這說明，其人生志向還是確有其真的。

王陽明的這種人生志向不僅貫徹了其一生，甚至還表現在其人生之終點上。請看陽明的臨終遺言：

……將屬纊，家僮問何所囑。

公曰：「他無所念，平生學問方才見得數分，未能與吾黨共成之，為可恨耳！」[1]1429

這說明，自從其形成「讀書學聖賢」的志向，王陽明是真正將其「學聖賢」的志向貫徹於其人生之始終的。當然反過來看，也可以說當其形成「讀書學聖賢」的志向時，也就已經形成了貫徹其一生的志向。

不過，在明代「此亦一述朱，彼亦一述朱」[2]的時代氛圍中，王陽明「讀書學聖賢」的志向也只能按照朱子學的路徑來設計。所以，當其高中浙江鄉試之後，也就有了一段按照朱子之教導進行「格竹子」實踐的公案。其《年譜》在二十一歲下記載：

> 是年為宋儒格物之學……遍求考亭遺書讀之。一日思先儒謂「眾物必有表裏精粗，一草一木，皆涵至理」，官署中多竹，即取竹格之；沉思其理不得，遂遇疾。先生自委聖賢有分，乃隨世就詞章之學。[1] 1223

這就由「格竹子」的失敗，王陽明也就陷入了其早年所謂的「三溺」或「五溺」經歷。實際上，當時所謂的「陷溺」之説，雖然是以王陽明的自述為基礎，但也首先是與其「讀書學聖賢」的志向相比較而言的；而「陷溺」之所以發生，又主要是因為其聖賢之路走不通，從而也就不得不退求其次的表現。一旦有了重探聖賢之路的契機，則陽明馬上就會擺脱這種「陷溺」，比如其二十七歲時所反省的「詞章藝能不足以通至道」——對應於辭章之溺、三十一歲所認識的「漸悟仙釋二氏之非」——對應於佛老之溺，包括其三十三歲主持山東鄉試時所堅持的「老佛害道，由於聖學不明」① 等等。在這裏，所有這些「陷溺」，其實也就像一種精神上的「鐘擺」一樣；而每一次的擺動，也都更接近於其「讀書學聖賢」的志向本身。

但陽明「讀書學聖賢」的志向卻不能不受到社會現實的衝擊，同時也包括其由自我反省所導致的自我糾偏的影響，並且也越來越接近於其所追求的「靶心」。那麼，這一過程是如何實現的呢？這就既存在着其在社會現實中「碰壁」「挫折」的因素，同時也存在着其志向之不斷地集中、凝聚與其本人之不斷地自我沉澱、自我澄澈的因素。

比如弘治十二年（1499），陽明以「舉南宮第二人」的「榜眼」

---

① 王守仁撰，吳光、錢明、董平等編校：《王陽明全集》，上海古籍出版社，1992 年版，第 1224—1225 頁。

身份高中科舉，觀政工部，這就進入朝廷官員的系列了。因為當時天有星變，皇上下詔求言，陽明當即上《陳言邊務疏》。他一開篇就寫道：

今之大患，在於為大臣者外託慎重老成之名，而內為固祿希寵之計；為左右者內挾交蟠蔽壅之資，而外肆招權納賄之惡。習以成俗，互相為奸。[1] 1224—1225

這就是王陽明在進入官場後第一次向皇上上書，這說明，在他看來，當時無論是朝中的「大臣」還是皇上的「左右」，實際上都已經陷入了一種所謂「雙重人格」或者是說一套做一套之「內外背反」的格局。

數年後，王陽明經過與學界的反覆交流，又發現當時的學界也陷入了一種所謂「專去知識才能上求聖人」的現象；而這二者的一個共同指向，也就在於都背棄了理學所堅持的「存天理，滅人欲」的做人精神。比如他對學界的風氣批評說：

後世不知作聖之本是純乎天理，卻專去知識才能上求聖人。以為聖人無所不知，無所不能，我須是將聖人許多知識才能逐一理會始得。故不務去天理上着工夫，徒弊精竭力，從冊子上鑽研，名物上考索，形跡上比擬，知識愈廣而人欲愈滋，才力愈多，而天理愈蔽。[1] 28

天下所以不治，只因文盛實衰，人出己見，新奇相高，以眩俗取譽。徒以亂天下之聰明，涂天下之耳目，使天下靡然爭務修飾文詞，以求知於世，而不復知有敦本尚實、反樸還淳之行：是皆著述者有以啟之。[1] 8

由於官場、學界本來就負有引導社會大眾、塑造社會風氣的責任，但這樣一種社會文化氛圍又會將整個社會帶領到什麼地方去呢？所以，其「讀書學聖賢」的志向也就必須首先落實為對這種病態的社會風氣的糾偏與救正。

正是在這種關懷的督促下，王陽明也就提出了其一生中的第一個為學主張，這就是「身心之學」。關於這一點，《年譜》曾有如下記載：

學者溺於詞章記誦，不復知有身心之學。先生首倡言之，使人先立必為聖人之志。聞者漸覺興起，有願執贄及門者。至是專志授徒講學。然師友之道久廢，咸目以為立異好名，惟甘泉湛先生若水時為翰林庶吉士，一見定交，共以倡明聖學為事。[1] 1226

很明顯，所謂「身心之學」就是要倡導一種真正能夠貫注於人之「身心」「內外」兩面的學問，這無疑是針對當時官場世界說一套做一套之「內外背反」現象的一種對治措施；不僅如此，它同時也對學界「專去知識才能上求聖人」的現象構成了一種有力的反撥。正因為「身心之學」的這一特點，所以學界也就以所謂「立異好名」來回應他的「身心之學」。這就說明，王陽明也首先是以糾偏與救正社會風氣的方式來落實、兑現其所謂「讀書學聖賢」的志向的。

二、個體性與內在性——對於「天理」的落實與推進

把自己「讀書學聖賢」的志向落實於對官場、學界風氣的糾偏與救正，表明王陽明的人生志向是起步於當下的現實人生及其實踐生活

的，但現實人生卻並不一定就起步於人生之當下，而是有其更為深入也更為根本之學術根源與學理依據的。這個根源和依據也就是作為明王朝之「國是」亦即作為明代國家意識形態的朱子學。因而，隨着王陽明對於明代社會風氣及其根源的認識，其批評的鋒芒也就不得不直接指向朱子學。

當然，這一點首先又是由朱子學在當時的地位與影響決定的。當明代學界形成所謂「此亦一述朱，彼亦一述朱」的風氣時，表明朱子學在當時已經形成了一種籠罩性的影響；而王陽明「讀書學聖賢」的志向，無疑也首先就是按照朱子學的路徑設計的，此所以會有「格竹子」的實踐以及數年後，當陽明告別辭章之學，也就又一次地按照朱子的「讀書之法」進行實踐。這表明，王陽明這一系列的人生實踐追求，實際上也都是在朱子學的指導下並按照朱子學的路徑來設計的。但對於這種聖賢之路，陽明卻無論如何都走不通。

問題究竟出在哪裏呢？關於這一點，如果我們承認陽明後來的轉向是合理的，那麼也就必須承認問題就出在朱子學本身；正是朱子關於天理的諸多規定以及其所存在的問題，才導致了王陽明從「格竹子」到實踐「讀書之法」之屢屢受挫；而其所以受挫的根本原因，也主要在於如下幾個方面：首先，從朱子所謂「一草一木，皆涵至理」來看，這固然是在強調天理存在的遍在性涵義，所以也就有了「一書不讀，則闕了一書道理；一事不窮，則闕了一事道理；一物不格，則闕了一物道理」[3]295 式的論說，但是，僅從朱子「上而無極、太極，下而一草、一木、一昆蟲之微，亦各有理」[3]295 的展示與說明來看，則其格物所指向的「理」主要是就自然物理而言的，這就難以回答陽明的如下問題：「先儒解格物為格天下之物，天下之物如何格得？且謂一草一木亦皆有理，今如何去格？縱格得草木來，如何反來誠得自家意？」[1]119 因為從總體上說，雖然天理也包含着自然物理方面的內容，但作為朱子之標誌性話語的「存天理，滅人欲」之所謂「天理」卻只能是指謂或者說主要是就道德倫理而言的，卻並不是一草一木之類的自然物理。這樣看來，如果說格物就指一種外向性的認知活動，那麼這種外向認知的指向也必然會導致「天理」內涵的改變。而這一點也就恰恰成為明儒「專去知識才能上求聖人」現象的學理根源。

其次，如果「格物」就是朱子所明確強調的必須始終堅持「窮天理，明人倫，講聖言，通世故」[4]1792 之類的道德倫理與實踐方向，那麼人們也就完全沒有必要去關注所謂一草一木之類的自然物理，而是必須反過來，去深入理解「天下之物本無可格者。其格物之功，只在身心上做」[1]120 的道理。這樣一種方向，其實也就是王陽明所堅持的方向。

所以，當王陽明屢屢受挫於朱子的格物致知說時，他就形成了對於朱子學的一種根本性的修正，而這一修正又首先表現在他對朱子格物說的批評中。比如說，關於朱子的格物致知說，由於其總體上堅持着一種以此知彼的方式和進路，比如「知者吾心之知，理者事物之理。以此知彼，自有主賓之辨，不當以此字訓彼字也」。[3]2115 這就說明，在朱子的格物致知說中，起碼還是存在着人與物、彼與此的主客體之辨的，這就決定，其格物說也必然要展現為一個「以此知彼」的過程。

但這樣的格物說又會導致什麼結果呢？請看王陽明的如下分析：

今為吾所謂格物之學者，尚多流於口耳。況為口耳之學者，能反

> 於此乎？天理人欲，其精微必時時用力省察克治，方日漸有見。如今一說話之間，雖只講天理，不知心中倏忽之間已有多少人欲。蓋有竊發而不知者，雖用力察之，尚不易見，況徒口講而可得盡知乎？今只管講天理來頓放着不循，講人欲來頓放着不去，豈格物致知之學？後世之學其極至，只做得個「義襲而取」的工夫。[1] 24—25

顯然，在王陽明看來，「今為吾所謂格物之學者，尚多流於口耳」，這也就是明代從官場到學界的一種時代通病，也是其所謂「口耳之學」氾濫成災的根源；而這種「口耳之學」之極至，說到底也不過是訓練一種「『義襲而取』的工夫」而已。這正是明代官場學界內外背反、說一套做一套之雙重人格現象之社會心理上的根源。很明顯，陽明的「身心之學」，不僅就直接針對這種「口耳之學」而發，而且從根本上說，也就是為了對治這種「口耳之學」，才有所謂「身心之學」的提出。

但如果要從根本上探尋「口耳之學」所以形成的根源，則又和當時作為「國是」的朱子學存在着分不開的聯繫，這又主要表現在兩個方面：其一，朱子所謂「天理」，主要指「天下公共之理」，所以其基本規定，也就存在着所謂「未有一物所具之理」① 一說；因而所謂「公共」面相，也就成為朱子對於「天理」的一種基本規定。其二，與這種公共之理相對應的，也就在於朱子始終不認可「心即理」一說；而陸象山之所以遭到朱子的強烈批評，也就源於其「本心即理」一說。此所以人們常常以「性即理」與「心即理」作為朱陸——理學與心學所以

① 請看朱子與其弟子關於太極天理的問答：「問：『未有一物是如何？』曰：『是有天下公共之理，未有一物所具之理』。」參見黎靖德編：《朱子語類》卷九十四，北京：中華書局，1986 年版，第 2372 頁。

區別的標誌。① 但朱子對於心、性、理的這種層層分隔，也就導致其所謂的「天理」只能落實到公共人性的層面；至於心，則只能由生理稟賦之氣與人之認知來決定了。這樣一來，也就形成了所謂「性在於心而心非即性，理具於心而心非即理」的格局。這正是明代「口耳之學」所以氾濫成災的理論根源；而將「心」規定為由生理稟賦所決定的認知之心，這既是明儒「專去知識才能上求聖人」的理論依據，同時又是明代「口耳之學」所以氾濫成災的現實成因。

正因為王陽明準確揭示了明代社會風氣所以形成的理論根源與現實成因，所以其對「身心之學」的倡導也就主要針對這種現象而發，而王陽明的對治措施也主要表現為兩層：其一，即以「天理」徹底貫徹於人之心性，從理論上而言，這就主要表現為「心之體，性也，性即理也」；[1]42 其二，則是通過其「身心之學」之「行著」與「習察」規定的兩面貫通與一時並到特徵，從而要求必須將主體所自覺的「天理」貫徹於自己的日用倫常之中、貫徹於知行合一之間。否則的話，也就是「被私欲隔斷，不是知行的本體了」。[1]4

而這兩個方面的一個共同指向或共同要求，也就是主體的個體性以及其認知指向的內在性。所謂主體的個體性，就在於陽明或者說所有的心性之學所提到的人都必然是作為個體的人出現的；所以，對於心性之學而言，其所謂的人也總是作為個體的具體的人，而從來沒有所謂一般的可以作為共性存在的人（至於其所謂全稱性的人，也主要是就作為人之精神底線而言的，但卻並不是作為人之共性出現的）：心性

① 張岱年指出：「朱子以為性即理，而心則理與氣合而後有，性在於心而心非即性，理具於心而心非即理；象山則以為心即性即理。」參見張岱年：《中國哲學大綱》，中國社會科學出版社 1982 年版，第 244 頁。

之學的這一特徵，從反面來看，也就表現為陽明所每每提到的「我」，並明確認為，「天沒有我的靈明，誰去仰他高？地沒有我的靈明，誰去府他深？鬼神沒有我的靈明，誰去辨他吉凶災祥？」[1]124 所以，對於這種作為「我」的人來說，也就可以明確申明說：「天地鬼神萬物離卻我的靈明，便沒有天地鬼神萬物了。」因而，當其弟子以「天地鬼神萬物千古見在，何沒了我的靈明，便俱無了」時，陽明便回答說：「今看死的人，他的這些精靈遊散了，他的天地萬物尚在何處？」[1]124 顯然，陽明的這一回答，也就明確地強調了其所謂的「心」作為主體的個體性特徵。

至於人生認知指向的內在性，則又首先是通過價值實現的當下性表現出來的，並且也就典型地表現在其龍場大悟中。請先看陽明當下性的具體指謂：「先生遊南鎮，一友指巖中花樹問曰：『天下無心外之物，如此花樹，在深山中自開自落，於我心亦何相關？』先生曰：『你未看此花時，此花與汝心同歸於寂。你來看此花時，則此花顏色一時明白起來。便知此花不在你心外。」[1]107—108 陽明這裏以「你來看此花」的方式使「此花」的「顏色一時明白起來」，這就說明，事物的價值以及人生的抉擇都是當下實現的。作為一個典型的反面例證，比如「蕭惠問：『己私難克，奈何？』先生曰：『將汝己私來，替汝克。』」[1]35 在這裏，蕭惠所說的主要是一種「己私難克」——一個可以理論上進行討論的問題；但對王陽明來說，所謂滅人欲，存天理則是一個當下抉擇之實踐性的問題，所以也就有了「將汝己私來，替汝克」的督責之問。

至於其龍場大悟，則《王陽明年譜》又有如下記載：

> ……因念「聖人處此，更有何道？」忽中夜大悟格物致知之旨，寤寐中若有人語之者，不覺忽躍，從者皆驚。始知聖人之道，吾性自足，向之求理於事物者誤也。乃以默記《五經》之言證之，莫不吻合。[1] 1228

這是一個被人們所反覆解讀的公案，實際上，其最根本的一點，主要集中在「聖人之道，吾性自足，向之求理於事物者誤也」一點上。僅從其最直接的規定來看，也就是「聖人之道，吾性自足」這一原則性的斷定上，那麼，這意味着什麼呢？這就意味着，這裏的主體就是所謂「聖人之道，吾性自足」中的個體主體，因而所謂的認知，也就只能是一種內向性的自我反省活動。

至於為什麼要以反省為認知，則又決定於「聖人之道，吾性自足」。因為既然「聖人之道，吾性自足」，那麼所謂的聖賢追求也就首先建立在一種內向反省的基礎上，此陽明所以認為「向之求理於事物者誤也」的原因。當然，陽明這裏的「物」，其實都是指由其主體意志所必然關涉於人之主體實踐活動所涉的「事」，所以由此也就形成了一個主體道德實踐的世界：是即所謂「意在於事親，即事親便是一物；意在於事君，即事君便是一物；意在於仁民愛物，即仁民愛物便是一物；意在於視聽言動，即視聽言動便是一物」[1] 6 之說所以形成的緣由。所以，對於以主體性精神著稱的陽明心學而言，所謂「意之所在」，實際上也就是就其主體精神及其道德實踐所必然關涉的「事」來作為客觀之「物」的認可標準的。

不僅如此，陽明的「聖人之道，吾性自足」還包含着如下涵義，這就是無論是「存天理，滅人欲」還是所謂聖賢追求，實際上也就都首先是一個內向用功的問題。比如他說：

心即理也，此心無私欲之蔽，即是天理，不須外面添一分。以此純乎天理之心，發之事父便是孝，發之事君便是忠，發之交友治民便是信與仁。只在此心去人欲存天理上用功便是。[1] 2

知是心之本體，心自然會知：見父自然知孝，見兄自然知弟，見孺子入井自然知惻隱，此便是良知，不假外求。若良知之發，更無私意障礙，即所謂「充其惻隱之心，而仁不可勝用矣」。[1] 6

所有這些都説明，在主體之個體性、當下性以及認知之內在性方向決定之後，那麼所謂的聖賢追求也就主要是一個內向省察克治的問題了。在這裏，陽明心學之所以會帶給人們以種種疑慮，外在方面就在於「如此花樹，在深山中自開自落，於我心亦何相關？」的問題；而從其內在性方面來看，則又主要在於僅僅內在的省察克治是否足以成聖成賢的問題。關於外在方面，「你來看此花」之「事」固然已經促成了「此花」價值的當下實現。至於內在性方面，則又表現為陽明的如下論證：

緣此兩字，人人所自有，故雖至愚下品，一提便省覺。若致其極，雖聖人天地不能無憾；故説此兩字窮劫不能盡。[1] 204

近來信得致良知三字，真聖門正法眼藏。往年尚疑未盡，今自多事以來，只此良知無不具足。譬之操舟得舵，平瀾淺瀨，無不如意，雖遇顛風逆浪，舵柄在手，可免沒溺之患矣。[1] 1278—1279

無論我們贊成與否，上述兩條無疑都是圍繞着良知之內在性展開的，所以也就有了「人人所自有」以及「只此良知無不具足」一説。這表明，作為「天理之昭明靈覺處」[1]72的良知已經落實於愚夫愚婦之內在心靈世界了。這樣看來，如果說陽明作為心學之區別於朱子理學就在於其所堅持的「心即理」——將天理從人性落實到人的心靈層面上，那麼其進一步的發展也就在於對道德本心的推進並落實於「隨時知是知非」的道德良知之間了。

三、「慎獨」與「誠意」——儒家傳統的激活

當王陽明將人生聖賢追求的依據 —— 資源與動力全然歸結於人之內在心靈，又將道德理性落實於日用倫常中的是非知覺之間後，作為儒家心性之學的發展，其對於人之主體精神的高揚也就走向頂峰、走向極致了。王陽明也因此而成為儒家心性之學的集大成者。但是，對於以主體性著稱的心性之學來說，人們的第一個疑問，往往也就在於，對於任何一個可以作為主體的個體來說，是否也都真正擁有這種能力？而人之內在心性是否也就擁有如此的支撐力量？這就涉及到個體主體之理論上的完備性以及其在實踐生活中成聖成賢之真正的追求功夫問題了。

讓我們先看第一個問題，即任何一個個體，是否真正擁有隨時知是知非的能力？從學理上看，作為「天理之昭明靈覺處」的良知也就是道德理性落實於人生、落實於人之心靈以及其是非知覺層面的具體表現，所以陽明也就可以對良知展開如下論證：

> 性無不善，故知無不良，良知即是未發之中，即是擴然大公，寂然不動的本體，人人之所同具者也。但不能不昏蔽於物欲，故須學

以去其昏蔽，然於良知之本體，初不能有加損於毫末也。知無不良，而中寂大公未能全者，是昏蔽之未盡去，而存之未純耳。體即良知之體，用即良知之用，寧復有超然於體用之外者乎？[1] 62—63

君子之酬酢萬變，當行則行，當止則止，當生則生，當死則死，斟酌調停，無非是致其良知，以求自慊而已。[1] 62—63

很明顯，王陽明這裏是明確以儒家的人性論作為其良知學之人倫道德支撐及其形上學依據的。只要我們無法否認孟子的性善論，那麼陽明的這一論證也就是完全可以成立的。因為從孟子所設定的「見孺子之入井而不能不起惻隱之心的事實」到他所徹底排除的「內交於孺子之父母」「要譽於鄉黨朋友」以及「非惡其聲而然」的三重因素，在在也都證明惻隱之心的當即呈現亦即所謂隨時知是知非的能力是超越於任何現實利益的考量與功利因素的；即使站在商品經濟的角度看，則所謂知善知惡也應當說是每一個個體的一種自然而又當下的心理反應。不然的話，我們也就無法說清人為什麼會自然而然地知善並且向善的問題了。

其二，人之內在心性是否擁有如此大的支撐力量呢？亦即其是否能夠支撐人之為善去惡的道德實踐？在這裏，前一個問題自然可以說就是人所以進行道德實踐的本體論依據，而後一個問題則可以說就是人之為善去惡之道德實踐的工夫論表現。但作為論證，這二者之間還是存在着很大差別的：前者可以說是一種本體論之全稱性的普遍必然的論定，而後者則只能說是前者在實踐生活中的具體表現。正因為二者之間的這一差別，所以前者也可以說是一種普遍必然的肯定，而後者則存在於可以這樣也可以那樣的種種可能之間。

那麼，這究竟是為什麼呢？就是說，雖然良知是一種本於人之道德善性而來的是非判斷能力，但人畢竟同時又是一種包含着各種感性欲望的現實存在；而只要是一種感性的現實存在，也就有可能會從現實出發從而陷入各種各樣的利益考量，包括平時我們雖然明明知道是非善惡，但卻有可能因為出於現實的利益考量而不敢表達、不敢發聲一樣。所以說，這也就是王陽明所謂的「良知即是未發之中，即是擴然大公，寂然不動的本體，人人之所同具者也。但不能不昏蔽於物欲……」的原因。

正因為對道德理性的這一認識，所以在其講學中，王陽明也就充滿了對於道德良知的高調表彰。比如他說：

爾那一點良知，是爾自家底準則。爾意念着處，他是便知是，非便知非，更瞞他一些不得。爾只不要欺他，實實落落依着他做去，善便存，惡便去……此便是格物的真訣，致知的實功。[1] 92

良知在人，隨你如何不能泯滅。雖盜賊亦自知不當為盜，喚他做賊，他還忸怩。[1] 93

這些子看得透徹，隨他千言萬語，是非誠偽，到前便明。合得的便是，合不得的便非。如佛家說心印相似，真是個試金石、指南針。[1] 93

很明顯，在王陽明看來，以良知為代表的道德理性不僅人人本有，而且還是人生方向抉擇與是非判斷的「試金石、指南針」。如果從這個角度看，則所謂「人皆可以為堯舜」（《孟子．告子》下）似乎也就是一個完全可以實現的真命題。

但是，如果從現實生活來看，則不要說聖賢人格，就是君子，也並非就是人倫生活中的常見形態，更多的反而正是所謂唯利是圖的鄉愿與小人。這是為什麼呢？對於這一問題，王陽明主要是從人生追求之工夫論的角度來說明的。他分析說：

志於道德者，功名不足以累其心；志於功名者，富貴不足以累其心。但近世所謂道德，功名而已；所謂功名者，富貴而已。[1] 161

顯然，在現實生活中，能夠真正「志於道德者」畢竟是少數，大量的芸芸眾生往往會淪落為以道德為旗號，而實際追求者又不過是功名富貴而已。這也就是現實生活中往往充斥着更多的鄉愿或唯利是求之小人的原因。

但即使如此，王陽明也在不斷探索聖賢君子之道以作為人生之本的理論根據。當然，這種探索又是從現實人生中之修養功夫的角度發端的：

要此心純是天理，須就理之發見處用功。如發見於事親時，就在事親上學存此天理；發見於事君時，就在事君上學存此天理；發見於處富貴貧賤時，就在此處富貴貧賤上學存此天理；發見於處夷狄患難時，就在處夷狄患難上學存此天理；至於作止、語默，無處不然……[1] 161

無事時將好色好貨好名等私逐一追究，搜尋出來，定要拔去病根，永不復起，方始為快。常如貓之捕鼠，一眼看着，一耳聽着，才有一念萌動，即於克去，斬釘截鐵，不可姑容與他方便，不可窩藏，不可放他出路，方是真實用功，方能掃除廓清。到得無私可克，自有

端拱時在。① [1] 16

從陽明的這些用功經驗來看，他顯然已經接上了《中庸》《大學》的思想譜系，尤其是承接了《中庸》《大學》的「慎獨」「誠意」傳統；所以說，所謂「慎獨」與「誠意」也就成為王陽明聖賢追求的基本功。

關於《中庸》《大學》，這原本只是《禮記》中的雜篇碎章，只有到了朱子，才將其與《論語》《孟子》合編為「四書」，並自元皇慶二年（1313）起，確立為科舉考試之法定教科書。就此而言，《中庸》《大學》之受到重視和關注，朱子無疑是功不可沒的。但由於朱子始終堅持「格物以致其知」之「主知主義」的思想譜系，因而「即物而窮其理」也就成為其對《大學》格物說之最主要的詮釋了，加之其去世前三天還在反覆琢磨如何詮解《大學》的「誠意」章，這說明，由對誠意以及作為誠意之根源與基礎之「慎獨」的疏忽（並非沒有詮釋，只是做「獨知」解而已），也就使其建立在「主賓之辨」基礎上的外向認知譜系根本沒有接上《中庸》與《大學》之「慎獨」與「誠意」傳統。

但對王陽明來講，由於其早年的「格竹子」與對朱子「讀書之法」的實踐經歷，這就使其始終無法融入為朱子所詮釋的以外向認知為特徵的思想譜系。正因為這一原因，所以在《傳習錄》的「序」中，徐愛就明確指出：「先生於《大學》『格物』諸說，悉以舊本為正，蓋先儒所謂誤本者也。」[1]1 這就說明，王陽明與朱子不同的為學進路其實就是以其不同的思想譜系為基礎的；待到王陽明將《中庸》與《大學》

① 在《語錄》三，陽明在重複這一方法之後還强調說：「這是我醫人的方子，真是去得人病根……過了十數年，亦還用得着。」參見王守仁撰，吳光、錢明、董平等編校的《王陽明全集》，上海古籍出版社，1992 年版，第 108 頁。

所持倡的「慎獨」「誠意」傳統引入儒家的聖賢追求，也就表明儒家的這一源遠流長的傳統終於被儒學的歷史發展所激活，並且就是建立在個體人生基礎上的「慎獨」與「誠意」追求。這就不僅超越了朱子以「公共」面相呈現的天理系統，而且也將道德理性推進到以個體人生為基礎的致良知階段了。

四、獨立與平等——個體世界之確立

那麼，對於儒學而言，以《中庸》《大學》為代表的「慎獨」「誠意」傳統究竟意味着什麼呢？應當說，這首先就意味着人生世界的個體性特徵；而每個個體作為人倫世界的一個分子、一個顆粒，也都應當有其作為個體之最基本的人倫操守及其資格。此所以從孔子到子思都把君子人格作為一個人立身行事的基本原則；而《中庸》甚至還以「戒慎恐懼」的心態論述君子的立身處世之道：

> ……是故君子戒慎乎其所不睹，恐懼乎其所不聞，莫見乎隱，莫顯乎微，故君子慎其獨也。喜怒哀樂之未發，謂之中；發而皆中節，謂之和；中也者，天下之大本也；和也者，天下之達道也。致中和，天地位焉，萬物育焉。（《禮記．中庸》）

顯然，這裏的「天下」並不是那種「千古見在」、凡人一同之客觀的「天下」，而僅僅是指由一個個體所組成的「天下」，其實也就是由這些個體之道德心靈所挺立並觀照出來的「天下」，一如由無數芸芸眾生所構成的世界一樣，所以也就應當「戒慎乎其所不睹，恐懼乎其所不聞」，此即時刻洞察並時時警戒這個「天下」尤其是作為其根源的自我之心靈的一切變化。為什麼要這樣呢？這是因為，雖然這個作為「天下」的「世界」是由個體的心靈所觀照、挺立出來的世界，但它同時也是一種可以與他人所共享、共在並且也可以相互溝通的世界。因而，自我心靈的任何變化，也都具有「莫見乎隱，莫顯乎微」的特徵；所以，任何虛偽的高調，任何自我完美的包裝和塑造，最後也都必然會以「自欺」或「自歉」的方式回報於自身。

正因為《中庸》一起始就明確地提出了君子做人的基本原則，因而其接着也就以心理實驗的方式揭示了君子在各種人生境遇中的具體表現：

君子素其位而行，不願乎其外。素富貴，行乎富貴；素貧賤，行乎貧賤；素夷狄，行乎夷狄，素患難行乎患難，君子無入而不自得也。（《禮記．中庸》）

這裏的「素其位」，就是安於自己的人生職分之意；至於所謂「素富貴」「素貧賤」「素夷狄」以及「素患難」等等，其實也都是就君子的各種人生際遇而言的。正因為安於自己的職分，不虛偽、不做作，不耍滑，不溜奸，所以無論是「富貴」還是「貧賤」，是「夷狄」還是「患難」，君子也都可以始終持守一種「自得」的心態。

所以到了《大學》，也就將儒家的這種「慎獨」精神與「毋自欺」之「誠意」統一起來表達，《大學》寫道：

所謂誠其意者，毋自欺也。如惡惡臭，如好好色，此之謂自謙，故君子慎其獨也。小人閒居為不善，無所不至，見君子而後厭然，掩

其不善，而著其善。人之視己，如見其肺肝然，則何益矣。此謂誠於中，形於外，故君子必慎其獨也。（《禮記．大學》）

《中庸》與《大學》的這兩段論述，可以說也就系統地建構了儒家做人精神之「慎獨」與「誠意」傳統；而陽明對這一傳統的自覺賡續，則既可以說是一種激活，同時也是在新的歷史條件下的一種繼起性闡發。

關於王陽明對「慎獨」「誠意」傳統的闡發，其實他的整個《傳習錄》可以說就是圍繞這一傳統展開的；而其所論的聖賢追求功夫也都是以「慎獨」「誠意」為核心的。因為在確立了「聖人之道，吾性自足」的基礎上，儒家聖賢追求最重要的資源與動力也就只能來自個體人生之內在了。正因為這一點，所以王陽明也就提出了一個「以復其心體之同然」為指向的「拔本塞源論」。在「拔本塞源論」中，王陽明首先提出了一個人人所同當然也首先是作為聖人之本心的「心體之同然」：

夫聖人之心，以天地萬物為一體，其視天下之人，無內外遠近，凡有血氣，皆其昆弟赤子之親，莫不欲安全而教養之，以遂其萬物一體之念。天下之人心，起始亦非有異於聖人也，特其間於有我之私，隔於物欲之蔽，大者以小，通者以塞，人各有心，至有視其父子兄弟如仇仇者。[1] 54

顯然，這種萬物一體之念既可以說是聖人之本心，同時也就可以說是凡人所同具的「心之本體」。但如此萬物一體的關懷為什麼不能實現於現實的人生呢？這就是因為人們「特其間於有我之私，隔於物欲之蔽，大者以小，通者以塞」；至於所謂「人各有心，至有視其父子兄弟如仇仇者」，則又完全可以説是一種任何人都可以見到的人生現實了。而陽明「慎獨」「誠意」的追求功夫，也就可以説是「復其心體之同然」的基本功。

但是，這裏所必須指出的是，陽明的「慎獨」「誠意」功夫並不是西方基督教的「失樂園」「復樂園」之類的宗教創世神話，而是緊扣着其所生存的社會現實的，也是緊扣每一位國人都可以理解，也可以想像的生存現實的。比如王陽明對一直作為儒家之精神「原鄉」——「三代」的如下描述：

當是之時，天下之人熙熙皞皞，皆相視如一家之親。其才質之下者，則安其農、工、商、賈之分，各勤其業，以相生相養，而無有乎希高慕外之心。其才能之異，若皋、夔、稷、契者，則出而各效其能。若一家之務，或營其衣食，或通其有無，或備其器用，集謀並力，以求遂其仰事俯育之願，惟恐當其事者之或怠而重己之累也。故稷勤其稼，而不恥其不知教，視契之善教，即己之善教也；夔司其樂，而不恥於不明禮，視夷之通禮，即己之通禮也。蓋其心學純明，而有以全其萬物一體之仁，故其精神流貫，志氣通達，而無有乎人己之分。物我之間，譬之一人之身，目視、耳聽、手持、足行，以濟一身之用，目不恥其無聰，而耳之所涉，目必營焉；足不恥其無執，而手之所探，足必前焉；蓋其元氣充周，血脈條暢，是以癢屙呼吸，感觸神應，有不言而喻之妙。此聖人之學所以至易至簡，易知易從，學易能而才易成者，正以大端惟在復心體之同然，而知識技能非所與論也。[1] 54—55

在這一段從「三代」之聖賢——皋、夔、稷、契到當下社會之現實主體——農、工、商、賈（亦可稱之為士、農、工、商）再到人人所同具的耳目手足四肢以及我們每個人當下都可以理解的目視、耳聽、手持、足行的關係中，一下子就澄清了每一個個體的立身之則與應世之務。而在所有這些活動中，每一個體，也都可以像皋、夔、稷、契一樣：「稷勤其稼，而不恥其不知教，視契之善教，即己之善教也；夔司其樂，而不恥於不明禮，視其夷之通禮，即己之通禮也」，這就像我們自身的耳目手足，雖各有其能，也各有其所長，但說到底，也都是為了「以濟一身之用」。這就不僅是個體的立身之則，同時也包含着整個社會之不同行業相互默契配合的應世之務。

但所有這些美好的遠景，也就起步並且實現於我們當下的「慎獨」「誠意」追求。正因為「慎獨」——每一個個體都可以當下返歸於自己之本心，立足於人人所同具的「心體之同然」，因而也就「無有乎人己之分」，也「無有乎希高慕外之心」，就像「稷勤其稼，而不恥其不知教，視契之善教，即己之善教也：夔司其樂，而不恥於不明禮，視其夷之通禮，即己之通禮也」一樣。因而，這種對「慎獨」「誠意」的追求，同時也就包含着我們今天的現代化追求：如果說「慎獨」就是我們的立身之基，那麼所謂「誠意」也就應當成為我們的應世原則。

那麼，對「慎獨」「誠意」的追求又如何具有現代價值與現代意義呢？從表層而言，當陽明在論述當時作為社會之四大主體的農、工、商、賈，「則安其農、工、商、賈之分，各勤其業，以相生相養，而無有乎希高慕外之心」時，其表現固然是所謂「各勤其業，以相生相養」，但其深層關係，則一定要以「心體之同然」作為其精神依據與基本動力。這既是作為「慎獨」追求之精神指向出現的，同時也就可以成為我們每一個個體的自立精神；而當從皋、夔、稷、契之「各效其能」到農、工、商、賈之「各勤其業」時，也就成為所謂「若一家之務，或營其衣食，或通其有無，或備其器用，集謀並力，以求遂其仰事俯育之願」，這就如同「一人之身，目視、耳聽、手持、足行，以濟一身之用」一樣，同時也就成為儒家君子所以「無入而不自得」的「素其位而行」的精神，當然也可以成為我們現代人的一種「誠意」應世的基本原則。但所有這些，都建立在個體之獨立人格的基礎上。所以，如果所有這些——從外在表現到內在精神都是一種脱離個體心靈之所謂「公共」話語，那麼所謂的雙重人格或説一套做一套之內外背反現象也就仍然會成為一種無法避免的覆轍。

五、成己、成人與成物——儒家的「萬物一體」追求

近代以來，整個中國文化所面臨的一個重大問題，就是如何立足於本民族文化之主體精神以實現自己的現代化追求。而從三千年前周文王的「周雖舊邦，其命維新」（《詩 · 大雅 · 文王》）的宏願到 20 世紀中國思想界在「趨新」與「守舊」之間倚輕倚重的徘徊與選擇，看起來似乎是一個在「接着講」與「照着講」① 之間的分寸拿捏問題，實際上則主要是因為沒有確立或者説沒有從根本上確立中國文化的主體

---

① 馮友蘭指出：「中國需要現代化，哲學也需要現代化。現代化的中國哲學，並不是憑空創造一個新的中國哲學，那是不可能的。新的現代化的中國哲學，只能是用近代邏輯學的成就，分析中國傳統哲學中的概念，使那些似乎是含混不清的概念明確起來，這就是『接着講』與『照着講』的分別。」參見馮友蘭：《中國現代哲學史》，廣東人民出版社 1999 年版，第 200 頁。

精神，因而也就無法在中西、古今之間找到一個根本的立足點與基本的出發坐標，這就只能在中西古今的坐標面前左右搖擺，從而也就導致了現實生活中的各種忽冷忽熱現象。

所謂主體精神，並不是說了有了主體就一定會有主體精神；也不是說有了共同的目標也就一定會形成一種可以作為共同認可並以共同目標為表現的主體精神。作為主體精神，則首先代表着主體在做人精神上的一種自我定位，並且也一定要能夠落實到每一個體之內在心靈的層面，從而以個體人生所守護的人之為人的精神底線表現出來；而對任何一個具有個體之自我抉擇力量的人而言，尤其應當落實到其內在做人精神之「無不具足」的層面。因為只有個體主體，才具有人生的抉擇力量；也只有對個體內在做人精神之「無不具足」性的充分肯定，才代表着其內在與內生資源的真正開闢。所以，當孔子為顏回指點「為仁由己，而由人乎哉」（《論語・顏淵》）時，實際上就已經明確地肯定了這種「為仁」所由之「己」對於個體人生之第一原則或第一性原理。從這一點出發，也就完全可以説明現實生活中的人各有志現象，從而也就充分表現出人各自為的個體做人精神。

不過，所謂個體做人精神之「無不具足」性並不是一種「孤絕的個人主義」，也不是認為「孤絕的個人」也就完全可以決定自己的人生，而是強調其對個體人生的第一原則或絕對出發點之意。一旦真正確立了個體做人精神的第一原則，也就真正打開了做人精神這種個體人生的內在資源，在這種條件下，所謂內在與內生資源卻並不完全是「內生的」，而恰恰可以成為「內」與「外」雙向拓展的，一如儒家傳統中的成己與成人之道一樣：在成己的過程中成人進而成物，同時又因着其成人與成物的共同指向而可以在更高的基礎與更大的規模上進一步成己。對於這種成己成人進而成物的精神，最忌諱也最需要防範的就在於陷於一種人己、物我的對立格局，因而其表現也就往往會成為一種要麼一味地自是，要麼也就成為一味地媚外，而無論是哪一種現象，最後也就必然會導致一種內外對峙格局，從而也就成為「自我」的孤絕化。這也就是儒學發展史中常常出現的人己物我之內外對峙的走向，也是儒學乃至整個中國文化發展的一種最大內耗。

在這一問題上，反倒是王陽明這位以主體性精神著稱的心學家，其建立在「慎獨」「誠意」基礎上的「天地萬物一體之仁」對於「良知」與「草木瓦石」之不同作用與相互關係的充分肯定，從而也就為我們當代在中西古今之間樹立起了一個頗具典範意義的榜樣。請看其與弟子的如下一段對話：

朱本思問：「人有虛靈，方有良知。若草木瓦石之類，亦有良知否？」

先生曰：「人的良知，就是草木瓦石的良知。若草木瓦石無人的良知，不可以為草木瓦石矣。豈唯草木瓦石為然？天地無人的良知，亦不可為天地矣。蓋天地萬物與人原是一體，其發竅之最精處，是人心一點靈明。風雨露雷，日月星辰，禽獸草木，山川土石，與人原是一體。故五穀禽獸之類皆可以養人，藥石之類皆可以療疾。只為同此一氣，故能相通耳。」[1] 107

作為心學家，面對弟子關於草木瓦石是否有「人的良知」之問，按理說，這本來是從「良知」之「有無」的角度問人與草木瓦石之別，也應當是弘揚良知為人所獨有的一個最佳機會，但王陽明這裏卻並沒有陶醉於人的良知之「生天生地，成鬼成帝」[①] 的功能（當然，王陽明也不否認良知的這一作用，所以就認為「天地無人的良知，亦不可為天地矣」）——王陽明這裏雖然是以良知突出了人與草木瓦石之別，並且認為「人的良知，就是草木瓦石的良知」，但即使是人的良知，其作用的發揮也仍然是建立在「天地萬物與人原是一體……故五穀禽獸之類皆可以養人，藥石之類皆可以療疾。只為同此一氣，故能相通」之基礎上的。因而，王陽明關於良知與草木瓦石關係的這一闡發，既沒有貶低人、貶低良知而使其等同於草木瓦石，同時也沒有漠視草木瓦石的作用，反而通過「同此一氣」的基礎，進而實現「天地萬物與人原是一體」的關係，這就使良知與草木瓦石乃至整個世界完全成為一種多元與多層共存的關係了。

作為個體人生的主體精神，「良知」與「他人」、與「草木瓦石」的關係也就使陽明心學顯現出一種「天地萬物一體之仁」的精神，而這種主體精神也就充分表現在作為其一生追求的《大學問》中。當然在這裏，所謂個體的主體精神仍然是其最基本的出發點：

陽明子曰：「大人者，以天地萬物為一體者也，其視天下猶一家，中國猶一人焉……大人之能以天地萬物為一體也，非意之也，其心之仁本若是，其與天地萬物為一體也。豈惟大人，雖小人之心亦莫不然，顧彼自小之耳。是故見孺子之入井，而必有怵惕惻隱之心焉，是其仁之與孺子而為一體也；孺子猶同類者也，見鳥獸之哀鳴觳觫，而必有不忍之心焉，是其仁之與鳥獸而為一體也；鳥獸猶有知覺者也，

① 陽明云：「良知是造化的精靈。這些精靈，生天生地，成鬼成帝，皆從此出，真是與物無對。」參見王守仁撰，吳光、錢明、董平等編校的《王陽明全集》，上海古籍出版社 1992 年版，第 104 頁。

見草木之摧折而必有憫恤之心焉，是其仁之與草木而為一體者也；草木猶有生意也，見瓦石之毀壞而必有顧惜之心焉，是其仁之與瓦石而為一體也……」[1] 968

在這裏，作為人之為人的「惻隱之心」仍然是陽明心學不可移易的基本出發點，但卻絕不限於個體之「我」的層面，而是通過「充其惻隱之心，而仁不可勝用」[1]6的方式，從而達到「天下猶一家，中國猶一人焉」。至於其具體的實現次第，也就是擴充其惻隱之心「與孺子而為一體」，進而「與鳥獸而為一體」，最後以至於「與草木而為一體者也」「與瓦石而為一體也」。顯然，作為個體主體，惻隱之心固然是其最基本的出發點，但惻隱之心之是否彰顯，是否能夠真正見之於真誠實意之行，則又首先決定於我們每一個個體的「慎獨」「誠意」功夫，只有在「慎獨」「誠意」的基礎上，才能有惻隱之心的彰顯與實現。從這個角度說，則王陽明的「慎獨」「誠意」追求，就是其世界的基本出發點，也是其成己、成人與成物追求——儒家「萬物一體之仁世界」的基本出發點。

參考文獻

[1] 王守仁，《王陽明全集》卷三十三，吳光，錢明，董平等編校，上海：上海古籍出版社，1992。

[2] 吳光主編，《黃宗羲全集》第十三冊，杭州：浙江古籍出版社，2012：185。

[3] 黎靖德編，《朱子語類》卷十五，王星賢點校，北京：中華書局，1986。

[4] 《朱熹集》卷三十九，郭齊，尹波點校，成都：四川教育出版社，1996。

王陽明知行合一思想與易學的關係

高海波 *

摘　要：陽明在龍場悟道前後，曾經長期研易，易學在其悟道歷程中佔有重要地位。現存陽明《五經臆說》十三條，其中五條涉及易學，陽明在這五條中表現了乾坤合一、體用合一、主宰與流行合一的本體宇宙觀。龍場悟道第二年，陽明即提出了知行合一思想。陽明的知行合一思想與其乾坤合一思想有着密切的關係。其「知是行之始，行是知之成」的説法，即可能來自《易傳》「乾知太始」「坤作成物」的説法。甘泉及陽明後學多用引用《易傳》的這兩句話來討論知行合一説，也可以證明這一點。從陽明、陽明後學、甘泉後學關於乾坤的理解來看，乾坤是體用同時的關係。陽明的知行合一説，由於源自體用合一的本體宇宙觀，故知行也是體用同時的關係，而非有着極短時間差的知先行後説。

關鍵詞：易學　乾坤　知行合一　體用

*　高海波，清華大學教授、中華朱子學會祕書長。

王陽明一生重視易學，尤其是在其中年因言獲罪，被下詔獄，之後被貶謫到龍場期間，都可以看到，他一直在研讀《易經》，並用《易經》來指導自己的出處進退。陽明龍場悟道的場所，就名之曰「玩易窩」。晚年提出致良知思想時，他也不忘用《易經》來闡發其致良知思想，認為「良知即是易」①，因此良知是變動不居的本體。《易經》就是「志吾心之陰陽」②（《稽山尊經閣記》）。《易傳》「知至至之，知終終之」，就是致良知，就是知行合一。③ 其致良知的易簡工夫中的「易簡」二字就是來自《易傳》的乾坤「易」「簡」觀念。總之，易學在陽明思想中佔有重要的地位。學界對此頗有論述。只是，陽明知行合一思想的提出，其深層的理論結構，以及陽明關於知行關係的很多說法，與易學有密切關係，學界少有論及，本文就嘗試論之。

一、王陽明龍場悟道前後的易學思想

陽明早期很注重易學。陽明正德三年戊辰（1506）年因上疏申救言官戴銑、薄言徽而得罪宦官劉瑾而被下獄，並廷杖四十，發配貴州龍場驛。在獄中，陽明即通過讀易並與獄友一起講易來渡過困厄，嘉靖戊子（1528），在時隔二十多年後，在《送別省吾林都憲》中，陽明回憶當年在獄中與林省吾一起讀《易》的情景：「相與講《易》於桎梏之間彌月，蓋晝夜不怠，忘其身為拘囚也。」④ 今本陽明全集中仍保存

① 《傳習錄》（下），《王文成全書》卷三，文淵閣四庫全書本。
② 《稽山書院尊經閣記》，《王文成全書》卷七。
③ 《答友人問（丙戌）》，《王文成全書》卷六。
④ 《王文成全書》卷二十二。

陽明在獄中《讀易詩》一首：

> 囚居亦何事，省愆懼安飽。瞑坐玩羲易，洗心見微奧。乃知先天翁，畫畫有至教。包蒙戒為寇，童牿事宜早。蹇蹇匪為節，虩虩未違道。遯四獲我心，蠱上庸自保。俯仰天地間，觸目俱浩浩。簞瓢有餘樂，此意良匪矯。幽哉陽明麓，可以忘吾老。①

從詩中表達的意思來看，陽明通過讀易，對自己所以獲罪的原因進行了反省，他認為自己之所以身陷囹圄，一個重要的原因是未能及早「知幾」，即「包蒙戒為寇，童牿事宜早」。當然，陽明也表示自己採取的行動並非出於一時意氣，乃是為了行道，即「蹇蹇匪為節，虩虩未違道」。陽明也表達了自己的心願，即此後應斂藏自保，即「遯四獲我心，蠱上庸自保」。值得注意的是，陽明此時通過讀《易》，似對宇宙之道有所體悟，即「俯仰天地間，觸目俱浩浩」。他也因此也忘記了內心的憂慮，怡然自樂（「簞瓢有餘樂」），並忘記了自己身在囹圄之中。至於陽明是否認識到宇宙乾坤之理，雖不能明確斷定，但似乎也不能排除這種可能。在出獄後，陽明在逃亡的路上遇到舊時在南昌鐵柱宮相對打坐的道士，向其表達了自己「且將遠遁」的想法。道士一方面對陽明曉以利害，另一方面也與陽明一起就其出處共同占了一卦，占得明夷之卦。陽明於是方「遂決策返」②，即決定赴龍場。可見，在陽明面臨人生重大抉擇的時候，《周易》起到了關鍵的作用。陽明到龍場之後，就築「玩易窩」，進一步研究易學，在正德戊辰（1508）的《玩易

① 《王文成全書》卷十九。

② 《王文成全書》卷三十二，《王陽明年譜》。

窩記》中陽明說：

> 陽明子之居夷也，穴山麓之窩而讀易其間，……。其得而玩之也，優然其休焉，充然其喜焉，油然其春生焉，精粗一，外內翕，視險若夷，而不知其夷之為阨也。於是陽明子撫几而歎曰：嗟乎此古之君子所以甘囚奴，忘拘幽而不知其老之將至也。夫吾知所以終吾身矣。名其窩曰玩易而為之說曰：夫易，三才之道備焉。古之君子居則觀其象而玩其辭，動則觀其變而玩其占，觀象玩辭，三才之體立矣。觀變玩占，三才之用行矣。體立，故存而神，用行，故動而化。神，故知周萬物而無方，化，故範圍天地而無跡。無方，則象辭基焉，無跡，則變占生焉。是故君子洗心而退藏於密，齋戒以神明其德也。蓋昔者夫子嘗韋編三絕焉，嗚呼假我數十年以學易，其亦可以無大過已夫。[①]

可以看出，陽明此時讀《易》又有所得，已經體會到精粗、內外合一的境界，且能夠視險若夷，即安於險境而不動心。尤其是他認識到，易中包含宇宙變化的根本原理，即體用合一，體立而用行。具體來說，宇宙的體用即其神化，神即是宇宙主宰的方面，即「知周萬物」，而化則包含宇宙變化現象之全體。從這種表述來看，陽明的思想似乎非常接近《易傳》中以乾坤作為宇宙生化根本原理的思想。

陽明在龍場悟道後，曾著《五經臆說》，以與自己的所悟相印證。可惜的是，陽明後來覺得《五經臆說》過於支離，不再示人。陽明弟子錢德洪後來在向陽明詢問此書下落時，陽明表示，此書已經焚毀。

---

① 《王文成全書》卷二十三。

後錢德洪在檢閱陽明舊稿時，只得到十三條，其中前六條中的五條（第二條除外）皆與易有直接或間接的關係。第一條係解說「元年春王正月」，陽明在其中也使用《易傳》的資源：

元年春王正月〇人君即位之一年必書元年，元者始也，無始則無以為終，故書元年者，正始也。大哉乾元，天之始也。至哉坤元，地之始也。成位乎其中，則有人元焉。故天下之元在於王，一國之元在於君，君之元在於心。元也者，在天為生物之仁，而在人則為心，心生而有者也。曷為為君而始乎曰「心生而有者也」？未為君而其用止於一身，既為君而其用關於一國，故元年者，人君為國之始也。當是時也，羣臣百姓悉意明目以觀維新之始，則人君者尤當洗心滌慮以為維新之始，故元年者人君正心之始也。曰：前此可無正乎？曰：正也有未盡焉，此又其一始也。改元年者，人君改過遷善修身立德之始也。端本澄源，三綱五常之始也；立政治民，休戚安危之始也。嗚呼其可以不慎乎！①

通過陽明的這段疏解，一方面可以看出在龍場悟道之後，其思想的心學特點。另一方面，值得注意的是，他引用了《易傳》中「三才」的說法，並從乾元、坤元、人元的角度來解釋「元」字。「乾元」「坤元」的說法來自《周易．乾．卦彖》傳「大哉乾元！萬物資始乃統天」，以及《坤．卦彖》傳「至哉坤元！萬物資生，乃順承天」。陽明將《周易》中「乾元」「坤元」中「元」字都理解為「始」。在《周易》中，

① 《王文成全書》卷二十六。

作者認為，只有乾坤相互配合而生萬物。在這一過程中，乾元起主導（「統」）作用，坤元則配合、順從（「承順」）乾元而生成萬物。乾元坤元應該不能被理解為時間的先後關係。

現存《五經臆說》的第三條為解說「鄭伯克段於鄢」，第四條為論恆卦，第五條為論遯卦，第七條為論晉卦。值得注意的是，這四條解說有一個共同的側重點，即《周易》中「貞」的觀念。這裏僅舉第三條和第四條的部分內容以見一斑：

第三條云：

故《春秋》特誅其意而書曰「鄭伯克段於鄢」，辨似是之非以正人心，而險譎無所容其奸矣。天地感而萬物化生，實理流行也。聖人感人心而天下和平，至誠發見也，皆所謂貞也。觀天地交感之理，聖人感人心之道，不過於一貞，而萬物生、天下和平焉，則天地萬物之情可見矣。①

第四條曰：

恆所以亨而無咎而必利於貞者，非恆之外復有所謂貞也，久於其道而已。貞即常久之道也。天地之道，亦惟常久而不已耳。天地之道無不貞也。……夫天地日月四時，聖人之所以能常久而不已者，亦貞而已耳。觀夫天地日月四時聖人之所以能常久而不已者，不外乎一貞，則天地萬物之情其亦不外乎一貞也，亦可見矣。恆之為卦，上震為雷，下巽為風，雷動風行，簸揚奮厲，翕張而交作，若天下之至

① 《王文成全書》卷二十六。

變也，而所以為風為雷者，則有一定而不可易之理，是乃天下之至恆也。君子體夫雷風為恆之象，則雖酬酢萬變妙用無方，而其所立必有卓然而不可易之體，是乃體常盡變，非天地之至恆，其孰能與於此！①

從這兩段論述來看，其核心思想與《玩易窩記》中的易學思想是相通的：陽明認為，宇宙間的現象（天地、聖人、萬物皆包括其中）雖然變化多端，但這種變化之所以能夠長久不已地繼續下去，有賴於宇宙間存在「一定不易之理」或「實理流行」，這就是「貞」的重要意義。恆卦所反映的宇宙觀，其實就是「貞」道的體現，而非恆道之外別有貞道。從體用的角度說，宇宙萬象的變化是其用，宇宙萬象之所以能夠變化無方而經久不息，是因為宇宙有其「卓然而不可易之體」存在於其中，宇宙因此才可以「體常而盡變」，這與《玩易窩記》中神化的思想具有一致性。這說明陽明在此時通過研讀《周易》體悟到了宇宙中變中有常的根本原理。如果以乾坤來表示的話，似乎也可以用乾健坤順、乾主坤從，即體即用，即主宰即流行的模式來表示這種宇宙運行的根本原理。當然，在這二者之中，陽明似更加重視作為宇宙根本的貞常之理的意義。

正德乙亥（1515），陽明作《白悅字貞夫說》，在其中，陽明又一次發揮了易學「貞」的思想：

吾聞之天下之道，說而已，天下之說，貞而已。乾道變化，於穆流行，無非悅也，天何心焉？坤德闔闢，順成化生，無非悅也，坤

① 《王文成全書》卷二十六。

何心焉？仁理惻怛，感應和平，無非說也，人亦何心焉？故悅也者貞也，貞也者理也。全乎理而無所容其心焉之謂貞，本於心而無所拂於理焉之謂悅。故天得貞而悅道以亨，地得貞而悅道以成，人得貞而悅道以生。貞乎！貞乎！三極之體，是謂無已。悅乎！悅乎！三極之用，是謂無動。無動故順而化，無已故誠而神。誠神，剛之極也；順化，柔之則也，故曰剛中而柔外，悅以利貞，是以順乎天而應乎人。悅之時義大矣哉！非天下之至貞，其孰能與於斯乎？請字悅曰貞夫。①

也就是說，天地人三極之所以能夠變化流行、各得其和，根本在於其中有貞常之理、貞常之道作為主宰。貞常之理與天地人三極之變化是一種體用的關係，這就是《周易》所揭示的宇宙的神化之道。值得注意的是，陽明在這裏也提到了「乾道」和「坤德」，指出乾道是一種無形的宇宙生化的動力，而坤德的主要作用是「順成」乾道而「生化」。雖然陽明是將乾坤與人並列為三極，但是從其作用來看，陽明似也是認為乾坤相互配合才能完成宇宙生化的作用。另外一點，如果落實到學者的修養上而言，陽明認為，工夫的關鍵其實就是致中和，即以性命之理主宰情感活動。陽明認為，功夫達到極致，就可以像天地聖人一般，無心而成化。

也就是說，儘管陽明龍場悟道的核心是悟到天理不在心外（心外無理），格物其實就是人心存天理、去人欲的功夫，而非如程朱理學求定理至善於外在的事事物物之中。其內容看起來似乎與易學沒有直接的關係，但不可否認，易學在幫助其渡過困厄有着非常重要的意義。

① 《王文成全書》卷二十四。

不僅如此，陽明關於宇宙根本原理的體悟離不開他對易的體悟、研究。陽明通過對於易的玩索，體悟到宇宙中乾坤、體用、神化、常變的合一，並進而肯定對於宇宙貞常之道的把握的重要性，表現在人身上就是要把握人的性命之理，貞定人的性情。從這一意義上說，我們不能忽略易學在陽明思想中的重要作用。岡田武彥也說：「自從王陽明被劉瑾投入監牢之後，他就時常閱讀《周易》。由此我們很容易就推斷王陽明的『龍場頓悟』應該和他當時研讀《周易》有很大關係。」① 陽明在龍場悟道之後第二年就提出了知行合一的教法，結合我們前面的梳理，也讓我們不能不產生聯想，即陽明知行合一的思想很可能與其易學思想有密切的關係。

二、「知者行之始，行者知之成」與易學的關係

基於以上論述，我們不妨大膽地推測，陽明在論述知行合一時所說的「知是行之始，行是知之成」② 中的「始」「成」來自《易傳》的「乾知太始，坤作成物」。③ 事實上，早在南宋時期，朱子在與張栻辯論知行先後關係時，就是運用了《周易》乾坤的思想。《朱子語類》卷一百零四載：「舊在湖南理會乾坤，乾是先知，坤是踐履，上是『知至』，下是『終之』，卻不思今只理會個知，未審到何年月方理會『終之』

① ［日］岡田武彥著，錢明審校，楊田、馮瑩瑩譯：《王陽明大傳：知行合一的心學智慧》（上），重慶：重慶出版集團、重慶出版社，2015 年，第 269 頁。

② 《傳習錄》（上），《王文成全書》卷一。

③ 陽明有時候用「始」「終」的說法，其經典依據可能來自易傳「知至至之」「知終終之」；另一個來源則來自孟子「始條理，智也」「終條理，聖也」的「巧」「力」說。陽明常聯繫二者討論知行合一。

也。」即朱子此時懷疑先知後行的說法。陸象山也曾用乾坤的思想來討論知行關係：「『乾以易知，坤以簡能。』先生常言之云：『吾知此理即乾，行此理即坤。知之在先，故曰乾知太始。行之在後，故曰坤作成物。』」① 陸九淵恰好也是用《易傳》「乾知太始，坤作成物」這句話來說明知行關係，只不過陸九淵認為乾坤在生物的過程中有時間先後的關係，故其以此來證明知先行後。這種關於知行關係的理解與朱子學並無不同。②

不過，對《易傳》乾坤在生物中的作用，也可以作共時性的理解。關於乾坤不是先後關係，而是體用關係，明代王塘南說：

> 乾用九「見羣龍無首」，坤用六「利永貞」，蓋乾元者性也，首出庶物者也，然首不可見，若見有首則非矣，故曰天德不可為首也。坤者乾之用也，坤必從乾。貞者，收斂歸根以從乎乾也，故曰利永貞。（《江右王門學案五》，《明儒學案》，卷二十，文淵閣四庫全書本。）

王塘南即認為乾坤是體用的關係，體用就是一體同時的關係。

陽明「知是行之始，行是知之成」的說法前一句是「知是行的主意，行是知的功夫」，其中「主意」「功夫」的說法，似乎也可以從乾坤的關係中推導出來，即根據《易傳》的這一說法，乾在生物過程中

---

① ［宋］陸九淵《陸九淵集》卷三十四《語錄》，文淵閣四庫全書本。

② 比較有意思的是，早期曾為陽明友人，後來轉為陽明的批評者的黃綰，在《明道編》中即引用了象山這段話，並不點名地批評陽明的知行合一說，認為其違背了象山的說法。「『乾以易知，坤以簡能。』象山常及門人言曰：『吾知此理即乾，行此理即坤。知之在先，故曰乾知大始；行之在後，故曰坤作成物。』近日朋友有為象山之言者，以為知即是行，行即是知，以知行合為一事，而無先後，則失象山宗旨矣。」（黃綰《明道編》卷一，文淵閣四庫全書本）

起到主導（「知」為主宰意）的作用，而坤則主要是順從、配合乾來完成生物的功能。

關於「知是行之始，行是知之成」之「始」「成」可能來自《易傳》「乾知太始，坤作成物」，我們還有更多證據。周衝（字道通）係湛甘泉的門人，曾經向陽明問學，對陽明的知行合一說也頗為了解，在《新泉問辨錄》中，有周衝的一則語錄：

> 孟源論乾道坤道，衝謂：「儒者以乾知大始，為聖人之事；坤作成物，為賢人之事，非也。聖賢俱各有乾坤，但自聖人為德，在賢人為學耳。知始是知至知終之謂，成物是至之終之之謂，成物只是成得這個知，所以先生言『篤行是恆其知』也。陽明先生亦言『知者行之始，行者知之成』，可見是知行合一，要分一個分不得。」①

在這則語錄中，周衝與孟源（也曾問學於陽明，《傳習錄》有載）討論乾道坤道的問題，周衝認為「乾知太始」「坤作成物」並不是分別指聖賢之事，而是聖賢身上各自有乾坤。其中的「知始」即《易傳》中的「知至」「知終」，而「成物」即「至之」「終之」。所謂「成物」就是成就「知」，用甘泉的話說即是「篤行是恆其知」。至於「篤行是恆其知」的內涵是什麼，《新泉問辨錄》中緊接着的一條語錄載：「分乾道、坤道，…… 故曰：『知圓如天，行方如地，天包乎地，知通乎行，通乎行而知者，聖學之始終也。』又曰：『篤行，恆其知也。』此合一功

① ［明］湛若水撰，鍾彩鈞、游騰達點校：《泉翁大全集》（四），中國台北：「中央研究院」中國文哲研究所，2017 年，第 1643 頁。

夫。」① 甘泉在此處以天地比知行，正如天包含於地之中，所以知也包含於行中，所以在「篤行」的過程中，知始終貫徹其中，此即「篤行，恆其知也」。周衢認為，甘泉的這一說法與陽明「知是行之始，行是知之成」的說法是一致的，均表示「知行合一」。值得注意的是，周衢將「乾知太始，坤作成物」相聯繫來討論知行關係，並且以「成就」來解釋「成物」之「成」，就這個意義上說，行就是知的「成就」，這裏的「成就」相當於我們所說的「表現」「顯現」，而不是「完成」之意。周衢應該比較熟悉陽明的說法，他很自然地將《易傳》的這個說法與陽明知行的說法聯繫起來，也可以間接證明，陽明的「知是行之始，行是知之成」的說法與易學有着密切的關係。

另外，陽明弟子薛侃也曾用乾坤合一來證明知行合一，薛侃說：

知行二字須要還他，但晰不開耳。言知便有行在，言行便有知在。行是應跡處，知是主張處。知行即是乾坤。萬物之生，得氣於天，成形於地，豈有先後？知屬乾，行屬坤，故曰「知崇禮卑，崇效天，卑法地」，又曰「乾以易知，坤以簡能。乾知太始，坤作成物。」此「知」字下得好，便是知行之知。朱子訓作「主」字，「主」便兼有行意，不知於「知」「行」字如何看得隔礙。②

薛侃明確以乾坤對應知行，並認為乾坤在萬物生成的過程中，沒有先後，因此知行也是同時的關係，即「言知便有行在，言行便有知在」。

---

① 《泉翁大全集》（四），第 1655 頁。

② 陳椰編校，薛侃著：《雲門錄》卷一，《薛侃集》，上海：上海古籍出版社，2020 年，第 21 頁。

尤其是薛侃「行是應跡處，知是主張處」的說法，可以與我們主宰與流行、本體與作用（顯現）的說法相通。而且薛侃還認為「乾知太始」中的「知」即知行中的「知」，也間接佐證陽明關於知行的說法與《易傳》有關係。

實際上，江右陽明後學王塘南就曾經用《易傳》的「乾知太始，坤作成物」來解說知行關係：

> 《易》曰「乾知大始」，此知即天之明命，是謂性體，非以此知彼之謂也。《易》曰「坤作成物」，此作即明命之流行，是謂性之用，非造作強為之謂也。故知者體，行者用，善學者常完此大始之知，即所謂「明得盡便與天地同體」。故即知便是行，即體便是用，是之謂知行一、體用一也。（《江右王門學案五》，《明儒學案》卷二十）

王塘南也是從主宰與流行的角度來理解知行關係，與季本的理解有相近之處。特別值得注意的是，他也是從體用的角度來理解知行關係，認為知行合一實際上可以理解為體用合一。從他對《易》的引用來看，也間接佐證陽明關於知行「始」「成」的說法，可能來自《易傳》「乾知太始，坤作成物」的說法。

甘泉後學唐一庵也曾經以「主宰」「發用」來說明知行關係，他同樣用乾坤不離來理解知行合一，並且他明確說「知即乾知大始，行即坤作成物」。①

① 甘泉與陽明在知行關係上有相近的主張，均主張知行合一，反對知先行後，故甘泉後學唐樞也主張知行合一。

問：「知行何以合一？」曰：「主宰處是知，發用處是行。知即乾知大始，行即坤作成物。未有離乾以為坤，亦未有離坤以為乾者。獨陽捨坤，是落空想像，孤陰捨乾，則不知而作，皆非真乾真坤。故以考索記問為知者，遂為知先而行後，其知非允迪之明；以襲取強為為行者，遂謂行實而知虛，其行非由衷而出。兩者如形影，除一個不得。自來聖賢說知行，皆是假舉虛位，初未嘗實指知某行某。蓋隨其所行，能著能察處乃為知。人之所以為人，日用云為，何曾缺乏？只少此一知，如無根之樹。滿天下都甘做無根人。」又問：「世人日用云為，非知，如何做得出？」曰：「皆是見聞習熟，心漫然隨意識轉動，未嘗的由主宰發越也。」（《甘泉學案四》，《明儒學案》卷四十）

實際上，佐藤一齋在解釋陽明「知行本體」時，也是從乾坤的角度展開：

知行本體原是如此：乾以易知，坤以簡能，歸之於太極，則知能一也。惟人聚地天以成此軀，而易簡之善配至德，則知行本體原亦合一也。①

佐藤一齋認為可以從知能合一的角度來理解「知行本體」之「合一」，而人的知能（良知、良能）來自作為宇宙本體的「太極」，而「太極」則是乾知與坤能的合一。這也提示我們，陽明的知行合一說可以從乾坤的角度加以理解，故陽明「始」「成」的說法可能就來自《易傳》「乾

① 《傳習錄欄外書》，第13—14頁。

知太始，坤作成物」的說法。果真如此，從乾坤在宇宙生化過程中所表現一體兩面的關係，也可以說明知行的「始」「成」並非一種時間的先後關係。

三、結論

可以看出，陽明的知行合一說的提出，受其易學乾坤、體用合一說的啟發，陽明在龍場期間就體悟到此意，這種乾坤合一的體用說構成了陽明本體觀區別於朱子學的一個重要特點，陽明始終認為體用是同時的關係，而不是先後的關係，不同於朱子體先用後，體立而後用行的模式，而是主張即體即用，體用合一的觀點。在工夫論上，陽明也主張即用見體，而不是對應心之體用將工夫分為「靜而存養，動而省察」的二元工夫論。關於這一點，我們只要看看太極陰陽動靜觀，就可以明了：

周子靜極而動之說，苟不善觀，亦未免有病。蓋其意從太極動而生陽靜而生陰說來。太極生生之理，妙用無息而常體不易；太極之生生即陰陽之生生，就其生生之中指其妙用無息者而謂之動，謂之陽之生，非謂動而後生陽也。就其生生之中，指其常體不易者而謂之靜，謂之陰之生，非謂靜而後生陰也。若果靜而後生陰，動而後生陽，則是陰陽動靜，截然各自為一物矣。陰陽一氣也，一氣屈伸而為陰陽；動靜一理也，一理隱顯而為動靜。春夏可以為陽為動，而未嘗無陰與靜也；秋冬可以為陰為靜，而未嘗無陽與動也。春夏此不息，秋冬此不息，皆可謂之陽謂之動也；春夏此常體，秋冬此常體，皆可謂之陰謂之靜也。自元會運世歲月日時，以至刻秒忽毫，莫不皆然。所謂動靜無端，陰陽無始，在知道者默而識之，非可以言語窮也。①

也就是說，陰陽動靜不是一種先後的關係，而是一種常變、體用、隱顯的關係，這是宇宙的根本結構，這種結構可以貫徹到一切事物中，自然也可以貫徹到人身上，具體到知行合一上來說，陽明成熟時期的思想中，知行皆有先天來源，即人的良知、良能，「知行本體即是良知良能」②，而良知良能其實就是人身上的乾坤，也就是太極之體用，故而知行是合一的。這種合一，就不能理解為一種時間先後的關係，而是一種共時性的關係。

另外，陽明晚年在《答友人問》（丙戌）中有一段論知行關係，其中也涉及易學，頗不易解：

又曰「知之真切篤實處便是行，行之明覺精察處便是知」，若知時其心不能真切篤實，則其知便不能明覺精察，不是知之時只要明覺精察，更不要真切篤實也。行之時其心不能明覺精察，則其行便不能真切篤實，不是行之時只要真切篤實，更不要明覺精察也。「知天地之化育」，心體原是如此。「乾知大始」，心體亦原是如此。

這段話中的「明覺精察」與「真切篤實」，意在說明知行的合一關係，一般的理解容易將其泛化為道德行為與道德自覺的合一關係，這種理解自然也包括在陽明的知行觀中，但是陽明的所說的「明覺精察」與

① 《傳習錄》（中），《王文成全書》卷二。
② 《傳習錄》（中），《王文成全書》卷二。

「真切篤實」似主要是就心上說，是談良知和誠意的關係，即道德意識活動中的知行合一問題。這我們從後面「心體原是如此」的推論中可以看出。關於這一點，我們在這裏不展開。我們想討論的是陽明在討論知行合一時，何以會突然轉入「易傳」的話，並用其來描述心體。如果說這是前面知行合一思想的進一步拓展的話，正說明了明了陽明的知行合一思想及其良知心體思想具有本體宇宙論的維度。知與行的關係，正如宇宙的主宰及其化育萬物的關係，知可以對應「乾知」，行可以對應「天地之化育」，其實就可以對應我們前文關於乾坤的論述，即乾是主宰，坤是流行，二者體用合一，而絕不能以先後關係來理解。同時，也提醒我們，陽明的知行思想自始至終即有一種宇宙本體論的結構背景，只不過，越到晚年，這一結構越突顯，最後體現為良知的本體宇宙論的維度，知行合一亦然。

悟道與治道：以王陽明「龍場悟道」為主線的心學探索及心學實踐 *

黃誠 **

摘　要：王陽明的悟道與治道，乃是其心學思想創建與實踐的具體化標識。王陽明一生始終穿梭在其心學思想探索與實踐行動的雙向發展線索中，積極踐履自己的生命意義、人生價值和人格境界。王陽明「謫龍場」具有政治史和思想史雙重意義。王陽明雖「謫」貴州龍場，但開啟了其「治道」實踐，並在貴州「龍場悟道」中成就了其對儒門聖人之學的全域性體認和透切性覺悟，初步建立了理論化、系統化的陽明「心學」並廣泛深入地影響後世，並以此為發軔而證成了「三不朽」的功勛偉業，亦是其在貴州「不謫」應具有的題中之義，故王陽明「謫」而「不謫」。王陽明龍場大悟，即是要證悟本然之「良知」本

* 該論文係國家社科基金一般項目《明清西南地區儒釋道生態結構與文化治邊研究》（項目號：21BZJ014）階段性成果之一；為 2024 年 6 月中國香港．首屆陽明心學國際論壇．學術交流論文。

** 黃誠，貴州省儒學研究會會長、貴州大學歷史文化學院副院長、教授。

體，回歸於儒聖門靈知不昧的「良知」正法眼藏世界，並開顯「良知」昭示的意義世界。然王陽明「龍場悟道」亦非究竟，對於良知體認並非特別清晰明確，而是在其時隔多年後才拈出「良知」二字。「龍場悟道」乃是錢德洪建構起一整體性的概念認知系統；實際上「龍場悟道」並非單體性事件亦非一次性完成，其實可分為前後三個階段、兩個過程，且是頓漸結合，即頓悟中有漸悟、漸悟中有頓悟。陽明以「道」為旨歸且圍繞「道」的體認與覺悟這一思想主題展開思索和踐行，並構成了其心學思想形成的主線與主脈。王陽明「龍場悟道」之終極目的並非為了脫生死之悟道，而是覺悟良知良能之明倫之道（即格物致知之旨），因生死念頭僅是障蔽其證現良知本體的羈絆和牽累；王陽明的心學還是人世間的學問與功夫，而非出世間的學問與功夫。「治道」是其立世之基、立功之本，且亦不離於其「悟道」證成。陽明心學視域中的「格物致知」本身亦隱含着「悟道」與「治道」兩極並行且互為邏輯的思想之維和「知行合一」「致良知」的實踐邏輯。王陽明良知心學的「治道」實踐邏輯與其「悟道」的義理邏輯有機統合，彰顯了其心學一體兩面特點並具有「知行合一」的理論特質和「真知真行」的實踐特徵。王陽明「謫」貴州龍場一系列歷史事件，實際上與明王朝邊疆經略戰略密切關聯，王陽明貴州龍場之「悟道」促成和成就了王陽明貴州龍場之「治道」（形上之道發之於用），且王陽明的「治道」亦豐富和踐行了王陽明的「悟道」（形下之用和之於道），並以親身的治理實踐表明其在治道探索上已由龍場「悟道」之前的經世之思等「治道」一系列理論思考，進入到了貴州具體的「治道」實踐環節，且以心學安定水西之實踐進一步展示了王陽明「治道」層面的歷史智慧、思想智慧與政治智慧。「治道」與「悟道」構成了王陽明良知心學的一體兩面，且形上與形下打成一片，並產生了切實的社會文化作用與重要的政治歷史影響。

關鍵詞：王陽明　心學　悟道　治道　龍場悟道

引言

王陽明（1472—1529），名王守仁，浙江餘姚人，明代著名的思想家、軍事家、政治家和教育家，其心學思想的建立，離不開對儒道佛三教思想精華的吸取，並通過切身的身心體悟與事上磨練，在思想的深處融會貫通儒釋道三教之理論要義並加以思想整合，而最終以儒門聖學的文化思想形態或心學本來面目示現於世，並卓然屹立於中國學術思想史[①]。

王陽明的悟道與治道，乃是其心學思想創建與心學思想實踐的具體化標識。學術界一般以「內聖外王」之道來界說或言稱儒家學術思想旨趣，實乃學術界之共識。王陽明「龍場悟道」系列過程是統合其「治道」與「悟道」的標誌性事件，亦是其證成「心學」的關鍵性環節。以王陽明「龍場悟道」為主線，探索其悟道與治道，具有重要的理論與實踐意義。就陽明的「悟道」與「治道」而言，「悟道」可說是其「內

① 參見拙文：《轉仙釋之識，成儒門之智 —— 儒釋道三教關係視域下的陽明心學思想建立之檢討》，《貴陽學院學報（社會科學版）》2020 年第 2 期。

聖」之一極，「治道」可說是其「外王」之另一極。陽明心學涵蓋了儒家本有的內聖外王之道，是道統、政統與學統的「三位一體」與統一，推展至安身立命與經世治國政治層面，其心學內涵則主要表現為「悟道」與「治道」之思想和行動的融匯與貫通，此所謂理與事的合一、知與行的不二，且就「悟道」與「治道」之思想與行動關係言，亦可用王陽明先生自己所倡導之「知行合一」四字概論之，此亦為《中庸》「君子尊德性而道問學」表達之義理內涵，即「以德性為尊」（可視為「良知良能」）而「修己」「以學問為道」（可比擬於「格物致知」）而「安人」的儒家核心要義①，並以「龍場悟道」創建良知心學為標識性符號象徵，立體彰顯了王陽明「心學」的時代性價值意義。

思想不離實踐，實踐不離思想，王陽明之心學思想與心學實踐不一亦不二。王陽明一生始終穿梭在其心學思想探索與實踐行動的雙向發展線索中，積極踐履自己的生命意義、人生價值和人格境界，並在中國歷史上成就了自己「三不朽」的儒生事業與歷史使命，由此也奠定了其中國文化史、思想史、哲學史上不可撼動的心學集大成者歷史地位，亦成為在中國儒學史、心學史上難以逾越的一座思想豐碑，並對東亞乃至世界學術文化思想產生了巨大而又深遠的影響。

① 《中庸》云：「自誠明，謂之性；自明誠，謂之教。誠則明矣，明則誠矣。」牟鍾鑒先生在對《中庸》的研究中指出：「尊德性即誠學，道問學即明學。兩者是不可分的。」乃是基於《中庸》的文本思想邏輯而有如是洞見。參見牟鍾鑒：《涵泳儒學》，北京：中央民族大學出版社，2011 年，第 55 頁。筆者借用其詮釋理路，表達為《中庸》詮釋良知與致良知如是思想邏輯，即：誠者，良知；誠之者，致良知。良知，即尊德性；致良知，即道問學。知行合一，即是尊德性而道問學。

一、思想者之思想探索：王陽明的人生志向、學之三變及早期的經世之思

王陽明在其幼年的十二歲之時，就有了他十分明確的人生擇決，即回答「何為第一等事」[①]之人生之問，他與眾不同，其內心深處所呈現出來的是「讀書學聖賢」的聖賢志向。向聖賢而生，這一初心使命，決定了其絕非凡夫，前途不可限量。故其能實現思想和人格的超越和突破，創建一時代之陽明心學完整體系並成就其全新的聖賢者之思想形象與政治偉業。

王陽明心學創建，經歷了多次的思想轉換與學術變遷，其門人稱之「（陽明）先生之學，凡三變，其為教也三變」[②]，這自然與其出世不離入世的心態與情愫緊密關聯。他在「學而優則仕」的政治情愫中前行，「讀書習字與科舉考試乃是成就其聖賢之大志的重要路徑或必要過程」[③]，且長時段徘徊在聖人之學與出入道釋之間，即所謂「溺於騎射之習」「為宋儒格物之學」，「隨世就辭章之學」，「偶聞道士談養生，遂有遺世入山之意」[④]。至其三十一歲時，才止於「漸悟仙、釋二氏之非」，

① 王守仁撰，吳光、錢明、董平、姚延福編校:《王陽明全集》(下)，上海:上海古籍出版社，2006年，第1221頁。

② 錢德洪《刻文錄敍說》云：「先生之學，凡三變，其為教也三變。少之時，馳騁於辭章，已而出入二氏，繼乃居夷處困，豁然有得於聖賢之旨，是三變而至道也。居貴陽時，首與學者為『知行合一』之說，自滁陽後，多教學者靜坐，江右以來，始單提『致良知』三字，直指本體，令學者言下有悟，是教亦三變也。」錢德洪言學者三變，始於辭章，乃是有根據的，是直接受王陽明自身的言說影響，陽明曾說：「守仁早年早歲業舉，溺志詞章之習，既乃稍知從事正學。」參見王守仁撰，吳光、錢明、董平、姚延福編校：《王陽明全集》（上），上海：上海古籍出版社，2006年，第127頁。

③ 參見拙文：《轉仙釋之識，成儒門之智——儒釋道三教關係視域下的陽明心學思想建立之檢討》，《貴陽學院學報（社會科學版）》2020年第2期。

④ 王守仁撰，吳光、錢明、董平、姚延福編校:《王陽明全集》(下)，上海:上海古籍出版社，2006年，第1224頁。

且三十四歲時與湛甘泉「一見定交，共以倡明聖學為事」[①]，由此亦具見王陽明的學術人生軌跡與思想初心，乃是始終處於對世間與出世間的學問追尋與探索中。王陽明的學之三變（或之五溺），「實際上形象地呈現了陽明學問路向的兩個維度：一是世間的人生之學問，即無論是馳騁於辭章、豁然有得於聖賢之旨，還是初溺於任俠之習、再溺於騎射之習、三溺於辭章之習，皆是世間學問；二是出世間的生命之學問，即無論是溺於神仙之習、溺於佛氏之習，還是已而出入二氏，均為出世間學問」[②]，這一思想學問旨趣亦體現了其虛實相生、和諧共生的理論特質，並蘊含着「尊德性」和「道問學」「內聖」與「外王」二極的思想元素和文化基因。儒門立志，乃是昌明聖學的先決條件和學問根基。學立聖人之志，猶如佛教倡導的發菩提心，心量多大，證量成就就有多大，而參研身心之生命學問才是學問根底，「學者溺於詞章記誦，不復知有身心之學。先生首倡之，使人先立必為聖人之志。」[③] 學者覺也，學悟即是覺悟，即是學習之功，故學是悟的前提或基礎。故龍場悟道後的《教條示龍場諸生》強調「立志」，所謂「志不立，天下無可成之事，雖百工技藝，未有不本於志者」[④]，顯然是這一思想的承繼和延續，也是其學術思想（即心學）證成之邏輯起點。

人的生命成長及其思想的形成，不離於其所處的社會條件和時代

---

① 王守仁撰，吳光、錢明、董平、姚延福編校：《王陽明全集》（下），上海：上海古籍出版社，2006 年，第 1226 頁。

② 參見拙文：《轉仙釋之識，成儒門之智 —— 儒釋道三教關係視域下的陽明心學思想建立之檢討》，《貴陽學院學報（社會科學版）》2020 年第 2 期。

③ 王守仁撰，吳光、錢明、董平、姚延福編校：《王陽明全集》（下），上海：上海古籍出版社，2006 年，第 1226 頁。

④ 王守仁撰，吳光、錢明、董平、姚延福編校：《王陽明全集》（下），上海：上海古籍出版社，2006 年，第 974 頁。

因緣。就王陽明所處之時代而論，乃是明王朝政局複雜、內憂外患之時代，即所謂「外有瓦剌、韃靼的邊疆侵擾遺留之危機與『土木之變』影響之餘波，內有朝廷宦官專權及朝內政治勢力角逐，同時亦有誠服之西南土司也時常懷有反叛動搖異心之現實問題」①。王陽明的經世治道之實踐探索亦深受明朝所處之時代影響和浸潤，且儒門《大學》經典中所倡導的「修身、齊家、治國、平天下」的內聖外王理念，亦歷來是儒學知識分子矢志不渝追求的人生目標與志向，故王陽明在其所處的歷史時代影響和「學而優則仕」及「治國、平天下」思想理念驅動下，亦開始了早期的「經世之思」，是為其探索「治道」之發軔。然探尋其「治道」之端緒和軌轍，時則王陽明早在十五歲時，就有經略四方的志向，《年譜》對此說得十分明白：「先生出遊居庸三關，即慨然有經略四方之志，詢諸夷種落，悉聞備禦策；逐胡兒騎射，胡人不敢犯。經月始返。……又聞秦中石和尚、劉千斤作亂，屢欲為書獻於朝。」② 孔子云：「吾十有五而志於學，三十而立。」（《論語·為政篇第二》）此間本應是王陽明十五歲有志於學習的關鍵時期，他卻展示出了一貫以來之任俠豪情，「出遊居庸三關，即慨然有經略四方之志」。且《年譜》亦記載了他二十六歲時，留心於兵法和武事之史影，「先生二十六歲，寓京師。是年先生學兵法。當時邊報甚急，朝廷推舉將才，……於是留情武事，凡兵家祕書，莫不精研」③。上述兩條年譜記載，雖說是

① 參見拙文：《論王陽明「謫」而「不謫」與「龍場悟道」及其思想史意義》，曾向東、鍾海連主編：《中國傳統智慧與企業社會責任》，南京：東南大學出版社，2021 年，第 369 頁。

② 王守仁撰，吳光、錢明、董平、姚延福編校：《王陽明全集》（下），上海：上海古籍出版社，2006 年，第 1222 頁。

③ 王守仁撰，吳光、錢明、董平、姚延福編校：《王陽明全集》（下），上海：上海古籍出版社，2006 年，第 1224 頁。

其自娛自樂式的思想活動而已，但亦均表明了他在治道問題上的早期探索與親身踐履，是其「經世」和「治道」之思的形象例證。然王陽明其早期「經略之思」的重大轉折，則是其二十八歲考中進士之後，他把其「經略之思」的思想訴求外在公開地轉變成了具體的政治行動，那就是他向朝廷條陳的「疏陳邊務」，則旗幟鮮明地向朝廷表明和闡釋了其治道致思與經世濟國立場。關於這一歷史性事件，《年譜》云：「時有星變，朝廷下詔求言，及聞達虜猖獗，先生覆命上邊務八事，言極剴切。」[①] 有着傳記文學故事色彩的《王陽明出身靖亂錄》亦云：「值星變，達虜方犯邊，朝廷下詔求直言。先生上言邊務八策，言極剴切。」[②] 二者雖語言表述略有差異，但主旨內容如出一轍且顯而易見。從文本生成之時間先後邏輯而言，後者顯然乃是受到前者之影響，是前者的照抄與照搬，儘管如此，然亦顯示了朝廷當時所處邊患危機之客觀實態，這亦是明朝廷所關注的重大政治問題。明中央朝廷對這一問題的重視程度，亦可從明朝歷年科舉考試的試題策問中看得出來，弘治十五年（1502）會試第三場策五道之問：「兵資於芻粟，乃事之至急，不可一日缺者。凡邊方用武之地，其蓄積歲有常數，內地之近於邊者，其運輸歲有常處。必常使餘數年之積，而後可以為國也。今邊報方至，師旅初興，即聞有缺乏之請。…… 子諸生積學明經，通於古今之宜，其具實以對。毋隱言，毋泛論，朕將採而行之。」[③] 因此，王陽明《陳言邊務疏》提出的「儲材以備急」「捨短以用長」「簡師以省費」

① 王守仁撰，吳光、錢明、董平、姚延福編校：《王陽明全集》（下），上海：上海古籍出版社，2006 年，第 1225 頁。

② 馮夢龍：《王陽明出身靖亂錄》，杭州：浙江古籍出版社，2015 年，第 14 頁。

③ 仲光軍、尚玉恒、冀南生等編：《歷代金殿殿試鼎甲硃卷》（上），石家莊：花山文藝出版社，1995 年，第 245 頁。

「屯田以足食」「行法以振威」「敷恩以激怒」「捐小以全大」「嚴守以乘弊」八條見解[①]，乃是引起了朝廷注意和認可，故《明史》云：「還而朝議方急西北邊，守仁條八事上之。尋授刑部主事。決囚江北，引疾歸。起補兵部主事。」[②]因上書朝議邊務而緊接着升遷刑部主事，這可說是朝廷對王陽明上書建議的一種高度認可和肯定，既反映了朝廷對邊關防務的重視，也體現了朝廷對王陽明這一特殊人才的欣賞。同時，筆者以為，《陳言邊務疏》的大膽書寫與真實條陳，亦表明王陽明已將中央王朝治道眼光聚焦起來並投向了對西北邊疆問題的認知與深思上，從而開啟了王陽明在理論上對國家經略、邊疆治理之道，即「治道」領域（可稱之「外王」）的思想探索與政治行動。如是因，如是果，此因生起，所生果報即顯現在其後來「謫」貴州龍場的時空範圍中，則具體表現為其對西南邊疆的治道實踐——以攻心為上的「心學」之「法」而安止住了貴州土司安貴榮內心深處即將付諸行動的反叛異心。根據《明史》記載，水東宋氏所轄苗民，因安貴榮從中作祟而引發「苗變」，官府介入引起安氏不安，有激變可能。此間，適逢王陽明「謫」貴州龍場，陽明與安氏之間有書信往來，他條陳理由，攻心為上，有安定安氏之功效，顯示了王陽明在治理邊務上的獨特之思想智慧和政治智慧，即所謂「治道」與「悟道」之果報亦不可思議也。

---

① 王守仁撰，吴光、錢明、董平、姚延福編校：《王陽明全集》（上），上海：上海古籍出版社，2006 年，第 285—290 頁。

② 張廷玉等撰：《明史》一七，傳〔六〕〔第十七冊卷一九〇至卷二〇一（傳）〕，北京：中華書局，1974 年，第 5160 頁。

二、尋「謫」貴州龍場及生死之問的參悟：王陽明之「身謫」而「心不謫」

王陽明「謫」貴州龍場，不僅是明代中央王朝的重大政治舉措，而且也是明代貴州政治史上的一件大事。學術界普遍對陽明「謫」貴州龍場這一重大歷史性事件認識不足，探討不深，一般皆是以王陽明上書救人而得罪宦官劉謹後被廷杖四十並被謫貴州龍場任驛丞云云之語一筆勾畫帶過，亦如《年譜》云：「疏入，亦下昭獄，已而廷杖四十，既絕復甦。尋謫貴州龍場驛丞。」①《明史》亦載：「正德元年冬，劉瑾逮南京給事中御史戴銑等二十餘人。守仁抗章救，謹怒，廷杖四十，謫貴州龍場驛丞。」②然其「謫」貴州龍場之表像之外還隱含有「不謫」之深層次含義和原委，則多語焉不詳。為進一步廓清王陽明被「謫」龍場之真義，不妨懸設並討論幾個關鍵性問題：其一，為什麼王陽明是「謫」貴州龍場，而非「謫」其他荒蠻之地，諸如嶺南等外化之地，且朝廷偏偏「謫」王陽明至貴州龍場驛，並安排其做了龍場驛丞？其二，王陽明「謫」龍場之政治事件，是單體獨立的政治事件，還是政治關聯中有意和特殊安排的政治事件，有無朝廷明修棧道、暗度陳倉的國家戰略，即派遣朝廷能臣洞察地方和治理邊疆之深層用意？其三，王陽明「謫」而「不謫」，即「身謫」而「心不謫」，是否可以成立？釐清這些問題，這將有利於從王陽明「治道」層面理解王陽明「悟道」，即儒家「內聖外王」之道一體兩面特質，陽明心學「悟道」與「治道」

① 王守仁撰，吳光、錢明、董平、姚延福編校：《王陽明全集》（下），上海：上海古籍出版社，2006 年，第 1227 頁。

② 張廷玉等撰：《明史》一七，傳〔六〕〔第十七冊卷一九〇至卷二〇一（傳）〕，北京：中華書局，1974 年，第 5160 頁。

之間相互關聯、相互成就的內在邏輯，即所謂出世不離入世、入世不離出世，理事不二的經世邏輯。

首先，從政治歷史背景來看，邊疆治理歷來就是王朝政治治理的重要環節和政治策略。明代立國之初，因貴州宣慰靄翠、宋蒙古歹及普定府女總管適爾等先後臣服明王朝統治，朱元璋鑒於北方格局需要穩定而無瑕經理西南之實況，即所謂「帝方北伐中原，未遑經理南荒」①，故准予其以原官世襲，以維持現狀而避免社會動盪。然靄翠死後，夫人奢香襲位，明中央加緊邊疆經略，改土歸流急先鋒馬曄積極推進明王朝王權勢力滲透入邊地進程，並對貴州土司強化了控制，因其主導「欲盡滅諸羅，代以流官，故以事撻香」②之事件，誘發了諸羅欲反叛之危機，而在劉淑貞的奔走下，奢香上京向朱元璋控訴馬曄激變情景，並在權利博弈中作出「開偏橋、水東，達烏蒙、烏撒及容山、草塘諸境，立龍場九驛」③的政治承諾而獲得明朝廷讚許。由此，在貴州以龍場九驛為基礎的驛站線路通道建成且相互勾連，並形成互聯互通的帝國政治治理地方的網絡和節點，有利於明朝廷政治勢力的全息入邊滲透，而實現了王朝對貴州諸地之有效控制。與此，明代「北進南守」④的國家戰略和政治格局對西北、西南邊疆有着重要的歷史影響，

---

① 張廷玉等撰：《明史》二七，傳〔一六〕〔第二七冊卷三一三〇至卷三二二（傳）〕，北京：中華書局，1974 年，第 8167 頁。

② 張廷玉等撰：《明史》二七，傳〔一六〕〔第二七冊卷三一三〇至卷三二二（傳）〕，北京：中華書局，1974 年，第 8169 頁。

③ 張廷玉等撰：《明史》二七，傳〔一六〕〔第二七冊卷三一三〇至卷三二二（傳）〕，北京：中華書局，1974 年，第 8169 頁。

④ 《明紀事本末》卷之十二：「英鎮雲南，簡官僚，修惠政，剔奸蠹，興學校，治水利，墾田一百一萬二千畝，軍食贏足，恩威並著，教化大行，雲南遂為樂土。……陛辭，上撫之曰：『使我高枕無南顧憂者，爾也。』」參見谷應泰：《明史紀事本末》（一），北京：中華書局，2022 年，第 175 頁。「秋七月，以淇國公丘福為大將軍，武城候王聰為左副將軍，同安候火真為右副將軍，靖安後王忠、安平候李遠為左右參將，帥師北征。」參見谷應泰：《明史紀事本末》（一），北京：中華書局，2022 年，第 330 頁。

且西北與西南相互關聯並具有邊疆治理的共生性與協同性特點，乃是國家治理中的「雙連環」，同等重要、不可或缺，即「邊疆之危機，尤其是明中央王朝遭遇『土木之變』的歷史教訓，不能不引起明代後世繼任君王的重視與反省，…… 實際上，西南邊疆之治理關係到北方之局勢，因此，對西南土司的安撫與是否實現有效治理，也成為了明朝廷邊疆治理的頭等大事而不可小覷」[①]。從戰略而言，國家經略西南，乃是將西南視為一區域性整體；雲貴川在地緣性上自古連為一體，早在西漢司馬遷《史記》中專設「西南夷」即將西南視為一整體性地域性概念；雲南貴州乃是一體（地緣整體性）之關鍵，滇黔自古一體，明代雲貴科舉鄉試合試與清人謝聖綸編著《滇黔志略》而將滇、黔合志即是具體之明證；且近現代人物陳垣著有《明季滇黔佛教考》亦表明了此意。洪武帝朱元璋分析滇黔政治形勢認為，「區畫佈置，尚煩計慮」，「靄翠輩不盡服之，雖有雲南不能守也」[②]。在其看來，控制雲南的最重要的基礎性條件，乃是妥善經營貴州，於是明中央王朝「把戰略重點轉向貴州，使之成為鞏固的後方」[③]。故貴州龍場驛作為貴州重要的交通節點，則有着重要的戰略地位和意義。龍場驛之設立，是帝國經略西南政治網絡之重要節點，它勾連了貴州九驛與諸地，成為明中央王朝控制西南貴州之關鍵，「不僅進一步加強了明中央王朝對地方的控制，而且亦為王陽明『謫』龍場提供了前提條件」[④]，使貴州龍場成為王陽明龍場

① 參見拙文：《論王陽明「謫」而「不謫」與「龍場悟道」及其思想史意義》，曾向東、鍾海連主編：《中國傳統智慧與企業社會責任》，南京：東南大學出版社，2021 年，第 369 頁。

② 張廷玉等撰：《明史》二七，傳〔一六〕〔第二七冊卷三一三至卷三二二（傳）〕，北京：中華書局，1974 年，第 8168 頁。

③ 《貴州通史》編輯部：《貴州通史簡編》，北京：當代中國出版社，2005 年，第 60 頁。

④ 參見拙文：《論王陽明「謫」而「不謫」與「龍場悟道」及其思想史意義》，曾向東、鍾海連主編：《中國傳統智慧與企業社會責任》，南京：東南大學出版社，2021 年，第 377 頁。

悟道的空間場域而不可或缺，即因謫龍場而龍場悟道。可見，王陽明的「治道」與「悟道」亦始終是關聯在一起，乃是其生命行動不可分割的兩極，且王陽明「謫」龍場的「治道」及其實踐活動亦為其「悟道」創造了思想契機。因此，王陽明「謫」龍場亦具有重要的戰略意義，從國家戰略視野和高度考量，王陽明「謫」龍場不能不說是朝廷有意識的政治安排，並非朝廷隨意「謫」而是朝廷有意「謫」，所謂「用得其人則治道興，非其人則治道墮」[①]，故明王朝「謫」陽明的另一層理解，那就是朝廷「謫」王陽明即是朝廷「用」王陽明，即在實踐中錘煉王陽明、塑造王陽明，而王陽明在「事上磨練」中「治道」與「悟道」相統合，既創建心學又實踐心學，而逐步成就王陽明聖賢者的歷史形象。就這一意義而言，王陽明「謫龍場」歷史性事件具有政治史和思想史兩重意義，且王陽明「身謫」而「心不謫」，即所謂王陽明「謫」而「不謫」。

其次，從王陽明家世與個人成長而言，「王陽明特殊的出生、特殊的家庭背景、特殊的科舉傳奇人生，決定了他定為一不平凡的人物且有不尋常的人生經歷」[②]，尤其是其「謫」貴州龍場乃是王陽明眾多因緣和合所致。王陽明的家世對其成長極具影響，不能僅見王陽明個人的奮鬥歷程，而忽略了其家庭背景與社會關係的深層次助推原因，既要見其人、見其事，又要見其家世、見其社會關係，故亦可從王朝經略邊疆之戰略來認知朝廷「謫」陽明這一歷史事件並破解「謫」之歷史真相。一是王陽明家世顯赫，朝中有人。《明史．列傳第八十三．王守

① 谷應泰：《明史紀事本末》（二），北京：中華書局，2022 年，第 412 頁。

② 參見拙文：《論王陽明「謫」而「不謫」與「龍場悟道」及其思想史意義》，曾向東、鍾海連主編：《中國傳統智慧與企業社會責任》，南京：東南大學出版社，2021 年，第 372 頁。

仁》云：「父華，字德輝，成化十七年進士第一。授修撰。弘治中，累官學士，少詹事。華有器度，在講幄最久，孝宗甚眷之。李廣貴幸，華講《大學衍義》，至唐李輔國與張後表裏用事，指陳甚切。帝命中官賜食勞焉。正德初，進禮部左侍郎。以守仁忤劉瑾，出為南京吏部尚書，坐事罷。旋以《會典》小誤，降右侍郎。瑾敗，乃復故。無何卒。華性孝，母岑年逾百歲卒。華已年七十餘，猶寢苫蔬食，士論多之。」[①] 可見，陽明家世極為顯赫，父王華乃為成化年間的科舉「狀元」，在弘治時期經筵講學《大學衍義》，而深受帝王器重、認可並賜食給予獎賞犒勞，且正德年間時王華官至禮部左侍郎和南京吏部尚書，因有如是家世，故可戲稱王陽明「朝中有人」。因為朝中有人，故備受朝臣關注，弘治六年（1493）王陽明二十二歲初次科舉即名落孫山，而多有朝臣慰藉，「會試下第，縉紳知者咸來慰諭」[②]。朝中宰相李西涯（東陽）亦十分讚歎陽明之才情，即「戲呼為來科狀元」[③]。《年譜》云：「宰相李西涯戲曰：『汝今歲不第，來科必為狀元，試作來科狀元賦。』先生懸筆立就。諸老驚曰：『天才！天才！』退有忌者曰：『此子取上第，目中無我輩矣。』」[④] 若非朝中無交情，王陽明何以名落孫山後會受到貴為宰相地位的李西涯之安慰與鼓勵，又何以因得罪劉謹後受「廷杖四十」而能獄中安然無恙？且作了「獄中詩十四首」[⑤]，尤其是《讀易》詩云：

---

① 張廷玉等撰：《明史》一七，傳〔六〕［第十七冊卷一九〇至卷二〇一（傳）］，北京：中華書局，1974 年，第 5159 頁。

② 王守仁撰，吳光、錢明、董平、姚延福編校：《王陽明全集》（下），上海：上海古籍出版社，2006 年，第 1223 頁。

③ 馮夢龍：《王陽明出身靖亂錄》，杭州：浙江古籍出版社，2015 年，第 13 頁。

④ 王守仁撰，吳光、錢明、董平、姚延福編校：《王陽明全集》（下），上海：上海古籍出版社，2006 年，第 1223 頁。

⑤ 王守仁撰，吳光、錢明、董平、姚延福編校：《王明陽全集》（上），上海：上海古籍出版社，2006 年，第 674—676 頁。

「囚居亦何事？省愆懼安飽。暝坐玩義易，洗心見微奧。」[①] 盡顯其獄中自由之境與灑脱狀態。故王陽明朝中有人，其「謫」貴州龍場，亦在「安排」[②] 意中。若非意中，何以時隔多年之後，王陽明還有將「謫」貴州龍場視為皇帝之恩典的言辭，即「蒙恩降貴州龍場驛丞」[③]。若非「恩降」，何以劉謹還要暗中派人一路追殺？[④] 若是其為罪臣，人盡相以遠之，何以能受貴州地方官員席書厚愛並邀請至貴陽文明書院講學以及受貴陽詹氏不情之邀請而為詹氏家人撰寫墓誌銘——《明封孺人詹母越氏墓誌銘》[⑤]。且他在受「謫」三年不到的時間，劉謹一倒台，旋即在正德五年（1510）又遷升任廬陵知縣，繼而又轉升任南京刑部主事，緊接着又調任北京吏部主事，又升任文選司員外和考功司郎中，在北京三年不到的時間又輾轉升任南京太僕寺少卿並駐紮滁州督馬政，正德

---

① 王守仁撰，吳光、錢明、董平、姚延福編校:《王明陽全集》(上)，上海:上海古籍出版社，2006年，第675頁。

② 筆者以為，王陽明受「謫」至萬山叢中的貴州龍場驛作驛丞，或許有更深一層的政治人生深意和命運考量。否則，就難以理解，他在受「謫」三年不到的時間，就在正德五年（1510）又遷升任廬陵知縣，繼而又轉升任南京刑部主事，緊接着又調任北京吏部主事，又升任文選司員外和考功司郎中，在北京三年不到的時間又輾轉升任南京太僕寺少卿並駐紮滁州督馬政，正德九年（1514）又升任南京鴻臚寺卿，正德十年（1515）又擢升都察院左僉都御史並巡撫南贛、汀、漳等處。後文中亦有進一步闡釋。王陽明一路飆升的時空線索與具體事實，亦進一步表明其家庭背景與個人才能，而且亦印證了其在九華山遭遇蔡蓬頭時所受到的告誡性預言:「我看你一團官相，説甚神仙。」參見拙文:《論王陽明「謫」而「不謫」與「龍場悟道」及其思想史意義》，曾向東、鍾海連主編:《中國傳統智慧與企業社會責任》，南京：東南大學出版社，2021年，第372頁。

③ 王守仁撰，吳光、錢明、董平、姚延福編校:《王明陽全集》(上)，上海:上海古籍出版社，2006年，第299頁。

④ 筆者以為，在王陽明視界中的正德皇帝朱厚照乃是「陛下聰敏超絕」之形象，而豈會輕易就聽信劉瑾一己之言而能惡言惡語中傷。因此而有宦官劉瑾仍不滿意於朝廷作出的這樣一種「特殊」安排，是故有其派人追殺陽明且有將其置之死地而後快的異常舉動。參見拙文:《論王陽明「謫」而「不謫」與「龍場悟道」及其思想史意義》，曾向東、鍾海連主編:《中國傳統智慧與企業社會責任》，南京：東南大學出版社，2021年，第374頁。

⑤ 貴州省博物館編:《貴州省墓志選》，貴陽：貴州省博物館（內部資料），1986年，第30—31頁。

九年（1514）又升任南京鴻臚寺卿，正德十年（1515）又擢升都察院左僉都御史並巡撫南贛、汀、漳等處。實際上在其謫貴州龍場期間，王陽明已有預知自己不久離開謫地的隱喻言說：「寄語峰頭雙白鶴，野夫終不久龍場。」[①] 同時「王陽明一路飆升的時空線索與具體事實，亦進一步表明其家庭背景與個人才能，而且亦印證了其在九華山遭遇蔡蓬頭時所受到的告誡性預言：『我看你一團官相，説甚神仙。』」[②] 正是基於王陽明的這一層家境根底，故而才有了王陽明在官場上的平步青雲和一路飆升，這一家庭背景對其「謫」龍場也有着非同尋常之意義，且其政治治道方面的經驗積澱亦為其悟道創建心學提供了外部助緣，其「治道」與「悟道」共生並同向而行。二是王陽明身為能臣，因擔任過刑部雲南清吏司主事經歷，而對西南區域尤其是雲南事務有一定認知，且自身又有邊疆經略之思，與明王朝經略西南邊疆的國家戰略高度契合，乃是朝廷派遣至西南以「謫」的方式錘煉和洞察地方之不二人選。從王陽明考取進士即觀政工部，並作欽差督造威寧伯王越墳，「事竣，威寧家以金帛謝」[③]；又擔任刑部雲南清吏司主事，「先生錄囚多所平反」[④]；並主考山東鄉試，「錄出，人占先生經世之學」[⑤]，且「改兵部武選清吏司主事」的諸多之政事經歷與取得的成就來看，即由其事可

---

① 王守仁撰，吳光、錢明、董平、姚延福編校：《王陽明全集》（上），上海：上海古籍出版社，2006 年，第 703 頁。

② 參見拙文：《論王陽明「謫」而「不謫」與「龍場悟道」及其思想史意義》，曾向東、鍾海連主編：《中國傳統智慧與企業社會責任》，南京：東南大學出版社，2021 年，第 372 頁。

③ 王守仁撰，吳光、錢明、董平、姚延福編校：《王陽明全集》（下），上海：上海古籍出版社，2006 年，第 1224 頁。

④ 王守仁撰，吳光、錢明、董平、姚延福編校：《王陽明全集》（下），上海：上海古籍出版社，2006 年，第 1225 頁。

⑤ 王守仁撰，吳光、錢明、董平、姚延福編校：《王陽明全集》（下），上海：上海古籍出版社，2006 年，第 1226 頁。

見其人，實乃難得之人才和朝中之能臣也。而關鍵之處還在於，王陽明又有任刑部雲南清吏司主事的重要經歷，由此也決定了他對於西南總體情況較為熟悉，而這一熟悉程度則有利於其在「謫」中能夠自我安頓、發揮作用，且亦延伸至他對雲南與貴州邊疆政治地緣之勾連關係亦有明確之認知，故而能在貴州行「內聖外王」之道[①]，「治道」與「悟道」成為其心學構成結構系統中不可或缺之「兩極」，此所謂理事與知行工夫不可須臾離也。且縱觀王陽明思想發展與一生事功成就，圍繞和聚焦此「兩極」展開與形成的理論脈絡、實踐邏輯之雙向線索交織互動全幅貫穿在其全部的生命歷程。

王陽明「謫」貴州龍場，「居夷處困，動心忍性」[②]，從而開啟了他對生死問題的追問與參悟之路。王陽明說：「學問功夫，於一切聲利嗜好俱能脱落殆盡，尚有一種生死念頭毫髮掛帶，便於全體有未融釋處。人於生死念頭，本從生身命根上帶來，故不易去。若於此處見得破，透得過，此心全體方得流行無礙，方是盡性至命之學。」[③]《年譜》亦云：「時謹憾未已，自計得失榮辱皆能超脱，惟生死一念尚覺未化，乃為石墩自誓曰：『吾惟俟命而已！』日夜端居澄默，以求靜一；久之，胸中灑灑。」[④]可見，他身處逆境得失榮辱皆能超脱，惟生死一念尚覺未化。了脱生死，才能脱離「身體」存在之羈絆而實現思想自由與生

---

① 參見拙文：《論王陽明「謫」而「不謫」與「龍場悟道」及其思想史意義》，曾向東、鍾海連主編：《中國傳統智慧與企業社會責任》，南京：東南大學出版社，2021 年，第 373 頁。

② 王守仁撰，吳光、錢明、董平、姚延福編校：《王陽明全集》（下），上海：上海古籍出版社，2006 年，第 1544 頁。

③ 王守仁撰，吳光、錢明、董平、姚延福編校：《王陽明全集》（上），上海：上海古籍出版社，2006 年，第 108 頁。

④ 王守仁撰，吳光、錢明、董平、姚延福編校：《王陽明全集》（下），上海：上海古籍出版社，2006 年，第 1228 頁。

命境界之超越。故參悟生死之道，乃是王陽明「謫」貴州龍場的內在心聲，亦為王陽明「龍場悟道」的關鍵性環節，也是其「身謫」而「心不謫」之內在「心之力」的驅使、擴充與彰顯。張新民先生在分析王陽明在貴州龍場悟道時指出，「因為死亡的光照既使人的時空有限性最大程度地彰顯，道德自我的無限超越也就顯得越發迫切」[①]。故王陽明雖處人生低谷與困境，但其心中聖人志向仍未可磨滅或消除，他在向死而生的生命體驗中依然能夠笑看風雲和逆襲人生，且其一念之心自然遊戲於天地之間，並有如是之念想：「聖人處此，更有何道？」[②]王陽明在龍場參悟生死，乃是以其日夜「靜坐」的方式來進行，並「以默坐澄心為學的」[③]踐履，《年譜》則形象地記錄了其參修時的實際修悟情景，即「日夜端居澄默，以求靜一」，並以此來掃除自我身心的塵染，而敞亮和朗現內在心性的光明。他身雖受謫於貴州龍場荒域之地，即「龍場在貴州西北萬山叢棘中，蛇虺魍魎，蠱毒瘴癘」[④]；心卻不謫於貴州龍場一隅，而動、靜一心，暢遊於宇宙天地之間，即所謂「胸中灑灑」。

王陽明謫居龍場時之身心灑脱狀況與自由心境，則在其《龍崗漫興》詩中亦有鮮活之顯示，詩云：「投荒萬里入炎州，卻喜官卑得自由。心在夷居何有陋？身雖吏隱未忘憂。」[⑤]且出世不離入世，陽明內心深

---

① 張新民：《陽明精粹卷一．哲思探微》，貴陽：孔學堂書局、貴州人民出版社，2014年，第35頁。

② 王守仁撰，吳光、錢明、董平、姚延福編校：《王陽明全集》（下），上海：上海古籍出版社，2006年，第1228頁。

③ 王守仁撰，吳光、錢明、董平、姚延福編校：《王陽明全集》（下），上海：上海古籍出版社，2006年，第1544頁。

④ 王守仁撰，吳光、錢明、董平、姚延福編校：《王陽明全集》（下），上海：上海古籍出版社，2006年，第1228頁。

⑤ 王守仁撰，吳光、錢明、董平、姚延福編校：《王陽明全集》（上），上海：上海古籍出版社，2006年，第702頁。

處亦存有范仲淹言「居廟堂之高則憂其民，處江湖之遠則憂其君」（《岳陽樓記》）的內在心性感通。《春日花間偶集示門生》亦云：「閒來聊與二三子，單夾初成行暮春。改課講題非我事，研幾悟道是何人？」[①] 其超越塵世的生活理想與孔子云「暮春者，春服既成，冠者五六人，童子六七人，浴乎沂，風乎舞雩，詠而歸」（《論語 · 先進篇第十一》）的人生境界有何差別！此亦為其「身謫」而「心不謫」的生動展示。

此外，王陽明貶謫貴州龍場期間，「他能夠沉心於《周易》經典並在時位變化中把握宇宙人生的自然運行規律，故能在激流險灘中寵辱不驚，居於玩易窩玩易與開演『龍場三卦』的真實，無疑展現了王陽明遊於『易』林、遊戲三昧的自由瀟灑與從容心態，亦為其煥然冰釋心中執着於生死一念的情愫打開了心結，成為無住於事相能夠安心、靜心悟道的根本性前提」[②]。故王陽明雖「謫」貴州龍場，卻在出乎常人之意外中成就了其對聖人之學的全域性體認和透切性覺悟，並在貴州「龍場悟道」中初步建立了理論化、系統化的陽明「心學」且廣泛深入地影響後世，繼而證成了陽明「三不朽」的功勛偉業，是其「不謫」貴州龍場應具有的題中之義。

因此，就王陽明「謫」貴州龍場歷史性事件而論，並非僅作平面化的《年譜》記錄中的字面義之簡略化與定式認知，而簡單且想當然地以為其受「謫」貴州龍場就僅因為是其得罪宦官劉謹所致，而是要深層剖析這一「謫」貴州龍場歷史性事件所隱含的政治用意和多維因素，並使之成為學術研究需要澄清的一大重要歷史性問題。

---

① 王守仁撰，吳光、錢明、董平、姚延福編校:《王陽明全集》(上)，上海:上海古籍出版社，2006 年，第 712 頁。

② 參見拙文：《轉仙釋之識，成儒門之智 —— 儒釋道三教關係視域下的陽明心學思想建立之檢討》，《貴陽學院學報（社會科學版）》2020 年第 2 期。

三、聖賢之學的召喚與貴州「龍場悟道」：心學之證成及「良知」昭示的意義世界

陽明心學創建之始點，當肇始在貴州龍場，此乃學術界、思想界不爭之事實。陽明心學的創建與聖人之學密不可分，尤其與王陽明在貴州「龍場悟道」有特殊之關聯。悟道，是其證成心學不可或缺的關鍵性環節。特殊之地緣，生成特殊之學問。誠如梁啟超云：「有適宜之地理，然後文明之歷史出焉。」① 浮田和民亦言：「健全之歷史，必出於健全之地理。」② 尤見地理環境與文明歷史之緊密聯繫。論及陽明學問創建與地域之密切關係，清代學人段玉裁如是立論云：「論者謂玉裁學問深造，任玉屏時進益為多，如王文成學問功業，震耀一世，實得力於居龍場驛時也。」③ 段玉裁來自江蘇，王陽明原籍浙江，江浙地域同構，若按照段氏之論，二者學問之道均成就於貴州，故其學問生成不僅具有內在的心靈契機而且具有外在的地緣感通。就王陽明的貴州「龍場悟道」而言，他依賴於貴州龍場在地化之獨特的生命體悟而創構了其獨特的「心學觀」及其心學思想系統，尤其是對「良知」的體認而成為心學建構的理論基石，並使其心學思想發端於貴州地域性空間場域之中，從而開啟了陽明心學系統化、全面性理論探索之路，也使得貴州龍場雖位處西南邊陲一隅，但亦理所當然地成為心學發源地和心學聖地而飲譽海內外。

---

① 梁啟超：《地理與文明之關係》，載葛懋春、蔣俊編選：《梁啟超哲學思想論文選》，北京：北京大學出版社，1984 年，第 174 頁。

② 參見［日］浮田和民講述、李浩生翻譯、鄔國義編校：《史學通論四種》，上海：華東師範大學出版社，2007 年，第 19 頁。

③ 劉顯世、谷正倫修，任可澄、楊恩元纂：(民國)《貴州通志》宦跡志十五之《右鎮遠府屬》，民國三十七年貴陽書局鉛印本，第 52 頁。

追尋陽明思想的邏輯起點，心學乃是聖人之學，《象山文集序》云「聖人之學，心學也」[①]，即是從儒家思想人物的道德學問認同上開始的心學探索，古聖先賢和歷代之成聖成賢的經典案例和榜樣力量始終不絕於耳，感召陽明內在的心性世界。從王陽明幼年立志做聖賢的人生志向來看，即受傳統意義上的「聖賢」文化之巨大影響，並由此而產生精神的感召力。故在其「學之三變」的思想探索歷程中，也始終是以「道」為旨歸的，且圍繞「道」的體認與覺悟這一思想主題展開思索和踐行，並構成了其心學思想形成的主線與主脈。

弘治二年（1489），十八歲的王陽明對聖人之學產生極大興趣，並在婁一齋的指點下思想認識上有重大變化和突破。《年譜》如是云：「先生慕聖學。先生以諸夫人歸，舟至廣信，謁婁一齋諒，語宋儒格物之學，謂『聖人必可學而至』，遂深契之。」[②]故次年，其父龍山公王華歸餘姚期間，在指導眾多弟子共同學習和研習聖賢之儒家經典時，陽明亦參與其中並日夜多下功夫，且行有餘力學習進展神速，而令其父弟子學生由衷驚歎，「相與先生講析經義。先生日則遂眾課業，夜則搜取諸經子史讀之，多至夜分。四子見其文字日進，嘗愧不及，後知之曰：『彼已遊心舉業外矣，吾何及也！』」[③]從中亦可窺見王陽明之勤學力行之心路歷程，即由過去之「放逸」轉入到了如今之「收斂」。弘治

---

① 王守仁撰，吳光、錢明、董平、姚延福編校：《王陽明全集》（上），上海：上海古籍出版社，2006年，第245頁。

② 王守仁撰，吳光、錢明、董平、姚延福編校：《王陽明全集》（下），上海：上海古籍出版社，2006年，第1223頁。

③ 王守仁撰，吳光、錢明、董平、姚延福編校：《王陽明全集》（下），上海：上海古籍出版社，2006年，第1223頁。

五年（1492），二十一歲的王陽明「為宋儒格物之學」①。《年譜》云:「先生始侍龍山公於京師，遍求考亭遺書讀之。一日思先儒謂『眾物必有表裏精粗，一草一木，皆涵至理』，官署中多竹，即取竹格之；沉思其理不得，遂遇疾。先生自委聖賢有分，乃隨世就辭章之學。」②事實上，王陽明格竹之失敗，在筆者看來並不意味着朱子義理存在問題，乃是王陽明自身體悟存在問題③，心與竹二分，物與理為二，心之理與竹之理未能合一，故其未有真覺悟聖賢之道，眾物至理則理當不可證得。又王陽明二十七歲在京師，「一日讀晦翁上宋光宗疏，有曰：『居敬持志，為讀書之本，循序致精，為讀書之法。』……然物理吾心終若判而為二也。沉鬱既久，舊疾復作，益委聖賢有分。偶遇道士談養生，遂有遺世入山之意」④。弘治十五年（1502），《陽明先生行狀》載錄了王陽明三十一歲時回鄉養病修學踐行「道」的實際情形云:「養病歸越，闢陽明書院，究極仙經祕旨，靜坐，為長生久視之道，久能預知。其友王思裕等四人欲訪公，方出武雲門，即命僕要於路，歷語其故。四人驚以為神。」⑤王陽明雖有神通示現，然其行徑終究亦非儒門體道和道門悟道。王陽明歸越期間所進行的書院講學活動，理所當然地應當是

① 王守仁撰，吳光、錢明、董平、姚延福編校:《王陽明全集》(下)，上海:上海古籍出版社，2006年，第1223頁。

② 王守仁撰，吳光、錢明、董平、姚延福編校:《王陽明全集》(下)，上海:上海古籍出版社，2006年，第1223頁。

③ 筆者2024年6月2日在香港大學首屆陽明心學論壇交流發言中指出，陽明格竹失敗，乃其學問與生命體悟還未到家，未悟道前，心與物二分；格竹與之後南鎮觀花，則形成鮮明比照。南鎮觀花，是其悟道後的悟境，故心物一元。從悟道境界之說，格竹與格花，所謂一得一失。限於篇幅，筆者將另撰文闡述這一重大學術問題。

④ 王守仁撰，吳光、錢明、董平、姚延福編校:《王陽明全集》(下)，上海:上海古籍出版社，2006年，第1224頁。

⑤ 王守仁撰，吳光、錢明、董平、姚延福編校:《王陽明全集》(下)，上海:上海古籍出版社，2006年，第1408頁。

以儒家經典要義的闡釋、講述與討論為中心，而儒家經典的魅力和力量，尤其是儒家所倡導的倫理道德精神與「仁者愛人」諸多的孝慈觀念、思想因子，始終是中國儒學學術思想與生活倫理道德世界的話語主流，並要完整、全面和系統地進入、潛藏和扎根於王陽明的內在心靈與思想世界，且潛隱於他內心的思想深處而成為沖決他所視為「未能究竟」的仙釋之學的內在動力與思想武器，最終圓成王陽明「聖賢之學」脱不去的召喚力量和證成心學的關鍵所在。陽明行狀中所謂「究極仙經祕旨」云云，乃是對「道」的世界終極目標與生命本體關係的自我追問，王陽明以「靜坐」和「導引之術」的身體修煉方式和經驗性體察證悟獲得了對身心外部世界的獨特性感知認識和預知功能，而被世人「驚以為神」，並誤解認為其已經「得道」，但在陽明自己常思常悟後看來則是:「此簸弄精神，非道也。」[1] 於是，王陽明在體道的直覺認識中摒棄了被世人視為的所謂道門「神通」，即「得道」層面的偏見和誤識，繼續向上一着深入體悟提斯並在澄默靜坐中感悟出世不離入世之中庸理義，「已而靜久，思離世遠去」[2]，在念頭的生起與除去過程中，他的出離心逐漸冷靜和平息，並回歸到自己內心的真實；但其尚有一念未平，即「惟祖母岑與龍山公在念，因循未決。久之，又忽悟曰:『此念生於孩提。此念可去，是斷滅種性矣。』」[3] 在王陽明看來，人世間的倫理道德、孝慈之念，是人之為人的種性根本，所以就仙釋

---

① 王守仁撰，吳光、錢明、董平、姚延福編校:《王陽明全集》(下)，上海:上海古籍出版社，2006 年，第 1226 頁。

② 王守仁撰，吳光、錢明、董平、姚延福編校:《王陽明全集》(下)，上海:上海古籍出版社，2006 年，第 1226 頁。

③ 王守仁撰，吳光、錢明、董平、姚延福編校:《王陽明全集》(下)，上海:上海古籍出版社，2006 年，第 1226 頁。

的出世間、求逍遙的價值取向而比對於世間常識而言，乃非是世間之學問也，而陽明所謂的世間學問，乃「明倫之學」也，亦為其在貴州龍場悟道透徹「格物致知之旨」奠定了思想基礎。「正因為有如是之一念、有如是之漸悟，故他又由仙釋的出世間情懷轉回到了世間的倫理世界，即人性與天道統合的有情世界，儒學聖門所倡導的人世間五倫與天理良知為特徵的經世之學成為王陽明繼續成賢作聖並努力奮進的終極目標」①，從而王陽明走出了仙釋之非的陰霾並轉向儒門「正學」的具體實踐，繼而有了他「明年遂移疾錢塘西湖，復思用世」②的入世人世間之行為舉動，他即是要安身立命、踐行聖人志向而探尋真理並重建一個倫理道德的世界。故當其面對「禪僧坐關三年，不語不視」③的枯木禪狀況，他「即指愛親本性諭之」④，以儒家倫理道義來點化執着的禪僧並達至「僧涕泣謝」⑤的實際效果，這既是其平常生活場景中開展儒佛交涉的一次思想交鋒和禪道勘驗精彩畫面，也是王陽明沖決仙釋之「迷識」的形象例證，事件關鍵還在於體現了他思想上、行動上與釋道某種程度的決裂或分道揚鑣。然而，這種決裂似乎還遠遠不夠，為進一步表明自己的儒門聖學立場，王陽明在政治層面亦逐步開始排斥仙釋之非。弘治十七年（1504），三十三歲的王陽明主考山東鄉試時，

① 參見拙文：《轉仙釋之識，成儒門之智——儒釋道三教關係視域下的陽明心學思想建立之檢討》，《貴陽學院學報（社會科學版）》2020 年第 2 期。

② 王守仁撰，吳光、錢明、董平、姚延福編校：《王陽明全集》（下），上海：上海古籍出版社，2006 年，第 1226 頁。

③ 王守仁撰，吳光、錢明、董平、姚延福編校：《王陽明全集》（下），上海：上海古籍出版社，2006 年，第 1226 頁。

④ 王守仁撰，吳光、錢明、董平、姚延福編校：《王陽明全集》（下），上海：上海古籍出版社，2006 年，第 1226 頁。

⑤ 王守仁撰，吳光、錢明、董平、姚延福編校：《王陽明全集》（下），上海：上海古籍出版社，2006 年，第 1226 頁。

出自其手的試錄策問即有針對於仙釋問題，據《年譜》云：「試錄皆出先生手筆，其策問議國朝禮樂之制：老佛害道，由於聖學不明；綱紀不振，由於名器太濫；用人太急，求效太速；及分封、清戎、禦夷、息訟，皆有成法。錄出，人占先生經世之學。」①王陽明在科舉考試中以「老佛害道」為試題，即公開表明了其政治上不認同佛老之學的立場，並開啟了其學術思想上的重要轉向。次年，王陽明三十四歲在京師，他對門徒強調身心之學，並主張學者先要立志，「使人先立必為聖人之志」②；與湛甘泉相識、交好並共同倡導聖人之學，「一見定交，共以倡明聖學為事」③，即旗幟鮮明地體現了其學術思想立場上與釋老之學所作出的徹底決裂，故王陽明在時隔多年之後還有如是感言：「吾亦自幼篤志二氏，自謂既有所得，謂儒者為不足學。其後居夷三載，見得聖人之學若是其簡易廣大，始自歎悔錯用了三十年氣力。」④

可見，王陽明在力行聖人之學的道路上，即「讀書學聖賢」的探索中並非一帆風順，而是時常處於迷情與徘徊之中，「王陽明因思想的『迷識』而造就了其行動的『迷失』，徘徊與出入儒學與仙釋之間且亦未完全將辭章之學像《五經臆説》一樣付之一炬，而是穿梭在儒釋道三教之間和騎射武事、辭章之學中不斷實踐、思索和抉擇，而最終在思想覺醒中轉向了聖人之道的學問根本或根底上來」⑤。幼年種下的聖人志

---

① 王守仁撰，吳光、錢明、董平、姚延福編校：《王陽明全集》（下），上海：上海古籍出版社，2006年，第1226頁。

② 王守仁撰，吳光、錢明、董平、姚延福編校：《王陽明全集》（下），上海：上海古籍出版社，2006年，第1226頁。

③ 王守仁撰，吳光、錢明、董平、姚延福編校：《王陽明全集》（下），上海：上海古籍出版社，2006年，第1226頁。

④ 參見《象山語錄 陽明傳習錄》，上海：上海古籍出版社，2011年，第205頁。

⑤ 參見拙文：《轉仙釋之識，成儒門之智——儒釋道三教關係視域下的陽明心學思想建立之檢討》，《貴陽學院學報（社會科學版）》2020年第2期。

向種子，具有內生的精神動能，猶如佛教唯識宗所稱言的「種子識」，不斷成為牽引和指引陽明一心探尋聖人之學或聖人之道的內在力量，且陽明處於內在動力與外部因緣相互交織的眾緣和合情勢下，在其面對生死之問的迷離與迷情中而有聖賢之學或聖人之道的呼喚，即「忽中夜，思格物致知之旨，若有語之者」[①]，促使其在「謫」貴州龍場期間體悟聖人之學並覺悟「格物致知之旨」[②]，而以「龍場悟道」的在地化表現形式初步創建了其獨具特色並具有重大思想史意義的「心學」，且實現了其生命的內在超越與思想的全新突破。

關於貴州「龍場悟道」，歷來研究探討的學者頗多[③]，且多就其悟道過程及意義影響闡述較多，系統化就「龍場悟道」進行本體性研究者相對少有。筆者亦曾專門撰文《轉仙釋之識，成「儒門」之智——儒

---

① 參見《王陽明年譜十種 一》（嘉靖刻本），北京：北京圖書館藏，第 506 頁。

② 有學者稱龍場悟道，即悟「格物致知」四字，非也；覺悟「格物致知之旨」非「格物致知」四字」，而是以「格物致知」來言說道之真義，如同陽明用五經證之，莫不吻合，此之謂也。

③ 筆者僅簡要列舉直接以陽明悟道為題的研究成果有如：張尚德：《論王陽明的悟道》，張新民主編：《陽明學刊》第一輯，貴陽：貴州人民出版社，2004 年；張新民：《經典世界的心學化解讀——以王陽明龍場悟道與〈五經臆說〉的撰寫為中心》，《南京師範大學學報（社會科學版）》2016 年第 3 期；張新民：《本体与方法：王阳明心学思想形成与发展的两个向度——以「龙場悟道」為中心》，《南京曉莊學院學報》2017 年第 4 期；張新民：《論王陽明實踐哲學的精義——以「龍場悟道」及心學的發生學形成過程為中心》，《浙江社會科學》2018 年第 7 期；張新民：《儒家生死智慧的超越性證取与突破——王阳明龙場悟道新論》，《貴州師範大學學報（社會科學版）》2015 年第 1 期；吳光：《王陽明在龍場悟出了什麼——「陽明文化三人談」之一》，《博覽羣書》2018 年第 11 期；張祥龍：《良知與孝悌——王陽明悟道中的親情經驗》，《廣西大學學報（社會科學版）》2015 年第 2 期；丁為祥、羅高強：《聖人之義在王陽明的「龍場悟道」中「起死回生」》，《人文論叢》2013 年；徐新建：《王陽明龍場悟道今論》，《貴州社會科學》1995 年第 2 期；王路平：《論王陽明龍場所悟之「道」》，《現代哲學》2011 年第 1 期；陳立勝：《王陽明龍場悟道新詮》，《中山大學學報（社會科學版）》2014 年第 4 期，以及陸永勝：《王陽明龍場悟道及其實學意蘊》，《貴州社會科學》2015 年第 9 期；郝永：《對儒家義理的體驗——陽明「龍場悟道」新論》，《貴州師範大學（社會科學版）》2015 年第 2 期，等等。此外，雖未以龍場悟道直接為題，但亦有涉及相關問題研究，如陳來、束景南、張學智以及彭國翔，等等。

釋道三教關係視域下的陽明心學思想建立之檢討》闡釋「龍場悟道」，是文以「回歸儒門『良知』正法眼藏的『真識』：龍場大悟與『轉識成智』」「儒釋道三教關係視野下的『良知』心學之檢討：關於『龍場悟道』的再認識」兩條目共計八千餘字，而就「龍場悟道」進行了較為全面之討論，且主要觀點如下：

其一，龍場大悟，就是要證悟本然之「良知」本體，回歸於儒門靈知不昧的「良知」正法眼藏。

從學之「三變」或學之「五變」的思想轉變過程和學思立場及其「龍場大悟」來看，陽明良知心學的最終成立，猶如佛教唯識宗的「轉識成智」的開悟過程，由外在的或外部的知識領域逐步「登堂入室」而進入到生命內部的智慧領域或心性世界的本體域境，展現了「良知」的自我證得及其所展現的全體大用之學理趨向，或視為生命真實體悟的「靈知不昧」之覺性煥然一新地真正打通。這既是認識過程的質性的飛躍，也是體悟境界的次第昇華，乃是良知光輝形象的全理彰顯。王陽明對良知本體的證悟，破除了修道過程中的多重學說之虛妄偏執，真可謂是「逐步進入反樸歸真、與道同體的『大我』智慧境界」，在超越中回歸於儒門「良知」正法眼藏的「真識」境界。①

不過，王陽明「龍場悟道」亦不究竟，對於良知體認並非清晰明確。據錢德洪編《王陽明年譜》言正德三年（1508）「始悟格物致知之旨」，在王陽明本人看來亦僅就是強調了體道中「恍若有悟」② 的狀態，

---

① 參見拙文：《轉仙釋之識，成儒門之智 —— 儒釋道三教關係視域下的陽明心學思想建立之檢討》，《貴陽學院學報（社會科學版）》2020 年第 2 期。

② 王守仁撰，吳光、錢明、董平、姚延福編校：《王陽明全集》（上），上海：上海古籍出版社，2006 年，第 127 頁。

且又云：「吾『良知』二字，自龍場已後，便已不出此意，只是點此二字不出，於學者言，廢卻多少辭說，今幸見出此意，一語之下，洞見全體，直是痛快，不覺手舞足蹈，學者聞之，亦省卻多少尋討功夫。」① 「不出此意」即不出此中真意，但「點此二字不出」表明王陽明並非就是真明白個中真意，而此真意乃是時隔多年之後王陽明在其徹底之悟後方有根本上的思想覺醒，故「今幸見出此意，一語之下，洞見全體，直是痛快」則說得非常清楚明白。就連王陽明弟子錢德洪也如是認為，正德四年己巳陽明才有始悟知行合一的事件發生，「是年，先生始悟知行合一」，又說：「『良知』之說發於正德辛巳年。蓋先生再罹寧藩之變，張、許之難，而學又一番證透，故正錄書凡三卷，第二卷斷自辛巳者，志始也。」② 可見，王陽明對良知的體認並獲取全幅立體多維之本體性理解亦是不斷循序漸進式的，此所謂悟有頓漸而人有疾遲。故將「龍場悟道」視為終極之悟，實有虛妄。

其二，「龍場悟道」乃是錢德洪建構起了一個整體性的概念認知系統；實際上的「龍場悟道」，其實有分前後三個階段、兩個過程③，並非一次性完成，而是頓漸結合，即頓悟中有漸悟、漸悟中有頓悟。

無論錢德洪如何建構，從其《年譜》編排內容的細微處着手以及運用陽明自己的《朱熹晚年定論》的文本敍述內容，我們依然可以窺

---

① 王守仁撰，吳光、錢明、董平、姚延福編校：《王陽明全集》（下），上海：上海古籍出版社，2006 年，第 1575 頁。

② 王守仁撰，吳光、錢明、董平、姚延福編校：《王陽明全集》（下），上海：上海古籍出版社，2006 年，第 1575 頁。

③ 即「龍場悟道」乃一系列過程環節的總稱，起於「大悟格物致知之旨」、延展於證諸五經而「著五經臆說」，完成於「始悟知行合一」，三個連續性事件關聯一起，有「始悟格物致知之旨」與「始悟知行合一」兩個過程，乃是為「龍場悟道」。

探出其中端倪，即他建構起了一個既具有完整意義又具有真實性的龍場悟道概念，他以龍場空間的獨特形式壓縮了具有連貫性的悟道一系列實踐過程（即三個階段、兩個過程），形成了一個完整概念印象中獨無僅有的龍場悟道的單體事件。事實上，在錢德洪撰、羅洪先考訂的《陽明先生年譜》中已經將王陽明在龍場的兩次連續性的悟道過程說得十分明白。《年譜》云：「三年戊辰，先生三十七歲在貴陽。春至龍場。是年始悟格物致知。…… 自計得失榮辱皆可超脱，惟生死一念尚未能遣。乃為石墩以自誓，晝夜端居澄默以求靜一。久之，胸中灑灑，而從者皆病，即自折薪汲水，烹糜飼之，既又恐其抑鬱，則與歌詩。又不悦，複調越曲雜以詼笑，始能忘其為疾病，夷狄患難也。因念聖人當之，或有進於此者。忽中夜，思格物致知之旨，若有語之者，寤寐中不覺呌呼躑躅，從者皆驚。自是始有大悟，乃嘿記五經證之，因著《五經臆說》。」[①] 這就是龍場悟道學術界較為一致的認知與說法。《年譜》又云：「四年已巳，先生三十八歲在貴陽，提學副使席書聘主貴陽書院。是年，先生始悟知行合一。始席元山書提督學正問朱陸同異之辨，先生不答，而告以所悟，元山懷疑去。明日復來，證之五經諸子漸覺有省，繼是往復數四，乃豁然大悟，謂聖人之學復觀於今，朱陸異同各有得失，無事辨詰。」[②]

兩次「始悟」說得十分清晰。顯而易見，以「始悟格物致知之旨」

① 參見《王陽明年譜十種（一）》（嘉靖刻本），北京：北京圖書館藏，第506頁。該版本言「始悟格物致知之旨」與「始悟知行合一」，均用始悟。與《王陽明全集》（整理編排本），年譜大同小異，稱「始悟格物致知之旨」與「始論知行合一」。筆者以為，悟與論有本質上的區分，刻本原始，故選用刻本說法，尊重用「始悟知行合一」。

② 參見《王陽明年譜十種（一）》（嘉靖刻本），北京：北京圖書館藏，第513頁。與《王陽明全集》年譜大同小異。

和「始悟知行合一」為標誌的陽明的兩次連續性的悟道過程，前後大約相距了一年的時間，與王陽明自身所言的歷史情形也比較吻合[①]。前者「自是始有大悟」，即所謂的大悟乃是指「格物致知」之旨；而後者「先生始悟知行合一」，是對格物致知之旨認識的進一步深化。王陽明在《朱子晚年定論》中也如實復原了龍場悟道的真實情狀：「謫官龍場，居夷處困，動心忍性之餘，恍若有悟，體驗探求，再更寒暑，證諸五經、四子，沛然若決江河而放諸海也。」[②]從其「恍若有悟」到「體驗探求」，再到「更寒暑，證諸五經、四子」，顯然是一個連續延展的覺悟次第環節與流程，因此，龍場悟道，應是一系列的覺悟圓環，而構成了螺旋式的生命體域境與境界，而一直攀升只到良知本體的真實呈現，回歸到儒門「良知」正法眼藏，這顯然是一個次第躍升的過程，也就是本文所特別所要強調的「轉識成智」，即成就儒門聖智。[③]

……

他以龍場空間的獨特形式壓縮了具有連貫性的悟道一系列實踐過程，形成了一個完整概念印象中獨無僅有的「龍場悟道」的單體事件。我們破解這一單體事件後的一連串的線索，不難發現「再更寒暑，證諸五經」，實際上已經表明王陽明自己有很長的一段時間在反覆體悟並

① 即「謫官龍場，居夷處困，動心忍性之餘，恍若有悟，體驗探求，再更寒暑，證諸五經、四子，沛然若決江河而放諸海也。」王守仁撰，吳光、錢明、董平、姚延福編校：《王陽明全集》（上），上海：上海古籍出版社，2006 年，第 127 頁。王陽明自稱「再更寒暑，證諸五經」，實際上已經有很長的一段時間在反覆體悟，之後才有「沛然若決江河而放諸海也」的豁然貫通，由此足證「龍場大悟」是一系列連貫過程。

② 王守仁撰，吳光、錢明、董平、姚延福編校：《王陽明全集》（上），上海：上海古籍出版社，2006 年，第 127 頁。

③ 參見拙文：《轉仙釋之識，成儒門之智 —— 儒釋道三教關係視域下的陽明心學思想建立之檢討》，《貴陽學院學報（社會科學版）》2020 年第 2 期。

與經典相印證，之後才有「沛然若決江河而放諸海也」的豁然貫通之發生，由此足證「龍場悟道」本身即是一系列連貫的修悟過程，就此還不包括遊苑於仙釋的漸進式修學階段。[①]

其三，王陽明「龍場悟道」的終極目的不是了脱生死的悟道，生死念頭只不過是障蔽其證現良知本體的羈絆和牽累，「良知即是天植靈根，自生生不息;但着了私累，把此根戕賊蔽塞，不得發生耳」[②]，而是由此悟道而轉向了治道，即是要學悟儒門聖賢之道，入世擔當與實現「修己安人」之人生理想，即志在修身、齊家、治國平天下，即「讀書學聖賢」，故其個人的根器與願力決定他思考的重點是如何將悟儒門之理，並將其所悟儒門之「思想之理」「君子之理」和「聖賢之理」[③]，即「大學之道在明明德，在親民，在止於至善」（《大學》）宗旨，以此來教化學人、經世濟國，故其在悟道的層次與境界上説是與禪宗「明心見性」的修學境地乃是有着根本性之差異。

陽明的龍場大悟雖然有智慧境界的呈現，然而與佛教禪宗慧能大師的「明心見性」之悟，在境界與徹底性上來説尚有一段距離，如其後自己所云：「我在南都已前，尚有一些子鄉愿的意思在。我今信得這良知真是真非，信手行去，更不着些覆藏。」[④] 尚有「鄉愿」和「我今

---

① 參見拙文：《轉仙釋之識，成儒門之智 —— 儒釋道三教關係視域下的陽明心學思想建立之檢討》，《貴陽學院學報（社會科學版）》2020 年第 2 期。

② 王守仁撰，吳光、錢明、董平、姚延福編校:《王陽明全集》(上)，上海:上海古籍出版社，2006 年，第 101 頁。

③ 劉先和先生認為，王陽明的悟道，實質上是悟理，即「思想之理」「君子之理」和「聖賢之理」。他指出，願力不同，成果有別，王陽明的根器是「讀書學聖賢」，格局決定王陽明只能是哲學家、思想家。

④ 參見《象山語錄 陽明傳習錄》，上海：上海古籍出版社，2011 年，第 288 頁。

信良得良知」，陽明在南都是龍場悟道之後的事情[①]，龍場之後還有「鄉愿」，足證陽明龍場之悟的不徹底性，正如章太炎先生所言：「陽明讀書多，不免拖沓。」[②]

儘管如此，王陽明「龍場悟道」卻實現了其心學的證成。故從這一意義來看，「龍場悟道」雖非徹底之悟，但其悟道的世人印象以及在思想史上的影響不可不謂之意義深遠，它開啟了陽明生命與思想的重大轉換，並仍然具有儒學史上的變革性意義[③]。正因為陽明心學是世間學問，「陽明的心學還是人世間的學問與功夫，而不是出世間的學問與功夫，如是才能奠定其在世間的豐功偉績，成就其人世間的事功！」[④]，故其「悟道」更有利於其「治道」，且「治道」與「悟道」亦構成了陽明心學理論與實踐的一體之兩面。

要之，王陽明的「龍場悟道」旨在體認「良知」，並開顯「良知」

---

① 王陽明《年譜》對王陽明的活動地點記載較為詳細。從陽明出生在浙江餘姚至其十歲，《年譜》云：「皆在越。」十一歲至十五歲，「寓京師」；十七歲「在越」；十八歲「寓江西」；二十一歲「在越」……。王陽明赴龍場之前，《年譜》多言其「在京師」，未見有在南都之說。龍場之後，五年庚午三月，三十九歲升任廬陵縣知，年譜云：「在吉。」且冬十一月入朝覲見，十二月升南京刑部四川清吏司主事；六年辛未，四十歲在「京師」，正月調吏部驗封清吏司主事，十月升文選清吏司員外郎。王陽明升任「南京刑部四川清吏司主事」，亦可視為在「南都」的經歷，《年譜》云：「先是先生升南都，甘泉與黃綰言於冢宰楊一清，改留吏部。」即指其改任「吏部驗封清吏司主事」一職，故其在南都時間較短，或未能上任。七年壬申，四十一歲在京師，三月升考功清吏司郎中；十二月，升南京太僕寺少卿，年譜云：「便道歸省。」八年癸酉，四十二歲，「在越」，即二月至越；冬十月至滁州。九年甲戌，四十三歲在滁，四月升南京鴻臚寺卿，五月至南京。十年乙亥，四十四歲，在京師。根據《年譜》，陽明所言之「我在南都」，當指「十二月升南京刑部四川清吏司主事」和「升南京太僕寺少卿」及「四月升南京鴻臚寺卿」三個具體性事件，均發生在龍場悟道之後。「我在南都已前」有鄉愿，即表明在龍場，或龍場悟道後至南都這一段時間也是有鄉愿的，既然有鄉愿，其悟道有漏，當然就有不徹底性。

② 章太炎：《諸子學略說》，桂林：廣西師範大學出版社，2010 年，第 44 頁。

③ 參見拙文：《轉仙釋之識，成儒門之智——儒釋道三教關係視域下的陽明心學思想建立之檢討》，《貴陽學院學報（社會科學版）》2020 年第 2 期。

④ 參見拙文：《轉仙釋之識，成儒門之智——儒釋道三教關係視域下的陽明心學思想建立之檢討》，《貴陽學院學報（社會科學版）》2020 年第 2 期。

昭示的意義世界。而其體道、「悟道」並證成「心學」的理論內涵洞見，則是以《年譜》所載「忽中夜大悟格物致知之旨，寤寐中若有人語之者，不覺呼躍，從者皆驚。始知聖人之道，吾性自足，向之求理於事物者誤也」[①]之結論真相而進行展示。且「聖人之道，吾性自足，向之求理於事物者誤也」亦進一步表明，道在身心之內而不在身心之外，心即理，理即道，心外無理，心外無事，《傳習錄》云：「道，吾性也；性，吾生也。而何事於外求？」[②]「心體即所謂道。心體明即是道明，更無二……虛靈不昧，眾理具而萬事出。心外無理，心外無事。」[③]王陽明關於「心」的認識不外乎三重含義：一是「心之體，性也，性即理也」，故推演而出的就是其「心即理」觀點。實際上，在宋明理學中人的視界中，心、性雖是一種相即關係，但分屬不同的層級並有不同的內涵，理掛搭於性而因性見理，心乃心意識感知之淵府所在而能生萬事萬物，心與性共生融合成一體，即心與性「兩個層次融合成單一的心——因為理必須由心來表現，尤其是必須透過心的思想歷程來表現」[④]。二是「心外無理」，本心虛靈不昧，具足眾理，且「求理於事物者誤」，故自然心外無理。在陽明看來，「心之虛靈明覺，即所謂本然良知也」[⑤]。三是「至善是心之本體」，四句教「無善無惡心之體，有善

① 王守仁撰，吳光、錢明、董平、姚延福編校：《王陽明全集》（下），上海：上海古籍出版社，2006年，第1228頁。

② 王守仁撰，吳光、錢明、董平、姚延福編校：《王陽明全集》（上），上海：上海古籍出版社，2006年，第265頁。

③ 王守仁撰，吳光、錢明、董平、姚延福編校：《王陽明全集》（上），上海：上海古籍出版社，2006年，第14—15頁。

④ 張君勱著，江日新譯：《王陽明——中國十六世紀的唯心主義哲學家》，中國台北：東大圖書股份有限公司，1991年，第20頁。

⑤ 王守仁撰，吳光、錢明、董平、姚延福編校：《王陽明全集》（下），上海：上海古籍出版社，2006年，第1295頁。

有惡意之動。知善知惡是良知，為善去惡是格物」中「無善無惡」即是「至善」。在王陽明看來，心與良知關係甚密，「良知者，心之本體」[①]。故龍場悟道，覺悟吾性具足的聖人之道就是「良知」，即非由於聞見之「德性之良知」[②]，換言之，也就是良知心性本體。陽明良知學，亦即良知心學。而這一「良知」概念，如前文論及，「吾『良知』二字，自龍場已後，便已不出此意，只是點此二字不出」，而準確拈出「良知」二字，乃是陽明時隔多年之後，在其長期體察和靜默涵泳「龍場悟道」這段經歷和思想感受時才能以此概論，他說：「近來信得致良知三字，真聖門正法眼藏。往年尚疑未盡，今自多事以來，只此良知無不具足。」[③]

探尋「良知」的思想源流，與孔門亞聖孟子的思想論見有緊密的學緣關聯。《孟子・盡心上》：「人之所不學而能者，其良能也。所不慮而知者，其良知也。」首次提出了「良知」之概念。就孟子所闡釋的「所不慮而知者，其良知也。孩提之童無不知愛其親者，及其長也，無不知敬其兄也。親親，仁也；敬長，義也；無他，達之天下也」理義，其本意在表明不經思慮而能知者，乃是人所具有的先驗之知能力，即人先天能知的主體功能。在孟子看來，「良知」並非學而知之，乃是生而知之，且與生俱來、先天所賦，天然能知。孟子關於「知」的認識，是對孔子「生而知之」的進一步闡發，孔子曰：「生而知之者，上也；學而知之者，次也；困而學之，又其次也；困而不學，民斯為下矣。」

---

① 王守仁撰，吳光、錢明、董平、姚延福編校：《王陽明全集》（上），上海：上海古籍出版社，2006 年，第 61 頁。

② 王守仁撰，吳光、錢明、董平、姚延福編校：《王陽明全集》（上），上海：上海古籍出版社，2006 年，第 71 頁。

③ 王守仁撰，吳光、錢明、董平、姚延福編校：《王陽明全集》（下），上海：上海古籍出版社，2006 年，第 1278 頁。

（《論語·季氏篇第十六》）不過，孟子更側重於內在的德性道義之知，即《中庸》所倡言之「尊德性」。至於孔子所言「生而知之」，則朱熹對其詮釋云：「生知學知以至困學，雖其質不同，然知其知之一也。故君子惟學之為貴。」[①] 則強調後天的學習更為重要，即通過自我的學習能夠「格物致知」而通向真理之路，所謂學而能知，體現的乃是《中庸》的「道問學」之一面。

唐宋以降的孟子升格運動，使孟子其人與思想更加受到學人重視，並成為儒家學術思想道統系譜中承上啟下之關鍵性思想人物不可或缺，宋明理學中人多言自身學脈道統「直承孟子 」。宋代心學大師陸象山自述其學時云：「因讀孟子而自得於心。」[②] 二程亦進一步發明孟子「良知」之奧義云：「良能良知，皆無所由，乃出於天，不繫於人。德性謂天賦天資，才之美者也。」[③] 即闡明了「良知」即是不以人之意志為轉移的天理天道，天賦天資的人之德性亦為良知言詮之道德理義。王陽明亦曾在《萬松書院記》中就良知義進行深入闡述，他說：「是個所謂天下古今聖愚之所同具，其或昧焉者，物欲蔽之。非其中之所有不備，而假求之於外者也。是個所謂不慮而知，其良知也；不學而能，良能也。」[④] 王陽明龍場悟道，即是覺悟良知之道，並以心性的開合來朗現和敞亮良知的光明，展示「良知即是天植靈根，自生生不息」「良知是天理之昭明靈覺處，故良知即是天理」[⑤]「良知者，心之本

① 參見朱熹：《四書章句集註》，北京：中華書局，1983 年，第 173 頁。

② 《陸九淵集》，北京：中華書局，1980 年，第 498 頁。

③ 《二程集》（上），北京：中華書局，2004 年，第 20 頁。

④ 王守仁撰，吳光、錢明、董平、姚延福編校：《王陽明全集》（上），上海：上海古籍出版社，2006 年，第 253 頁。

⑤ 王守仁撰，吳光、錢明、董平、姚延福編校：《王陽明全集》（上），上海：上海古籍出版社，2006 年，第 61 頁。

體」[①]「心之本體即是天理」[②]的心學奧義，其重要的方法論向度或意義乃是以「良知」統合「心」與「理」，「合心與理而為一者也」[③]，亦如學者言稱：「本體的『良知』就是心與理的統一體。用『良知』來統攝心與理，這是王陽明反對朱子理學將心與理一分為二的致學思路。」[④]故而，王陽明在其內心思想深處安立了以「心」為掛搭的光明耀眼的「良知」本體及「心即理」的獨特之價值系統和證道門徑，並證成了其陽明心學乃為「良知心學」的理論探索，既有別於朱子的心外之理說，又異於象山之「性即理」義。由此，陽明心學創建使人類良知得以再次喚醒與重建，人內在的心性道德主體與外部的社會倫理秩序有效連接與建立，「良知心」由內向外展開和貫通而彰顯了良知本體域境及其蘊藏着的意義世界，即形上與形下打通的本體詮釋學與本體實踐論相涵攝統合的良知心學真義。

四、「悟道」與「治道」的圓通之慧：「格物致知」視域中的「知行合一」與「致良知」

王陽明龍場大悟「格物致知」之旨，實際上是他對《大學》經典的獨特性體悟。《大學》經典是其悟道的邏輯起點，他始終在踐行《大

① 王守仁撰，吳光、錢明、董平、姚延福編校:《王陽明全集》(上)，上海:上海古籍出版社，2006 年，第 61 頁。

② 王守仁撰，吳光、錢明、董平、姚延福編校:《王陽明全集》(上)，上海:上海古籍出版社，2006 年，第 72 頁。

③ 王守仁撰，吳光、錢明、董平、姚延福編校:《王陽明全集》(上)，上海:上海古籍出版社，2006 年，第 45 頁。

④ 孫德高：《王陽明事功與心學研究》，成都：西南交通大學出版社，2008 年，第 129 頁。

學》三綱領、八條目的主旨宗綱中前行，並在《大學》蘊藏之知、修、行的思想格局中證成其出世不離入世的「悟道」形上義與「治道」形下義之圓通之慧和精彩人生。且《大學》之「格物致知」本身亦隱含着「悟道」與「治道」兩極並行且互為邏輯的思想之維和「知行合一」「致良知」的實踐邏輯。故一定程度上說，《大學》經典是其一生完美實現思想超越和人生重大轉折的思想之法寶或精神之摩尼珠，故有學者指出：「終陽明一生，對《大學》的解悟和體證，是他的一項最中心的關懷。」①

《大學》文本曾就「格物致知」的邏輯內涵如是論云：「致知在格物，物格而後知至。」意即「致知」目標的達成關鍵要落實於「格物」的行動，即強調了「格物」乃是「致知」的先決條件。由「格物」轉入「物格」，乃格物致知之效驗，既是由認識事物到把握事物的實踐過程的承接與轉換性完成，亦是認知「大學之道在明明德」，即「明德之本體，而即所謂之良知也」② 之真理證成閉環中不可或缺之關鍵性一環。筆者以為，「格物」與「物格」語言詞彙顛倒互換成詞之一字之差，在經文中別有深意，預示着大學之道在明明德與德明於天下的修悟實踐中，則存在有先後終始綿延不絕、生生不息之修學理論邏輯，即所謂格物是物格之因，格物先於物格之始而終於物格之成；物格是格物之果，物格後於格物之終而始於格物之功；格物與物格相待而成，且二者相應相生、共生反轉，在整個事物發展線索或鏈條中具有生滅相續和延綿不絕的生生之意。王陽明對於「格物」與「物格」的體認，

① 劉述先：《朱子哲學思想的發展與完成》，中國台北：學生書局，1995 年，第 579 頁。

② 王守仁撰，吳光、錢明、董平、姚延福編校:《王陽明全集》(下)，上海:上海古籍出版社，2006 年，第 969 頁。

在其龍場悟道數年之後所作之《大學古本序》中有明確之闡發[①]，是序云：「格物者，致知之實也。物格則知致意誠，而有以復其本體，是之謂止至善。」[②]實際上，王陽明是序重要之處是在闡明「大學」之要中而將格物與誠意進行互相發明，他說：「大學之要，誠意而已矣。誠意之功，格物而已矣。誠意之極，止至善而已矣。止至善之則，致知而已矣。正心復其體也，修身著其用也。」[③]即強調了格物對於誠意實現所產生的不可替代之作用，且認為誠意之極致即是致知而達至善之證成，即「物格則知致意誠而有以復其本體，是之謂止至善」。而此處對「格」字的訓釋尤為重要，乃是理解「格物」和「物格」意涵的關鍵。《爾雅．釋詁》訓「格」為「至」，《釋言》訓「格」為「來」。段玉裁《說文解字註》亦云：「格，木長貌。以木長別於上文長木者。長木言木之美，木長言長之美也。木長貌者，格之本義，引伸之長必有所至。故〈釋詁〉曰：格，至也。抑〈詩傳〉亦曰：格，至也。凡〈尚書〉，『格於上下』『格於藝祖』『格於皇天』『格於上帝』是也。此接於彼曰至，彼接於此則曰來。鄭註〈大學〉曰：格，來也。」[④]由此具見「格物」即「至物」「來物」乃其本意，表達物來至而相雜也。近代經學家劉師培認為，《大學》說「致知在格物」，「不過言擴充知識在於引致事

① 關於王陽明謫貴州龍場期間，有無對大學古本之系統認識，陳來先生稱，「陽明關於《大學》古本的觀點在正德六年以前尚未形成」，「《年譜》以龍場時（正德三至四年）即信用古本，尚不足據。」參見陳來著：《有無之境 —— 王陽明哲學的精神》，北京：人民出版社，1997 年，第 121 頁。

② 王守仁撰，吳光、錢明、董平、姚延福編校：《王陽明全集》（上），上海：上海古籍出版社，2006 年，第 243 頁。

③ 王守仁撰，吳光、錢明、董平、姚延福編校：《王陽明全集》（下），上海：上海古籍出版社，2006 年，第 1197 頁。

④ 許慎撰，段玉裁註：《說文解字註》，上海：上海古籍出版社，2015 年，第 251 頁。

物日與相接耳」[①]。這表明，事與物、物與物、人與物、人與事之招引、往來並相交接。裘錫圭先生指出，「《大學》用『格物』，也就是『使物來』的說法，可能有強調跟事物接觸的主動積極性的意思」[②]，即人事物之間有主動感應並存在相往來、相交接的積極主觀意欲。清人宋翔鳳《大學古義》云：「格，來也。言知於善深，則來善物。知於惡深，則來惡物。是格物者，誠、正、修、齊、治、平之效驗也。故言『在』而不言『先』。言其效驗無往不在。」[③]即強調了格物之效驗。關於「格物致知」，宋明理學中人則有創造性詮釋之義。二程就「格物」如是說：「致知在格物，格，至也，窮理而至於物，則物理盡。」[④]朱熹《四書集註》亦曾專就「格物致知」章進行深入系統之研究，朱熹訓釋曰：「格，至也。窮至事物之理。欲其窮極，無不到也。」乃是繼承了二程之說。在他看來，來與至同義，至即窮至；至即極，極致，極即窮極。合而觀之，「格物致知」即是窮極事物之理，宇宙萬事萬物莫不可知。故他認為：「所謂致知在格物者，言欲致吾之知，在即物而窮其理也。蓋人心之靈莫不有知，而天下之物莫不有理，惟於理有未窮，故其知有不盡也。是以大學始教，必使學者即凡天下之物，莫不因其已知之理而益窮之，以求至乎其極。至於用力之久，而一旦豁然貫通焉，則眾物之表裏精粗無不到，而吾心之全體大用無不明矣。此謂物格，此謂知

---

① 裘錫圭：《文史叢稿 上古思想、民俗與古文字學史》，上海：上海遠東出版社，2012 年，第 14 頁。

② 裘錫圭：《說「格物」——以先秦認識論的發展過程為背景》，載王元華主編：《學術集林》卷 1，上海：上海遠東出版社，1994 年，第 129 頁。

③ 裘錫圭：《說「格物」——以先秦認識論的發展過程為背景》，載王元華主編：《學術集林》卷 1，上海：上海遠東出版社，1994 年，第 14 頁。

④ 《河南程氏遺書》，合肥：黃山書社，2022 年，第 166 頁。

之至也。」[①] 可見宋學視域下的「格物致知」與先秦子學及漢學中的「格物致知」之義理亦有明顯之差異。王陽明對「格物致知」的解釋，乃是以良知說為語境並統攝了心與理之維度，他說：「致吾心之良知者，致知也。事事物物皆得其理者，格物也。是合心與理而為一者也。」[②] 王陽明以良知統攝心與理合一之說，則完全屬於自我發明與創造性詮釋，推展了「格物致知」的理論致思域境。且他對「格」之訓釋解義，亦別具洞見，並認為：「《大學》格物之訓，又安知其不以『正』字為訓，而必以『至』字為已乎？」[③] 顯而易見，其論見與朱子截然不同。然王陽明早年亦曾遵照朱熹指出的「即物而窮其理」[④] 的方法路徑，以心與理二分的學思之路進行過「格竹」的親身實踐，但未能切中參贊化育體察「道」之大化流行，最終乃是以失敗而告終。故而後他在龍場悟道時，面對其以「即物而窮其理」的親證方法而去「格竹」未果經驗，曾發出了如是感言：「聖人之道，吾性具足，向之求理於事物者誤也。」[⑤] 其意是對朱子「格物致知」中「認理為外」觀點的反動。由此而生成了他的「格物致知」義理闡釋，是以良知為主體立場兼攝心與理為前提條件的統合性思想認識：一是對於本然良知的基本概念界定，即「心者身之主也，而心之虛靈明覺，即所謂本然之良知也」[⑥]；二

① 參見《四書五經（大儒註本）》（1），南京：鳳凰出版社，2015 年，第 7 頁。
② 王守仁撰，吳光、錢明、董平、姚延福編校：《王陽明全集》（上），上海：上海古籍出版社，2006 年，第 45 頁。
③ 王守仁撰，吳光、錢明、董平、姚延福編校：《王陽明全集》（上），上海：上海古籍出版社，2006 年，第 61 頁。
④ 參見《四書五經（大儒註本）》（1），南京：鳳凰出版社，2015 年，第 7 頁。
⑤ 王守仁撰，吳光、錢明、董平、姚延福編校：《王陽明全集》（下），上海：上海古籍出版社，2006 年，第 1228 頁。
⑥ 王守仁撰，吳光、錢明、董平、姚延福編校：《王陽明全集》（下），上海：上海古籍出版社，2006 年，第 1295 頁。

是就心與理的統合關係言，「心雖主乎一身，而實管乎天下之理，理雖散在萬事，而實不外乎一人之心」[①];三是從格物致知與天理良知的真實內涵看，「致知格物者，致吾心之良知於事事物物也。吾心之良知，即所謂天理也。致吾心天理良知於事事物物，則事事物物皆得其理矣」[②]。可見，陽明的格物致知論自成系統、結構周延並具有其心學之獨特性特點，且表現出與朱子不同凡響的見地。王陽明言：「是以吾心而求理於事事物物之中，析『心』與『理』而為二矣。」[③]又言：「夫物理不外於吾心，外吾心而求物理，無物理矣。」[④]在陽明看來，以吾心求事物之理乃是心、理二分，是為「義外」之說，與「心即理」亦不相吻合，而物理不外於吾心，外吾心而求物理者，終究不可證得。

「悟道」即是對良知（「本然之良知」或「德性之良知」）的證悟，是德性修煉與生命自我完善的重要內容與成長過程，換言之，即是以身體為實驗方法體證「良知」繼而超越身體之阻礙，實現對心性本體的體察與覺悟，證成吾性自我具足的聖人之學與聖人之道，並彰顯本然良知形上意義和道德域境的智慧德相，從而朗現和敞亮個體生命主體心性世界中的德性光明智慧。「悟道」的證成，即所謂「致知明德」，德明而知致、知至，並「以致其本然之良知，則雖愚必明，雖柔必強，

---

① 王守仁撰，吳光、錢明、董平、姚延福編校:《王陽明全集》(上)，上海:上海古籍出版社，2006年，第42頁。

② 王守仁撰，吳光、錢明、董平、姚延福編校:《王陽明全集》(下)，上海:上海古籍出版社，2006年，第1294頁。

③ 王守仁撰，吳光、錢明、董平、姚延福編校:《王陽明全集》(上)，上海:上海古籍出版社，2006年，第45頁。

④ 王守仁撰，吳光、錢明、董平、姚延福編校:《王陽明全集》(上)，上海:上海古籍出版社，2006年，第42頁。

大本立而達道行，九經之屬可一以貫之而無遺矣」[①]之知識性經驗，突顯了良知德性的本體域境及其倫理道德價值的整體關懷，其發用流行還需藉以「治道」的具體實踐來展現，而以「尊德性而道問學」的學問宗旨和整體思維積極踐行其生命的學問和行動的哲學。從而達成理與事合一、理與事不二、心與理統一的聖人「窮理盡性之學」，並避免頑空虛靜之人玄言談空而論，即所謂「正惟不能隨事隨物精察此心之天理，以致其本然良知，而遺棄倫理，寂滅虛無以為常，是以要之不可以治家國天下」[②]的境地。由此，王陽明良知心學的「治道」實踐邏輯又與其「悟道」的義理邏輯有機統合，體現了「悟道」與「治道」的圓通之慧，且以「悟道」即《大學》蘊藏之至善之道與「治道」即《大學》蘊藏之親民之道（治國平天下之道）兩極，彰顯了其心學一體兩面特點並具有「知行合一」的理論特質和「真知真行」的實踐特徵。

論及「知行合一」，乃是王陽明在貴州「龍場悟道」後提出的重要思想論斷。《年譜》云：「四年己巳，先生三十八歲，在貴陽。提學副使席書聘主貴陽書院。是年先生始論知行合一。」[③]王陽明由正德三年（1508）「始悟格物致知」到正德四年（1509）「始論知行合一」，表明了王陽明悟後起修的實踐過程，他一悟「吾性自足」的聖人之道不假外求，便開始了聖人之教的傳習實際行動，並在學理上以「知行合一」為開端來教示學人。在陽明先生看來，要正確理解「知行合一」，

---

① 王守仁撰，吳光、錢明、董平、姚延福編校：《王陽明全集》（上），上海：上海古籍出版社，2006年，第47頁。

② 王守仁撰，吳光、錢明、董平、姚延福編校：《王陽明全集》（上），上海：上海古籍出版社，2006年，第47頁。

③ 王守仁撰，吳光、錢明、董平、姚延福編校：《王陽明全集》（下），上海：上海古籍出版社，2006年，第1229頁。

須明白其良知心學立言宗旨，《傳習錄》云：「問『知行合一』。先生曰：『此須識我立言宗旨。今人學問，只因知行分作兩件，故有一念發動，雖是不善，然卻未曾行，便不去禁止。我今説個知行合一，正是要人曉得一念發動處，便即是行了。發動處有不善，就將這不善的念克倒了。須要徹根徹底，不使那一念不善潛伏在胸中。此是我立言宗旨。』」① 顯然，王陽明認為知與行不能截然分開，知行非二，乃是一體兩面，圓融涵攝，無有先後次第；在他看來，一念即知，一念生起即是一行完成，即所謂「一念發動便即是行了」。在知行本體認識維度，王陽明説:「某今説知行合一，使學者自求本體，庶無支離決裂之病」②，「聖賢教人知行，正是安復那本體。」③ 可見，本體的自證與安立，乃是知行合一之説的學問根底和終極目標；知行合一，既是良知心學的重要思想內容，亦為立言宗旨的標識性符號象徵，有如梁啟超先生言稱：「『知行合一』這四個字，陽明終身説之不厭。一部《王文成公全書》，其實不過這四字的註腳。」④ 在知行關係範疇維度，王陽明在闡述知與行之關係時説：「知是行之主意，行實知之功夫；知是行之始，行實知之成」⑤，「未有知而不行者；知而不行，只是未知。」⑥ 即強調了「知」是主體意識活動的功能與動能，它也是主體意識活動的起源；行是知

① 王守仁撰，吳光、錢明、董平、姚延福編校:《王陽明全集》(上)，上海:上海古籍出版社，2006 年，第 47 頁。

② 王守仁撰，吳光、錢明、董平、姚延福編校:《王陽明全集》(下)，上海:上海古籍出版社，2006 年，第 1230 頁。

③ 王守仁撰，吳光、錢明、董平、姚延福編校:《王陽明全集》(上)，上海:上海古籍出版社，2006 年，第 4 頁。

④ 梁啟超：《梁啟超講讀王陽明心學》，北京：當代世界出版社，2018 年，第 11 頁。

⑤ 王守仁撰，吳光、錢明、董平、姚延福編校:《王陽明全集》(下)，上海:上海古籍出版社，2006 年，第 1229—1230 頁。

⑥ 王守仁撰，吳光、錢明、董平、姚延福編校:《王陽明全集》(上)，上海:上海古籍出版社，2006 年，第 4 頁。

的作用，也是知的結果，且知行一體不二，即知即行，本來合一，不可分離，即所謂「知行一體兩面而又歸於一體，是超越了有無對峙的、不執一邊的，且顯示了『不二』義的智慧範疇」①。在知行實踐工夫維度，王陽明指出，真知即是真行，真行方為真知，他說：「真知即所以為行，不行不足謂之知」②，「知之真切篤實處即是行，行之明覺處即是知，知行工夫本不可離。只為後世學者分作兩截用功，失卻知、行本體，故有合一並進之說。」③要之，王陽明的「知行合一」與「合一並進」之說，具有理論糾偏作用，不僅有效地闡述了知行分離乃是不正確的思想認識，而且亦對知、行運行基本原理、功能和狀態展開詮釋和理解，有利於深化對陽明良知心學的認知與體認。王陽明在闡釋知行合一時屢屢言及「格物致知之說」，他在《與陸元靜》書中言：「《易》謂：『知至，至之。』知至者，知也；至知者，致知也。此知行之所以一也。近世格物致知之說，只一知字尚未有下落，若致字工夫，全不曾道着矣。此知行之所以二也。」④即指明了知行合一的內在意涵，「知」是關鍵並具行知、知行雙重含義，實屬本體之知，體用一原，即知即行，行知不二、知行合一。且從「知至」即「知」與「至知」即「致知」體現的內在邏輯關係而言，就是知行合一、致良知。

---

① 參見拙文：《論陽明心學與當代社會心態建設的互動關係》，《貴州大學學報（社會科學版）》2016年第1期。

② 王守仁撰，吳光、錢明、董平、姚延福編校：《王陽明全集》（上），上海：上海古籍出版社，2006年，第42頁。

③ 王守仁撰，吳光、錢明、董平、姚延福編校：《王陽明全集》（上），上海：上海古籍出版社，2006年，第42頁。

④ 王守仁撰，吳光、錢明、董平、姚延福編校：《王陽明全集》（上），上海：上海古籍出版社，2006年，第189頁。

王陽明五十歲時，「先生始揭致良知之教。」[①] 他認為:「良知之外，別無知矣。故『致良知』是學問大頭腦，是聖人教人第一義」[②]，「良知真足以忘患難，出生死，所謂考三王，建天地，質鬼神，俟後聖，無弗同者。」[③] 其中所涉「忘患難，出生死」「考三王，建天地」內容，顯示了良知既具有安頓生命的價值功能，也具有「治道」的政治功能，亦為良知之發用流行。《傳習錄》云：「夫良知即是道，良知之在人心，不但聖賢，雖常人亦無不如此。」[④] 又云:「心得其宜之謂義。能致良知，則心得其宜矣，故集義亦只是致良知。」[⑤] 故王陽明以「良知」為統攝集義，以「致良知」為工夫，以「格物致知」為歸旨的心學致思路徑和良知即道證成邏輯，彰顯了良知心學內在具足的知行合一思想特質和兼具的心物一元、心理不二哲學意蘊。且「格物致知」之「格物」在「致良知」的實踐功夫環節中亦具有重要意義。《傳習錄》云：「吾教人致良知，在格物上用功，卻是有根本的學問。日長進一日，愈久愈覺精明。」[⑥] 可見，王陽明在修學路徑方面尤其強調「在格物上用功」，並以此格物用功為基礎「致良知」方有進益，才能證成「良知」而通達本然之良知的本體形上境域，故「致良知，就是發揮良知的覺照功能，

① 王守仁撰，吳光、錢明、董平、姚延福編校:《王陽明全集》(下)，上海:上海古籍出版社，2006 年，第 1278 頁。

② 王守仁撰，吳光、錢明、董平、姚延福編校:《王陽明全集》(上)，上海:上海古籍出版社，2006 年，第 71 頁。

③ 王守仁撰，吳光、錢明、董平、姚延福編校:《王陽明全集》(下)，上海:上海古籍出版社，2006 年，第 1278 頁。

④ 王守仁撰，吳光、錢明、董平、姚延福編校:《王陽明全集》(上)，上海:上海古籍出版社，2006 年，第 69 頁。

⑤ 王守仁撰，吳光、錢明、董平、姚延福編校:《王陽明全集》(上)，上海:上海古籍出版社，2006 年，第 73 頁。

⑥ 王守仁撰，吳光、錢明、董平、姚延福編校:《王陽明全集》(上)，上海:上海古籍出版社，2006 年，第 99 頁。

即去其蔽而復其體。通過格物致知、正心誠意的方法與步驟，而回歸於良知的正途，彰顯良知的全體大用」[①]。

五、「悟道」與「治道」之間：龍場「悟道」開啟的貴州「治道」實踐探索

王陽明的「謫」龍場一系列歷史事件，實際上與明王朝邊疆經略戰略密切關聯。王陽明表面上是受到了降謫，遭遇了人生的苦難，但何嘗不是明王朝中央權力階層在千錘百煉王陽明並磨練其心志，且通過「事上磨練」的方式助力和成就其不同尋常的人生價值。故「龍場悟道」這一石破天驚的思想性事件，既促成了陽明思想的重大轉變，又開啟了他身心證入聖人之道具體實踐，並在特殊的時間空間場域中進入了儒聖門正法眼藏的思想天地與聖賢境界而證成本體形上境域的「悟道」，而以良知心學的實踐性方式展開「良知全體大用」形下義的「治道」實踐，並貫通了修身、齊家、治國、平天下的《大學》蘊涵的修心治世精神。

首先，龍場「悟道」開啟了貴州「治道」。王陽明在龍場的「治道」實踐與以聖人之學教化人心、移風易俗的行動緊密相連。王陽明在《象祠記》中言：「吾於是蓋有以信人性之善，天下無不可化之人也。」[②]顯示了其德性教育化人之理念，亦是其「親民」思想的再現。他對教育

① 參見拙文：《論陽明心學與當代社會心態建設的互動關係》，《貴州大學學報（社會科學版）》2019 年第 1 期。

② 王守仁撰，吴光、錢明、董平、姚延福編校：《王陽明全集》（上），上海：上海古籍出版社，2006 年，第 894 頁。

功能的認識，亦在其時隔多年後的《添設和平縣治疏》中有明確表白：「興起學校，以移風易俗⋯⋯敷施政教而漸次化導之。」[①] 體現了國家與地方的文化治邊之用意。龍場悟道之後，王陽明為昌明聖學，教化人心，即在龍場龍崗山建立了龍崗書院，聚眾教授傳習，倡導知行合一，即具有以教育方式教化人心和穩定西南邊疆之作用。且他亦應提學副使席書聘邀而主講貴陽文明書院，「提學副使席書聘主貴陽書院。是年先生始論知行合一」[②]。以開建書院並進行講學活動為媒介，從而為貴州培養了一大批儒學一流人才，心學普傳於貴州，由此而形成了黔中王門後學之地域性學派。故王陽明文化入邊教化人心的實際行動與舉措，理所當然地會對穩定貴州地方社會產生積極作用，亦是其悟聖人之道並行聖人之道的一大生動展示。

其次，王陽明與土司安貴榮進行政治博弈並取得上風，乃是其良知心學治邊的具體運用。如前文所言，雖陽明「謫」貴州龍場僅擔任龍場驛之驛丞，但亦引起了土司貴州宣慰使安貴榮的警覺與不安，隨即在王陽明與土司安氏之間出現了政治上的多次較量與思想交鋒。尤其是王陽明《與安宣威》三封書信安撫土司安貴榮的生動歷史情境，既展示了其「攻心為上」的政治策略，也是其良知心學「治道」實踐過程的有力證明。一是土司安貴榮以物品饋贈之禮尚往來作人情窺探，即遭受王陽明之婉拒。《年譜》云：「水西安宣慰聞先生名，使人饋米

① 王守仁撰，吳光、錢明、董平、姚延福編校：《王明陽全集》（上），上海：上海古籍出版社，2006 年，第 367 頁。

② 王守仁撰，吳光、錢明、董平、姚延福編校：《王陽明全集》（下），上海：上海古籍出版社，2006 年，第 1229 頁。

肉，給使令，既又重以金帛鞍馬，俱辭不受。」① 在米食金銀細軟面前，陽明對於金錢細軟心如磐石，不為所動，僅「敬受米二石」，倘王陽明沒有良知證得的價值正向召喚，他何以能拒絕自己身處逆境生活狀態之金錢物質誘惑？王陽明在謝絕安貴榮好意的書信覆函中云：「使君不以為過，使廩人饋粟，庖人饋肉，園人代薪水之勞，亦寧不貴使君之義而諒其為情乎！自惟罪人何可以辱守土之大夫，懼不敢當，輒以禮辭。」② 尤見其聖賢者具有的清正廉潔人物形象與道德品格。二是在置城設衛的地方軍政建設問題上，王陽明引導安氏要站好並站穩政治立場，與中央王朝同向同行。《年譜》云：「始朝廷議設衛於水西，既置城，已而中止，驛傳尚存。安惡據其心腹，欲去之，以問先生。先生遺書不可，且申朝廷威信令甲，議遂寢。」③ 安貴榮以「減少驛站」和「奏請升職參政」的政治訴求試探王陽明之態度時，王陽明則旗幟鮮明地站在朝廷政治立場覆函云：「凡朝廷制度，定自祖宗；後世守之，不可擅該。在朝廷且謂之變亂，況諸侯乎？縱朝廷不見最，有司者將執法以繩之，使君必且無益。」④ 並強調：「使君為參政，亦已非設官之舊，今又干進不已，是無抵極也，眾必不堪。夫宣慰守土之官，故得以世有其土地人民；若參政，則流官矣，東西南北，惟天子所使。」⑤ 王陽

---

① 王守仁撰，吳光、錢明、董平、姚延福編校：《王陽明全集》(下)，上海：上海古籍出版社，2006年，第1228頁。

② 王守仁撰，吳光、錢明、董平、姚延福編校：《王明陽全集》(上)，上海：上海古籍出版社，2006年，第802頁。

③ 王守仁撰，吳光、錢明、董平、姚延福編校：《王陽明全集》(下)，上海：上海古籍出版社，2006年，第1228—1229頁。

④ 王守仁撰，吳光、錢明、董平、姚延福編校：《王明陽全集》(上)，上海：上海古籍出版社，2006年，第803頁。

⑤ 王守仁撰，吳光、錢明、董平、姚延福編校：《王明陽全集》(上)，上海：上海古籍出版社，2006年，第803頁。

明一番言語對安氏之訴求乃是一強有力的打擊，並以嚴正立場對其警示云：「拂心違義而行，眾所不與，鬼神所不嘉也。」[①] 其用意就在於從根底上消除安氏任何有違於朝廷的異心與一切非分之想，並引導安氏土司集團與中央王朝保持一致。三是王陽明因阿賈、阿札之變而主動致函安貴榮，以國家大義和政治規矩泯滅其異心，迫使安氏識迷途而知返，出兵討激變之賊，對於穩定苗變局勢起到了關鍵性作用。《年譜》云：「已而宋氏酋長有阿賈、阿扎者叛宋氏，為地方患，先生覆以書詆諷之。安悚然，率所部平其難，民賴以寧。」[②] 王陽明在信函中安貴榮説：「阿賈、阿札等畔宋氏，為地方患，傳者謂使君使之。……使君誠久卧不出，安氏之禍必自斯言始矣。……朝廷下片紙於楊愛諸人，使各自為戰，共分安氏之所有，蓋朝令而夕無安氏矣。……今使君獨傳者三世，而羣支莫敢爭，以朝廷之命也。苟有可乘之釁，孰不欲起而代之乎？……絕難測之禍，補既往之愆，要將來之福。」[③] 王陽明之書信對安氏則曉之以理，動之以情，恩威並施，指點厲害，「攻心為上」，而成安氏誅心之函。要言之，王陽明三封書信勝過十萬雄兵，他的心學治邊之實際行動，即對於安氏施以攻心為上之策，即不用一兵一卒而屈人之心的戰略戰術迫使安氏泯滅異心，既顯示了王陽明傑出的思想智慧和駕馭能力，也體現了他對西南邊疆尤其是貴州政治軍事形勢的清醒認識、整體判斷以及邊疆治理戰略策略的長遠思考，其

---

① 王守仁撰，吳光、錢明、董平、姚延福編校:《王明陽全集》(上)，上海:上海古籍出版社，2006 年，第 803 頁。

② 王守仁撰，吳光、錢明、董平、姚延福編校:《王陽明全集》(下)，上海:上海古籍出版社，2006 年，第 1229 頁。

③ 王守仁撰，吳光、錢明、董平、姚延福編校:《王明陽全集》(上)，上海:上海古籍出版社，2006 年，第 804—805 頁。

「以土治土」、分化瓦解的地方治理的思想與意欲則十分明顯，且他充分利用地方勢力之間的矛盾關係，而有效平衡和制約地方諸家勢力一家獨大與發展不利局面，從而整體上有益於明中央王朝能夠深入西南邊地，有效實現對西南邊疆局勢的把握與國家經略貴州。

王陽明貴州龍場「悟道」所開啟的貴州「治道」實踐探索，在國家經略邊疆方面，具有重要的歷史意義和社會影響。如果說王陽明早年在《陳言邊務疏》中開啟了他在理論上探索邊疆治理之道的話，那麼可以確切地説他是在貴州龍場才真正意義上開始了他對邊疆治理的具體實踐，並為他後來巡撫南贛汀漳等地積累了重要經驗。時變賦予時賢探索中國邊疆治理之道，王陽明的個人命運、生死榮辱與國家命運安危相互交織和相互並行，雖「謫」貴州龍場，身處無限困境，但他經歷生死磨礪，在生命極度焦慮中「悟道」，探求良知的道德價值並以此來作生命的安頓，不僅實現了自己的思想突破與超越並超凡入聖而成為真正的時代聖賢，而且在其個體生命中的體悟中敞亮和朗現了內在的心性世界並開出了良知心學，且以心學治理的鮮活形態為國家秩序建構與社會治理提供了貴州龍場經驗和貴州龍場方案。之後，王陽明在平定寧王叛亂過程中，即展示了其心學強大經世功能，「我用兵以來，致知格物之功，愈覺精透，…… 呼吸存亡，宗社安危所繫，全體精神，只從一念入微處自照自察，一些着不得防檢，一毫容不得放縱，勿助勿忘，觸機神應，是良知妙用，以順萬物之自然，而無我與焉。夫人心本神，本自變動周流，本能開物成務。」[①] 依王陽明視界，

① 王畿：《讀先師再報海日翁吉安起兵書序》，《龍溪先生全集》卷十三。轉引自鄧艾民註：《傳習錄註疏》，上海：上海古籍出版社，2017 年，第 171 頁。

他在龍場證成的良知妙用，乃其能夠克敵制勝的關鍵所在，故遵循良知即是遵循天理，而以「良知」為基石，即是順應了天道並與天道相符，其平定寧王叛亂事件乃是必然性結果。此外，在巡撫南贛汀漳等地的實踐過程中，亦彰顯了陽明良知心學在「治道」層面的強大思想偉力。

餘論

王陽明的良知心學是生命行動的學問，體現了「悟道」與「治道」之有效結合。故陽明心學並非束之高閣的知識學問而是生命學問，是生命與知識融匯貫通的學問，是有益於安身立命、教化人心與治理社會的思想武器。正是基於陽明心學的這一理論特質，故王陽明在其教示學人與安邦治國的政治實踐中，他皆能本於內在心性世界的本然之良知，而將良知心學之魂發用流行於世間事事物物，並體現其知行合一的思想旨趣。他以良知為價值真理，而把其萬物一體、知行合一的全新的儒學思想理念和文化元素融貫於教育化人與治國安邦的具體實踐中，從而開啟了一個時代的新變局，並在思想史上具有全新和革命性的意義。

王陽明的「悟道」與「治道」自然亦不離於明代的政治社會等諸多歷史條件，是政治、社會、文化、軍事等諸多要素形成多維網絡系統並產生互動之產物。就明代的政治格局而言，「明代從政治、軍事、經濟、文化、思想各方面把土司納入國家統一制度，成為中央王朝對少數民族地區進行統治的重要工具。」[①] 這一時期，明王朝不僅要應對

① 《貴州通史》編輯部：《貴州通史簡編》，北京：當代中國出版社，2005 年，第 62 頁。

西南邊疆諸多複雜治理問題，而且北方的瓦剌、韃靼等影響與餘音也是外部憂患，故明王朝邊疆治理視野乃是必須一隻眼睛盯住西南，一隻眼睛看住西北，因為西南與西北彼此相連、互為影響，即穩定西南可用兵西北，而穩定西北則可加強西南控制。這一歷史大格局情勢，對於王陽明「謫」貴州龍場並在龍場「悟道」亦頗為重要和關鍵，且王陽明與西南邊疆有甚深之因緣亦在情理之中。因王陽明受謫前曾任北京刑部雲南清吏司，受謫又擔任貴州龍場驛丞；受謫結束後，又升任南京刑部四川清吏司，故一連串的線索表明，他與西南雲貴川的確因緣甚深。與這一時局相關聯，王陽明無論作為刑部雲南清吏司主事，貴州龍場驛丞，還是刑部四川清吏司，都與西南有關，尤其是作為龍場驛丞，不僅做好謫龍場驛丞的本職工作，而且在安定水西和教化地方上發揮重要作用。這也是王陽明「悟道」證成和「治道」實踐的歷史因緣。同時，作為思想者的王陽明在探索「悟道」生命歷程中亦開啟了他以邊疆治理為主題的探索，並走出了「悟道」與「治道」相統合的「治道」新道路。

要之，王陽明在龍場悟道時開啟的心學探索，不僅證成了良知的創生之義而且不斷進行本體良知的體貼、克治與反省，在心即理、知行合一、致良知的反覆體察、涵泳和言詮中生成了極為完善之良知心學系統，並由「內聖」開出「外王」，《中庸》之「尊德性而道問學」與《大學》之「親民」之道思想要義，在王陽明的生命實踐中得以完美呈現。契理、契機、契時、契地之「龍場悟道」，王陽明因時因地、因地制宜地實現了其「悟道」與「治道」之間的互涵互融與智慧圓通，此亦為「良知全體大用」精神內涵之彰顯。因此，一定意義上說，王陽明龍場的「悟道」促進和成就了王陽明龍場的「治道」，王陽明的「治道」亦豐富和踐行了王陽明的「治道」，他以親身的治理實踐表明其在治道探索上已由「悟道」之前的治道一系列理論思考，進入到了貴州具體的「治道」實踐環節和「治道」新的天地，且他的「治道」與「悟道」構成了其良知心學的一體兩面，並產生了重要而又切實的社會文化意義和政治歷史影響。

張岱工夫論探賾

馮寧寧 *

摘　要：晚明士人張岱繼承了浙中王門與泰州學派的基本學術觀念，較為詳盡地探討了具有鮮明心學特徵的工夫論。他在博採眾說的基礎上強調了「誠」既作為本體，又作為工夫及境界的意義，對宋明理學工夫論中重要的內容如「格物致知」「學」等重要概念有較為詳細的論述，並且在修養途徑的問題上，他主張多元並存、殊途同歸。張岱關於工夫論的探討，堅持心學立場，回應了諸多晚明學者的心性論、工夫論觀點，展現了晚明陽明心學的工夫論形態。

關鍵詞：張岱　工夫論　陽明學

理學理論指向的終極目標無疑是「成為聖賢」，心性論是探討成為聖賢的可能性依據的問題，而工夫論則是研究關於如何通過具體的修

* 馮寧寧，浙江科技大學教授。

行途徑與實踐方式來完成這一目標。處在理學話語系統之內的張岱，其思想體系亦是關於這些問題的探討。張岱繼承了陽明的心學觀念，認為最根本的工夫是進行心性的修養，力圖擺脱程朱一系龐大繁雜的經典體系與註疏而進行直截簡易的道德修養實踐。

一、聖賢工夫只是修心

張岱繼承了陽明學的基本觀念，認為聖賢工夫只是修心，工夫的最終目的，是使心合乎其本然狀態。「大抵聖賢教人，只在心上做工夫，不在外邊討求」。① 按照陽明學觀點，心即理即良知，它與天道具有本質上的同一性，既是存在本體，又是價值本體。工夫只是為了將人的現實思想、行為統一於人存在本身的應然狀態，在這種修行工夫之中，人既獲得了與自身存在本質的同一性，同時獲得了生命最終意義價值的呈現。因此，張岱認為工夫之根本是修心：

> 「惑」「憂」「懼」三字皆從心，人知慕智、仁、勇之名，而不知本於心，故夫子特為拈出，其實「不惑」「不憂」「不懼」，總之一不動心也。名雖三分，心則合一。
>
> 家大父曰：心中打疊得乾淨，聖賢學問工夫，自一了百當。張侗初曰：認得本心，一生更無餘事。②

一切工夫，都是本之於之於心的，名相雖不同，從根本上講亦只是「不

① 張岱：《四書遇》，杭州：浙江古籍出版社，2014 年，第 265 頁。
② 分別出自《四書遇》，第 224 頁、第 540 頁。

動心」而已。他引用張汝霖及張鼐之言，認為聖賢工夫只是修心，體認本體，更無餘事。張岱曾引毛丘伯之言曰：「夫子欲人在根本上用功，人心如穀種，必培植灌溉而後漸生發、漸充滿。若不在根本上用功、甚至不秀不實者，亦有之矣。」[①] 人心如穀種，需要對心進行培植、灌溉等修養工夫，才能夠使善端如枝葉一樣生發，得到善之果。如果不在培植本心上用功，那麼空有良知之心而不去發明它，那麼良知本體則會一直處於遮蔽狀態。不過，「認得本心，更無餘事」這種觀點，應導源於王龍溪。王龍溪認為：

千古聖學，只從一念靈明識取。當下保此一念靈明便是學；以此觸發感通便是教；隨事不昧此一念靈明便是，謂之格物；不欺此一念靈明，謂之誠意；一念廓然，無有一毫固必之私，謂之正心。此是簡易直截根源。[②]

在龍溪看來，所有工夫，包括「學」「教」「格物」「誠意」「正心」等，都是從「一念靈明」即「心」即「良知」處識取，「一念靈明」是簡易直截工夫的根源。王龍溪過分強調了良知本體由「固有」向「現成」轉換的必然性，認為「固有」之「良知」，即等同於「現成」之「良知」，認為「取證一念靈明」即是本體工夫。他所忽略的是「良知」在向經驗世界表達其自身時發用為「意」的不可避免性。「意」是在良知向經驗世界表達自身時感於物而起的，既然是感於物，它所表達出的

① 《四書遇》，第 220 頁。
② 黃宗羲：《明儒學案》卷十二《浙中王門學案二》，《黃宗羲全集》，杭州：浙江古籍出版社，2005 年，第七冊第 285 頁。

結果與被表達的良知本體本身就有了不完全相同的可能性。而正是這種偏差，導致了「意」之有善有惡，即符合良知本然之「意」是善，而偏離了良知本然狀態的「意」便是惡。張岱在一定程度上贊同王龍溪的「識得本體，即是工夫」的即本體即工夫說。但是，他又認為「認得本心」並非易事，「學者不可輕言通達」：

以正大心諳練世故而出者，謂之「德慧術知」，以邪曲心窺瞷世情而出者，謂之機械變詐。故學者不可輕言通達，先務正心。①

張岱認為在現實實踐中確實需務正心，但是與龍溪不同的是，他認為「正心」（「識取一念靈明」）並非來自於超悟，而是與將良知致於事事物物的實踐工夫是同一個過程。而輕言通達超悟，則往往會流於任情恣性而不自知。張岱反對空談性命，主張切實工夫：

聖賢工夫，平平實實，不必說玄說幻。

顧涇陽曰：此章大旨，只是眼界欲空，脚跟欲實。②

聖賢工夫，是切切實實做出的，而非「說玄說幻」所能達到，「脚跟欲實」即是指應在日用倫常處踐行良知，而非高談闊論，將良知之說淪為口耳之學。張岱贊同聖賢工夫只是修心，而修心之方卻是要在平實的工夫中落實的，且需要不間斷地將良知致於事事物物，「總見心學不可少有間斷」。③ 他對切實工夫的論述主要集中在「誠」「格物致知」

① 《四書遇》，第541頁。

② 《四書遇》，第151頁、第454頁。

③ 《四書遇》，第565頁。

「學」等概念的辨析上，並對明末各家工夫「宗旨」相互競爭相互辯難的局面進行了評述。

二、工夫論中的「誠」「格物」與「學」

「誠」在張岱的理論體系之中是一個重要的概念，在他看來「誠」既是本體又是工夫又是境界。張岱以將「誠」即作為本體又作為工夫，是強調工夫與本體之徹上徹下的一致性。「性生天、生地，故可以贊天地之化育。天地萬物依我性而立，我性不依天地萬物而立，故與天地萬物並立而為三。人須要識得個誠體性體。無假之謂誠。有此誠，故性用不淪於空寂。無礙之謂性。有此性，故誠境不滯於思為。」① 作為本體的「性」或「誠」，是人與天地萬物的存在本質，亦是人與天地相通、相並立的最終依據。作為工夫的「誠」，使超驗之「性」獲得經驗實現而不淪為「空寂」，而作為本體之「性」，則是「誠」不受私欲干擾之最終保證。②「無假」「無礙」之「誠」是「盡性」的基本方式：「誠者不思不勉，自然能盡其性，何等直截！」③「不思」「不勉」即是「無假」「無礙」，「誠」是原原本本地體現「性體」，所以又說：「誠至而性渾然全矣，有何不盡？盡性即是盡人性、盡物性也。」④「誠」至則「性」渾然以盡，「至誠不息，見之於博厚、高明、悠久，變化而無窮者，至誠之不已也。…… 蓋發，乃未發；盡人性，乃是盡物性；成物，乃為至

① 《四書遇》，第 50 頁。
② 即張岱所云：「性無二，故誠之所以自成自道，即物之所以成始成終。」（《四書遇》，54 頁）
③ 《四書遇》，第 51 頁。
④ 《四書遇》，第 50 頁。

誠。從來本體，未有不見之作用者。此《中庸》之所以為善言天命之性也。」[①]「誠」使得「性」得以發用，亦使得發用與本體保持其統一性。

「誠」既為本體又為工夫是存在於「性」之發用的整個過程的。《中庸》云：「自誠明，謂之性；自明誠，謂之教，誠則明矣，明則誠矣」，朱熹解曰：「德無不實而明無不照者，聖人之德。所性而有者也，天道也。先明乎善，而後能實其善者，賢人之學。由教而入者也，人道也。誠則無不明矣，明則可以至於誠矣。」[②]將「明乎善」與「實其善」分為前後兩端，張岱則對此持反對態度，他還認為「誠明」與「明誠」是同一個過程、同一件事，不可分為二：

> 誠明者，如燧取火，何嘗不取？取之隨足。明誠者，如乞火覓燧，不知燧中有火，到得有燧，無用乞火矣。火既到手，豈有二耶？故誠明未嘗廢「教」，明誠未始不率「性」。[③]

他以「火」與「燧」作喻，認為「明誠」和「誠明」是相互依存的，是同一個不可分割的過程。「修道」即是「率性」「率性」即是「修道」，也即是「誠」。[④]因為「率性」與「修道」是合一的，所以「誠」並非「現成」的，張岱引周敦頤之言來解釋「誠」:「周子曰:『誠無思，誠無為。』此解『誠』字之妙旨也。別解皆非。」[⑤]認為「無思」「無為」即是「誠」。張岱又引顧憲成之言：

---

① 《四書遇》，第 57 頁，此句乃是張岱引張鼐之言。
② 朱熹：《四書章句集註》，北京：中華書局，2014 年，第 33 頁。
③ 《四書遇》，第 49 頁。
④ 張岱曰：「『自誠明謂之性，自明誠謂之教』，兩路總歸一路。」(《四書遇》，49 頁)
⑤ 《四書遇》，第 49 頁。

顧涇陽曰：凡今之庸人，於他人之是非利害，無不預先知之。只為自己不在局內，無一毫我私參入其中，便自眼清，此即所謂「至誠之道」也。①

將兩句合而觀之，可知「無思」「無為」當指無「思慮」「私心」「妄為」，此即是「誠」。因此，在「性」之本體見之作用的過程中，當祛除「私欲」「習染」等的影響，以保證「已發」與「未發」的本質統一性，使「心」回復至其本然狀態。心體本是闊大光明，現實中卻被「物欲」侵擾，追求富貴、名利之欲望，使人終日蠅營狗苟、謀劃算計而失去其本心之所應然。這既不符合人的存在本質，也不符合人的價值本質。因此祛除私心、私欲才能使「心」還復其本然狀態：

嘗言志學章，非夫子能進，乃夫子能捨。學問時時進，便時時捨。天龍截卻一指，痛處即是悟處。禪學在掃，聖學在脫，總一機鋒。明道云：學者無可添，惟有可減，減盡便無事。切磋琢磨，俱是減法。②

做學問工夫，便是要捨卻不符合「心性」之私欲。正如王龍溪所說：「良知不學不慮。終日學，只是復他不學之體；終日慮，只是復他不慮之體。無工夫中真功夫，非有所加也。工夫只是求日減，不求日增，減得盡便是聖人。」③「減」即是復「不學不慮」之本體。明道先生

① 《四書遇》，第 52 頁。

② 《四書遇》，第 79 頁。

③ 黃宗羲：《明儒學案》卷十二《浙中王門學案二》，《黃宗羲全集》，杭州：浙江古籍出版社，2005 年，第七冊第 281 頁。

之言「學者無可添，惟有可減」，「減」的工夫便是「誠」，減至「無思」「無為」便是「誠」的境界，工夫與效驗在過程性上是統一的。張岱曰：「致曲者，委曲而致之也。一了百了，惟至誠能之。」①「至誠」即是現實主體完全與「性體」本原相同一的狀態，也即是中正無私的境界，張岱將它描述為「太空無翳，明鏡無塵，不起念頭，不落邊際，胸中完完全全有個正鵠，這個就是一團元氣，輕輕脱脱，發處都中紅心，雖然用力，原不着力也。」② 本體、工夫、境界，即是「誠」之內涵的三個層面。

格物，是宋明理學中的一個重要概念，對《大學》中「格物」之觀念的不同理解不僅僅是文本詮釋的問題，更反映着不同學者之工夫取徑的差異。陽明學與朱子學的分歧，正是始於正德三年陽明「龍場悟道」時對「格物」觀念有了截然不同於朱子的理解。朱熹釋「格」為「至」，「物，猶事也」，「致，推極也」，「知，猶識也」，「致知」要通過窮究事物之理來達到。通過不斷的「格物」，窮盡事物之理，達到「豁然貫通」時，吾心之全體大用就「無不明」了。王陽明則對此表示質疑：「縱然格得草木來，如何成得自家意？」認為將己心與事物之理分為二事，即便窮盡事物之理，與己心又有何益？他的「龍場悟道」所悟，即是悟到於外物之中求心之理，是錯誤的，進而將「格物」從對外在客觀事物的認知轉向了內在自我意識的端正，即所謂「正念頭」。③

---

① 《四書遇》，第 51 頁。

② 《四書遇》，第 493 頁。

③ 「工夫難處，全在格物致知上，此即誠意之事。意既誠，大段心亦自正，身亦自修。但正心修身工夫，亦各有用力處，修身是已發邊，正心是未發邊。心正則中，身修則和。」（王守仁撰，吳光等編校：《傳習錄》，《王陽明全集》，上海：上海古籍出版社，2015 年，第 22 頁。）

王陽明將「格」釋為「正」:「格者，正也。正其不正以歸於正也」，[①] 並進一步説：「格物，如《孟子》『大人格君心』之『格』，是去其心之不正，以全其本體之正。但意念所在，即要去其不正以全其正，即無時無處不是存天理，即是窮理。『天理』即是『明德』，『窮理』即是『明明德』。」[②] 當然，王陽明之「格物説」在與當時學者湛若水、羅欽順等人的不斷辯論中其內涵展現出了一個發展的過程，由「正念頭」之單純的自我意識端正轉變為「為善去惡是格物」之道德實踐中行為的正當化，即將良知的發用流行擴充推致到事事物物當中使其無不得其正。[③] 不過，「格物」之説，向來爭議紛出，劉宗周曾説：「格物之説，古今聚訟有七十二家」，當然也包括中晚明時期學者的意見。張岱提出「格物」即是「知本」。

張岱「格物」即是「知本」的觀點，是從分析《大學》古本中得出的結論：

> 細玩經文及傳，此「物」字分明與上「物有本末」照應：格，是格個本耳，故傳曰：「此謂知本」，「此謂知之至也」。傳分明以「知本」當「格物」，而宋儒以為闕文，得無多此一補傳乎？「物格」，「知至」，是一件事，故獨曰「在」。[④]

---

① 《傳習錄》。

② 《傳習錄》，第 5—6 頁。

③ 王陽明「格物」發展過程可參考彭國翔：《良知學的展開 —— 王龍溪與中晚明陽明學》，北京：生活·讀書·新知三聯書店，2005 年，第 422 頁。王陽明「格物」之涵義及其與湛若水、羅欽順、顧東橋等人關於「格物致知」的論辯可參考陳來：《有無之境 —— 王陽明哲學的精神》，北京：人民出版社，1991 年，第 118—151 頁。

④ 《四書遇》，第 3 頁。

他認為從文本上分析「格物」即是「知本」，且「物格」與「知至」是同一件事，是同一個動態過程。「本」即「本心」「良知」，「知本」之「知」是非是「見在」「現成」，而是一個動態的實踐的過程，其「格物即是知本」的觀點可是看作是陽明「致良知」之説的延續。他反對朱熹之作「格物」補傳，但又不完全反對朱熹「即物窮理」之説，他引徐日久之言曰：「吾心也是一物，若格得吾心了了，此外有何物？」並認為朱熹之本意並非要在客觀之物上尋討「天理」：「但患認朱子意差，真個於物上尋討，饒君遍識博解，胸中只得一部《爾雅》，有白首而不得入古人之學，為可悲耳。要非可以病朱子也。」[①] 認為於外物之中尋「理」，即便遍識博解，也只是口耳之學，於「本心」無所證悟、發明，便不得入古人之學，即不得入聖人之門。而只求於外物的做法，並非朱熹本意，而只是個入手工夫，他引用董日鑄之言曰：

「格物」二字，先儒於此，幾成聚訟。朱子「今日格一物，明日格一物」，也只是對初學人立下手工夫。[②]

這裏所説「下手工夫」是與「究竟工夫」相對，不脱離「物」又不止於「物」，「工夫」之「究竟」在於「心」。之所以有如此區分，正是針對陽明後學末流追求「超悟」而脱離現實，忽略道德、事務之實踐的弊病而發。強調聖人之學需在實際中下工夫：「聖賢教人如老嫗教孩子數浮圖：一層層數上來，又一層層數下去。有這層，就有那層，政見得有那層，先有這層，一毫參差不得。要人把全體精神，從腳跟下

① 《四書遇》，第2—3頁。

② 《四書遇》，第4頁。

做起也。」[①]「把全體精神，從腳跟下做起」，正是張岱所強調的「格物」必須為一個實踐的過程。他努力弱化朱熹「即物窮理」和王陽明「致良知」之間的分歧，在陽明學「心即理」的立場之上，強調實踐工夫的重要性，「正心、修身、齊家、治國，皆以好惡發之，徹頭徹尾顯無微總此一事」。[②]此一事，即是格物的整個動態過程。

「學」是一個重要的修養工夫，張岱多次探討「學」的內涵、方法並且實際踐行。張岱認為「下學」即是「上達」。這個觀點是承王陽明之觀點而來，張岱在《四書遇》中曾引陽明之言曰：「凡可用功，可告語者，皆『下學』；『上達』只在『下學』裏。凡聖人所說雖極精微，俱是『下學』。只從『下學』裏用功，自然『上達』去，不必別尋個『上達』工夫。」[③]他對陽明此觀點的引用，應具有兩層涵義：一是反對將「廣大」「高明」與「精微」「中庸」割裂開來，即認為「尊德性」與「道問學」是一件事；二是強調日常學習、實踐之切近工夫。《論語．公冶長》：「子貢曰：『夫子之文章，可得而聞也；夫子之言性與天道，不可得而聞也。』」朱熹註曰：「文章，德之見乎外者，威儀文辭皆是也。性者，人所受之天理；天道者，天理自然之本體，其實一理也。言夫子之文章，日見乎外，固學者所共聞；至於性與天道，則夫子罕言之，而學者有不得聞者。蓋聖門教不躐等，子貢至是始得聞之，是歎其美也。」[④]顯然，朱熹認為「文章」即「威嚴文辭」等是「德」之外現，夫子常言文章而罕言性與天道，是因為「聖門教不躐等」，學者要從「文章」

① 《四書遇》，第2頁。
② 《四書遇》，第18頁。
③ 《四書遇》，第301頁。
④ 朱熹：《四書章句集註》，北京：中華書局，2014年，第77頁。

學起，一步步上進，最終上達於道。張岱則持不同觀點，他認為學並不存在「等級次第」，「文章」與「天道」本為一事。《四書遇》引張無垢之言曰：

既是文章可得聞，不應此處尚云「子之言性與天道，不可得而聞也。」如何夫子言天道肯把文章兩處分開？子曰：「天何言哉！四時行焉，百物生焉。」正是點化文章、性道合一處。①

他認為言「文章」即是言「性與天道」，「天道」與「文章」不可分為兩處，並認為「天何言哉！四時行焉，百物生焉」正是說明了明了「文章」與「性道」合一，因為天無言而通過四時行、百物生來體現其道，而夫子不言「性道」而通過言「文章」來表達「性道」。張岱又進一步解說：「夫子之文章無過《繫辭》《春秋》，讀《繫辭》、讀《春秋》者對矣，是可得而聞也。《易》之言性，《春秋》之言天道，則不可得而聞也。」孔子之文章主要是指《繫辭》《春秋》，是弟子們人人都可得而聞之的，但是《易》和《春秋》之中所承載的「性」與「天道」之微意並非人人能夠領悟。正如張岱引周海門之言：

周海門曰：當時一貫之傳，夫子豈背地獨與曾子言之？門人俱在側也，惟曾子一「唯」，是曾子得而聞，門人不知何謂，是門人不得而聞。②

① 《四書遇》，第139頁。
② 《四書遇》，第139頁。

孔子的一貫之傳，並非單獨傳與曾子，而是公開傳給眾人，但是只有曾子一人曰「唯」，即曾子獨領會得，而其他人未曾領會。與朱子之意對比可知，張岱並不認為「文章」是「德之見乎外者」，「性」是「人之所受天理」，「道」是「天理自然之本體」，「文章」與「性道」屬於不同的等級層次因此要逐級學習，他明確指出「文章」與「性道」是合一的，因此「道問學」與「尊德性」是合一的，會得此意，才能領會聖門之旨。反對將「廣大」「高明」與「精微」「中庸」割裂開來，強調「尊德性」與「道問學」的一致性，在晚明時期是具有重要的現實意義的。這既是在學理上對朱陸之學的調和，又是對實踐工夫上流於瑣碎支離或空疏玄虛之弊病的糾偏。

既言「下學」即是「上達」，那便無次第、等級之分。《論語・述而》:「子曰:『志於道、據於德、依於仁、遊於藝』。」，朱熹在《四書章句集註》中註解此句時認為「學」包括「志道」「據德」「依仁」「遊藝」，並且它們是有先後秩序之分、輕重本末之等級的，「蓋學莫先於立志，志道，則心存於正而不他；據德，則道得於心而不失；依仁，則德性常用而物欲不行；遊藝，則小物不行而動息有養。學者於此，有以不失其先後之序、輕重之倫焉，則本末兼該，內外交養，日用之間，無少間隙，而涵泳從容，忽不自知其入於聖賢之域矣。」① 張岱反對這種解說，他引用艾南英之言:「艾千子曰:『道』『德』『仁』『藝』，是舊名，『志』『據』『依』『遊』，是學者所以求道德仁藝也。聖人教人如此，以實事赴空名耳，非真有逐節相生，如時文之謬也。」② 他認為

① 朱熹:《四書章句集註》，北京:中華書局，2014 年，第 91 頁。
② 《四書遇》，第 171 頁。

以朱註為依據的時文，將「學」看作是「志道」「據德」「依仁」「遊藝」四個「逐節相生」的為學階段是謬誤的，聖人的本意是強調學者應去實際踐行這些為學內容，此四者應都是「為學」不可或缺的，而非指四者有「先後之序、輕重之倫」。

張岱認為工夫並無所謂等級次第，只是隨着工夫之修習所達之境界有高下深淺之不同。朱熹認為「學不可躐等」，所「不可躐」者是為學之「工夫」不可不依照次序、等級；張岱認為「工夫」是不分次第的，而「工夫」所證得之「效驗」是則在不斷踐行工夫之時間過程中由低到高、逐漸升級的。「所謂逐節證，非逐節修也」，所「證」為「境界」或「效驗」，所「修」為「工夫」，他以「效驗」或「境界」之次第取代了朱子之說中「工夫」之等級。這種觀點，打破了「為學」工夫次第說的束縛，而強調了「為學」的實踐以及在實踐中不斷提升修養之「境界」。

三、各家宗旨的衡定

工夫論是宋明理學的核心論題之一，晚明時期的思想家，尤其是陽明學者，在工夫論上喜提倡「宗旨」，總體上呈現出一種多元爭鳴的現象。「（宋元諸儒）多務闡明經子，不專提倡數字，以為講學宗旨。明儒則一家有一家之宗旨，各標數字以為的。白沙之宗旨曰靜中養出端倪，甘泉之宗旨曰隨處體驗天理，陽明之宗旨曰致良知，又曰知行合一。其後鄒守益主戒懼慎獨，羅洪先主靜無欲，李材主止靜，王畿、周汝登主無善無惡，高攀龍主靜坐，劉宗周主慎獨，紛然如禪宗之傳授衣缽，標舉宗風者。」[①]這種立「宗旨」的風氣，目的是為掙脱程朱理學繁複瑣碎的工夫體系而建立簡易直接的修養方式，即擺脱龐大的註疏系統來談論道德實踐。簡易工夫的主張，容許多元思想的並存、競爭與辯難。在實際上，雖然各種宗旨之間的差別是細微的，但它們之間的爭論卻是非常激烈，各個「宗旨」的奉行者分門別派，進行講學、結社等活動，也通過著書立説、書信往來、組織辯論等方式進行論爭。

張岱並不反對標舉「宗旨」之風，他認為各家「宗旨」皆是人心得之呈現，不同的「宗旨」只是不同的修養方式、法門，人們可以根據自己的性之所近進行擇取，而不同的「宗旨」最終所指向的目標是同一的，可謂殊途同歸。所以應平等對待各家宗旨，廣泛學習揀擇，只要有自得處，不必拘泥於門戶派別。他認為這種平等對待各家宗旨的觀點，是符合陽明之意的。徐愛在《傳習錄序》中曾載王陽明之言：

> 聖賢教人，如醫用藥，皆因病立方，酌其虛實、溫涼、陰陽、內外而時時增減之。要在去病，初無定説。若拘執一方，鮮不殺人矣。今某與諸君不過各就偏蔽，箴切砥礪，但能改化，即吾言已成贅疣。若遂守為成訓，他日誤己誤人，某之罪過可復追贖乎？[②]

王陽明認為每個人的狀況都是不同的，聖人教人也要根據其自身情況不同來強調不同之工夫，若是執定一種方法，那麼就會誤導學子。徐

① 盛朗西：《中國書院制度》，北京：中華書局，1934 年，第 128 頁。

② 王守仁撰，吳光等編校：《王陽明全集》，上海：上海古籍出版社，2015 年，第 1299—1300 頁。

愛因此認為如果「拘執一方」，便是「復失先生之意」，陽明教人，只如孔子一般使人「實體諸心，以求自得」。[①] 張岱顯然是持上述相同觀點，認為人人都應根據自身的具體狀況，去資取與自己切近的修行之法，而萬殊之工夫最終是為下學而上達到與道同一的精神境界。正是在這種觀念之下，他反對宋儒提倡的「道統說」，認為：

傳道之說，宋儒仿禪家衣缽而為之，孔門無此也。曾子隨事用功，子夏泥於多學，故語以「一貫」。若云祕傳，何不語以顏子？若曰道慎其所接，子夏之後，何以流為莊周？根性各別，道體無方。「忠恕」二字，亦舉己所得力及門人所易曉。向來認作機鋒，近來紛紛執着，皆屬旁見。[②]

他認為「道統」的說法，只是宋儒仿照佛教的衣缽之說構建的，聖門並無固定法門，孔子教人只是「因材施教」。所以人應當根據自己不同的狀況，自主地去選擇適合自己的修養方法。因為「根性各別，道體無方」，所以一味執着於一家之宗旨或者刻意「模仿」某位聖賢的修養方式都是落於一偏的。所有不同的修養方式，雖然其共同的終極目標都是成為聖賢，但早在明代中期，陽明既已探討過儒家理想人格的不同面貌。《傳習錄》中載：

王汝中、省曾侍坐。先生握扇命曰：「你們用扇。」省曾起對曰：

① 王守仁撰，吳光等編校：《王陽明全集》，上海：上海古籍出版社，2015 年，第 1299—1300 頁。

② 《四書遇》，第 124 頁。

「不敢。」先生曰:「聖人之學，不是這等綑縛苦楚的，不是妝做道學的模樣。」汝中曰:「觀『仲尼與曾點言志』一章略見。」先生曰:「然。以此章觀之，聖人何等寬洪包容氣象！且為師者問志於羣弟子，三子皆整頓以對。至於曾點，飄飄然不看那三字在眼，自去鼓其瑟來，何等狂態。及至言志，又不對師之問目，都是狂言。設在伊川，或斥罵起來了。聖人乃復稱許他，何等氣象！聖人教人，不是個束縛他通做一般：只如狂者便從狂處成就他，狷者便在狷處成就他。人之才氣如何同得？」①

王陽明認為人之「才氣」不盡相同的，成為聖賢並非要受各種外在條框的束縛，而是要根據個人氣質的不同，狂者從狂處成就、狷者從狷處成就。張岱發揮了陽明關於「氣象」的觀點，認為率性而為，無需遵從、模仿一種修行方法，「才氣」不同，成就人格便不同，不必千人一面，裝做道貌岸然之態，而是要發揮自己的真情真性，才能完成獨立、完整的人格。這正是陸、王之學中一直強調的闊大氣象，「為大人」，實現自我人格的放大，自我精神的發越、進取和恢弘。在陽明學的影響之下，中晚明士人對理想人格的探尋不再止於程朱理學所宣揚的完全消除氣質之性回復至天命之性的形象，而是轉為向慕帶有強烈個人風格，綜合了精神、意氣、能力的豪傑之士。② 在這種承認人有不同氣質稟賦且無需完全消除只需將其完好發展出來的認知之下，不

① 王守仁撰，吳光等編校:《傳習錄》(下)，《王陽明全集》，上海：上海古籍出版社，2015年，第一冊第91頁。

② 趙園:《明清之際士人的豪杰向慕與理想人格追尋 —— 以易堂諸子為例》，《甘肅社會科學》，2004年第6期，第76—83頁。

同氣質稟賦之人擇取不同修行途徑、「宗旨」成為自然之事。與張岱同時期「宗王」的黃宗羲及稍晚的「尊朱」的陸世儀（字道威，號剛齋，晚號桴亭，別署眉史氏，1611—1672 年）均有相類之觀點。[①] 清初顏元（原字易直，更字渾然，號習齋，1635—1704 年）更是清晰地表達這種觀點：「吾性所自有，吾氣質所自有，皆天之賦我，無論清厚濁薄，半清半厚，皆擴而充之，以盡吾本有之性，盡吾氣質之能，則聖賢矣。」[②] 從「性」與「氣質」皆天之所賦的角度，論證了人人應當按照自身的本有氣質、努力發展其個性的合理性。張岱對各家宗旨的平等對待之態度，亦是建立在這種承認氣質之性的部分合理性的基礎之上的，是在一理萬殊的前提下容許多元思想並存的學術態度。

結語

張岱理學體系的建構是建立在對宋明理學尤其是心學成果的整合、繼承與批判的基礎之上的，他在《四書遇》中大量引用晚明士人（主要是陽明後學）的學術觀點，建立了一個以心學為基本取向的理論

---

① 黃宗羲在《明儒學案．序》中說：「於是為之分源別派，使其宗旨歷然，由是而之焉，固聖人耳目也。……此猶中衢之樽，後人但持瓦甌樿杓，隨意取之，無有不滿腹者矣。」（黃宗羲：《明儒學案》，《黃宗羲全集》，杭州：浙江古籍出版社，2005 年，第七冊第 4 頁。）陸世儀曰：「吾十有五而志於學，是孔子入門工夫；博文約禮，是顏子入門工夫；自省，是曾子入門工夫；戒懼謹獨，是子思入門工夫；程朱之居敬窮理，胡安定之經義治事，陸象山之立志辨義利，有明薛文清、胡餘干主敬，湛甘泉之隨處體認天理，陳白沙之自然養氣，王陽明之致良知，皆所謂入門工夫，皆可以至於道。」（楊向奎：《清儒學案新編》第一冊，濟南：齊魯書社，1985 年，第一冊第 612 頁。）黃宗羲、陸世儀都是認為在修養路徑是可以千差萬別的，最終殊途同歸，同至於道。

② 顏元：《習齋先生言行錄．王次亭第十二》，《顏元集》，北京：中華書局，1987 年，第 664 頁。

體系，透過對他的研究，可以管窺明末王學的總體狀況。張岱的理論是以心一元論為基礎的，承認並宣揚個體的情欲、自主性和能動性，又為免於盪佚於情識而強調在實際工夫上戒懼小心，可以說他的理論是既希望擺脫朱學之末的瑣碎支離又希望能夠走出王學末流的猖狂空疏，在當時的文化生態之中，不失為針砭時弊、遠見卓識。在工夫論上，他認為聖賢工夫從根本上講只是修心，「心」是一切工夫的最終落實之處。但是，他又積極吸納程朱理學在工夫論上理論資源，對工夫論中極為重要的「誠」「格物」「學」等觀念進行重新闡述，補救陽明後學尤其是「現成派」工夫論的不足與缺失，以期矯正王學末流之玄虛空疏之風。晚明之時，世俗社會的崛起，使得超越與世俗的疆界不再清晰。人們意識到在現實中的人，並不一定要消滅自己的個性與情欲才能成為高尚的人。不僅僅王陽明提出人的根器不同可有不同的修習之法，王學左派更是強調人之個體意識與獨特稟賦，張岱之各家宗旨平等的主張更是在承認氣質之性的部分合理性的基礎之上的。

覺知之路：陽明先生龍場悟道的啟示

汪建初 *

主觀世界是客觀存在的！大腦的結構和心智的維度是極其博大精深的。人，是宇宙演化了上百億年最完美的結晶，是生物界進化了十數億年完成的最偉大的作品。當克隆技術告訴我們身上的每一個細胞都包涵着生命所有的信息並可以複製出相同的自己的時候，我們對精神空間不能多一點開放嗎？讓我們用科學的信念、實證的精神、求是的態度，放下宗教觀念，打破哲學藩籬，摒棄門戶之見，深入探討生命豐富多彩的精神世界。

1508 年春，三十七歲的陽明先生被貶謫到貴州修文龍場任驛丞。在龍岡山上的陽明小洞天，先生化生死一念，俟命石洞之中，日夜端居澄默，以求靜一之心，久之胸中灑灑，大悟格物致知之旨，始知聖人之道，吾性自足，向之求理於事物者誤也，是謂龍場悟道。龍場悟道，打通了自然法則、社會規則和靈魂準則的藩籬，將道家的功法、儒家的修法、佛家的心法融於一爐，在無欲、無私、無我的境界中找到了本自具足的真我。陽明先生沒有否定佛法和道學，而是將佛道兩

* 汪建初，貴陽學院原副校長、教授。

家的精髓融會貫通於至廣大而盡精微的聖學體系。儒家學大，道家尚無，佛家究空，陽明先生非常清楚，大到無窮大，大到天地萬物一體之仁的境界，自然是無，自然就空。陽明先生說:「聖人盡性至命之學，何物不具？何待兼取？二氏之用，皆我之用，即吾盡性至命中完養此身謂之仙，即吾盡性至命中不染世累謂之佛。但後世儒者不見聖學之全，故與二氏成二見耳。」

龍場悟道，陽明先生悟到「吾性自足」，那自足的是什麼？歷盡萬死千生之後，陽明先生確認，自足的是良知。如果把良知二字簡化、「良」字移開只剩一個「知」，那「知」應當如何解讀？陽明先生說：「心之所發便是意」，這是在告訴我們，平時我們所說的意識只是心的功能的呈現，意識的背後有個心在起作用。陽明先生說：「意之本體便是知」，強調「知是心之本體」，作為本體的知，能夠知道自己的所思所想、所作所為的知，就是時時刻刻和我們在一起而平時又從不在意的覺知。

一、在澄默靜一中體悟覺知

陽明先生的龍場悟道是在靜坐中完成的。在龍岡山的小洞天，先生日夜端居澄默，以求靜一，找到了我們本自具足的覺知能力。

（一）去雜念

我們的大腦有兩個基本功能，一個是興奮，一個是抑制。我們平時興奮於各種妄想執着、私心雜念、功名利祿，所以抑制了本自具足的智慧。大腦皮層日夜受到紅塵中各種信息的干擾，無法平靜，如同水面因風吹拂，水體動盪而渾濁，水裏的一切狀況就被遮蔽。如果湖水風平浪靜，泥沙沉澱，水中的游魚、水草就一清二楚了。止而後定，定而後靜，定而後安，進而心明眼亮，覺知現前，審察雜念，驅除妄想，達到心靜如水、良知純澈，而後臨時不亂、智慧大開、應變無窮。陽明先生強調：「所謂修身在正其心者，身有所忿懥，則不得其正；有所恐懼，則不得其正；有所好樂，則不得其正；有所憂患，則不得其正。」時時覺察自己的情緒起伏、意念起動的那個心，就是覺知。正心，就是找到無分別相的覺知。

（二）靜養心

通過靜坐放空身心，是尋找人的精神頻率與宇宙規律共振的最佳途徑。儒家通過靜坐反觀自省、養浩然之氣，實現道德人格的提升；道家通過靜坐打通經絡、練氣還神，實現天人合一的超越；佛家通過靜坐進入禪定、萬緣放下，實現自我的徹底否定。幾乎中國歷史上有記載的所有精英聖賢、高僧大德，無一不是通過靜坐這個動作簡潔、而內涵淵深的方式而成就的。靜坐，從自然屬性的肢體特徵看，是讓四肢和身軀回復到我們胎兒時期的狀態，因此具有復歸先天潛意識的效能；從社會屬性的處世特徵看，是遠離了滾滾紅塵獨居一處，知止而後有定；從精神屬性的心腦特徵看，讓個體獨立於空間、時間、人間，以自由之精神、獨立之人格感受身心狀態。千萬不要再把靜坐當作迷信，這種盤腿抱手的坐姿至少擁有三個功能，第一，這個肢體語言是你在娘胎裏的先天的體態，通過這種體態你有可能跟潛意識鏈接；

第二，你能獲得最大的安詳和寧靜，因為你的潛意識依然有胎兒時期的記憶的，雖然這個記憶不明顯了，但是還會起作用，通過這樣的體態容易獲得心靈的祥和，能夠很快安靜下來；第三，通過這樣一個胎兒般的肢體語言，還能夠修復你後天成長過程中殘留的身心卡點，所以打坐的過程當中你的身體會震動，你會莫名其妙的流淚，這是在修復你後天身體遭遇的扭曲和心靈受到的傷害，復歸於嬰兒。

（三）找覺知

「靜處體悟、事上磨練」是陽明先生知行合一的教法，靜處體悟覺知，事上磨練良知。離開龍場後，陽明先生教導學生都是從靜坐開始。「吾昔居滁時，見諸生多務知解口耳異同，無益於得，姑教之靜坐。一時窺見光景，頗收近效。」什麼是「一時窺見光景」？窺見什麼光景？就是把身心安頓在覺知之中。之後再教「致良知」，陽明先生說：「良知明白，隨你去靜處體悟也好，隨你去事上磨練也好，良知本體原是無動無靜的。此便是學問頭腦。」什麼是「無動無靜」？良知的「良」是相對的，有善有惡意之動，當然有動靜；但良知的「知」是無動無靜的，只是因為雜念干擾了我們對覺知的體認。去雜念的方法很多，陽明先生以良知為武器克倒不善之念破心中賊；倉央嘉措觀想上師的尊容驅趕情人的臉蛋達到身密、口密、意密三密相應；莊子對雜念不迎不拒讓它在念念變遷中自生自滅；淨土宗用阿彌陀佛名號為打狗棒掃除妄想；天台宗一心一意觀呼吸化解紅塵紛飛來襲；禪宗通過守話頭制心一處不散不亂。但這一切都是在覺知中完成的。所以最究竟的方法，就是護持覺性，時時心空無住，事事反觀自照。

二、在種種比喻中解悟覺知

陽明先生龍場悟到了「始知聖人之道，吾性自足，向之求理於事物者誤也。」這很容易讓我們聯想到六祖慧能在五祖弘忍面前的悟道感言：「何期自性本自清淨；何期自性本不生滅；何期自性本自具足；何期自性本無動搖；何期自性能生萬法。」兩位聖者悟道的共同核心就是「吾性自足」。所以五祖囑咐慧能曰：「不識本心，學法無益；若識自本心，見自本性，即名丈夫、天人師、佛。」

本心是什麼？陽明先生說：「蓋良知只是一個天理自然明覺發見處，只是一個真誠惻怛，便是他本體。」「所謂汝心，卻是那能視、聽、言、動的，這個便是性，便是天理。」六祖慧能說：「若起正真般若觀照，一剎那間，妄念俱滅。若識自性，一悟即至佛地。善知識，智慧觀照，內外明徹，識自本心。若識本心，即本解脫。」原來自心也好、自性也罷，都是要讓我們找到那個明覺精察的觀照能力，那個我們本自具足的覺知。

陽明先生和禪宗大德一樣，怕我們不知自己色身乃至山河虛空大地，咸是妙明真心中物，所以大費心機，以種種比喻向我們透視天機。

（一）靈貓之喻

黃龍禪師：「子見貓兒捕鼠乎？目睛不瞬，四足據地，諸根順向，首尾直立，擬無不中。子誠能如是，心無異緣，六根自靜，默然而究，萬無失一也。」陽明先生曰：「省察克治之功，則無時而可間，如去盜賊，須有個掃除廓清之意。無事時，將好色、好貨、好名等私，逐一追究，搜尋出來。定要拔去病根，永不復起，方始為快。常如貓之捕鼠，一眼看着，一耳聽着，才有一念萌動，即與克去，斬釘截鐵，不可姑容與他方便，不可窩藏，不可放他出路，方是真實用功，方能掃除廓清。」貓，就是覺性；鼠、賊，就是妄念。

（二）明鏡之喻

《莊子》說：「至人之用心若鏡，不將不迎，應而不藏，故能勝物而不傷。」《圓覺經》說：「譬如磨鏡，垢盡明現。當知身心皆為幻垢，垢相永滅，十方清淨。」陽明先生說：「聖人之心如明鏡，只是一個明，則隨感而應，無物不照。」「心猶鏡也。聖人心如明鏡，纖翳自無所容，自不消磨刮。若常人之心，如斑垢駁雜之鏡，須痛加刮磨一番，盡去其駁蝕，然後纖塵即見，才拂便去，亦自不消費力，到此已是識得仁體矣。」鏡，就是覺性；像、垢，就是妄念。

（三）精金之喻

《圓覺經》說：「如銷金礦，金非銷有，既已成金，不重為礦，經無窮時，金性不壞。」陽明先生說：「聖人之所以為聖人，只是其心純乎天理，而無人欲之雜，猶精金之所以為精，但以其成色足而無銅鉛之雜也。」「學者學聖人，不過是去人欲而存天理耳。猶練金而求其足色。金之成色所爭不多，則鍛煉之工省，而功易成。成色愈下，則鍛煉愈難。」金、精，就是覺性；雜、礦，就是妄念。

（四）虛空之喻

慧能說：「善知識，世界虛空，能含萬物色像。日月星宿，山河大地、泉源溪澗、草木叢林、惡人善人、惡法善法、天堂地獄、一切大海、須彌諸山、總在空中；世人性空，亦復如是。」陽明先生說：「良知本體原來無有，本體只是太虛。太虛之中，日月星辰，風雨露雷，陰霾饐氣，何物不有？而又何一物得為太虛之障？人心本體亦復如是。」「夫惟有道之士，真有以見其良知之昭明靈覺，圓融洞徹，廓然與太虛同體。太虛之中，何物不有？而無一物能為太虛之障礙。」空，就是覺性；物，色，就是妄念。

（五）塵埃之喻

神秀大師說：「身是菩提樹，心是明鏡台；時時勤拂拭，勿使惹塵埃。」六祖慧能說：「菩提本無樹，明鏡亦非台；本來無一物，何處惹塵埃。」陽明先生說：「心體上着不得一念留滯，就如眼着不得些子塵沙。些子能得幾多？滿眼便昏天黑地了。這一念不但是私念，便是好的念頭亦着不得些子。如眼中放些金玉屑，眼便開不得了 。」

「須是平日好色、好利、好名等項一應私心掃除盪滌，無復纖毫留滯，而此心全然廓然，純是天理，方可謂之喜、怒、哀、樂未發之中，方是天下之大本。」心，就是覺性；塵，就是妄念。

（六）夢幻之喻

《金剛經》說：「一切有為法，如夢幻泡影，如露亦如電，應作如是觀。」《圓覺經》說：「如夢中人，夢時非無。及至於醒，了無所得。」大慧宗杲說：「夢裏明明有六趣，覺後空空無大千。」陽明先生說：「戒懼之念，無時可息。若戒懼之心稍有不存，不是昏瞶，便已流入惡念。自朝至暮，自少至老，若要無念，即是己不知。」施邦曜解釋說：「即昏夜熟睡，魂交夢成，亦是知之不滅處，是即先生良知之說。」醒，就是覺性；夢，就是妄念。

（七）浮雲之喻

《楞嚴經》說：「當知虛空，生汝心內，猶如片雲，點太清裏。」六祖慧能說：「世人性本清淨。萬法從自性生。思量一切惡事。即生惡行。思量一切善事。即生善行。如是諸法在自性中。如天常清。日月常明。為浮雲蓋覆。上明下暗。忽遇風吹雲散。上下俱明。萬象皆現。世人性常浮遊。如彼天雲。善知識。智如日。慧如月。智慧常明。於外着境。被妄念浮雲蓋覆自性。不得明朗。若遇善知識。聞真正法。自除迷妄。內外明徹。於自性中萬法皆現。見性之人。亦復如是。」普賢行法曰：「一切業障海，皆從妄想生。若欲懺悔者，端坐念實相。眾罪如霜露，慧日能消除。」陽明先生說：「此心無私欲之蔽，即是天理，不須外面添一分。」「天地生意，花草一般。何曾有善惡之分？子欲觀花，則以花為善，以草為惡。如欲用草時，復以草為善矣。此等善惡，皆由汝心好惡所生。」「不要着一分意思，便心體廓然大公，得其本體之正了。」日月、天地，即是覺性；浮雲、意思，即是妄念。

（八）樹根之喻

六祖慧能說：「當知愚人智人，佛性本無差別，只緣迷悟不同，所以有智有愚。」「法本一宗，人有南北。法即一種，見有遲疾。何名頓漸？法無頓漸，人有利鈍，故名頓漸。」「小根之人，聞此頓教，猶如草木根性小者。若被大雨，悉皆自倒，不能增長。小根之人，亦復如是。元有般若之智，與大智人更無差別。因何聞法不自開悟？緣邪見障重，煩惱根深。」陽明先生說：「人孰無根？良知即是天植靈根，自生生不息。但着了私累，把此根戕賊蔽塞，不得發生耳。」「立志用功，如種樹然。方其根芽，猶未有幹；及其有幹，尚未有枝；枝而後葉，葉而後花、實。初種根時，只管栽培灌溉，勿作枝想，勿作葉想，勿作花想，勿作實想。懸想何益？但不忘栽培之功，怕沒有枝葉花實？」「我這裏接人，原有此二種。利根之人，一悟本體，即是功夫。人己內外，一齊俱透了。其次不免有習心在，本體受蔽，故且教在意念上實落為善去惡，功夫熟後，渣滓去得盡時，本體亦明盡了。」根，即是覺性；葉，即是妄念。

儒家《大學》，以三綱八目為主旨。三綱「大學之道，在明明德、在親民、在止於至善。」核心要義在「明」，本體發明，覺性自照；八目中，內聖的格物、致知、誠意、正心，外王的修身、齊家、治國、平天下，核心要義在「誠」，時時反觀，事事覺知。其功夫與佛家同。

三、在意識結構中定位覺知

人類一思考，上帝就發笑！人類視角是前六識，上帝視角是第七、第八識。平常所說的心，是我們人的根與塵相對而起的一種幻覺，是我們六根對各個相應的六塵而生出的六識。假如沒有客觀環境，就根本沒有心。所以，心不是單獨孤立的存在。陽明先生說：「目無體，以萬物之色為體。耳無體，以萬物之聲為體。鼻無體，以萬物之臭為體。口無體，以萬物之味為體。心無體，以天地萬物感應之是非為體。」心的內因是什麼呢？就是性，性是生起心的根本、生起心的能量、是心的本源。沒有性，對鏡生不起心。我們能見、能聞，均是性的作用；嗅性、嘗性，均是性的功能。心是由性生起來的，性是體，心是用，性是理，心是事。性是真實永存而無形無相。明白了心性關係，就明白了心與物俱虛幻不可得，因而放棄身心世界，不再追求、執着，這就是明心。見性必須從明心上下手，離心無性可見。我們平常的一切作用都是性的作用並深信不疑，這就是見性，就是開悟。見性不是用眼睛去看，用腦袋去想、用第六識去分別猜度，而是心地法眼的體會與神領。

人的意識光譜或心智層次

(1) 前五識（感知）——眼、耳、鼻、舌、身

(2) 第六識（認知）——意識

(3) 第七識（覺知）——末那識——潛意識——我執

(4) 第八識（良知）——阿賴耶識——集體無意識——含藏

陽明心學的立言宗旨是知行合一。深入研究知行合一的內涵，發現先生的「知」是生命的原動力，具體四個層次的知，與生命的意識光譜完全一致，與佛門的修行路徑完全同步。

(1) 感知力——直接經驗——自然屬性——本我

(2) 認知力——間接經驗——社會屬性——自我

(3) 覺知力——知的主體——精神屬性——超我

(4) 良知力——本體存在——構建意義——真我

陽明先生說：「我今說個知行合一，正要人曉得一念發動處，便即是行了，發動處有不善，就將這不善的念克倒了，須要徹根徹底，不

使那一念不善潛伏在胸中，此是我立言宗旨。」陽明先生的四句教，正是感知、認知、覺知、良知四個層次的修煉次第。

（一）感知——為善去惡是格物

感知是前五識本能，屬於神經系統。眼耳鼻舌身的本能，感受的是外塵色聲香味觸。陽明先生舉例，如好好色，如惡惡臭，是知行合一。但以此為行，必然誤入歧途。所以莊子指出：「井蛙不可以語於海者，夏蟲不可以語於冰者，曲士不可以語於道者。」每個人域於感知的有限能力，都存在空間局限、時間局限、人間局限。於是老子警告「五色令人目盲，五音令人耳聾，五味令人口爽，馳騁畋獵令人心發狂，難得之貨令人行妨。」修行就是要覺察五識帶來的欲望，所謂「存天理、去人欲」。

（二）認知——知善知惡是良知

認知是第六識的功能，屬於大腦皮層。由意識建立的主觀世界是客觀存在的，成長過程中，我們博學之、審問之、慎思之、明辨之、篤行之，就構建了一個主觀世界。我們按照主觀認知，學而時習之，理論聯繫實際，所以也是知行合一的。但很遺憾，主觀世界充其量只是積累了一些相對真理，所以《道德經．第一章》就說「道可道，非常道。名可名，非常名。」《論語．子罕第九》強調「子絕四：毋意，毋必，毋固，毋我。」《金剛經．第七品 》直接表達「如來所說法，皆不可取、不可說、非法、非非法。」只有放下相對真理，才能進入高維時空。《金剛經》第十八品一體同觀分告訴我們，站在不同的視角，世界呈現給我們的，是不一樣的形態。

肉眼——打破人間局限——慈悲為懷，一體之仁

天眼——打破空間局限——見真無礙，超越三維

慧眼——打破時間局限——三世因果，十二因緣

法眼——打破七識局限——擇法方便，量根施道

佛眼——回歸八識原點——圓明普照，如如不動

肉眼就是我們的眼、耳、鼻、舌、身、意等六識所構成。《心經》要求做到「無眼耳鼻舌身意，無色聲香味觸法，」才能走向生命的本來面目。人最大的問題就是把身體當作自己的真實存在，把意識當作自己的認知，其實你所有的意識都是客觀世界的現象在你大腦中的反應而已。要解決它，首先得發現它，發現問題比解決問題還要重要，那麼能夠發現你大腦當中起心動念的那個能力是什麼呢？那個能力就是你的覺知能力，因為有了覺知能力我們才能夠反思，我們才能夠內省，我們才能夠清理自己主觀世界的東西，把我們的主觀世界變得乾淨，變得回到初心的那個境地。

（三）覺知——有善有惡意之動

覺知是第七識的功能，屬於潛意識範疇。知是心之本體，知不僅僅是大腦的功能，更是心靈的功能，進入陽明心學，必須弄清心和腦的區別，才能區分覺知之心和認知之腦進入心學。西方今天的心理學從感知的角度來，僅僅是神經系統的功能，從認知來說僅僅是大腦皮層的功能，所以西方的心理學應當改成腦理學，這樣更加貼近西方心理學的本色。東方道家、儒家、佛家的修煉體系，才是建立在心的

覺知和良知功能基礎上的心理學。所以感知和認知源於中樞神經和大腦，這是腦科學。而覺知和良知這個功能心的功能，我們學習陽明心學就是把這兩股力量激發出來，推動我們生命的優化。作為認知的主觀世界是客觀存在的，作為觀察主觀世界的覺知主體也是客觀存在的，就是第七識。生命的根在哪裏？就在我們的每一個起心動念處。什麼是上根利智？就是平時對自己的起心動念有把握的人。透過肉體感官的局限，直達「知」的本體，才是了解吾性自足的生命的最根本途徑。

第七識的覺知，因為有「所覺」的對象和「能覺」的超我還在，所以第七識也稱比量分別識，能分別孰善孰惡以及無記，固守我愛執藏，為苦之總因，煩惱之祖，梵名末那識。修行的重點在去我執，而去我執的要領是覺察透出潛意識的第一念的升起，此念如有不善就將這一念克倒，這就是知行合一。所謂開悟，就是意識（第六識）和潛意識（第七識）的統一。平時大腦的興奮點太多，潛意識被覆蓋。陽明先生悟道是通過靜坐，告別社會的大洪流，安坐在龍岡山那個清靜世界，慢慢的執着沒有了，妄想沒有了，興奮點沒有了，平時被壓抑在潛意識中的潛能自然就會釋放到顯意識。所以陽明先生悟道的狀態是「日夜端居澄默，以求靜一；久之，胸中灑灑。」什麼叫胸中灑灑？就是潛意識的信息開始涌流，這個過程就是悟道。悟道不是成仙成佛，而是為了開啟我們的智慧，釋放我們無限的潛能。

（四）良知——無善無惡心之體

良知是第八識的存在狀態，是覺知依憑的覺性海。第八識也稱藏識，有能藏、包藏之功，梵名阿賴耶識。能藏者，有藏之能力，藏入即不復再出，不問若干年，不能除去分毫；包藏者，其量可包羅一切，大如山河日月，小如芥子，一齊包入。人類進化發展的愛的本能、仁的本能、覺的本能，都含藏於此。陽明先生說：「蓋天地萬物與人原是一體，其發竅之最精處，是人心一點靈明。風雨露雷，日月星辰，禽獸草木，山川土石，與人原只一體。故五穀禽獸之類，皆可以養人；藥石之類，皆可以療疾。只為同此一氣，故能相通耳。」「可知充天塞地中間，只有這個靈明。人只為形體自間隔了。我的靈明，便是天地鬼神的主宰。」而隔絕靈明的，就是我們的妄想執着。所以六祖慧能說：「自皈依者，除卻自性中不善心、嫉妒心、吾我心、誑妄心、輕人心、慢我心、邪見心、貢高心，及一切時中不善之行；常自見已過，不說他人好惡，是自皈依。」把雜念剔盡，就是本體良知，就是如來智慧德相、眾生本來面目。

修行就是修身、口、意。《虛雲老和尚開示錄》云：「三業之中，意業極重。凡一切善惡，俱起於意根。起念正，則為十善。起念邪，則為十惡。所以，端正其心，以為根本。學道者，學此心。修行者，修此心。參禪者，參此心。唸佛者，唸此心。凡一切應事接物，逆順境緣，降伏此心。處眾則溫柔此心。臨財則清廉此心。事上則忠誠此心。御下則寬和此心。待人則公平此心。分物則平等此心。乃至一切處，一切時，皆所以陶熔此心，煉磨此心，收攝此心，使其不得態縱偏枯，貢高驕慢。若有一毫淘汰不淨，則為魔障，無益於身，非所以學道也！」

四、在生命本源中確認覺知

佛學三藏十二部，核心在般若部，般若部的核心在《心經》，心經的核心在前四句「觀自在菩薩，行深般若波羅蜜多時，照見五蘊皆空，度一切苦厄。」四句的核心，就一個「觀」，觀是覺性的功能。觀自在菩薩，是覺知，安住當下的所覺；行深般若波羅蜜多時，是覺察，了了分明的能覺；照見五蘊皆空，是覺照，如如不動，能所雙亡；度一切苦厄，是覺醒，無所從來，亦無所去。《六祖壇經》第一回就把覺的層次說明白了：

覺知——身是菩提樹，心是明鏡台；

覺察——時時勤拂拭，勿使惹塵埃。

覺照——菩提本無樹，明鏡亦非台；

覺醒——本來無一物，何處惹塵埃。

丟失覺照，此是修行者最大毛病。凡修行至數十年而不得絲毫受用者，正是此因。覺照功夫，是修行人唯一目標，亦斷苦證真唯一方法。眾生顛倒苦惱，只因不覺，外物來誘，不問順逆，枉被流轉。若以慧力覺照，知其虛妄，內外雙空，不受搖惑，自然無喜無嗔，不造惡因，不起惡緣，不受苦果。所以無論何時何地何事，皆當警覺觀照，不宜忘卻。心學宗趣是知行合一，如果不能將覺知融入日常生活，就會產生三種錯誤。一是把修行與平時分為兩件事，以為平時行住坐臥，待人接物都不是修；二是不知覺照即是對境練心，不明心地法門，故不知用心方法；三是不知覺照是最要緊之用功法門，越逢刺激事，越可事上磨練，反證自己之定慧力。

陽明先生龍場悟道，也是從「惟生死一念尚覺未化，」覺察到命根上帶來的慣性，化解生死的執念開始的。陽明先生以「知」為「覺」，因為先生強調「知是心之本體」，這個本體的知就是覺知之心。為了沿着龍場悟道的路徑，找到本自具足的覺性，我們必須回答以下問題：

（一）反思、內省是怎麼發生的？

當然是因覺而生。修煉是從反思開始的，縱觀歷史，一個組織、一個團隊、一位領袖、一位君子，反思的程度越深，成功的概率越高。吾日三省吾身成為所有成功者的座右銘。反思的心理機制是第七識對第六識的審察，我們幾乎每時每刻都在起心動念，能夠覺察我們心念的是我們第七識的覺知力，心念像浪花一樣波濤洶湧，而覺性像大海一樣廣闊無垠。心念像漂浮的濁物，覺性像純澈的淨水。古代先賢沐浴齋戒、心齋坐忘、慎獨慎微、反求諸己、返觀內照，都是為了啟動第七識的覺知功能，不放過第六識大腦皮層的一絲雜念。比如唐太宗：「朕每閒居靜坐，則自內省，恆恐上不稱天心，下為百姓所怨。但思正人匡諫，欲令耳目外通，下無怨滯。」他怕自己的反思不夠深刻，希望有大臣能夠諫言，於是魏征的出現，使太宗有了照見自己的三面鏡子。

（二）視覺、聽覺、嗅覺、味覺、觸覺、意覺是不是同一個覺？

當然是同一個覺。我們用顯微鏡和望遠鏡，只是工具不同，看到的是不同的世界，但用的是同一雙眼睛。同樣，六識眼、耳、鼻、舌、身、意是六個不同的工具——六根，感知了外在的色、聲、香、味、觸、法。工具不同，感知不同，但背後的覺知是同一個。

(三) 你的覺和我的覺是不是同一個覺？

當然是同一個覺。覺性人人都有，但不是說每個人都有自己個人獨立的覺性。學者常犯的錯誤是把覺性當作自己的，以為每個人都有自己的覺性，所以我執難去。覺性不在內，不在外，不在中間，覺性圓滿遍佈十方三世，諸佛眾生、六道輪迴、三千大千世界都是同一覺性的不同呈現。覺性就像一個能量場，十二因緣就是「我」與萬事萬物普遍聯繫中的鏈接，菩薩眾生根據自己的因緣與能量場共振，以「我」當下的不同頻率呈現出喜怒哀樂、富貴貧賤等人間百態。修行就是與更高更大更廣的宇宙能量呼應，生命成長的過程就是心量增大，大到空、無狀態。覺性就像互聯網，大數據就像阿賴耶識，每個眾生就是一部手機，顯示着自己選取的信息，而這些信息來源於同一張網。眾生的每一個念頭乃至身體狀況都是互聯網呈現的暫時而無常的信息，瞬間流轉，無住無着。所以「我」無自體，只是永恆覺性海中涌起的波瀾，浪花與海洋本為一體。所以，所謂的觀照，不是我去覺知什麼，而是覺知本身。這一點，唐代名相裴休的宗密大師《圓覺經大疏》序說得最明白：夫血氣之屬必有知，凡有知者必同體，所謂真淨明妙、虛徹靈通、卓然而獨存者也。是眾生本源，故曰「心地」；是諸佛之所得，故曰「菩提」。交徹融攝，故曰「法界」；寂靜常樂，故曰「涅槃」。不濁不漏，故曰「清淨」；不妄不變。故曰「真如」。離過絕非，故曰「佛性」；護善遮惡，故曰「總持」。隱覆含攝，故曰「如來藏」；超越玄闥，故曰「密嚴國」。統眾德而大備，爍羣昏而獨照，故曰「圓覺」。其實皆一心也。

（四）眾生的覺和佛菩薩的覺是不是同一個覺？

當然是同一個覺。這個覺就是暗能量，世界是能量的，宇宙的本質是能量的，生命的本質是能量的，意識的本質也是能量的。物理學界已經證明：宇宙可見物質僅佔 1%，3% 是正在形成的熱星雲氣體，其餘 96% 是暗物質和暗能量。即使物質也是由快速振動的量子組成的，有形無形皆是不斷振動的能量，兩者的分別在於振動頻率不同。振動頻率高的成為無形的物質，如人的思想情感；振動頻率低的成為有形物質，如看得到的物體。量子力學的電子雙縫實驗進一步告訴我們：意識是具有能量的，並且這種能量已經達到了能干擾微觀世界物質形態的地步。「量子糾纏」現象已經被世界上許多實驗室證實，它超越了我們人類生活的這個四維時空，完全不受時間和空間的約束。唯能主義的哲學視域已經將心物一元、心物感應變成萬物普遍聯繫的全息狀態：宇宙全息統一場。佛性、覺性、良知、天道、阿賴耶識，就是這個統一場。每一個生命，佛陀和螻蟻都是統一場中的平等存在；每一個念頭，痛苦和快樂，都是全息場中的飛絮，猶如天空中飄過的雲彩，大海上濺起的浪花。只要我們覺知到自己的妄想執着阻礙着我們與宇宙的同頻共振，我們就走在與本我相會、與如來相約的路上。

（五）怎麼找到我們的覺？

唯有當下。金剛經告訴我們，過去心不可得，現在心不可得，未來心不可得，人不能改變過去也不能控制將來，我們只能活在當下。陽明先生說：「你未看此花時，此花與汝心同歸於寂；你來看此花時，則此花顏色一時明白起來，便知此花不在你的心外。」南鎮觀花，觀的只能是當下，「歸寂」與「明白」，都是當下覺知。但我們習慣於不斷加工自己的過去，融入愛恨情仇；又謀劃着自己的未來，平添許多喜怒哀樂。刷牙時你在想升官發財，走路時腦袋裏是俄烏衝突，你不在回憶就在期盼，真正的當下你沒有捕捉到。我們能改變的只能是此時此刻自己的意念、語言和行為，只有當下此刻是真實的，命運的專注點、着手處只能是當下，除此之外別無他途。所以我們正確的心態應該是什麼？不管命運好也罷，壞也罷，不管身體好也罷，壞也罷，我們只管積極的專注於調整好，做好目前當下的思想、語言和行為，命運就會在不知不覺當中向着好處發展。所以只有當下才是最真實的入手處，積極的調整好當下的念頭，才是改善命運的唯一方法。那麼這個方法如何發揮作用？就是要讓我們抓住那個覺知，我們能夠把握的，唯有對當下一念的覺知。一位學者問老和尚：「您得道前在做什麼？」老和尚說：「砍柴、擔水、做飯。」學者問：「那得道後呢？」老和尚說：「砍柴、擔水、做飯。」學者又問：「那何謂得道？」老和尚說：「得道前，砍柴時惦記着挑水，挑水時惦記着做飯；得道後，砍柴即砍柴，擔水即擔水，做飯即做飯。」得道，就是活在當下。那當下在哪裏呢？在我們注意力集中的地方。制心一處，無事不辦。

（六）怎樣訓練覺？

那注意力集中在哪裏呢？建議在「聽」，因為在六識中，「聽」的功能很獨特，對聲音無所選擇，無強無弱、無內無外、無遠無近、無主動無被動、無短暫無長久，來自四面八方和上下的聲音，都會自動介入耳識。無事的時候，就把注意力集中到聽覺上，哪怕是聽自己的耳鳴，都是最好的訓練。

《大佛頂如來密因修證了義諸菩薩萬行首楞嚴經觀世音菩薩耳根圓通章》：「爾時觀世音菩薩即從座起，頂禮佛足而白佛言：世尊，憶念我昔無數恆河沙劫，於時有佛，出現於世，名觀世音。我於彼佛，發菩提心，彼佛教我從聞思修，入三摩地。初於聞中，入流亡所。所入既寂，動靜二相，了然不生。如是漸增，聞所聞盡。盡聞不住，覺所覺空。空覺極圓，空所空滅。生滅既滅，寂滅現前。忽然超越，世出世間。十方圓明，獲二殊勝。一者，上合十方諸佛本妙覺心，與佛如來同一慈力；二者，下合十方一切六道眾生，與諸眾生同一悲仰。」通過聽覺的訓練，我們與萬物融為一體。

五、在超然物外中訓練覺知

覺知，是自然生命的本來面目，是與生俱來的本體功能。為了強化無處不在的覺知力量，我們繼續從詩詞的意象中加深對覺知的理解。

（一）山是山嗎？水是水嗎？

蘇東坡的《題西林壁》：「橫看成林側成峰，遠近高低各不同，不識廬山真面目，只緣身在此山中。」我們之所以看不清自己，因為我們的覺知從來就停留並禁錮在自己身上，從來沒有讓神識或注意力離開自己的軀殼，身體、念頭、覺知糾纏在一起無法分開。當我們把自己的身心當作主體的時候，判斷就失去了客觀性。只有把覺知安頓身體以外的地方，才能夠反思、內省自己的偏執。同時，因為我們的念頭停留在自己身上，所以每一個念頭都在干擾着身體，讓身體不能放鬆。我們大多數生理疾病，都是各種念頭干擾身體造成緊張而引起，如果念頭離開了身體，把念頭安頓到身體以外的任何地方，全身自然就放鬆下來了。我們幾乎所有的心理疾病，都是因為過分在乎自己的意念而引起，如果把念頭變成覺知的對象，自然能夠漸漸融釋那份執着。你開始懷疑並出離「山是山，水是水」的現象世界了。

（二）山不是山，水不是水

辛棄疾的《賀新郎》:「我見青山多嫵媚，料青山見我應如是。」當我們在看青山，青山也在看我們，兩厢看不厭。如果你設想，你就是青山，你以青山的身份觀察正在看青山的你，如此換位觀察，你的覺性就離開了自己的身體，就能站在青山的客觀角度把自己的身體變成被觀察的對象。「見山不是山、見水不是水」，就是這個階段的境界。李白的《靜夜思》:「牀前看月光，疑是地上霜。抬頭望山月，低頭思故鄉。」當你仰望明月，明月也在看着你。不僅看見你身體低頭的狀態，而且還能看見你思故鄉的情感和心念。這時，你把自己當成明月反觀自己，你心中升起的念頭都成了覺知的對象。通過念頭尋伺覺性，憑藉覺性觀照念頭。千江有水千江月，萬里無雲萬里天，但你已經不在山水之中了，所以任憑水中月隨波盪漾，藍天下風捲雲舒，你的覺知純澈如水、空曠如天，世間萬物如過眼煙雲，不迎不拒。

（三）山還是山，水還是水

如果我們還希望擴大格局和視野，就進一步體驗張孝祥《念奴嬌》:「盡挹西江，細斟北斗，萬象為賓客。扣舷獨嘯，不知今夕何夕。」作者把自己放置在銀河系以外，把整個洞庭湖當作盛滿了酒的杯，拿着北斗七星當酌酒的瓢，敬了宇宙各個星系一杯酒，彷彿融進了空間，忘記了時間。我們可以想像自己，在銀河系邊緣的一個叫地球的行星上，跟着浩瀚的宇宙一起轉動，天荒地老，永不停息。此刻，你的覺知彷彿在河外星系，比如在天狼星座上看着銀河。你無比渺小，你的身體如宇宙的一粒塵埃；你無比偉大，因為你的覺知比三千大千世界還大。無窮大的覺知和無窮小的身體，就是我們的本來面目。

結語

靜坐要有進益，就要向陽明先生學習。先生在悟道前，他面對的困境是：「得失榮辱皆能超脱，惟生死一念尚覺未化。」為了戰勝死神的威脅，他決然指着石墩自誓：「吾惟俟命而已。」將洞穴作為棺槨，置肉體之身於當下時空，未死之時就如已死一般，生死全然交付天命。正因為心海腦際已無一絲妄想執着、煩惱掛礙，於是才有「忽於中夜大悟格物致知之旨」悟道啟迪，終於覺了「聖人之道，吾性自足。」他悟後感言道：「學問功夫，於一切聲利嗜好，俱能脱落殆盡，尚有一種生死念頭毫髮掛帶，便於全體有未融釋處。人於生死念頭，本從生命根上帶來，故不易去，若於此處見得破，透得過，此心全體方是流行無礙，方是盡性至命之學。」陽明先生告訴我們，破生死，是一切修行的必由之路。所以印光大師說：「修行人直須將一個死字掛到額頭上，念念不忘此字，則道業自成。」如此，您也同樣可以來一次龍場悟道。

以上所論心法，僅僅是幫您走到覺性的殿堂門口。您能否破門而入或越牆而過，能否登堂入室，與主人相會，就需要知行合一地養成時時覺知的習慣，需要覺察、覺照、覺醒的久久薰習。但是您不要忘了，大堂裏的佛，就是您自己。你自己為什麼是佛？因為你的覺性本自具足，不生不滅、不垢不淨、不增不減。

「九諦九解」新詮

龔開喻*

摘　要：理解九諦九解之辯的核心乃在於周海門所言的「明善」。這一根本問題又具體展開為三大問題：在道德的判斷原則中，良知心體與善惡概念孰為首出的問題；在道德實踐動力的來源中，自力與他力孰更重要的問題；以及對於工夫作用層的無執不滞，二者的體會是否一致的問題。通過這三大問題的檢視，我們可以給予九諦九解一個更為準確的理論定位。

關鍵詞：陽明後學　九諦　九解　周海門　許敬庵

引言

「無善無惡」是晚明思想界爭議最為巨大的一項辯題。自從王龍溪

* 龔開喻，湖北大學教授。

（畿，1498—1583）初提出「四無論」① 以來，即與同門錢緒山（德洪，1496—1574）發生過爭辯。儘管王陽明在起征思田前夕在天泉橋上回應了因「四無論」而生起的分歧（史稱「天泉證道」），但相關的討論並未停止，反而由王學同門內對「四無論」的辯論，擴大到晚明整個思想界關於「無善無惡」的論爭。② 其中影響最大的一次，便是「九諦九解」之辯。1592 年春夏之交，在南京的一場講會上，周海門（汝登，1547—1629）拈出「天泉證道」之「無善無惡」的思想並予以闡發，座上許敬庵（孚遠，1535—1604）未之首肯。第二日，許敬庵提出九段話，來維護、肯定「善惡之別」，稱之為「九諦」；周海門後來就之而作九段回答，稱為「九解」。「九諦九解」之辯中所蘊含的義理，不僅對於我們理解陽明學、陽明後學以及整個明末的思想史極為重要，甚至對整個儒家哲學所能展示出的義理向度都有着重要的意義，故牟宗三先生將之列入「中國文化發展中義理開創的十大諍辯」，且為傳統哲學的最後一大諍辯。③

① 王陽明之四句教為「無善無惡是心之體，有善有惡是意之動。知善知惡的是良知，為善去惡是格物。」王龍溪則以之為「師門權法」，提出「若說心體是無善無惡，意亦是無善無惡的意，知亦是無善無惡的知，物是無善無惡的物。」參見王守仁：《王陽明全集》，上海：上海古籍出版社，2011 年，第 133 頁。

② 參見陳立勝：《宋明儒學中的「身體」與「詮釋」之維》，北京：商務印書館，2019 年，第 214—258 頁。彭國翔：《良知學的展開 —— 王龍溪與中晚明的陽明學》，上海：上海三聯書店，2023 年，第 371—395 頁。吳震：《陽明後學研究》，上海：上海人民出版社，2023 年，第 58—132 頁。

③ 參見牟宗三：《牟宗三先生晚期文集》，中國台北：聯經出版社，2003 年，第 379—381 頁。需要指出的是，由於許敬庵之《九諦》乃是一夜之間作出，而周海門有更充裕的時間思考答覆，故不可僅依這場辯論來評斷許敬庵之學問，《九諦》《九解》作為一個整體的文本之意義偏重於《九解》而非《九諦》。

目前學術界對此問題已有不少研究成果，① 其中尤以蔡仁厚先生的梳理最為詳盡細緻。他曾逐章歸納這次辯論的九個主題，並根據牟先生所提出的「存有層之有」與「作用層之無」的區分，指出周、許二人立論各有攸當，周海門強調「作用層」的「無」，許敬庵強調「實有層」的「有」，二子各有所重，亦各有所失。他們二人互相不能夠理解對方所言之層面與分際，故引生了此場辯論，實則他們所持之義理本不矛盾。② 蔡先生的梳理可謂平實細膩，但此辯論所蘊含的義理，仍有值得推敲之處。例如，周海門曾說「人性本善，至善也」（解四），③ 他豈對實有層的至善沒有把握嗎？抑或二者對善之何以為善有不同的理解呢？許敬庵亦明言「善不可矜而有」「善不可有意而為」（諦七），與周海門所言的「修為無跡」是同一個意義嗎？可見，僅僅指出雙方立言層面「各有攸當」是不夠的，反而容易隱沒各自的問題意識以及辯論中所蘊含的哲學義理。實際上，雙方之不同不僅是立言層面的不同。在最近的研究中，田探與陳憲中均對以往的研究提出了不同的見解。其中，田探從性、道、教三個層面指出，周、許之爭並非心學內部的爭論，而是由「無善無惡」問題展開的心學與理學的正面交鋒。④

---

① 參見岡田武彥：《王陽明與明末儒學》，吳光、錢明、屠承先譯，重慶：重慶出版社，2016年，第178—181頁。蔡仁厚：《新儒家的精神方向》，中國台北：台灣學生書局，1982年，第239—276頁。王湘齡：《許敬庵、周海門「九諦九解」義理研究》，桃園：台灣「中央大學哲學研究所」碩士論文，2002年。陳立勝：《宋明儒學中的「身體」與「詮釋」之維》，第226—233頁。彭國翔：《良知學的展開——王龍溪與中晚明的陽明學》，第371—395頁。王格：《「九諦九解」之爭始末考》，《哲學動態》（2014.12）：40—45。

② 參見蔡仁厚：《新儒家的精神方向》，第245頁。

③ 本文所引《九諦》《九解》文字，均引自周汝登：《周汝登集》，杭州：浙江古籍出版社，2015年，第21—30頁。後文將不再註釋。

④ 參見田探：《「九諦九解」之爭新探——對晚明一樁學術公案的重新考察》，《湖北社會科學》（2017.7）：111—115。

筆者基本同意這個論斷，然而其文認為周海門的思路有淪為「神祕主義體驗」的危險以及無法保證立教的普遍性，筆者於此則不能苟同。陳憲中一文之重點乃是用康德關於法則和自由互相涵蘊的理論以及人性中的根本惡之觀點來說明王龍溪的四無説和周海門的九解過於偏重自然灑落的一面，對道德實踐的無條件律令之責成性有輕忽之嫌，故易導致「虛懸而盪」和「情識而肆」的問題。惟其並非相應於「九諦九解」之思路而加以詮釋。① 如果我們對陽明後學追求「本體工夫」的問題意識有深刻把握的話，② 便可知道周海門在《九解》中屢言「明善」，皆旨在説明「無善無惡」説並非否定「善」，而實是通過遮撥現實層面相對待的善，從而揭示出「至善」所應具有的深層意涵。據此，筆者以為，這場辯論的核心乃是周海門所言的「明善」問題，即「善底形上學」的問題，③ 亦即善之何以為善的根據的問題。而這一根本問題又具體展開為這三大問題：1. 在道德的判斷原則上，良知心體與善惡概念孰為首出的問題；2. 在道德實踐動力的來源上，自力和他力孰更重要的問題，以及延申出的關於王霸之辯的問題；3. 工夫作用層面的「無執不滯」，二者的體會是否相同。

---

① 參見陳憲中：《九諦九解問題之探究》，《鵝湖月刊》44.3（2018.9）：36—52。

② 此「本體工夫」，亦可稱為「先天工夫」「究竟工夫」「第一義工夫」。參見彭國翔：《良知學的展開 —— 王龍溪與中晚明的陽明學》，第 321—338 頁；林月惠：《良知學的轉折 —— 聶雙江與羅念庵思想之研究》，中國台北：台大出版中心，2005 年，第 663—681 頁。林月惠特別指出，追求「第一義工夫」是陽明後學共同的問題意識，「第一義工夫」意謂：道德實踐的本質工夫，必以本體的呈露覺悟與保任護持為優先，而非只是意念雜思的克除。

③ 關於「善底形上學」，參見李明輝：《劉蕺山論惡之根源》，鍾彩鈞主編，《劉蕺山學術思想論集》，中國台北：中央研究院中國文哲研究所籌備處，1998 年，第 114 頁。

一、良知心體與善惡概念孰為首出

上文已經提到，這場辯論的引子是周海門在南京的講會上講解「天泉證道」中的「無善無惡說」。「無善無惡」很容易使人聯想到告子「性無善無不善」（《孟子・告子上》）的主張，故許敬庵指出「性無善無不善，則告子之說，孟子深闢之。」（諦一）這顯然是對從王陽明到周海門的「無善無惡」說的誤解。告子之說「性無善無不善」，是從「生之謂性」的實然層面去論性；而周海門所言「無善無惡」，乃是超越於任何特定經驗內容的至善：

頭上難以安頭，故一物難加者，本來之體；而兩頭不立者，妙密之言。是為厥中，是為一貫，是為至誠，是為至善。聖學，如是而已。經傳中言善字，固多善惡對待之善。至於發心性處，善率不與惡對，如中心安仁之仁，不與忍對，主靜立極之靜，不與動對。……夫惟善不可名言擬議，未易識認，故必明善，乃可誠身。若使對待之善，有何難辨，而必先明乃誠耶？（解一）

周海門在這裏明確區分了「至善」與「對待之善」。在他看來，「至善」是唯一的本體，是一個行為之所以具有道德價值的唯一根據，在它之上、之外不可以另尋根據，這便是「頭上難以安頭」。它超越於任何經驗層面的事物與原則，故「一物難加」；它不落於任何對待之中，故「兩頭不立」。雖然經傳中常常有對待之善，但是凡是指涉心性本體處，皆為「至善」，而不是對待之善。可見，周海門的「至善」乃是緊扣道德主體（心性）而言的。

周海門所説超越於具體善惡的「至善」，類乎康德倫理學中「形式原則」。康德將一切實踐原則區分為「形式原則」與「實質原則」兩種：「實質原則」預設某種目的，其有效性是相對的，只有相對的價值，沒有真正的道德價值；而「形式原則」並不以任何目的為前提，它表明道德法則並不預設任何質料，它可以決定目的，卻不能為任何目的所決定。「善」「惡」概念是純粹實踐理性的對象（質料），若依之以決定實踐原則，這種原則便是相對的，因而不能提供真正的道德法則。因此，道德法則只能由道德主體提供，而不能求之於對象。換句話説，在康德看來，必須以道德法則為首出，而後方能由之引出善、惡之概念，在這種情況下，意志完全不考慮其對象的特性，而自己決定實踐原則，為「自律道德」；反之，以善、惡之概念為首出，用以充當實踐原則的基礎，便是「實質原則」，無法建立道德自律，只能是「他律」原則。① 儘管儒家之主流大脈皆能把握這一點，② 然而許多儒者亦因對此問題缺少理論的分疏，而常常混淆之。許敬庵之《九諦》，即無法做出這種區分：

宇宙之內，中正者為善，偏頗者為惡，如冰炭、黑白，非可以私意增損其間。故天地有貞觀，日月有貞明，星辰有常度，嶽峙川流有常體，人有真心，物有正理，家有孝子，國有忠臣。反是者為悖逆，

① 參見李明輝：《儒家與康德》，中國台北：聯經出版社，2018 年，第 54—55 頁、第 164—166 頁。

② 牟宗三先生指出，孟子主張本心即性，此心性自發道德法則以決定意志，以決定吾人之行為並以之判斷吾人之行為是否符合道德法則，合則為善，不合則為惡，因而決定一切善惡對象之概念。後來王陽明、劉蕺山對此均有把握。參見牟宗三：《康德的道德哲學》，中國台北：聯經出版社，2003 年，第 227—228 頁。

為妖怪，為不祥。（諦二）許敬庵認為，善與惡是固存於宇宙之內的客觀事實，就如同自然界客觀存在的冰與炭、黑與白一樣，因此才有天地的貞觀、日月的貞明，乃至人的真心、物的正理，以及孝子、忠臣這些「善」，與之相悖則產生悖逆、妖怪、不詳等等「惡」。換句話說，他是以善、惡的客觀實在為首出，認為唯有如此，我們才有一個判斷善惡的客觀標準，才可以證明性善（人有真心），並充當實踐原則（物有正理），乃至具體的倫理規範（家有孝子、國有忠臣）。他把自然界的現象與真心、止理以及孝、忠等倫理規範的實存性混同起來。這樣，在許敬庵處，一來無法區分有條件的、工具性的自然之善與絕對的、無條件的道德之善；①二來作為道德主體的心之自發自律義、創造義失落虛歉，只能依據靜態的倫理規範來判斷道德的是非。這種觀點與孟子「盡心知性」的心學實際上是有距離的，反而更加接近告子「彼長而我長之，非有長於我也。猶彼白而我白之，從其白於外也」（《孟子．告子上》）的依於客觀事實而決定「義」的「道德實在論」的觀點。②

周海門看出了許敬庵思路之問題，他答曰：

以中正與偏頗對，是兩頭語，是增損法。不可增損者，絕名言，無對待者也。天地貞觀，不可以貞觀為天地之善；日月貞明，不可以貞明為日月之善；星辰有常度，不可以常度為星辰之善。嶽不以峙為善，

---

① 關於「善之異質性」，即「道德之善」與「自然之善」的區分，參見李明輝：《儒家與康德》，第 16 頁。

② 告子認為義應當依照客觀事實而定，牟宗三先生對孟子與告子的「義內、義外」之辯有詳盡而切當的分疏，參考牟宗三：《圓善論》，中國台北：聯經出版社，2003 年，第 11—19 頁。關於告子之「義外論」及其與「道德實在論」之關係，參見李明輝：《孟子重探》，中國台北：聯經出版事業公司，2001 年，第 10—25 頁。

川不以流為善。人有真心，而莫不飲食者此心，飲食豈以為善乎？物有正理，而鳶飛魚躍者此理，飛躍豈以為善乎？有不孝，而後有孝子之名，孝子無孝；有不忠，而後有忠臣之名，忠臣無忠。若有忠有孝，便非忠非孝矣。（解二）

周海門認為，許敬庵所説的中正之善與偏頗之惡均屬於「增損法」的層面，而至善乃屬於「不可增損法」的層面，是「超名言無對待」的，不可用經驗層面的善惡去描述之，故稱之為「無善無惡」。與許敬庵以善惡之客觀實在為首出而推導實踐原則不同，周海門通過對經驗層面的「善」的遮撥，「截斷眾流」，把一切第二義的是非善惡的實在性都先掃掉，而顯出其背後的那活潑的、具道德創造之用的真正實在：可以創生道德法則的心性本體。我們只需且只能據此道德主體（真心）所自立自發的道德法則（正理）而行，便自然在種種機緣上呈現出「善」「孝」「忠」的價值。倘若在道德主體之外預先設定種種目的來決定自己的實踐原則，那麼原則便成為了實現這些種種目的的手段，而失去了道德價值（若有忠有孝，便非忠非孝矣）。許敬庵雖然間或承認了至善源於人心之同然，「善也者，中正純粹而無疵之名，不雜氣質，不落知見，所謂人心之同然者也」（諦三），但他對此是不夠明晰的，又説「天下之善，種種固在」（諦七），認為道德法則、道德價值可以不繫於主體而獨立實存，因此無法承認人心乃至善的唯一根源。周海門對此有着極清楚的認識，故他批評道：

太虛之心無一物可著者，正是天下之大本，而更曰實有所以為天下之大本者在，而命之曰中，則是中與太虛之心二也。太虛之心與未發之中，果可二乎？……皆以為更有一物，而不與太虛同體，無惑乎無善無惡之旨不相入，以此言天地，是為物而二，失其主矣。（解三）

從道德哲學的角度看，周海門以為心體是至善的唯一來源，亦即道德主體之自我立法是道德法則的唯一根源。而在許敬庵之論述中，道德主體（太虛之心）與道德法則（未發之中）之關係則得不到明確的界定，乃至以道德法則為與道德主體相互獨立的客觀實在。因此，周海門批評其觀點為「為物而二，失其主矣」「頭上安頭」的「二本」思想。且因為許敬庵對「天下之善，種種固在」的強調，其本心之自發自律義終將滑落而挺立不起來，從而由自定道德法則的道德心滑落為僅僅認識客觀法則的認知心，亦失去了道德行為中「本」的地位，故其「二本論」最後一定會滑向他律原則、道德實在論。

二、自力與他力孰更重要

人文教化、移風易俗是儒學的固有追求。許敬庵之所以善惡概念為首出，其目的即在於維護既存的社會倫理以維世範俗：

聖人教人以為善而去惡，其治天下也，必賞善而罰惡。天之道，亦福善而禍淫。「積善之家，必有餘慶；積不善之家，必有餘殃。」自古及今，未有能違者也。而今曰無善無惡，則人將安所趨舍與？（諦二）

許敬庵認為，強調「善」「惡」的客觀實在性，除了上文所說可以為我們提供一個關於善惡的判斷標準以外，仍有兩個作用：一者可以解釋天地間的福禍問題，同時使得聖人在發施政教時有一個賞善罰惡的標準；二來由天道的福善禍淫、聖人的賞善罰惡，可以使得普通民眾有一個為善去惡的實踐動力，從而取得維世範俗的效果。對此，周海門答曰：

賞善罰惡，皆是「可使由之」邊事。慶殃之說，猶禪家譚宗旨，而因果之說，實不相礙。然以此論性宗則粗。悟性宗，則趨捨二字是學問大病，不可有也。（解二）

周海門並不反對賞善罰惡的重要性，然而賞善罰惡只是「民可使由之，不可使知之」（《論語・泰伯》）的層次，周海門對此章的解釋為「言皆本此，誰能出不由戶，何莫由斯道？是人人由之而人人不知也。」①蓋良知真心本內在於每一個人，它的實踐動力圓滿具足。天道的福善禍淫，聖人的賞善罰惡，都是第二義的外在的誡命，是藉着人的趨利避害之心來誘導人為善去惡。為道之人，當追求第一義的本體工夫，從先天心體上立根基「由仁義行」；而不應該由趨利避害的功利之心「行仁義」。因此，周海門強調「趨捨二字，是學問大病，不可有也。」

許敬庵之強調通過賞善罰惡、福善禍淫來達到維世範俗的結果，顯示出其對實踐動力的「他力向度」的重視。其實，只要對道德實踐的關鍵乃是本心之自覺、自悟、自省、自立的這一「自力向度」有所自覺，那麼通過他力來喚醒自力也是一種實踐的助緣。聖賢經典的觸

① 周汝登：《四書宗旨・上論》（鄭重耀刊本），中國台北：國家圖書館藏明崇禎二年，第56頁。

發，師友之間的提點，都可以是入德之機緣，故而陽明學有許多講會。[①] 然而，當發之於政事的時候，如不對「自力向度」有所自覺，只是依據外在的宰製與壓服，那麼往往會造成災難。這樣，周海門便由道德動機的「義利之辯」引申到了政治哲學的「王霸之辯」：

喻昏愚，馴強暴，移風俗，須以善養人。以善養人者，無善之善也。有其善者，以善服人。喻之馴之必不從，如昏愚強暴何！如風俗何！至所謂世道計，則請更詳論之。蓋凡世上學問不力之人，病在有惡而閉藏；學問用力之人，患在有善而執着。閉惡者，教之為善去惡，使有所持循，以免於過。惟彼著善之人，皆世所謂賢人君子者，不知本自無善，妄作善見，捨彼取此，拈一放一，謂誠意而意實不能誠，謂正心而心實不能正。象山先生云：「惡能害心，善亦能害心。」以其害心者而事心，則亦何由誠、何由正也？夫害於其心，則必及於政與事矣，故用之成治，效止歡虞，而以之撥亂，害有不可言者。……真學問不明，而認善字之不徹，其弊乃一至此。……秉世教者，可徒任其所見而不喚醒之，將如斯世斯民何哉？是以文成於此，指出無善無惡之體，使之去縛解黏，歸根識止，不以善為善，而以無善為善；不以去惡為究竟，而以無惡證本來，夫然後可言誠正實功，而收治平至效。……上有不動聲色之政，而下有何有帝力之風者，捨茲道，其無繇也。孔子曰：「聽訟，吾猶人也。必也使無訟乎！」無訟者，無善無惡之效也。（解五）

① 參見陳立勝：《入聖之機——王陽明致良知工夫論研究》，北京：生活．讀書．新知三聯書店，2019 年，第 333—362 頁。

周海門認為，縱使出於對後果、功效的考慮（「世道計」），也應當扣緊能自定自發道德法則、實踐動力圓滿具足的良知心體而言。他對孟子政治哲學中的「以善服人」和「以善養人」這一對概念加以闡釋，將之分別對應於許敬庵的「有其善」和他自己所言的「無善之善」。「有其善」便是道德判斷的他律原則和實踐動力的他力向度。他認為，賞善罰惡可以使得那些執着於惡不願改過的人避免過錯，然而這只是宰制與壓服的「以善服人」，會產生極大的問題：一方面那些是非善惡的判斷標準是以社會既存的倫理規範為依據，則一定會忽視道德本心的創造性，本心從而降格為認知心而生出認知之執（有善而執着）；另一方面，由於壓服與宰制依賴的乃是趨利避害的功利之心，如其還藉着「善」的名義，所造成的執着、驕傲、自以為是，往往比一般意義的惡還要更加隱微，反而錯過了入道之機，這便是所謂「善亦能害心」。如果意念之發出已是不正、不誠的了，那麼無論如何符合這些外在的倫理規範，也只是行仁義而非由仁義行，其動機往往可能只是自私的目的，而這些倫理規範恰恰成為了滿足其個人私利的手段（以人作天，認欲為理）。當道德流於虛偽、成為了滿足私利的手段，其發於政事，往往比一般的為惡所造成的災難要更為深遠。故「害於其心，則必及於政與事矣，故用之成治，效止歡虞，而以之撥亂，害有不可言者」。周海門的這個判斷充滿了深刻的洞見，絕非危言聳聽。帝制時代的「倫理異化」以及 20 世紀基於意識形態所造成的「觀念的災害」，① 哪一個

① 所謂「倫理異化」，乃是指中國古代「絕對化的綱常名教，日益成為喪失了主體自覺道德的異化的倫理教條，其所維護的宗法等級隸屬關係，日益變為人性的桎梏，變為道德自覺的反面，人的真正價值被全面否定。」參見蕭萐父:《吹沙集》，成都: 巴蜀書社，1999 年，第 144—147 頁。所謂「觀念的災害」，乃是指觀念和理想對人的真實存在造成了傷害，成為了「意底牢結」，即「意識形態」(ideology)。參見牟宗三:《時代與感受》，中國台北: 聯經出版社，2003 年，第 28 頁。

不認為自己是在「為善去惡」呢？而它的代價卻是人的自由、尊嚴和真正的道德。因此，儘管周海門並不否定道德判斷的他律原則和實踐動力的他力向度在實踐上所具有的價值（以免於過），但他認為唯有緊扣那實踐動力自足圓滿的良知心體而言的「無善無惡」說，才能使得我們能夠超越對這些外在的倫理規範的執着（去縛解黏），回復到道德創造的本源——良知心體（歸根識止）；從良知心體的自發自律而不是客觀既存的倫理規範中建立道德法則（不以善為善，而以無善為善）；從良知心體的自足圓滿中取得實踐動力，「由仁義行」，而不僅僅是趨利避害地「行仁義」（不以去惡為究竟，而以無惡證本來）。只有把握住這一點，通過啟發、喚醒每個人的良知本心，使之能夠自作主宰、自我負責，而非通過外在的宰制與壓服，才能夠真正地使民「自化」，才能夠真正達到「上有不動聲色之政，而下有何有帝力之風」「無訟」的移風易俗、維世範俗的效果。周海門對許敬庵的這段批評，讓我們很容易聯想到孟子對告子「率天下之言而惑仁義者，必子之言夫！」（《孟子．告子上》）的批評。而孟子的王霸之辯，同樣也是由義利之辯延伸而來的。[①] 從這個角度出發，我們仍可以說周海門在九解中體現出的思路，與孟子若合符節。

三、「無心為善」與「識心之執」

對於無善無惡說的最為集中的批評乃在於，如果世上本沒有「惡」，那麼道德實踐工夫即無存在的必要了。王龍溪初提四無論時，

① 參見李明輝：《孟子重探》，第 41—67 頁。

錢緒山即質疑，「若原無善惡，功夫亦不消說矣」。[①] 在諦四、諦六、諦八中，許敬庵也進而質疑道，由於對惡的來源缺少說明，因此所謂「無善無惡乃是至善」只是一個「頓悟無善之宗，立躋神聖之地」（諦六）的極高明的境界，卻有取消工夫的危險，「格知誠正工夫，俱無可下手處矣」（諦四），甚至由於工夫的取消，則此境界也是假的：難道人人都可以不經過工夫而達到聖人境界嗎？「皆上智之資、不學而能者歟？」（諦四）許敬庵的這一質疑包含了一個深刻的洞見：但凡道德實踐工夫，都需預設「惡」的存在；反之，如果對惡的存在缺乏體會，就會動搖道德實踐工夫的必要性。對此，周海門答曰：

> 人性本善者，至善也，不明至善，便成蔽陷。……下手工夫，只是明善。明則誠，而格致誠正之功，更無別法，上中根人皆如是。學捨是而言正誠格致，頭腦一差，則正亦是邪，誠亦是僞，致亦是迷，格亦是障。非明之明，其蔽難開，非止之止，其根難拔，豈《大學》之所以教乎？（解四）

周海門在此解中對惡的來源有一個理論的說明。他認為，惡並非一個實體，沒有積極的特性，而是由對至善的「不明」導致的（不明至善，便成蔽陷）。道德實踐的下手工夫不在別的，就在於「明善」。我們可以說，「至善」是一種「理性底事實」「隱默之知」，它乃未經反省地內在於常人的道德意識之中，仍然有待於反省、體認，並不會因此消解

① 王守仁：《王陽明全集》，第133頁。

工夫的必要性。[①] 而所要「明」的，正是道德價值必須緊扣道德主體的自發自律而言。一旦脱離了道德主體的自發自律，那麼那些所謂的修養工夫便不再具有道德性了（頭腦一差，則正亦是邪，誠亦是偽，致亦是迷，格亦是障），其修養工夫亦無法對治真正的道德之惡（非明之明，其蔽難開，非止之止，其根難拔）。周海門又具體解釋了道德之惡的兩種表現及其危害：

蓋凡世上學問不力之人，病在有惡而閉藏，學問有力之人，患在有善而執着。……惟彼著善之人，皆世所謂賢人君子者，不知本自無善，妄作善見，捨彼取此，拈一放一，謂誠意而意實不能誠，謂正心而心實不能正。（解五）

在周海門看來，除了我們常識中所認為的缺乏修養工夫、文過飾非乃是道德之惡（病）以外，對於善的執着亦是一種道德之惡（患），甚至比前者更為隱微難除。因此，周海門強調工夫論上的無執不滯：

既無惡，而又無善，修為無跡，斯真修為也。（解六）

一個需要解釋的問題是，許敬庵亦曾指出「善不可矜而有」「善不可有意而為」（諦七），似乎亦對工夫論上的無執不滯是有體會的，那

---

① 康德認為基本的道德法則可以直接呈現於一般人的道德意識之中，而不必經過反省或推論，因此他稱之為「理性底事實」，這種未經反省的意識即是英國哲學家波蘭尼所言的「隱默之知」。然而若未經過哲學反省之提煉，仍然無法穩定自身。道德哲學的實踐意義便在於幫助我們從事哲學的反省，以貞定這種道德洞識。關於「理性底事實」「隱默之知」與道德思考以及與孟子學、陽明學的關係，可以參閱李明輝：《康德倫理學與孟子道德思考之重建》，中國台北：中央研究院中國文哲研究所，2009 年，第 15—20、81—116 頁。

他們何故還要爭執呢？他們二者所言的無執不滯，是一回事嗎？上文曾指出周、許二子爭執的焦點在於：一者重視道德判斷中的自律原則和實踐動力的自力向度，一者則強調「善」不依於道德主體的客觀實存性，以及從趨利避害的功利心中尋找實踐的動力，頗近於道德實在論。明確了二者義理框架的根本差異，我們便可來考察二子對「無執不滯」的不同理解。我們首先來看周海門的說法：

> 無善無惡，即為善去惡而無跡，而為善去惡，悟無善無惡而始真。（解一）

在周海門處，「無善無惡」即等同於說超越層面的良知心體。良知心體的發用本就是自然而然、無執不滯的。吾人只需時時明心見性，保任、推致此良知，使其純亦不已地發用流行，便自然能在種種機緣上起道德創造之用。此即是上文所提到的本體工夫。質言之，周海門所言的作用層的無執不滯必須緊扣道德主體而言，乃是在說心性本體的道德創造性。

我們再看許敬庵的說法：

> 《書》曰：「有其善，喪厥善。」言善不可矜而有也。先儒亦曰：「有意為善，雖善亦粗。」言善不可有意而為也。以善自足，則不弘，而天下之善，種種固在，有意為善，則不純。（諦七）

從字面上看，許敬庵似乎能夠承認作用層的無執不滯，如「善不可矜而有」「善不可有意而為」，但他馬上又說「天下之善，種種固在」。這說明許敬庵並不承認道德主體乃是道德法則、道德價值的唯一根源，他認為道德法則、道德價值有不繫於主體而獨立實存的實在性。如此一來，在許敬庵處，自定道德法則的道德心滑落為僅僅認識客觀法則的認知心，這必將產生一種認知作用之「執」，而不能如周海門那樣緊扣道德本心而言道德創造的「無執不滯」了。其不承認良知心體的道德創造性，故只能時時意圖從社會既存的倫理規範、榜樣中尋找行為的依據，便一定會產生持循、執着。周海門對此有着敏銳的認識，因此其答曰：

有善喪善，與有意為善，雖善亦私之言，正可證無善之旨。堯舜事業，一點浮雲過太虛，謂實有種種善在天下，不可也。吉人為善，為此不有之善、無意之善而已矣。（解七）

周海門意識到許敬庵所言之重點與問題均出在「實有種種善在天下」，故其強調「堯舜事業，一點浮雲過太虛」。周海門之意在於說明，這些範例（堯、舜事業）的價值，並不在於可以給我們提供一個可以持循、模仿的對象，恰恰相反，這些範例的價值正在於證明了良知的道德創造性對認知心、功利心的超越，吾人應當從這個層面體會之。

簡而言之，周海門之所以強調工夫作用層的無執不滯，其真正用意乃在於強調道德主體之自發自律的創造性在道德實踐中的關鍵地位。倘若脫離道德主體的創造性，以既存的倫理規範為首出，心只是一個認知心而不是自發自律的道德本心，那麼必然會產生「識心之執」，無執不滯便無從講起了。

四、結語

以上的分析說明，許敬庵與周海門的「九諦九解之辯」，關鍵乃在於周海門能夠扣緊良知心體而立論，強調良知心體同時是道德的「判斷原則」與「踐履原則」：在道德判斷上，良知心體能夠自發自定客觀普遍的道德法則；在道德的實踐動力上，良知心體本身具足圓滿。良知心體的道德創造性，乃是道德實踐工夫的關鍵所在，依之而有工夫境界的無執不滯，以及政治教化的「以善養人」。而許敬庵則堅持以善惡概念為首出，強調道德判斷的他律原則，並強調道德實踐動力的他力向度：在判斷原則上，他強調通過倫理規範的實在性來促使人們知善知惡；在道德踐履上，他強調通過賞善罰惡來引導人們為善去惡。這樣，在許敬庵處，道德本心降格而為僅能認識倫理規範的認知心、趨利避害的功利心。他無法真正體會工夫作用層的無執不滯。走筆至此，我們可以得出結論：周海門的「九解」，與孟子仁義內在、義利之辯、王霸之辯的思想若合符節；而許敬庵「九諦」中的思想則顯出道德實在論的傾向，反而偏離了孟子，更接近於告子的思路。

參考文獻

[1] 王陽明，《王陽明全集》，上海：上海古籍出版社，2011。

[2] 王湘齡，《許敬庵、周海門「九諦九解」義理研究》，桃園：「國立中央大學哲學研究所」碩士論文，2002。

[3] 王格，《「九諦九解」之爭始末考》，《哲學動態》12（2014）。

[4] 田探，《「九諦九解」之爭新探——對晚明一樁學術公案的重新考察》，《湖北社會科學》7（2017）。

[5] 牟宗三，《康德的道德哲學》，中國台北：聯經出版社，2003。
[6] 牟宗三，《圓善論》，中國台北：聯經出版社，2003。
[7] 牟宗三，《時代與感受》，中國台北：聯經出版社，2003。
[8] 牟宗三，《牟宗三先生晚期文集》，中國台北：聯經出版社，2003。
[9] 李明暉，《劉蕺山論惡之根源》，收入《劉蕺山學術思想論集》，中國台北：「中央研究院中國文哲研究所籌備處」，1998。
[10] 李明暉，《儒家與康德》，中國台北：聯經出版社，2018。
[11] 李明暉，《孟子重探》，中國台北：聯經出版事業公司，2001。
[12] 李明暉，《康德倫理學與孟子道德思考之重建》，中國台北：「中央研究院中國文哲研究所」，2009。
[13] 吳震，《陽明後學研究》，上海：上海人民出版社，2023。
[14] 岡田武彥，《王陽明與明末儒學》，吳光、錢明、屠承先譯，重慶：重慶出版社，2016。
[15] 周汝登，《周汝登集》，杭州：浙江古籍出版社，2015。
[16] 周汝登，《四書宗旨》，中國台北：「國家圖書館藏」鄭重耀刊本，明崇禎二年（1629）。
[17] 林月惠，《良知學的轉折——聶雙江與羅念庵思想之研究》，中國台北：台大出版中心，2005。
[18] 陳立勝，《宋明儒學中的「身體」與「詮釋」之維》，北京：商務印書館，2019。
[19] 陳立勝，《入聖之機——王陽明致良知工夫論研究》，北京：生活．讀書．新知三聯書店，2019。
[20] 陳憲中，《九諦九解問題之探究》，《鵝湖月刊》519（2018）。
[21] 彭國翔，《良知學的展開——王龍溪與中晚明的陽明學》，上海：上海三聯書店，2023。
[22] 蔡仁厚，《新儒家的精神方向》，中國台北：台灣學生書局，1982。
[23] 蕭萐父，《吹沙集》，成都：巴蜀書社，1999。

首屆陽明心學國際論壇論文集

責任編輯　李夢珂
裝幀設計　鄭喆儀
排　　版　賴豔萍
印　　務　劉漢舉

出版　中華書局（香港）有限公司
香港北角英皇道 499 號北角工業大廈一樓 B
電話：（852）2137 2338　傳真：（852）2713 8202
電子郵件：info@chunghwabook.com.hk
網址：http://www.chunghwabook.com.hk

發行　香港聯合書刊物流有限公司
香港新界荃灣德士古道 220-248 號
荃灣工業中心 16 樓
電話：（852）2150 2100　傳真：（852）2407 3062
電子郵件：info@suplogistics.com.hk

印刷　美雅印刷製本有限公司
香港觀塘榮業街 6 號 海濱工業大廈 4 樓 A 室

版次　2024 年 11 月初版

規格　16 開（238mm×165mm）

ISBN　978-988-8862-91-7